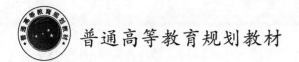

汽车总线技术及应用
Qiche Zongxian Jishu ji Yingyong

马 建　汪贵平　龚贤武　赵 轩　编著

人民交通出版社股份有限公司
China Communications Press Co.,Ltd.

内 容 提 要

全书共10章，首先介绍了汽车电子网络通信系统，阐述了当今汽车网络系统的结构、类型、应用及发展趋势，然后着重对CAN总线通信系统的原理和特点、带CAN接口的飞思卡尔微控制器、MSCAN的特点和编程等进行了介绍，最后以危化品运输车安全预警监控系统为例，系统介绍了具有CAN总线接口ECU节点的设计方法。

本书可作为大学相关专业高年级本科生、研究生的教材，同时也是从事汽车电子系统特别是车载网络系统研究与开发人员的参考资料。

图书在版编目（CIP）数据

汽车总线技术及应用/马建等编著. —北京：人民交通出版社股份有限公司，2017.3
ISBN 978-7-114-13631-3

Ⅰ.①汽… Ⅱ.①马… Ⅲ.①汽车—计算机控制系统—总线—技术 Ⅳ.①U463.6

中国版本图书馆CIP数据核字(2017)第009992号

书　　　名：	汽车总线技术及应用
著　作　者：	马　建　汪贵平　龚贤武　赵　轩
责任编辑：	夏　犇
出版发行：	人民交通出版社股份有限公司
地　　　址：	(100011)北京市朝阳区安定门外外馆斜街3号
网　　　址：	http://www.ccpress.com.cn
销售电话：	(010)59757973
总　经　销：	人民交通出版社股份有限公司发行部
经　　　销：	各地新华书店
印　　　刷：	北京市密东印刷有限公司
开　　　本：	787×1092　1/16
印　　　张：	19.75
字　　　数：	462千
版　　　次：	2017年3月　第1版
印　　　次：	2017年3月　第1次印刷
书　　　号：	ISBN 978-7-114-13631-3
定　　　价：	42.00元

(有印刷、装订质量问题的图书由本公司负责调换)

PREFACE 前　言

　　随着电子技术的发展,汽车上的电子控制系统越来越多,为解决控制系统中的电子控制单元之间高效可靠地交换信息的问题,汽车电子网络系统应运而生,汽车总线技术应用越来越广。

　　随着社会经济的发展,用人单位对大学生就业的要求越来越高,如何通过教学过程使学生掌握单项成套应用技术尤其是新技术就显得非常重要。编写本教材的目的,就是期望通过对本课程的学习,使学生逐步从控制器设计入门,提高到基本能熟练应用,进而掌握汽车电子网络系统应用的成套技术。

　　为实现此目的,笔者根据多年从事教学和相关科研工作的实践经验,在征求相关专业教师、高年级学生和汽车电子技术应用专业技术人员意见的基础上,自制了一种教学装置,以自行开发的危化品运输车安全预警监控系统为典型案例,为教材编写做好基本的准备工作。

　　掌握基本知识和基本技能至关重要。第 1 章介绍了汽车电子网络系统的发展历程;第 2 章介绍了计算机网络与现场总线的基本知识;第 3 章简要介绍 9S12 系列微控器和开发环境;第 4 章以常用串行通信技术为主线,进一步加强微控制器应用技能的实训;前 4 章为学习汽车总线技术做好基础知识和基本技能准备。

　　在此基础上,第 5 章重点介绍 CAN 总线的基本概念和基础知识;第 6 章介绍了 9S12 系列微控制器内置 CAN 通信控制器的基本结构和基本功能;第 7 章详细介绍了 MSCAN 模块的综合运用,利用教学实验板和 CodeWarrior 开发环境介绍了几个编程实验供同学们实训编程作典型案例。通过这 3 章的学习,要求学生掌握汽车 CAN 总线的基本原理和应用技能,并能根据应用系统的不同,进行 CAN 总线通信。

　　从工程实践出发,结合实际应用案例解读,是本书的又一大特点。第 8 章介绍了 J1939 协议;第 9 章介绍了 ISO26262 标准;第 10 章以危化品运输车安全预警监控系统为典型案例,从方案论证、硬件设计、软件程序设计多个方面加以论述。典型案例源于实际产品的开发,供大家学习和使用参考。

本书由马建、汪贵平、龚贤武和赵轩共同编写,编写具体分工为马建(第1、5、6、8、9章)、汪贵平(第2章)、龚贤武(第3、4章)和赵轩(第7、10章)。温美玲、黑文洁、何瑢、朱进玉、郝熠、赵丽丽、马力旺、王帅、岳靖斐和寇霜等研究生绘制了图中的插图,完成了例题和习题的验证工作,对本书进行了阅读、修改和校订。初稿在2015级研究生班试用,同学们提出了不少宝贵的意见和建议。在编写过程中,得到了作者单位的支持和同事的帮助,得到了陕西重型汽车集团刘玺斌副总经理、潘景文总工程师和王卫平工程师等的支持和帮助。在此对他们和编写本书所参考的文献资料作者表示诚挚的感谢。

书稿虽经反复讨论和修改,但由于笔者水平有限,书中难免有错误和不妥之处,敬请大家批评指正。意见和建议请寄 majian@chd.edu.cn。

马 建

于长安大学

2016年9月1日

CONTENTS 目 录

第1章　绪论 ·· 1
　1.1　总线的基本概念 ·· 1
　1.2　总线的分类 ·· 3
　1.3　汽车总线 ·· 8
　1.4　常用汽车总线简介 ·· 13
　1.5　如何学好这门课 ·· 16
　小结 ·· 17
　习题 ·· 18

第2章　计算机网络与现场总线 ·· 19
　2.1　计算机网络简介 ·· 19
　2.2　计算机网络系统的组成 ·· 24
　2.3　计算机网络体系结构 ·· 37
　2.4　现场总线 ·· 44
　小结 ·· 51
　习题 ·· 52

第3章　飞思卡尔单片机及开发环境 ·· 54
　3.1　飞思卡尔单片机 ·· 54
　3.2　CodeWarrior IDE 集成环境开发的使用 ··· 60
　3.3　新工程文件的建立与仿真 ·· 69
　小结 ·· 80
　习题 ·· 80

第4章　串行通信技术 ·· 82
　4.1　串行通信基础 ·· 82
　4.2　串行口的寄存器 ·· 84
　4.3　串行口的结构与工作原理 ·· 90
　4.4　串行口的通信功能 ·· 96
　4.5　单片机串行通信接口技术 ·· 98

小结 ··· 105
习题 ··· 106

第5章 CAN总线 ··· 107
5.1 CAN总线概述 ··· 107
5.2 CAN总线物理层 ·· 112
5.3 CAN总线数据链路层 ··· 121
5.4 错误界定与总线故障管理 ······································· 128
小结 ··· 130
习题 ··· 131

第6章 MSCAN通信控制器 ··· 132
6.1 MSCAN模块简介 ··· 132
6.2 MSCAN模块的相关寄存器 ···································· 133
6.3 MSCAN模块的主要功能 ······································· 150
6.4 MSCAN的工作模式 ··· 159
小结 ··· 165
习题 ··· 165

第7章 MSCAN模块的编程 ··· 167
7.1 C语言程序的基本结构 ·· 167
7.2 MSCAN初始化程序的编写 ···································· 170
7.3 MSCAN发送程序的编写 ······································· 175
7.4 MSCAN接收程序的编写 ······································· 177
7.5 MSCAN的低功耗应用 ·· 181
7.6 MSCAN收发程序案例 ·· 185
小结 ··· 195
习题 ··· 196

第8章 SAE J1939协议 ··· 197
8.1 SAE J1939协议特点 ··· 197
8.2 物理层 ··· 198
8.3 数据链路层 ··· 199
8.4 应用层 ··· 214
8.5 网络管理 ··· 226
8.6 故障诊断 ··· 233
小结 ··· 242
习题 ··· 242

第9章 道路车辆功能安全标准 ISO 26262 ············· 244
9.1 整体介绍 ············· 244
9.2 概念阶段 ············· 247
9.3 系统级产品研发 ············· 253
9.4 硬件级产品研发 ············· 259
9.5 软件级产品研发 ············· 264
小结 ············· 275
习题 ············· 275

第10章 危化品运输车安全预警系统设计实例 ············· 277
10.1 安全监控系统的主要功能及构成 ············· 277
10.2 控制器 SCHT 总体设计 ············· 283
10.3 控制器硬件电路设计 ············· 284
10.4 控制器软件设计 ············· 291
小结 ············· 305
习题 ············· 305

参考文献 ············· 306

第1章 绪 论

汽车总线技术是计算机网络和现代电子技术在汽车行业应用的产物,它具有总线技术的基本特征。因此,本章简要介绍了总线的基本概念、分类和特点,并在此基础上重点介绍汽车总线的分类和常用汽车总线标准等。通过这一章的学习,对总线有基本的认识,为后面总线技术的应用打好基础。

1.1 总线的基本概念

所谓总线,就是在不同功能部件或设备之间用于传递信息的通路。"公共汽车"和"总线"两个词在中文中没有任何联系,但在英文中都用"BUS"这个单词来表示。前者表示用公共汽车来运送人员;后者表示用电线来传送信息,包括指令和数据。公共汽车走的路线是一定的,任何人都可以坐公共汽车到该公交线路的任意一个站点。而"CAR"通常是私用轿车,这也许就是为什么英文叫总线为"BUS"而不用"CAR"的真正用意。

事实上,如果把汽车比作一座城市的话,其各种电子设备和电子控制单元(Electronic Control Unit,ECU)就是不同的建筑,线束就是城市的公路,总线就相当于公交线路。以西安市309路公交车线路为例,其线路平面图如图1-1所示,始发站为长安大学,途径文艺路、尚勤路和太华南路上的各站点,终点为龙钢大道东口站;反之亦然。图1-2所示为该线路站点

图1-1 西安市309路公交车线路示意图

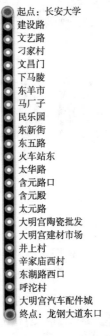

图1-2 西安市309路公交车站点示意图

分布示意图,它明确标示出各站点的先后顺序。为提高服务质量,每一站点都设有公交站牌和站亭,甚至还包括广告牌等设施,公交站牌上除了标有线路站点分布示意图外,还有起停时间和间隔时间等信息。为保证公交线路的正常运行,每一条线路都有停车场和调度室等设施。调度对公交线路正常运行发挥着至关重要的作用,尤其是当线路遇到突发事件的时候。

现代汽车和电子技术紧密相关,图1-3所示为某型号汽车所安装电子设备和ECU的示意图。从图中可以看出:电子设备很多。和车辆动力控制相关的有发动机电子燃油喷射控制系统的ECU、自动变速器控制系统的ECU和防抱死控制系统的ECU等。图1-4所示为汽车动力系统CAN总线连接示意图。

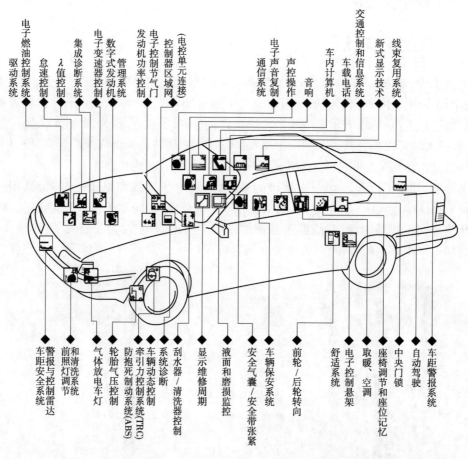

图1-3 汽车电子控制单元布局示意图

图1-4 汽车动力系统CAN总线

将上述四张图进行对比分析,可得出城市公交线路与汽车总线相关概念的相似之处,如表1-1所示为公共汽车与总线个别概念间的对应表。

公共汽车与总线结构对应表 表1-1

序号	公交线路	汽车总线	序号	公交线路	汽车总线
1	乘客	信息	7	时刻表	时序协议
2	公共汽车	数据帧	8	停车场	存储报文
3	公交线路	总线	9	汽车载客量	数据宽度
4	公交站点	节点	10	公路宽度	带宽
5	调度室	通信协议	11	公路网	拓扑结构
6	交通流量	负载能力	12	行驶速度	数据传输速率

结合上图理解，从广义上来说，总线就是传输信号或信息的公共路径。城市交错的公路就相当于总线网络，而309公交行驶线路就是其中的某一条总线。如果把乘客比喻成要传输的信息，那么总线设备则类似于各个公交站点；能在总线上发起信息传输的设备称为"总线主设备"；而不能在总线上主动发起通信，只能挂接在总线上的设备称为"总线从设备"。譬如，有的站点可以上下乘客，而有的站点乘客只可以下车。公共汽车的用途是在站点之间运输乘客，类似于总线上传递信息的数据帧。公共汽车按照时刻表准时发车经过每一个站点，在终点和起点分别有调度室和停车场。时钟是总线中各种信号的定时标准，协议是指信息进行通信时所必须遵守的规定或规则，那么时刻表就相当于总线传输的时序协议，调度室就相当于总线传输的通信协议。停车场则相当于总线中的存储报文，是数据存储的地方。

在通信网络中，带宽一方面表示信号频带的宽度，一方面表示通信线路传送数据的能力，拓扑结构是指在网络中各站点相互连接的结构。由此引申，我们可以联想到，公路的宽窄度相当于总线带宽的大小，公路网的结构相当于总线的网络拓扑结构，多车道公路与单车道公路可对应数据的并行传输方式与串行传输方式等。

从专业上来说，总线是一种描述电子信号传输线路的结构形式，是一类信号线的集合，是子系统间传输信息的公共通道。通过总线能使整个系统内各部件之间的信息进行传输、交换、共享和逻辑控制等功能。

1.2 总线的分类

总线的概念最初源于计算机技术，图1-5所示为微机系统的基本结构。其中I-BUS是CPU芯片的内部总线；S-BUS是系统总线，用于计算机主板内部各重要元器件部件间的信息交换，属于芯片级总线；E-BUS是扩展总线，通过插入具有不同功能的板卡和设备，如打印机、扫描仪和摄像机等，完成与外部设备的信息传递。

总线按传输方式来分，可分为并行总线和串行总线。并行总线传输线路多，传输速率高，传输距离短。串行总线传输线路少，传输速率低，但传输距离远。

总线按用途来分，可分为板内总线、板级总线和设备总线。接下来按照用途分别作介绍。

1.2.1 板内总线

板内总线是指在同一块电路板中连接相关元器件的总线，主要用于芯片间的互联。常用的有如下两种。

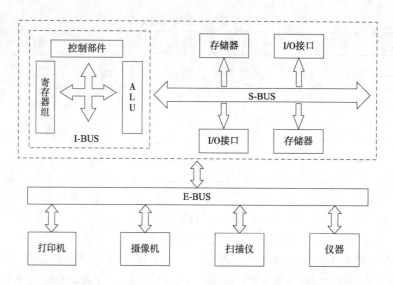

图 1-5 总线的分类

1）并行总线

并行总线常用于计算机系统,常见的是三总线结构:数据总线、地址总线和控制总线。

常用的芯片间总线有以下几种类型:数据总线用于芯片间交换数据,常见的有 8、16、32 和 64 位,每位都需要一根导线互联;地址总线用来确定地址空间;控制总线用于传输控制信号和时序信号。随便打开一台计算机看看主板,就会发现其线路密密麻麻,走线非常复杂,但其传输速度快,有利于计算机的高速计算。

2）串行总线

在控制系统应用中,很多地方只需要相应的功能,并不需要很高的速度,因此芯片级串行总线由此诞生。串行总线常见于单片机及集成式系统所开发的设备中。目前最常见的有 I^2C 总线和 SPI 总线。

(1) I^2C 总线。

I^2C 总线(Integrated-Integrated Circuit bus)顾名思义就是集成电路的互联,它是由 Philip 公司开发的一种串行总线,产生于 20 世纪 80 年代,最初主要为音频和视频设备开发,现主要用在服务器管理中。图 1-6 所示为采用 I^2C 总线的电路图。

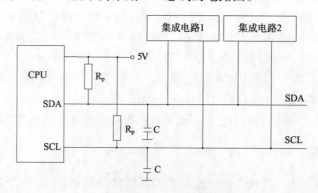

图 1-6 应用电路

总线一般有两根信号线，一根是双向的数据线 SDA，另一根是时钟线 SCL。两根线就可按协议完成数据交换和控制。所有接到总线设备上的串行数据 SDA 都接到总线的 SDA 上，各设备的时钟线 SCL 接到总线的 SCL 上。线路非常简单，易于布线，但其传输速率较低，一般速率在 100kb/s，最高可达 400kb/s。总线上允许连接的设备数主要决定于总线上的电容量，一般设定为 400pF 以下。

（2）SPI 总线。

SPI 全称是串行外设接口（Serial Peripheral Interface），是由 Motorola 公司提出的一种全双工同步串行通信接口，通信波特率可以高达 5Mb/s，但具体速度大小取决于 SPI 硬件。图 1-7 所示为 SPI 应用于网络接口的模块电路图，图中 SPI 总线以主从方式工作，有四根线，分别为 SDI（数据输入）、SDO（数据输出）、SCLK（时钟）和 CS（片选使能）。

SPI 总线具有操作简单、数据传输速率较高的优点。SCLK 信号线只由主设备控制，从设备不能控制信号线。在一个基于 SPI 总线的设备中，至少有一个主控设备。这样的传输方式允许数据一位一位的传送，甚至允许暂停，因为 SCLK 时钟线由主控设备控制，当没有时钟跳变时，从设备不采集或传送数据。也就是说主设备通过对 SCLK 时钟线的控制可以完成对通信的控制。

图 1-7　SPI 应用模块

1.2.2　板级总线

随着计算机技术的发展，计算机系统有多种不同总线适应应用需求。板级总线就是电路板和电路板之间相互连接交换信息的总线。板级总线是一种并行总线，它包含数据总线、地址总线、控制总线和电源线等。板级总线传输速率高，便于扩展以适应不同的应用需求。

图 1-8 所示为 PCI 总线应用于一组 USB 接口的外形图，可以看出，板上有密密麻麻并行排列的金光闪闪的插头，俗称"金手指"。每个插头代表一根导线，其功能和作用由总线协议规定，将板卡插入卡槽就完成了主板与扩展板信号的连接。图 1-9 所示为某型号计算机主板外形图，其中从左到右有 7 个卡槽。第 1 个黑色的是 ISA 卡槽，第 2、4 个是 PCI 卡槽，第 3 个是显卡 PCI-E 卡槽，第 5、7 个最短的接口为 PCI-EIX 接口，基于该接口的配备还不多，多

图 1-8　PCI 卡外形图

图 1-9　某计算机主板外形图

见的有外置声卡、无线网卡等配备光驱的接口。右下角的是四个内存插槽、扩展插槽(蓝色、黑色)。每个卡槽都可以安装符合相应协议的扩展板。从图中可以看出,PCI 总线的传输线数量众多,是主板的必备插槽,可以插上软 Modem、声卡、股票接受卡、网卡、多功能卡等设备。下面介绍几种常见的计算机的系统总线。

1) ISA 总线和 EISA 总线

ISA 总线(工业标准体系结构)是 IBM 公司为 PC/AT 计算机而制定的总线标准,为 16 位体系结构,只能支持 16 位的 I/O 设备,数据传输率大约是 16Mb/s。也称为 AT 标准,它是计算机应用最早的通用标准。

EISA 总线(扩展工业标准结构)是为 32 位 CPU 而设计的总线扩展标准。它吸收了 IBM 微通道总线的精华,是在 ISA 总线的基础上产生的。但现今这两种总线均已被淘汰。

2) PCI 总线

PCI(Peripheral Component,Interconnect,外围组件互连)总线是由 Intel 公司 1991 年推出的一种局部总线。从结构上看,PCI 是在 CPU 和原来的系统总线之间插入的一级总线,具体由一个桥接电路实现对这一层的管理,并实现上下之间的接口以协调数据的传送。管理器提供了信号缓冲,使之能支持 10 种外部设备,并能在高时钟频率下保持高性能,为显卡、声卡、网卡和 modem 等设备提供了连接接口。PCI 总线是一种同步的独立于处理器的 32 位或 64 位局部总线,最高工作频率为 33MHz,峰值速度在 32 位时为 132Mb/s,64 位时为 264Mb/s,总线规范由 PCISIG 发布。

PCI 总线用于高速外部设备的 I/O 接口和主机相连。采用自身 33MHz 的总线频率,数据线宽度为 32 位,可扩充到 64 位,所以数据传输率可达 132M~264Mb/s。速度快、支持无限突发传输方式、支持并发工作(PCI 桥提供数据缓冲,并使总线独立于 CPU),可在主板上和其他系统总线(如 ISA、EISA 或 MCA)相连接,系统中的高速设备挂接在 PCI 总线上,而低速设备仍然通过 ISA、EISA 等低速 I/O 总线支持。

3) VESA 总线

VESA 总线(视频电子标准协会)是 1992 年由 60 家附件卡制造商联合推出的一种局部总线,简称为 VL(VESA local bus)总线。它的推出为微机系统总线体系结构的革新奠定了基础。

4) 美国 NI 公司 PXI 测试系统总线

PXI 作为一种通用的测试系统总线,是由 NI(美国国家仪器)公司将 PCI 总线扩展应用于测量仪器与系统的研究,在 1997 年完成开发,并在 1998 年正式推出。PXI 是一种基于 PC 技术的平台,为测量和自动化系统提供了高性能、高坚固性、低成本的测试系统总线。PXI 将 PCI Express 集成到 PXI 标准中,以满足更多的应用需求,并引入了 PXI Express 技术,显著提高了总线带宽。利用 PCI Express 技术,PXI Express 将 PXI 中的可用带宽提高了 45 倍多,即从 132Mb/s 提高到 6Gb/s;与此同时,还可以维持与 PXI 模块间的软件、硬件兼容性。正是由于此性能的增强,PXI 可以用于众多新型应用领域,其中很多领域在以前只能由昂贵的专用硬件实现。

1.2.3 设备总线

设备总线就是设备与设备互联的总线。计算机、打印机、摄像机、仪器、仪表、显示屏和控制器等都是设备。设备总线可分为单机型和网络型两种。理论上讲,单机型设备总线不属于总线,但网络型设备总线都是以单机型作为基础发展起来的。

单机型实现了两台设备之间信息交换时,两台设备之间使用一个线缆相互连接。最常用的是 RS232 和 USB 两种,如计算机和打印机或扫描仪等通过 USB 交换信息。下面对两种接口分别加以介绍。

(1) RS-232 通信接口。它是美国电子工业协会 EIA(Electronic Industry Association)制定的一种串行物理接口标准。RS 是英文"推荐标准"的缩写,232 为标识号,C 表示修改次数。RS-232-C 总线标准设有 25 条信号线,包括一个主通道和一个辅助通道。在多数情况下主要使用主通道,对于一般双工通信,仅需几条信号线就可实现,如一条发送线、一条接收线及一条地线。RS-232-C 标准规定的数据传输速率主要有 1200b/s、2400b/s、4800b/s、9600b/s 等。

(2) USB 通信接口。通用串行总线 USB(Universal Serial Bus)是由 Intel、Compaq、Digital、IBM、Microsoft、NEC、Northern Telecom 7 家世界著名的计算机和通信公司共同推出的一种新型接口标准。它基于通用连接技术,实现外部设备的简单快速连接,达到方便用户、降低成本、扩展 PC 连接外部设备范围的目的。它可以为外部设备提供电源,而不像普通的使用串口、并口的设备需要单独的供电系统。另外,快速是 USB 技术的突出特点之一,USB 的最高传输率可达 12Mb/s 比串口快 100 倍。

网络型设备总线最常见的是现场总线(Field Bus)。现场总线是近年来在工业中应用最广的总线,它主要解决工业现场智能仪表、控制器和执行机构等现场设备间的信息交换问题。最常见的现场总线有 RS485 总线、RS422 总线、Profibus 总线、Lonworks 总线和 CAN 总线等。

汽车总线在某种程度上来说,也是一种现场总线,只不过是针对汽车的特殊应用罢了。

下面介绍几种常用的设备总线。

(1) RS-485 总线。当要求通信距离为几十米到上千米时,广泛采用 RS-485 串行总线标准。RS-485 采用平衡发送和差分接收方法,因此具有抑制共模干扰的能力。再加上总线收发器具有高灵敏度,能检测低至 200mV 的电压,故传输信号能在 1000m 以外得到恢复。RS-485 采用半双工工作方式,任何时候只能有一点处于发送状态,因此,发送电路须由使能信号加以控制。RS-485 用于多点互联时非常方便,可以省掉许多信号线。应用 RS-485 可以联网构成分布式系统,其允许最多并联 32 台驱动器和 32 台接收器。

(2) RS-422 总线。RS-422 四线接口由于采用单独的发送和接收通道,因此不必控制数据方向,各装置之间任何必需的信号交换均可以按软件方式(XON/XOFF 握手)或硬件方式(一对单独的双绞线)。RS-422 的最大传输距离为 4000ft(约 1219m),最大传输速率为 10Mb/s。其平衡双绞线的长度与传输速率成反比,在 100kb/s 速率以下,才可能达到最大传输距离。只有在很短的距离下才能获得最高速率传输。一般 100m 长的双绞线上所能获得的最大传输速率仅为 1Mb/s。

(3) 现场总线。现场总线是近年来迅速发展起来的一种工业数据总线,它主要解决工业现场的智能化仪器仪表、控制器、执行机构等现场设备间的数字通信以及这些现场控制设备和高级控制系统之间的信息传递问题。由于现场总线简单、可靠、经济实用等一系列突出的优点,是当今自动化领域技术发展的热点之一,被誉为自动化领域的计算机局域网,它的出现标志着工业控制技术领域又一个新时代的开始,并将对该领域的发展产生重要的影响。在汽车中所使用的 LIN 总线、CAN 总线等均属于现场总线。

(4)汽车总线。随着汽车各系统的控制逐步向自动化和智能化转变,汽车电气系统变得日益复杂。传统的电气系统大多采用点对点的单一通信方式,相互之间少有联系,这样必然会形成庞大的布线系统。无论从材料成本还是工作效率看,传统布线方法都不能适应现代汽车的发展。另外,为了满足各电子系统的实时性要求,需对汽车公共数据(如发动机转速、车轮转速、加速踏板位置等信息)实行共享,而每个控制单元对实时性的要求又各不相同。因此,传统的电气网络已无法适应现代汽车电子系统的发展,于是新型汽车总线技术便应运而生。

1.3 汽车总线

为提高汽车的安全性、舒适性和降低排放,采用计算机为核心的电子控制单元(ECU)越来越多,普通家用轿车上的 ECU 也有几十个,一些高档汽车上的 ECU 多达百个。为便于安装,简化汽车线束,降低成本,实现信息共享,汽车总线应运而生。

1.3.1 汽车车载网络的构成

为满足信息交换的不同需求,将具有同类特点的 ECU 连接在一条总线上。不同总线通过网关(如同枢纽站)连接所组成的电子控制系统则称为汽车车载网络系统。图 1-10 所示为某型汽车车载网络系统构成。它主要由 4 条 CAN 总线、1 条 FlexRay 总线、1 条 MOST 总线、1 条 LIN 总线、1 个网关和具有控制功能的方框组成。

图中每一个方框代表一个 ECU,该 ECU 除完成相应的数据采集控制功能外,还必须具有满足相应总线协议实现信息交换的功能。每条总线连接有不同 ECU,以舒适性车身 CAN 总线为例,该总线将仪表板、胎压监测系统、停车辅助系统、座椅控制模块、空调和车身控制模块的 ECU 连接在一起,既可以在总线内交换信息,也可通过网关和其他 ECU 交换信息。

从图可以看出,汽车车载网络系统主要由 ECU、总线和网关三部分组成,现将各部分功能说明如下。

1) ECU

电子控制单元(ECU)也称为节点,是总线系统中的主要部件。以汽车发动机电子燃油喷射系统为例,其构成如图 1-11 所示。可见具有 CAN 总线通信的 ECU 比原有的独立的 ECU 增加了通信控制器、总线驱动电路和 CAN 总线接口等功能部件。

2) 总线

总线是 ECU 之间传输信息的通道。图 1-11 中用一条粗线或一条细线表示,实际使用时可能是一根、两根或多根导线。以双线制为例,为提高抗干扰能力,多采用双绞线。这样一看,总线貌似非常简单。事实上,总线物理层也就是这么简单,但隐含在总线中,如何保证 ECU 之间的可靠信息交换就非常复杂,这就是总线通信协议。

通信协议是 ECU 之间信息交换规则的标准和约定的集合。它如同我们现实生活中的交通规则,虽然看不见也摸不着,但最影响交通安全,是 ECU 可靠交换信息的保证。所以学习总线技术在某种程度上来说就是学习通信协议。

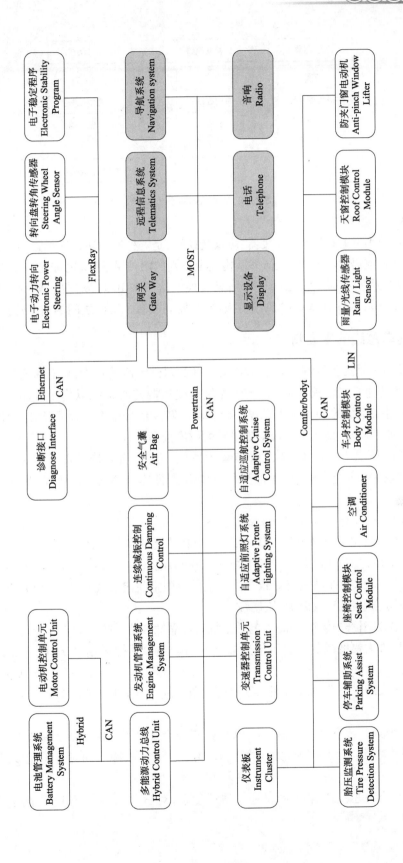

图 1-10 某型汽车车载网络系统

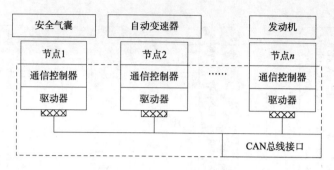

图1-11 汽车发动机系统示意图

3）网关

网关（Gate Way）又称网间连接器、协议转换器，是一种通信协议转换设备。在使用通信协议、数据格式或语言不同，甚至体系结构完全不同的两种系统时，网关是一个翻译器，主要任务是使两个速度不同系统之间进行信息交换。从图1-10可以看出，该网关至少有3个CAN，1个FlexRay和1个MOST总线转换接口，要完成多个协议之间的信息转换。

1.3.2 汽车总线的主要特点

图1-12a）所示为传统汽车布线示意图。以发动机转速信号为例，它来自于发动机控制系统，不仅要传递给仪表板以显示，还要提供给变速器控制系统以作为控制信号，如ABS/ASR系统和悬架系统的ECU。可见仅一个发动机转速信号就至少需要输出4组信号线，如果考虑到各种信号线，则汽车上线束数量将大幅度提高。

图1-12b）所示为采用CAN总线布线示意图。汽车动力传动部分采用CAN_H高速CAN总线和仪表板相连，车身电子控制采用CAN_L低速CAN总线和仪表板相连，线路简单清晰。

由此看来，汽车总线具有如下主要特点：

（1）极大地简化了车辆布线工作，增加了控制系统可靠性，减少了线束数量。据统计，一辆高档汽车采用传统布线，其导线长度可达2000m，电气节点可达1500个，而且该数字大约每十年将增加一倍，导线数量将导致在汽车上的有限空间内安装不便，维修时查找线路过程烦琐。而采用总线通信，线束少，质量轻。

（2）采用数字信号传输，提高了电子系统的可靠性和抗干扰能力。

（3）插接件大幅度减少。由于传感器信号可通过总线提供给各ECU，大量的减少了插接件的数量。

（4）便于安装。汽车总线采用双绞线或一条电缆，上面可挂接多个ECU，无须增加新的线缆。

（5）便于维修，节省维护开销。各ECU具有自诊断和简单的故障处理能力，并能通过总线送往故障诊断接口，便于及时分析故障原因并快速排除故障。同时由于连接线路简单，便于查找故障。

（6）ECU具有总线通信功能，其通信协议复杂，对学习和研发ECU，提出了更高的技术要求。

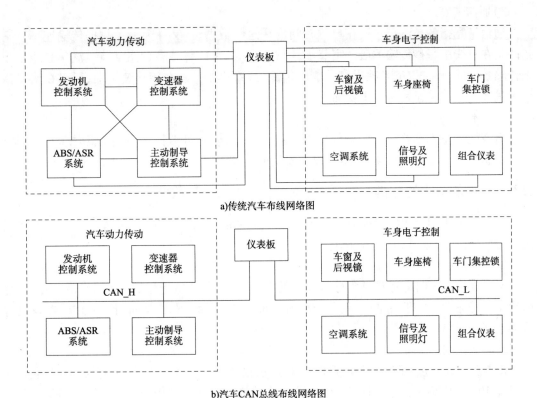

图 1-12 汽车布线网络图

1.3.3 汽车总线的主要技术指标

汽车总线技术的技术指标主要有以下几个。

1) 数据传输速率

数据传输速率是描述数据传输系统的重要技术指标之一。数据传输速率在数值上等于每秒传输构成数据代码的二进制比特数,单位为比特/秒(bit/second),记作 b/s。对于二进制数据,数据传输速率为:$S=1/T$(b/s)。其中,T 为发送每一比特所需要的时间。例如,如果在通信信道上发送一比特 0、1 信号所需要的时间是 0.001ms,那么信道的数据传输速率为 1000000b/s。在实际应用中,常用的数据传输速率单位有:kb/s、Mb/s 和 Gb/s。其中:$1\text{kb/s}=10^3\text{b/s}$,$1\text{Mb/s}=10^6\text{b/s}$,$1\text{Gb/s}=10^9\text{b/s}$。

2) 误码率

误码率 SER(Symbol Error Rate)是衡量数据在规定时间内传输精确性的指标。误码率 = 传输中的误码/所传输的总码数 × 100%。如果有误码就有误码率。另外,也有将误码率定义为用来衡量误码出现的频率。

误码是由于在信号传输中,衰变改变了信号的电压,致使信号在传输中遭到破坏而产生的。噪声、交流电或闪电造成的脉冲、传输设备故障及其他因素都会导致误码率(比如传送的信号是 1,而接收到的是 0;反之亦然)。

3）通信带宽

通信带宽指的是汽车总线在单位时间内传送的数据量,又称为最大数据传输速率。它指的是在总线中每秒传输的最大字节量,用 Mb/s 表示,即每秒多少兆字节。汽车总线是用来传输数据的,所采取的各项提高性能的措施,最终都要反映在传输速率上,所以在诸多指标中最大数据传输速率是最重要的。

4）负载能力

负载能力是汽车总线带负载的能力。该能力强,表明可多挂接一些 ECU 模块。当然,不同的总线的负载是不一样的,所接设备模块的总和不应超过总线的最大负载能力。

1.3.4 汽车总线的分类

美国汽车工程师协会(Society of Automotive Engineers,SAE)下属的汽车网络委员会按照协议特性将汽车总线划分为 A、B、C、D、E 五类。

1）A 类总线

A 类总线是面向传感器或执行器管理的低速网络,其传输速率通常小于 10kb/s。它遵循异步串行通信 UART 标准,主要用于车内分布式电控系统,尤其是面向智能传感器或执行器的数字化通信场合。

2）B 类总线

B 类总线是主要面向车身电子 ECU 和显示仪表等信息共享的中速网络,其传输速率一般在 10 ~ 125kb/s。它遵循 CAN 总线标准 ISO11898-1,其中以控制器局域网络最为著名。

3）C 类总线

C 类总线是主要面向闭环实时控制的多路传输高速网络,传输速率多在 125k ~ 1Mb/s。它主要用于车上动力系统中对通信的实时性要求比较高的场合,主要服务于动力传递系统。在欧洲,汽车厂商大多作为使用"高速 CAN",它实际上就是 ISO11898-1 中位速率高于 125kb/s 的那部分标准。美国则在货车及其拖车、客车、建筑机械和农业动力设备中大量使用专门的通信协议 SAEJ1939。

4）D 类总线

D 类总线是面向多媒体设备、高速数据流传输的高性能网络,传输速率一般在 2Mb/s 以上,主要用于 CD 等播放机和液晶显示设备。它近期才被采纳入 SAE 对总线的分类范畴之中。其带宽范畴相当大,用到的传输介质也有好几种,故又被分为低速(IDB-C 为代表)、高速(IDB-M 为代表)和无线(Bluetooth 为代表)三大范畴。

5）E 类总线

E 类总线主要面向乘务员的安全系统,该协议主要应用于车辆被动安全领域,在其应用场合中可能存在两条或多条总线,完全可以满足下一代汽车在安全领域的要求。

如 Byte flight 是由 BMW、Motorola、Elmos、Infinon 等公司针对应用在汽车主动安全性、被动安全性及车身电子系统指定的网络通信协议。该总线的物理介质为塑料光纤,数据传输速率最高可达 10Mb/s,净传输速率可达 5Mb/s,可能的拓扑形式为星型、总线型等,Byte flight 也因此在车辆被动安全性系统中展示了独特的优势。

1.4 常用汽车总线简介

1.4.1 J1850 总线

J1850 总线是 1994 年由美国汽车工程师协会颁布的标准,之后普及运用于美国车厂的汽车中,如福特(Ford)、通用汽车(General Motor)、克莱斯勒(Chrysler)等。

J1850 在分类上属于 B 类总线,其传输的速率在 20~125b/s。在该总线上消息以数字信号形式的传输,数字信号的显性位优先级高于隐性位优先级。当总线被高优先级的消息占用时,低优先级的消息被停止发送,只有当总线空闲时被停止发送的消息才能被再次发送,这是为了避免总线上消息冲突而导致消息的丢失。在判断是否应该接收总线所传输的消息时,J1850 协议采用全帧比较的方式,即从帧起始位开始移位进行比较,直到帧结束为止。这种非破坏式冲突解决的方法也是该协议的核心。它采用 CRC 校验法则来检测错误帧,当发送站点检测到自己发送的帧信息出现错误时,它会自动中断发送过程。而接收此消息的站点收到这个错误帧时会完全抛弃该帧。

由于 J1850 的实际运用混乱,因此有逐渐淘汰的趋势,最有可能用来取代 J1850 的是低速版的 CAN 总线。目前使用 J1850 的汽车厂(主要是北美)也已经慢慢地过渡到使用 CAN 总线。

1.4.2 TTP/C 总线

TTP/C 协议于 1993 年首次提出,其中 C 是指该协议满足 SAE C 级网络标准。TTP/C 协议是一种基于计算机网络的通信协议,对应 ISO/OSI 七层模型中的物理层、数据链路层和应用层,协议本身主要对数据链路层进行了详细的定义。

TTP/C 传输媒介可以是同轴电缆、双绞线或者光纤,物理层上的信号采用具有同步能力的 MFM 编码进行调制,最大传输速率取决于采用的传输介质。TTP/C 全局采用 TDMA 总线访问方式,每一个节点都在 TDMA 周期内使用自己的时隙来发送数据。通过全局时钟机制,每一个节点都使用自己的时隙进行通信,因此所有节点的通信相互不冲突。TTP/C 网络采用广播方式进行通信,因此网络中所有节点都可收到其他节点发送的数据。同时,TTP/C 的总线监控具有独立于监控节点的电源和同步时钟,也保证了 TTP/C 总线具有更高的安全性与可靠性。

1.4.3 VAN 总线

VAN(Vehicle Area Network)又称车辆局域网,是现场总线的一种,由法国的雷诺汽车公司和标致集团联合开发。VAN 作为专门为汽车开发的总线,1994 年成为国际标准。VAN 通信介质简单,位传输速率可达 1Mb/s。按 SAE 的分类标准属于 C 类。

VAN 符合 ISO/OSI 通信协议模型,协议本身只对物理层和数据链路层做了详细定义。该总线支持分布式实时控制的通信网络,可广泛应用于汽车门锁、电动车窗、空调、自动报警以及娱乐控制等系统。VAN 总线作为串行通信网络,与一般总线相比,其数据通信具有突出的可靠性、实时性和灵活性。VAN标准特别考虑了严峻的环境温度、电磁干扰和振动因素，尤其适用于需要现场总线的实时控制系统。现在，VAN在世界汽车生产中已经得到大批量的应用。

VAN总线的应用形式主要有两种，一种为单一VAN网络，另一种为VAN-CAN混合网络。当前世界各汽车厂商由于各种原因而采用不同总线，尽管VAN已经成为国际标准，但是真正得到应用主要在法国，在我国的中法合资汽车厂也都采用VAN总线。VAN总线作为CAN总线的主要竞争者，具有较高的性价比和广阔的应用前景。

1.4.4 LIN总线

LIN总线是一种低成本的串行通信网络，用于实现汽车中的分布式电子系统控制。LIN的目标是为现有汽车网络（例如CAN总线）提供辅助功能，因此LIN总线是一种辅助的总线网络。在不需要CAN总线的带宽和多功能的场合，比如智能传感器和制动装置之间的通讯使用LIN总线可大大节省成本。LIN总线的出现使得人们可以采用更低成本的解决方案来补充汽车高端CAN总线的不足。LIN最初的设计目的是用于汽车电子控制系统，但LIN作为一个开放的协议在诸如工业控制及家电领域也有广泛的应用地位和前景。

图1-13所示为汽车车身控制模块图，门控制器为总线从设备，它们都挂接在LIN总线上，单线连接，极大地减少了成本。LIN总线与CAN总线之间通过网关来完成信息交换。

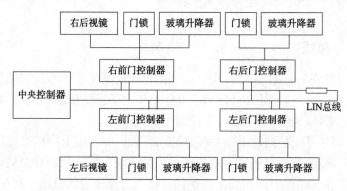

图1-13 汽车车身控制模块

LIN通信是基于SCI(UART)数据格式，采用单主控制器/多从设备的总线拓扑结构，仅使用一根12V信号总线和一个无固定时间基准的节点同步时钟线。这种低成本的串行通信模式和相应的开发环境已经由LIN协会制定成标准。LIN的标准化将为汽车制造商以及供应商在研发应用操作系统降低成本。

1.4.5 CAN总线

CAN总线又称作汽车总线，是一种现场总线（区别于办公总线），最早由德国BOSCH公司提出，用于汽车内部测量与执行部件之间的数据通信。其总线规范现已被ISO国际标准组织制定为国际标准，已广泛应用在离散控制领域。

图1-14为CAN总线主电动机控制结构示意图，车辆主发动机控制模块功能包括电动机控制系统、多能源动力系统模块和其余几个模块，模块之间采用CAN总线通信。

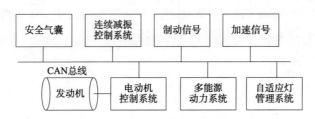

图 1-14 汽车主电动机控制结构

CAN 协议的模型结构只有三层。其信号传输介质为双绞线,通信速率可达 40m/1Mb/s,直接传输距离可远达 10km/5kb/s,可挂接设备最多可达 110 个。CAN 的信号传输采用短帧结构,每一帧的有效字节数为 8 个,因而传输时间短,受干扰的概率低。当节点严重错误时,具有自动关闭的功能以切断该节点与总线的联系,使总线上的其他节点及其通信不受影响,具有较强的抗干扰能力。

CAN 支持多主方式工作,网络上任何节点均可在任意时刻主动向其他节点发送信息,支持点对点、一点对多点和全局广播方式接收/发送数据。它采用总线仲裁技术,当出现几个节点同时在网络上传输信息时,优先级高的节点可继续传输数据,而优先级低的节点则主动停止发送,从而避免总线冲突。

已有多家公司开发生产了符合 CAN 协议的通信芯片,如 Intel 公司的 82527、Motorola 公司的 MC68HC908AZ60Z 和 Philips 公司的 SJA1000 等。还有插在 PC 上的 CAN 总线适配器,具有接口简单、编程方便、开发系统价格便宜等优点。

1.4.6　MOST 总线

MOST(Media Oriented Systems Transport)总线是一种高速媒体总线,主要应用在车载多媒体设备上或家庭多媒体设备上,它为用户提供了一种低成本的标准媒体接口。MOST 总线是一种以光纤作为物理载体的环形总线,它能够传输最高达 25Mb/s 的数据流。提供 MOST 总线接口的设备可以方便地挂接到总线上或从总线上去除。由于它是以光纤为载体的总线系统,所以它大大地提高了车载设备的信号传输质量,并且大大减轻了车内线束的质量负担。

与传统汽车总线相比,MOST 总线有以下特点:

(1)高速网络。MOST 总线最高时能够传输高达 25Mb/s 的同步/非同步信号,这个速度能够满足大多数媒体设备的要求。

(2)抗干扰。MOST 总线采用光纤作为物理介质,这就大大地降低了传输时受到的其他电气设备电磁干扰,从而大大提高了信号的信噪比。

(3)更轻的质量。MOST 总线的物理结构决定了挂在 MOST 总线上的设备间通信不需要再增加其他连接方式,所有的设备都通过光纤连接,这就大大地减轻了传输介质的质量。

(4)更大的灵活性。MOST 总线的逻辑特性决定了,总线上只有一个主节点,其他节点可以根据情况灵活的挂接或去除,所有的从节点在享用总线的地位上是平等的。

(5)能够适应多种数据。在 MOST 总线上,传输诸如音、视频流这种同步数据,也可以传输基于其他数据传输协议的非同步数据。

(6)丰富的外部设备供应。由于 MOST 总线目前已经广泛使用在汽车工业中,目前已有包括 BMW、Audi、VW、Daimler Chrysler 等知名汽车制造商加入了 MOST 阵营，随着 MOST 总线标准化进程的加快，将有更多的厂商加入这一阵营。

1.4.7　FlexRay 总线

1999 年 9 月，由 BMW 公司和 Daimler Chrysler 公司开始着手进行 FlexRay 研究。2000 年，它们联合 Philips 公司（现 NXP 公司）、Motorola 公司（现 Rescale 公司）、BOASH 公司、GM 公司和 VW 公司等创建了 FlexRay 联盟，这 7 家公司集汽车、半导体和电子系统制造商于一体，制定了满足未来车内控制应用通信需求的 FlexRay 通信协议。

FlexRay 是一种用于汽车的高速、可确定性的，具备故障容错能力的总线技术，它将事件触发和时间触发两种方式相结合，具有高效的网络利用率和系统灵活性特点，可以作为新一代汽车内部网络的主干网络。FlexRay 是汽车工业的事实标准。它的出现使传统的控制系统结构产生了革命性的变化，并形成了新型网络化数字化分布式控制系统。

FlexRay 具有广泛的应用领域：

（1）替代 CAN 总线。在数据速率要求超过 CAN 的应用中会采用两条或多条 CAN 总线来实现，FlexRay 将是替代这种多总线解决方案的理想技术。

（2）用做"数据主干网"。FlexRay 具有很高的数据速率，且支持多种拓扑结构，非常适合于车辆骨干网络，用于连接多个独立网络。

（3）用于分布式控制系统。分布式控制系统用户要求确切知道消息到达的时间，且消息周期偏差非常小，这使得 FlexRay 成为具有严格实时要求的分布式控制系统的首选技术，能够应用于如动力系统、底盘系统的一体化控制中。

（4）用于高安全性要求的系统。FlexRay 本身不能确保系统安全，但它具备大量功能可以支持面向安全的系统（如 x-by-wire 系统）设计。

1.5　如何学好这门课

这门课是汽车总线技术及应用，是以汽车总线为核心，以概念、理论、技术为基础、以实际中的应用为目标，因此学习的内容一是概念、理论的掌握，二是实际操作和实践应用。学习是一个循序渐进的过程，对汽车总线技术的学习和理解也是随着其技术的不断发展而不断更新的过程。子曰"工欲善其事，必先利其器"。只有从最基本的原理出发，打好基础，才能在今后的学习中融会贯通，更进一步深入学习相关知识点和拓宽知识面。

1.5.1　科学地阅读

书籍好比食品。有些只需浅尝，有些可以吞咽，少数需要仔细咀嚼，慢慢品味。所以，有的书只需读其中的一部分，有的书只需知其梗概，而对于少数好书，则应通读、细读、反复读。

课程的内容在学习过程中，学生一定要在课堂上集中注意力，主动地探求未知的知识。首先将基本概念熟记于心，公式、计算等需要亲笔写一遍，这样不仅能加深记忆，还可以检查书写。培根说过：书写使人准确。好记性不如烂笔头，课堂上、实验时都要做好笔记，及时整理,手脑并用,可以为以后的复习使用提供帮助。其次,在听过老师讲解之后,要能对于没有听明白的或者产生不同看法的地方,提出质疑、敢于提出自己的观点和看法。

阅读一本书应包括:

(1)首先要主动阅读,也就是说带着问题看书。

(2)其次要检视阅读,即有系统的速读。利用目录、前言、索引以及重点段落、开头、结尾等部分,快速掌握一本书的内容。

(3)最后要分析阅读,即精细的阅读一本书,得到作者的观点、思路、目的,然后重新整理文章的前因后果,提出问题并思考。

1.5.2 如何变得更"聪"明

如图 1-15 所示,聪明的人往往是能做到眼睛和耳朵不断地接收新的知识,心中不断思考、联想,"思而明,不思则暗",听课是学生课堂学习的一种主要形式,听课的过程离不开思考。在课堂上认真积极思考,就是要思考所学内容的来龙去脉,与已学知识的联系以及在实际中的应用。在学习知识的同时,学会如何运用科学的思维方法,发展能力。

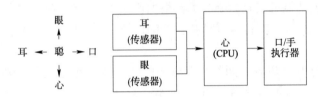

图 1-15 "聪"字的解说

1.5.3 理论与实践相结合

自主学习的过程中要学会查阅资料和交流。在学习的过程中要学会发现问题,及时解决。在学习的过程中,要多练习课本中的实验,体会每一个模块的功能。

汽车总线技术及应用是以技术为依托,实际的应用为目的,所以在每节课之后,应该利用飞思卡尔实验板做好每一个实验,提高动手能力,掌握实际调试方法,积累经验,为以后的学习使用奠定坚实的基础。实验时要仔细,多动手去调试程序,通过实验理论联系实际,提高自己的动手能力。实验中学到的知识是课堂上学不到的,但恰恰在应用中又是非常重要的。

小 结

总线是信息传输的通道,是计算机网络化的产物。从物理层面来看,总线仅仅是在众多ECU 间采用若干导线的互联,看似简单,但在实际应用中时涉及通信控制器和总线驱动器的应用,尤其是通信协议时,就会极为复杂。本章简要介绍了总线的基本概念和总线的分类,在此基础上,着重介绍了汽车车载网络的系统构成,汽车总线的主要性能指标、分类与特点等,并简要介绍了几种常见的汽车总线。

习 题

一、填空题

1. 信息进行通信时所必须遵守的规定或规则称为_____。
2. I²C 总线采用_____根信号线，SPI 总线采用_____根信号线。
3. TTP/C 协议是一种基于_____的通信协议，对应 ISO/OSI 七层模型中的_____、_____和_____，协议本身主要对数据链路层进行了详细的定义。
4. CAN 协议也是建立在国际标准组织的开放系统模型基础上的，不过，其模型结构只有_____层。其信号传输介质为_____，可挂接设备最多可达_____个。
5. 汽车总线主要的性能指标包括_____、_____、_____、_____和_____。

二、简答题

1. 汽车总线的优点有哪些？
2. 从专业上来讲，总线主要实现什么功能？
3. 汽车总线根据功能可以分为哪几类？根据用途可以分为哪几类？
4. 什么是 MOST 总线？其特点有哪些？发动机控制单元属于（A/B/C/D/E）5 类总线的哪一类？
5. 说一说总线与单词 BUS 之间都有哪些相似点，并列出它们之间的对应关系。
6. PC 连接打印机、显示器、投影仪的属于哪一类总线？
7. 汽车车载网络由哪几部分构成？
8. 谈谈你对于汽车现场总线的认识。

第 2 章　计算机网络与现场总线

网络是由节点和连线构成,表示诸多对象及其相互联系。计算机网络是计算机技术和通信技术相结合的产物,它利用通信线路将地理上分散的、具有独立功能的计算机系统和通信设备按不同的形式连接起来,以功能完善的网络软件及协议来实现资源共享和信息传递的系统。现场总线是当今自动化领域技术发展的热点之一,它是应用在生产现场、在微机化测控设备之间实现多节点数字通信的系统。它也称为开放式、数字化、多点通信的底层控制网络,被誉为自动化领域的计算机局域网。从某种意义上来说,现场总线是为保证控制设备可靠性对计算机网络的简化。本章所介绍的计算机网络与现场总线知识,有助于汽车总线技术的学习。

2.1　计算机网络简介

计算机网络,是指将地理位置不同的具有独立功能的多台计算机及其外部设备,通过通信线路连接起来,在网络操作系统、网络管理软件及网络通信协议的管理和协调下,实现资源共享和信息传递的计算机系统。简单地说,计算机网络就是通过电缆、电话线或无线通信将两台以上的计算机互连起来的集合。计算机网络的发展经历了面向终端的单级计算机网络、计算机网络对计算机网络和开放式标准化计算机网络三个阶段。

2.1.1　主要功能

计算机网络主要具有三大功能,分别为:数据通信、资源共享、分布处理。

1) 数据通信

数据通信是计算机网络最基本的功能。它用来快速传送计算机与终端、计算机与计算机之间的各种信息,包括文字信件、新闻消息、咨询信息、图片资料、报纸版面等。利用这一特点,可实现将分散在各个地区的单位或部门用计算机网络联系起来,进行统一的调配、控制和管理。

2) 资源共享

"资源"指的是网络中所有的软件、硬件和数据资源。"共享"指的是网络中的用户都能够部分或全部地享用这些资源。例如,某些单位设计的软件可供需要的地方有偿调用或办理一定手续后调用;一些外部设备如打印机,可面向用户,使不具有这些设备的地方也能使用这些硬件设备;某些地区或单位的数据库(如飞机机票、饭店客房等)可供全网使用。

3) 分布处理

当某台计算机负担过重,或该计算机正在处理某项工作时,网络可将新任务转交给空闲的计算机来完成,这样处理能均衡各计算机的负载,提高处理问题的实时性;对大型综合性问题,将问题各部分交给不同的计算机处理,可充分利用网络资源,扩大计算机的处理能力,即增强实用性;对复杂问题,可多台计算机联合使用并构成高性能的计算机体系,比单独购置高性能的大型计算机节约成本。

2.1.2 分类

虽然网络类型的划分标准各种各样,但是以地理范围来划分是一种大家都认可的通用网络划分标准。按这种标准可以把各种网络类型划分为个人区域网、局域网、城域网和广域网四种。

1）个人区域网

个人区域网(Personal Area Network,PAN)就是在个人工作地方把属于个人使用的电子设备(如便携式计算机等)用无线技术连接起来的网络,因此也常称为无线个人区域网WPAN(Wireless PAN),其范围在14m左右。

2）局域网

局域网(Local Area Network,LAN)是指在小范围内将多种通信设备互联起来构成的通信网络。局域网一般用微型计算机或工作站通过高速通信线路相连(速率通常在10Mb/s以上),但地理上则局限在较小的范围(如1km左右)。在局域网发展的初期,一个学校或工厂往往只拥有一个局域网,但现在局域网已被广泛使用,一个学校或企业大都拥有许多个互连的局域网(这样的网络常称为校园网或企业网)。

3）城域网

城域网(Metropolitan Area Network,MAN)的作用范围一般是一个城市,可跨越几个街区甚至整个的城市,其作用距离为5~50km。城域网可以被一个或几个单位所拥有,也可以是一种公用设施,用来将多个局域网进行互连。目前很多城域网采用的是以太网技术,因此有时也常并入局域网的范围进行讨论。

4）广域网

广域网(Wide Area Network,WAN)的作用范围通常为几十千米到几千千米,因而有时也称为远程网(Long Haul Network)。广域网是因特网的核心部分,其任务是长距离(例如,跨越不同的国家)运输主机所发送的数据。连接广域网各节点交换机的链路一般都是高速链路,具有较大的通信容量。

2.1.3 拓扑结构

拓扑结构一般指点和线的几何排列或组成的几何图形。计算机网络的拓扑结构是指一个网络的通信链路和节点的几何排列或物理布局图形,链路是网络中相邻两个节点之间的物理通路,节点指计算机和有关的网络设备,甚至指一个网络。按拓扑结构,计算机网络可分为以下五类。

1）总线形网络

由一条高速公用总线连接若干个节点所形成的网络即为总线形网络,拓扑结构如图2-1所示。

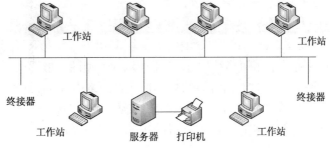

图 2-1 总线形网络结构示意图

总线形网络的特点主要是结构简单灵活,传输速率高,可达 1~100Mb/s,便于扩充,是一种很容易建造的网络。由于多个节点共享一条传输信道,故信道利用率高,但容易产生访问冲突,总线形网络常因一个节点出现故障(如接头接触不良等)而导致整个网络不通,因此可靠性不高。

2)环形网络

环形网络中各节点通过环路接口连在一条首尾相连的闭合环形通信线路中,环上任何节点均可请求发送信息,图 2-2 所示是环形网络拓扑图。

环形网络的主要特点是信息在网络中沿固定方向流动,两个节点间仅有唯一的通路,大大简化了路径选择的控制;某个节点发生故障时,可以自动旁路,可靠性较高;当网络确定时,其延时固定,实时性强。由于信息是串行穿过多个节点环路接口,当节点过多时,使网络响应时间变长。

环形网也是微机局域网常用的拓扑结构之一,如企业实时信息处理系统和工厂自动系统,以及某些校园网的主干网常采用环网。

3)星形网络

星形拓扑是以中央节点为中心与各节点连接组成的,多节点与中央节点通过点到点的方式连接。拓扑结构如图 2-3 所示,中央节点执行集中式控制策略,因此中央节点相当复杂,负担比其他各节点重得多。

星形网络的特点是:网络结构简单,便于管理;控制简单,建网容易;网络延迟时间较短,误码率较低;网络共享能力较差;通信线路利用率不高;中央节点负荷太重。

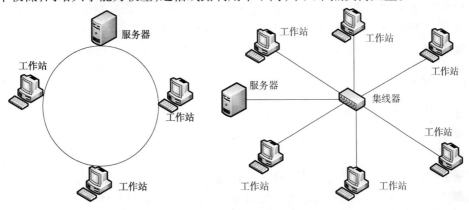

图 2-2 环形网络结构示意图   图 2-3 星形网络结构示意图

4）树形网络

在实际建造一个大型网络时，往往是采用多级星形网络，将多级星形网络按层次方式排列即形成树形网络。我国电话网络即采用树形结构，其由五级星形网构成。著名的因特网（Internet）从整体上看也是采用树形结构，图2-4所示为典型的树形网络。

树形网络的主要特点是结构比较简单，成本低。在网络中，任意两个节点之间不产生回路，每个链路都支持双向传输。网络中节点扩充方便灵活，寻找链路路径比较方便。但在这种网络系统中，除叶节点及其相连的链路外，任何一个节点或链路产生的故障都会影响整个网络。

5）网状形网络

网状形网络是广域网中最常用的一种网络形式，是典型的点到点结构，如图2-5所示。

网状形网的主要特点是，网络可靠性高，一般通信子网的任意两个节点交换机之间，存在着两条或两条以上的通信路径。这样，当一条路径发生故障时，还可以通过另一条路径把信息送到节点交换机。另外，可扩充性好，该网络无论是增加新功能，还是要将另一台新的计算机入网，以形成更大或更新的网络时，都比较方便；网络可建成各种形状，采用多种通信信道，多种传输速率。

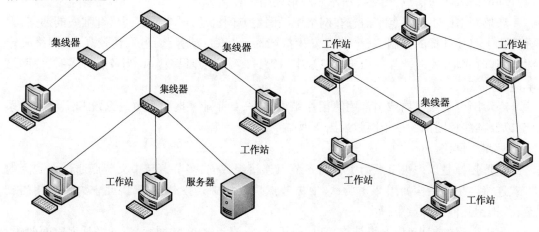

图2-4 树形网结构示意图　　　　图2-5 网状形网络拓扑结构

以上介绍了五种基本的网络拓扑结构，事实上以此为基础，还可构造出一些复合型的网络拓扑结构。例如，中国教育科研计算机网络（CERNET）可认为是网状形网络、树形网络和环形网络的复合，其主干网为网状形结构，连接的每一所大学大多是树形结构或环形结构。

2.1.4 性能指标

评价计算机网络的性能指标，主要从速率、带宽、吞吐量、时延、时延带宽积、往返时间RTT及利用率等几个指标进行评价。下面对主要指标进行详细介绍。

1）速率

网络技术中的速率指的是连接在计算机网络上的主机在数字信道上传送数据的速率，它也称为数据率（Data Gate）或比特率（Bit Rate）。速率是计算机网络中最重要的一个性能指标，其单位是b/s。当数据率较高时，就可以用kb/s或Tb/s。现在人们常用更简单的并且是很不严格的记法来描述网络的速率,如100M以太网,而省略了单位中的b/s,它的意思是速率为100Mb/s的以太网。

2)带宽

在计算机网络中,带宽用来表示网络的通信线路所能传送数据的能力,因此网络带宽表示在单位时间内从网络中的某一点到另一点所能通过的"最高数据率"。带宽的单位是"比特每秒",记为b/s。在这种单位的前面也常常加上k、M、G或T这样的倍数。

3)吞吐量

吞吐量(Throughput)表示在单位时间内通过某个网络(或信道、接口)的数据量。吞吐量更经常地用于对现实世界中的网络的一种测量,以便知道实际上到底有多少数据量能够通过网络。显然,吞吐量受网络的带宽和网络的额定速率所限制。例如,对于一个100Mb/s的以太网,其额定速率是100Mb/s,那么这个数值也是该以太网的吞吐量的绝对上限值。因此,对100Mb/s的以太网,其典型的吞吐量可能也只有70Mb/s。这里需要注意的是,有时吞吐量还可用每秒传送的字节数或帧数来表示。

4)时延

时延(Delay或Latency)是指数据(一个报文或分组,甚至比特)从网络(或链路)的一端传送到另一端所需的时间。时延是个很重要的性能指标,它有时也称为延迟或迟延。需要注意的是,网络中的时延是由以下几个不同的部分组成的:

(1)发送时延。发送时延(Transmission Delay)是主机或路由器发送数据帧所需要的时间,也就是从发送数据帧的第一个比特算起,到该帧的最后一个比特发送完毕所需的时间。因此发送时延也称为传输时延。发送时延的计算公式为:

$$发送时延 = \frac{数据帧长度(b)}{信道带宽(b/s)}$$

(2)传播时延。传播时延(Propagation Delay)是电磁波在信道中传播一定的距离需要花费的时间。传播时延的计算公式为:

$$传播时延 = \frac{信道长度(m)}{电磁波在信道上的传播速率(m/s)}$$

以上两种时延很容易混淆,但只要理解这两种时延发生的地方就不会把它们弄混。发送时延发生在机器内部的发送器中(一般发生在网络适配器中),而传播时延则发生在机器外部的传输信道媒体上。

(3)处理时延。主机或路由器在收到分组时要花费一定的时间进行处理,例如分析分组的首部、从分组中提取数据部分、进行差错检验或查找适当的路由等,这就产生了处理时延。

(4)排队时延。分组在经过网络传输时,要经过许多的路由器。但分组在进入路由器后要先在输入队列中排队等待处理。在路由器确定了转发接口后,还要在输出队列中排队等待转发。这就产生了排队时延。排队时延的长短往往取决于网络当时的通信量。当网络的通信量很大时会发生队列溢出,使分组丢失,这相当于排队时延为无穷大。

这样,数据在网络中经历的总时延就是以上四种时延之和:

$$总时延 = 发送时延 + 传播时延 + 处理时延 + 排队时延$$

5)时延带宽积

把以上讨论的网络性能的两个度量:传播时延和带宽相乘,就得到另一个很有用的度量:传播时延带宽积,即:

$$时延带宽积 = 传播时延 \times 带宽$$

例如,设某段链路的传播时延为20ms,带宽为10Mb/s。算出时延带宽积为$20 \times 10^{-3} \times 10 \times 10^{6} = 2 \times 10^{5}$ bit。这就表示,若发送端连续发送数据,则在发送的第一个比特即将达到终点时,发送端就已经发送了20万个比特,而这20万个比特都只在链路上向前移动。因此,链路的时延带宽积又称为以比特为单位的链路长度。

6)往返时间 RTT

在计算机网络中,往返时间 RTT(Round-Trip Time)也是一个重要的性能指标,它表示从发送方发送数据开始,到发送方收到来自接收方的确认(接收方收到数据后便立即发送确认)总共经历的时间。对于上述例子,往返时间 RTT 是40ms,而往返时间和带宽的乘积是4×10^{5}(bit)。在互联网中,往返时间还包括各中间节点的处理时延、排队时延以及转发数据时的发送时延。

7)利用率

利用率有信道利用率和网络利用率两种。信道利用率指出某信道有百分之几的时间是被利用的(有数据通过)。完全空闲的信道的利用率是零。网络利用率则是全网络的信道利用率的加权平均值。信道利用率并非越高越好,因为根据排队论的理论,当某信道的利用率增大时,该信道引起的时延也就迅速增加。如果令 D_0 表示网络空闲时的时延,D 表示网络当前的时延,那么在适当的假定条件下,可以用下面的公式来表示 D、D_0 和利用率 U 之间的关系:

$$D = \frac{D_0}{1-U}$$

当网络的利用率达到其容量的1/2时,时延就要加倍。由此可知:当网络的利用率接近最大值1时,网络的时延就趋于无穷大,即信道或网络利用率过高会产生非常大的时延。

2.2 计算机网络系统的组成

计算机网络系统是一个集计算机硬件设备、通信设施、软件系统及数据处理为一体的,能够实现资源共享的现代化综合服务系统。图2-6所示是某学校校园网系统的结构示意图。计算机网络系统的组成主要可分为两个部分,即硬件系统和软件系统。

2.2.1 硬件系统

硬件系统是计算机网络的基础。硬件系统由计算机、通信设备、连接设备及辅助设备组成。下面介绍几种网络中常用的硬件设备。

1)服务器

服务器(Server)是一台速度快,存储量大的计算机,它是网络系统的核心设备,负责网络资源管理和用户服务。在互联网中,服务器之间互通信息,相互提供服务,每台服务器的地位是同等的。由图 2-7 可知,服务器的硬件主要由 CPU、内存、PCI 总线架构、网卡、硬盘和风扇等构成。

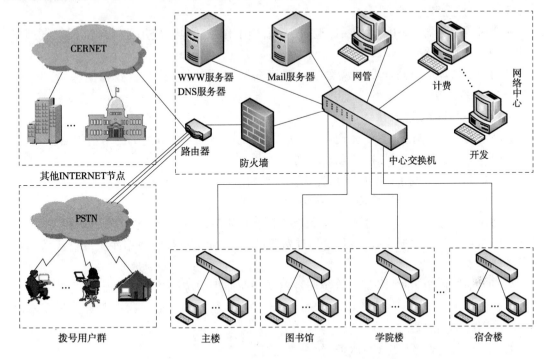

图 2-6　学校校园网系统结构示意图

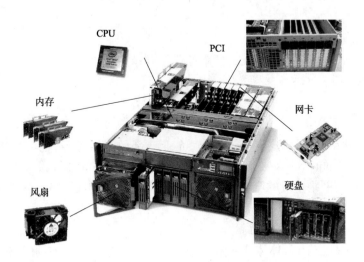

图 2-7　服务器硬件关键组件

服务器按照用途可分为以下的五类,对于每一类服务器的性能一般有着不同的要求。

(1)面向计算类的服务器。这类服务器面向科学计算、数学模型分析等,要求具有很高的 CPU 计算能力,一般具有:

①高档 CPU。

②多 CPU 技术,支持对称多处理与非对称多处理技术。

③对内存容量要求很高。
④需要较高的高速缓冲技术。
⑤强大的浮点运算能力。

一般这类服务器,采用大型机(巨型机)或高档工作站。典型应用如气象部门天气预报的计算,大型的统计预测等。

(2) 面向数据库的服务器。这类服务器面向数据库计算,其上装载数据库管理系统(DBMS),一般具有:

①较好的并行处理能力。
②高速的I/O吞吐量,具体体现在磁盘(硬盘)的读写速率和高速的网络适配器上。
③较大的磁盘容量,可以配置磁盘阵列。
④配置数据备份设备,如磁带机,配置备份策略。
⑤如果是分布数据库计算模式,要求有较高的网络带宽。

一般这类服务器,采用专用服务器设备,企业或部门级服务器,也可采用高档工作站。典型应用如银行中心数据库服务器,电信计费服务器,企业信息系统数据库服务器或数据仓库服务器。

(3) 面向应用系统的服务器。这类服务器是企业使用的应用系统服务器,其上装载运行着各种企业应用系统,一般属于 Client/Server 计算体系结构的应用。这类服务器根据不同的具体应用有不同的要求:

如作联机分析处理(OLAP)服务器,一般具有:

①较好的并行与异步处理能力。
②浮点运算能力。
③较高的网络带宽。

如作办公自动化(OA)服务器或文件服务器,一般具有:

①较高的安全性。
②较高的I/O。
③较高的网络带宽。

一般这类服务器,采用专用服务器设备,企业或部门级服务器,也可采用高档工作站。典型应用如企业的 Lotus Notes 服务器或 MS Exchange Server 服务器。

(4) 面向通信与网络系统的服务器。这类服务器面向通信和网络服务,一般具有:

①实时性要求,处理延时较短。
②较高的并行与异步处理能力。
③高速的I/O吞吐量,具体体现在磁盘(硬盘)的读写速率和高速的网络适配器上。
④较大的磁盘容量,可以配置磁盘阵列。
⑤配置数据备份设备,如磁带机,配置备份策略。
⑥较高的安全性。
⑦较高的网络带宽。

一般这类服务器,采用专用服务器设备,或采用高档工作站。典型应用如 Web 服务器,大型电子邮件服务器。

(5)面向多媒体与视像会议的服务器。这类服务器面向多媒体通信或多媒体网络服务,一般具有:

①大容量磁盘存储器,可以配置磁盘阵列。

②较高的视像实时性要求,处理延时短。

③高速的 I/O 吞吐量,具体体现在磁盘(硬盘)的读写速率和高速的网络适配器上。

④足够高的网络带宽,一般采用 ATM 交换机。

一般这类服务器,采用专用服务器设备,或采用高档工作站。典型应用如视像会议系统、VOD 系统等。

(6)面向可视化与虚拟现实应用的服务器。这类服务器面向多媒体,特别是图像处理业务,一般具有:

①高档 CPU 或多 CPU 技术,支持对称多处理与非对称多处理技术。

②对内存容量要求很高。

③需要较高的高速缓冲技术。

④强大的浮点运算能力。

⑤较高的并行处理能力。

⑥具有高级图形处理能力的显示适配器。

⑦高分辨率的显示器。

2)工作站

工作站是一种高端的通用微型计算机。它具有为了单用户使用并提供比个人计算机更强大的性能,尤其是在图形处理和任务并行方面。通常配有高分辨率的大屏、多屏显示器及容量很大的内存储器和外部存储器,并且具有极强的信息和高性能的图形、图像处理功能的计算机。另外,连接到服务器的终端机也可称为工作站。

工作站根据软、硬件平台的不同,一般分为基于 RISC(精简指令系统)架构的 UNIX 系统工作站和基于 Windows、Intel 的 PC 工作站:

(1)UNIX 工作站是一种高性能的专业工作站,具有强大的处理器(以前多采用 RISC 芯片)和优化的内存、I/O(输入/输出)、图形子系统,使用专有的处理器(Alpha、MIPS、Power 等)、内存以及图形等硬件系统,专有的 UNIX 操作系统,针对特定硬件平台的应用软件,彼此互不兼容。

(2)PC 工作站则是基于高性能的 X86 处理器之上,使用稳定的 Windows NT 及 Windows2000、Windows XP 等操作系统,采用符合专业图形标准(Open GL)的图形系统,再加上高性能的存储、I/O(输入/输出)、网络等子系统,来满足专业软件运行的要求;以 NT、WIN2000、XP 为架构的工作站采用的是标准、开放的系统平台,能最大程度的降低成本。

另外,根据体积和便携性,工作站还可分为台式工作站和移动工作站。台式工作站类似于普通台式计算机,体积较大,但性能强劲,适合专业用户使用,图 2-8 所示为惠普品牌的 Z 系列台式工作站;移动工作站其实就是一台高性能的笔记本式计算机。但其硬件配置和整体性能又比普通笔记本式计算机高一个档次,图 2-9 所示为联想品牌的移动工作站。

3)网卡

网卡又称为网络适配器(Network Adapter),网络接口卡 NIC(Network Interface Card),它

是计算机和计算机之间直接或间接传输介质互相通信的接口,它插在计算机的扩展槽中,如图 2-10 所示。一般情况下,无论是服务器还是工作站,都应安装网卡。网卡的作用是将计算机与通信设施相连接,将计算机的数字信号转换成通信线路能够传送的电子信号或电磁信号。网卡是物理通信的瓶颈,它的好坏直接影响用户将来的软件使用效果和物理功能的发挥。

图 2-8　台式工作站

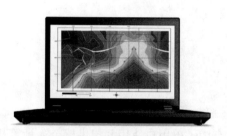

图 2-9　移动工作站

图 2-10　网卡

在选择网卡时主要有以下几个性能指标:

(1)网络类型。比较流行的有以太网、令牌环网、FDDI 网等,选择时应根据网络的类型来选择相对应的网卡。

(2)传输速率。根据服务器或工作站的带宽需求并结合物理传输介质所能提供的最大传输速率来选择网卡的传输速率。以以太网为例,可选择的速率就有 10Mb/s,100Mb/s,1000Mb/s,甚至 10Gb/s 等多种,但不是速率越高就越合适。

(3)总线类型。计算机中常见的总线插槽类型有:ISA、EISA、VESA、PCI 和 PCMCIA 等。在服务器上通常使用 PCI 或 EISA 总线的智能型网卡,工作站则采用可用 PCI 或 ISA 总线的普通网卡,在笔记本式计算机则用 PCMCIA 总线的网卡或采用并行接口的便携式网卡。PC 基本上已不再支持 ISA 连接,而应当选购 PCI 网卡。

(4)网卡支持的电缆接口。网卡最终是要与网络进行连接,所以也就必须有一个接口使网线通过它与其他计算机网络设备连接起来。不同的网络接口适用于不同的网络类型,常见的接口主要有以太网的 RJ-45 接口、细同轴电缆的 BNC 接口和粗同轴电缆 AUI 接口、FDDI 接口等。

①RJ-45 接口(图 2-11)。这是最为常见的一种网卡,也是应用最广的一种接口类型网卡,这主要得益于双绞线以太网应用的普及。因为这种 RJ-45 接口类型的网卡就是应用于以双绞线为传输介质的以太网中,它的接口类似于常见的电话接口 RJ-11,但 RJ-45 是 8 芯线,而电话线的接口是 4 芯的,通常只接 2 芯线(ISDN 的电话线接 4 芯线)。在网卡上还自

带两个状态指示灯,通过这两个指示灯颜色可初步判断网卡的工作状态。

②BNC 接口(图 2-12)。这种接口网卡对应用于以细同轴电缆为传输介质的以太网或令牌网中,这种接口类型的网卡较少见,主要因为用细同轴电缆作为传输介质的网络比较少。

图 2-11　RJ-45 接口　　　　　　　图 2-12　BNC 接口

③AUI 接口(图 2-13)。这种接口类型的网卡对应用于以粗同轴电缆为传输介质的以太网或令牌网中,这种接口类型的网卡更是很少见。

④FDDI 接口(图 2-14)。这种接口的网卡是适应于 FDDI(光纤分布数据接口)网络中,这种网络具有 100Mb/s 的带宽,但它所使用的传输介质是光纤,所以这种 FDDI 接口网卡的接口也是光纤接口的。随着快速以太网的出现,它的速度优越性已不复存在,但它须采用昂贵的光纤作为传输介质的缺点并没有改变,所以也非常少见。

4)调制解调器

调制解调器(Modem)是 Modulator(调制器)与 Demodulator(解调器)的简称,中文称为调制解调器,根据谐音,又称之为"猫"。它是在发送端通过调制将数字信号转换为模拟信号,而在接收端通过解调再将模拟信号转换为数字信号的一种装置。调制解调器的作用是将计算机与公用电话线相连接,使得现有网络系统以外的计算机用户,能够通过拨号的方式利用公用电话网访问计算机网络系统。这些计算机用户被称为计算机网络的增值用户。增值用户的计算机上可以不安装网卡,但必须配备一个调制解调器。图 2-15 所示为 TP-LINK 公司的一款调制解调器。

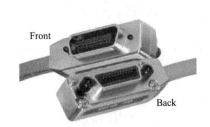 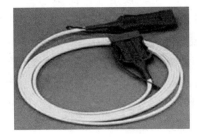 

图 2-13　AUI 接口　　　　　图 2-14　FDDI 接口　　　　　图 2-15　调制解调器

调制解调器的常用性能指标有:

(1)传输速率。调制解调器的速率以每秒位数(b/s)为单位,有时也叫波特(baud)率,比较典型的速率有:1200b/s、2400b/s、9600b/s、14.4kb/s、28.8kb/s、33.6kb/s 等。速率越高,通信时占用电话线路的时间也就越短。

(2)差错控制标准。调制解调器通过电话线路以 9600b/s 或更高的速率传输数据时,有可能丢失数据。因此它采用了特殊的差错控制方法,防止数据丢失,比较常见的 4 种关于差错控制标准的协议有：MNP4 协议、V.32 协议、V.32bis 协议和 V.42 协议。

MNP4 是第一代差错控制标准协议，V.32 是一种调制解调器的标准，它所针对的模拟线路上传输率为 9.6kb/s 的调制解调器。V.32bis 是对 V.32 标准的一个扩展，符合这一标准的调制解调器在模拟线路上的传输速率为 14.4kb/s。V.42 是针对模拟线路中的传输速率为 28.8kb/s 的调解器所制订的。市场上大多数调制解调器提供多个差错控制标准，使用户能够与多台不同的调制解调器通信。

（3）数据压缩标准。大多数速率在 2400b/s 以上的调制解调器都具有数据压缩功能，可以对要传输的文件进行压缩，减少它们所占的存储空间，从而缩短它们的传输时间。在进行压缩时，需按有关数据压缩标准进行。几种有关数据压缩标准的协议：MNP5 协议、V.42 协议、V.FC 协议和 V.32 协议。

大多数调制解调器都遵守 MNP5 和 V.42 协议，速率较高的 19200b/s 和 28800b/s 调制解调器遵守新的 V.32terbo 或 V.Fast class（即 V.FC）协议。但这两种标准协议并未被产业界完全接受，因此，又提出 V.34 协议，配合 V.32terbo 和 V.FC 的使用。

5）集线器

集线器（Hub）是局域网中使用的连接设备，它的主要功能是对接收到的信号进行再生整形放大，以扩大网络的传输距离，同时把所有节点集中在以它为中心的节点上。在局域网中常以集线器为中心，用双绞线将所有分散的工作站与服务器连接在一起，形成星形与树形网络拓扑结构的局域网系统。这样的网络连接，在网上的某个节点发生故障时，不会影响其他节点的正常工作。图 2-16 所示为一款常见的集线器。

图 2-16 集线器

对于集线器的选择主要就是传输速度，其主要取决于以下 3 个因素：

（1）上联设备带宽。如果上联设备允许跑 100Mb/s，自然可购买 100Mb/s 集线器；否则 10Mb/s 集线器应是理想选择，由于是对于网络连接设备数较少，而且通信流量不是很大的网络来说，10Mb/s 集线器就可以满足应用需要。

（2）提供的连接端口数。由于连接在集线器上的所有站点均争用同一个上行总线，所以连接的端口数目越多，就越容易造成冲突。同时，发往集线器任一端口的数据将被发送至与集线器相连的所有端口上，端口数过多将降低设备有效利用率。依据实践经验，一个 10Mb/s 集线器所管理的计算机数不宜超过 15 个，100Mb/s 的不宜超过 25 个。如果超过，应使用交换机来代替集线器。

（3）应用需求。传输的内容不涉及语音和图像，传输量相对较小时，选择 10Mb/s 即可。如果传输量较大，且有可能涉及多媒体应用（注意集线器不适于用来传输时间敏感性信号，如语音信号）时，应当选择 100Mb/s 或 10/100Mb/s 自适应集线器。10/100Mb/s 自适应集线器的价格一般要比 100Mb/s 的高。

6）网桥

网桥（Bridge）也是局域网使用的连接设备。网桥的作用是扩展网络的距离，减轻网络的负载。在局域网中,每条通信线路的长度和连接的设备数都是有最大限度的,如果超载就会降低网络的工作性能。对于较大的局域网,可以采用网桥将负担过重的网络分成多个网络段,当信号通过网桥时,网桥会将非本网段的信号排除掉(即过滤),使网络信号能够更有效地使用信道,从而达到减轻网络负担的目的。由网桥隔开的网络段仍属于同一局域网,网络地址相同,但分段地址不同。图 2-17 所示为网桥的实物图。

图 2-17　网桥

网桥可分为两类,分别是透明网桥和源路由选择网桥。

(1) 透明网桥。目前使用最多的网桥就是透明网桥,透明是指以太网上的站点并不知道所发送的帧要经过哪几个网桥,以太网上的站点都看不见以太网上的网桥。透明网桥还是一种即插即用设备,只要把网桥接入局域网,不用人工配置网桥转发表就能工作。

(2) 源路由选择网桥。源路由选择的核心思想是假定每个帧的发送者都知道接收者是否在同一局域网上。当发送一帧到另外的局域网时,源机器将目的地址的高位设置成 1 作为标记。另外,它还在帧头加进此帧应走的实际路径。源路由选择网桥只关心那些目的地址高位为 1 的帧,当见到这样的帧时,它扫描帧头中的路由,寻找发来此帧的那个局域网的编号。如果发来此帧的那个局域网编号后跟的是本网桥的编号,则将此帧转发到路由表中自己后面的那个局域网。如果该 LAN 编号后跟的不是本网桥,则不转发此帧。

7) 交换机

交换机(Switch)意为"开关"是一种用于电(光)信号转发的网络设备。它可以为接入交换机的任意两个网络节点提供独享的电信号通路。最常见的交换机是以太网交换机。其他常见的还有电话语音交换机、光纤交换机等。图 2-18 所示为 24 口的一个交换机图。

交换机的主要功能为:提供了大量可供线缆连接的端口,这样可以采用星形拓扑布线;当转发帧时,会重新产生一个不失真的方形电信号;在每个端口上都使用相同的转发或过滤逻辑;将局域网分为多个冲突域,每个冲突域都是有独立的宽带,因此大大提高了局域网的带宽;提供了更先进的功能,如虚拟局域网和更高的性能。

图 2-18　交换机

交换机的选择主要由以下几个参数:

(1) 交换方式。目前交换机在传送源和目的端口之间进行数据包交换时通常采用直通式交换、存储转发式和碎片隔离方式三种数据包交换方式。目前的存储转发式是交换机的主流交换方式。

① 直通交换方式。采用直通交换方式(Cut-through)的以太网交换机可以理解为在各端口间是纵横交叉的线路矩阵电话交换机。它在输入端口检测到一个数据包时,检查该包的包头,获取包的目的地址,启动内部的动态查找表转换成相应的输出端口,在输入与输出交叉处接通,把数据包直通到相应的端口,实现交换功能。

② 存储转发方式。存储转发(Store and Forward)是计算机网络领域使用得最为广泛的技术之一,以太网交换机的控制器先将输入端口的数据包缓存起来,检查数据包是否正确,并过滤掉冲突包错误;确定数据包正确后,取出目的地址,通过查找表找到想要发送的输出

端口地址,然后将该包发送出去。

③碎片隔离方式。碎片隔离方式(Fragment Free)是介于直通式和存储转发式之间的一种解决方案。它在转发前先检查数据包的长度是否够64字节(512bit),如果小于64字节,说明是假包(或称残帧),则丢弃该包;如果大于64字节,则发送该包。该方式的数据处理速度比存储转发方式快,但比直通式慢,但由于能够避免残帧的转发,所以被广泛应用于低档交换机中。

(2)背板带宽。交换机的背板带宽(Gb/s),是交换机接口处理器或接口卡和数据总线间所能吞吐的最大数据量。背板带宽标志了交换机总的数据交换能力,单位为Gb/s,又称交换带宽,一般的交换机的背板带宽从几吉比特/秒到上百吉比特/秒不等。一台交换机的背板带宽越高,所能处理数据的能力就越强,但同时设计成本也会越高。

(3)包转发率。包转发率是指交换机每秒可以转发多少百万个数据包(Mp/s),即交换机能同时转发的数据包的数量,以数据包为单位体现了交换机的交换能力,标志了交换机转发数据包能力的大小。单位一般为p/s(包每秒),一般交换机的包转发率在几十千包/秒到几百兆包/秒不等。

(4)虚拟局域网支持。虚拟局域网(Virtual Local Area Network,VLAN),是一种将局域网(LAN)设备从逻辑上划分(注意,不是从物理上划分)成一个个网段(或者说是更小的局域网LAN),从而实现虚拟工作组(单元)的数据交换技术。

VLAN这一新兴技术主要应用于交换机和路由器中,但目前主流应用还是在交换机之中。不过不是所有交换机都具有此功能,只有三层以上交换机才具有此功能,这一点可以查看相应交换机的说明书即可得知。

8)路由器

路由器(Router)是互联网中使用的连接设备。它可以将两个网络连接在一起,组成更大的网络。被连接的网络可以是局域网也可以是互联网,连接后的网络都可以称为互联网。路由器不仅有网桥的全部功能,还具有路径的选择功能。路由器可根据网络上信息拥挤的程度,自动地选择适当的线路传递信息。图2-19所示为TP-LINK品牌的路由器。

路由器的主要性能指标如下:

(1)吞吐量。吞吐量是核心路由器的包转发能力。吞吐量与路由器端口数量、端口速率、数据包长度、数据包类型、路由计算模式(分布或集中)以及测试方法有关,一般泛指处理器处理数据包的能力。高速路由器的包转发能力至少达到20Mpps以上。吞吐量主要包括两个方面:

①整机吞吐量。整机吞吐量指设备整机的包转发能力,是设备性能的重要指标。路由器的工作在于根据IP包头或者MPLS标记选路,因此性能指标是指每秒转发包的数量。整机吞吐量通常小于核心路由器所有端口吞吐量之和。

②端口吞吐量。端口吞吐量是指端口包转发能力,它是核心路由器在某端口上的包转发能力。通常采用两个相同速率测试接口。一般测试接口可能与接口位置及关系相关,例如同一插卡上端口间测试的吞吐量可能与不同插卡上端

图2-19 路由器

口间吞吐量值不同。

（2）路由表能力。路由器通常依靠所建立及维护的路由表来决定包的转发。路由表能力是指路由表内所容纳路由表项数量的极限。由于在 Internet 上执行 BGP 协议的核心路由器通常拥有数十万条路由表项，所以该项目也是路由器能力的重要体现。一般而言，高速核心路由器应该能够支持至少 25 万条路由，平均每个目的地址至少提供 2 条路径，系统必须支持至少 25 个 BGP 对等以及至少 50 个 IGP 邻居。

（3）背板能力。背板指输入与输出端口间的物理通路。背板能力是核心路由器的内部实现，传统核心路由器采用共享背板，但是作为高性能路由器不可避免会遇到拥塞问题，其次也很难设计出高速的共享总线，所以现有高速核心路由器一般采用可交换式背板的设计。背板能力能够体现在路由器吞吐量上，背板能力通常大于依据吞吐量和测试包长所计算的值。但是背板能力只能在设计中体现，一般无法测试。

（4）丢包率。丢包率是指核心路由器在稳定的持续负荷下，由于资源缺少而不能转发的数据包在应该转发的数据包中所占的比例。丢包率通常用作衡量路由器在超负荷工作时核心路由器的性能。丢包率与数据包长度以及包发送频率相关，在一些环境下，可以加上路由抖动或大量路由后进行测试模拟。

（5）时延。时延是指数据包第一个比特进入路由器到最后一个比特从核心路由器输出的时间间隔。该时间间隔是存储转发方式工作的核心路由器的处理时间。时延与数据包长度和链路速率都有关，通常在路由器端口吞吐量范围内测试。时延对网络性能影响较大，作为高速路由器，在最差情况下，要求对 1518 字节及以下的 IP 包时延均都小于 1ms。

（6）背靠背帧数。背靠背帧数是指以最小帧间隔发送最多数据包不引起丢包时的数据包数量。该指标用于测试核心路由器缓存能力。具有线速全双工转发能力的核心路由器，该指标值无限大。

（7）时延抖动。时延抖动是指时延变化。数据业务对时延抖动不敏感，所以该指标通常不作为衡量高速核心路由器的重要指标。对 IP 上除数据外的其他业务，如语音、视频业务，该指标才有测试的必要性。

从发展的历程来看，先有集线器；然后出现了网桥，比集线器性能更好；后来，网桥被具有更多端口、同时也可隔离冲突域的交换机所取代。集线器、网桥、交换机、路由器的区别见表 2-1。

集线器、网桥、交换机、路由器比较表 表 2-1

项目	集线器	网桥	交换机	路由器
工作位置	OSI 物理层	OSI 数据链路层		OSI 网络层
主要功能	数字信号放大和中转的作用	根据 MAC 地址做数据帧转发		根据 IP 地址做 IP 数据包的转发
应用	使用星形拓扑结构的网络中，连接多个计算机或网络设备	用于连接数量不多的、同一类型的网段	可以把网络拆解成网络分支、分割网络数据流，隔离分支中故障	用于连接多个逻辑上分开的网络，几个使用不同协议和体系结构的网络
相互比较	交换机使用硬件来完成以往网桥使用软件来完成过滤、学习和转发过程的任务；速度比集线器快；目前有代替集线器，网桥的趋势			
			网桥可以看作一个"低层的路由器"	

2.2.2 软件系统

计算机网络系统的软件系统主要由网络操作系统、网络协议软件、网络管理软件、网络通信软件和网络应用软件五部分组成,下面将这五部分进行详细介绍,并对 IP 地址的相关基础知识进行解释。

1)网络操作系统

网络操作系统是网络软件中最主要的软件,用于实现不同主机之间的用户通信,以及全网硬件和软件资源的共享,并向用户提供统一的、方便的网络接口,便于用户使用网络。目前网络操作系统有三大阵营:Unix、Net Ware 和 Windows。我国最广泛使用的是 Windows 网络操作系统。

(1)Unix。Unix 操作系统最早出现于 1969 年,由 Ken Thompson 和 Dennis Ritchie 在 AT&TBell 实验室开发的。Unix 是一种标准的计算机网络操作系统,它支持多用户、联网和分布式文件系统,并内建对 TCP/IP 的支持,是互联网中的服务器使用最多的操作系统。目前常用的 Unix 系统版本主要有:Unix SUR4.0、HP-UX11.0、SUN 的 Solaris9.0 等。

(2)Net Ware。Net Ware 是 Novell 公司推出的网络操作系统,在 20 世纪 80 年代曾经辉煌一时,现在受到 Windows Sever 系列的冲击在走下坡路。Net Ware 是基于模块化设计思想的开放式系统结构,同时也是一个开放的网络服务器平台,可以方便地对其进行扩充。Net Ware 具有多任务、多用户的系统功能,它的较高版本还提供了系统容错能力(SFT)。通过使用开放协议技术(OPT),各种协议结合使得不同类型的工作站可以与公共服务器通信。

(3)Windows。作为全球最大的软件开发商,微软公司所开发的 Windows 系统不仅在个人操作系统中占有绝对的优势,在网络操作系统发展中也同样具有非常强劲的势头。它的网络操作系统在局域网的应用中是最常见的,但是由于它对服务器的硬件要求较高,且稳定性相对来说不是很高,所以微软的网络操作系统一般只是在中低档服务器中,高端服务器通常采用的是 UNIX、LINUX 等非 Windows 操作系统。

2)网络协议软件

网络协议是网络通信的数据传输规范,网络协议软件是用于实现网络协议功能的软件。目前,典型的网络协议软件有 TCP/IP 协议、IPX/SPX 协议、IEEE802 标准协议系列等。其中,TCP/IP 是当前一种网络互连应用最为广泛的网络协议软件。

(1)TCP/IP 协议。TCP/IP(Transmission Control Protocol/Internet Protocol,传输控制协议/因特网互联协议),又称网络通信协议,是 Internet 最基本的协议、Internet 国际互联网络的基础,由网络层的 IP 协议和传输层的 TCP 协议组成。TCP/IP 定义了电子设备如何连入因特网,以及数据如何在它们之间传输的标准。通俗而言:TCP 负责发现传输的问题,一旦有问题就发出信号,要求重新传输,直到所有数据安全正确地传输到目的地;IP 是给因特网的每一台联网设备规定一个地址。

(2)IPX/SPX 协议。IPX(Internet work Packet Exchange,互联网络数据包交换)是一个专用的协议簇,它主要由 Novell NetWare 操作系统使用。IPX 是 IPX 协议簇中的第三层协议,用来对通过互联网络的数据包进行路由选择和转发,它指定一个无连接的数据包,相当于 TCP/IP 协议簇中的 IP 协议;SPX(Sequenced Packet Exchange protocol,序列分组交换协议)是第四层协议,是 IPX 协议簇中的面向连接的协议,相当于 TCP/IP 协议簇中的 TCP 协议。在局域网中用得比较多的网络协议是 IPX/SPX。

(3) IEEE802 标准协议系列。IEEE 于 1980 年 2 月成立了局域网标准委员会(简称 IEEE802 委员会),专门从事局域网标准化工作,并制定了 IEEE802 标准。IEEE802 协议是一种物理协议,因为有以下多种子协议,把这些协议汇集在一起就称为 802 协议集。802.1x 协议起源于 802.11 协议,后者是标准的无线局域网协议,802.1x 协议的主要目的是为了解决无线局域网用户的接入认证问题。

3) 网络管理软件

网络管理软件就是能够完成网络管理功能的网络管理系统,简称网管系统。借助于网管系统,网络管理员不仅可以经由网络管理员与被管理系统中代理交换网络信息,而且可以开发网络管理应用程序。

网管系统开发商针对不同的管理内容开发相应的管理软件,形成了多个网络管理方面。目前主要的几个发展方面有:网管系统(NMS)、应用性能管理(APM)、桌面管理(DMI)、员工行为管理(EAM)和安全管理。

(1) 网管系统。网管系统主要是针对网络设备进行监测、配置和故障诊断。主要功能有自动拓扑发现、远程配置、性能参数监测、故障诊断。网管系统主要由两类公司开发,一类是通用软件供应商,另一类是各个设备厂商。

通用软件供应商开发的 NMS 系统是针对各个厂商网络设备的通用网管系统,目前比较流行的有 OpenView、Micromuse、Concord 等网管系统。

(2) 应用性能管理。应用性能管理是一个比较新的网络管理方向,主要指对企业的关键业务应用进行监测、优化,提高企业应用的可靠性和质量,保证用户得到良好的服务,降低 IT 总拥有成本(TCO)。一个企业的关键业务应用的性能强大,可以提高竞争力,并取得商业成功,因此,加强应用性能管理(APM)可以产生巨大商业利益。应用性能管理主要功能有:监测企业关键应用性能;快速定位应用系统性能故障;优化系统性能。

目前市场上比较流行的应用性能管理产品有 BMC、Tivoli Application Performance Management、VERITAS(precise)的 i3 系列产品、Quest 系列产品、Topaz。国内主要是 SiteView 产品。

(3) 桌面管理系统。桌面管理环境是由最终用户的计算机组成,这些计算机运行 Windows、MAC 等系统。桌面管理是对计算机及其组件管理,内容比较多,目前主要关注资产管理、软件派送和远程控制。桌面管理系统通过以上功能,一方面减少了网管员的劳动强度,另一方面增加系统维护的准确性、及时性。这类系统通常分为两部分——管理端和客户端。

目前市场上比较流行的国外的桌面管理系统有 CA Unicenter 和 Landesk,国内的 Inhand、LANDesk 和 Management Suite 7 是目前比较流行的桌面管理系统。

(4) 员工行为管理。员工行为管理包括两部分,一部分是员工网上行为管理(EIM),另一部分是员工桌面行为监测。它一般在 Internet 应用层、网络层对信息控制,对数据根据 EIM 数据库进行过滤;定制因特网访问策略,根据用户、团组、部门、工作站或网络设置不同的因特网访问策略。

目前有专门的报表工具,如 Websense EIM Reporting Tools。

(5) 安全管理。网络安全管理指保障合法用户对资源安全访问,防止并杜绝黑客蓄意攻击和破坏。它包括授权设施、访问控制、加密及密钥管理、认证和安全日志记录等功能。

目前市场上的防火墙产品和 IDS 产品很多,防火墙有 Check Point、NetScreem 和 CiscoPIX 等。IDS 有 ISS 公司的 RealSecure、Axent 的 ITA、ESM 和 NAI 的 Cyber Cop Monitor 等。

4) 网络通信软件

网络通信软件是用于实现网络中各种设备之间通信的软件,使用户能够在不必详细了解通信控制规程的情况下,控制应用程序与多个站进行通信,并对大量的通信数据进行加工和管理。

5) 网络应用软件

网络应用软件是为网络用户提供服务,最重要的特征是它研究的重点不是网络中各个独立计算机本身的功能,而是如何实现网络特有的功能。

网络应用系统有通用和专用之分。通用网络应用系统适用于较广泛的领域和行业,如数据收集系统、数据转发系统和数据库查询系统等。专用网络应用系统只适用于特定的行业和领域,如银行核算、铁路控制、军事指挥等。

6) IP 地址

连接在某个网络上的两台计算机在相互通信时,在它们所传送的数据包里含有某些附加信息,这些附加信息就是发送数据的计算机的地址和接收数据的计算机的地址。当网络中存在以 IP 协议为基础的通信时,这些发送和接收数据的地址就是 IP 地址。

现在的 IP 网络使用 32 位地址,以点分十进制表示,如 172.16.0.0。地址格式:IP 地址 = 网络地址 + 主机地址,或 IP 地址 = 主机地址 + 子网地址 + 主机地址。

(1) IP 地址类型。最初设计互联网络时,为了便于寻址以及层次化构造网络,每个 IP 地址包括两个标识码(ID),即网络 ID 和主机 ID。同一个物理网络上的所有主机都使用同一个网络 ID,网络上的一个主机(包括网络上工作站、服务器和路由器等)有一个主机 ID 与其对应。

IP 地址根据网络 ID 的不同分为 5 种类型,分别为 A 类地址、B 类地址、C 类地址、D 类地址和 E 类地址,其中,A、B、C 三类地址由 Internet NIC 在全球范围内统一分配,D、E 类地址为特殊地址。

① A 类 IP 地址。一个 A 类 IP 地址由 1 字节的网络地址和 3 字节主机地址组成,网络地址的最高位必须是"0",地址范围从 1.0.0.0 到 126.0.0.0。可用的 A 类网络有 126 个,每个网络可以容纳主机数达 1600 多万($256^3 - 2 = 16777214$)台。

② B 类 IP 地址。一个 B 类 IP 地址由 2 字节的网络地址和 2 字节的主机地址组成,网络地址的最高位必须是"10",地址范围从 128.0.0.0 到 191.255.255.255。可用的 B 类网络有 16382(($191 - 128 + 1) \times 256 = 16382$)个,每个网络能容纳 65534($256^2 - 2 = 65534$)个主机。

③ C 类 IP 地址。一个 C 类 IP 地址由 3 字节的网络地址和 1 字节的主机地址组成,网络地址的最高位必须是"110"。范围从 192.0.0.0 到 223.255.255.255。C 类网络可达 209 万余(($223 - 192 + 1) \times 256^2 = 2097152$)个,每个网络能容纳 254 个主机。

④ D 类 IP 地址。D 类 IP 地址第一个字节以"1110"开始,它是一个专门保留的地址,并不指向特定的网络,目前这一类地址被用在多点广播中。多点广播地址用来一次寻址一组计算机,它标识共享同一协议的一组计算机。

⑤ E 类 IP 地址。以"11110"开始,为将来使用保留。全零(0.0.0.0)地址对应于当前主

机。全"1"的 IP 地址(255.255.255.255)是当前子网的广播地址。在 IP 地址 3 种主要类型里,各保留了 3 个区域作为私有地址,其地址范围如下:

A 类地址:10.0.0.0～10.255.255.255。

B 类地址:172.16.0.0～172.31.255.255。

C 类地址:192.168.0.0～192.168.255.255。

(2)子网掩码。子网掩码是一个 32 位 2 进制地址,用于快速确定 IP 地址的哪部分表示网络号,哪部分标识主机号,判断 2 个 IP 地址是否属于同一网络,这样就产生了子网掩码。子网掩码是按照 IP 地址格式给出的,A,B,C 类的子网掩码如下:

A 类地址子网掩码:255.0.0.0。

B 类地址子网掩码:255.255.0.0。

C 类地址子网掩码:255.255.255.0。

如:10.65.96.1 是 A 类 IP 地址,所以默认的子网掩码就是 255.0.0.0;202.10.138.6 和 202.10.138.95 是 C 类的 IP 地址,所以掩码就是 255.255.255.0。

(3)计算机 IP 的查询与设置。

①查询。通过在开始中单击"运行",然后在弹出的窗口中输入"cmd"命令,下面在弹出的 cmd 界面内输入"ipconfig/all",就可以查询本机的 IP 地址,以及子网掩码、网关、物理地址(Mac 地址)、DNS 等详细情况。

②设置。设置本机的 IP 地址可以通过打开桌面上网上邻居的本地连接,或者使用控制面板中的网络和共享中心打开本地连接,然后在本地连接状态界面单击属性,选择 TCP/IP,就可以开始设置了。

2.3 计算机网络体系结构

在计算机网络的基本概念中,分层次的体系结构是最基本的。计算机网络的体系结构的抽象概念较多,在学习时要多思考。这些概念对后面的学习很有帮助。

2.3.1 通信协议

1)网络通信协议的定义

网络通信协议也简称为网络协议。计算机网络中多个互联的节点需要进行数据通信,为了做到有条不紊地交换数据,每个节点都必须遵守一些事先约定好的规则。这一点和现实生活中的其他通信是相似的。例如写信的时候,信封格式中就对收信人地址、发信人地址的书写位置有明确的规定,同时,通信双方对信函的内容也一定事先有许多共识,否则信函无法投递,收信人也很难理解其中的含意。这些规定和共识就是"协议",可以说,有通信的地方就有协议。

计算机网络通信也是一种通信,但远比信函投递复杂。具体来说,网络通信中要完成诸如信息表示、对话控制、顺序控制、路由选择、链路管理、差错控制、信号传送与接收等问题。因此,网络通信中必须精确地规定网络中计算机通信时所交换数据的内容、格式和时序。这些为网络数据通信而制定的规则(约定或标准)称之为网络协议。

网络协议从本质上来看是计算机网络中各节点数据通信时使用的一种"语言",它是组成计算机网络不可缺少的一部分。

2)网络协议的三个要素

一个网络协议应包含以下三个要素,即语法、语义和时序。

语法——即交换数据和控制信息的结构和格式。例如,一个协议可以定义数据中的若干个字节为目的地址,其后又是若干个字节为源地址,接着才是实际要传输的信息本身。

语义——即控制信息的含义。例如需要发出何种控制信息、完成何种动作及做出何种响应。

时序——即通信中事件的实现顺序。

也许上面的描述比较抽象,如果引用人们交谈作为例子的话,可以将三个要素分别理解为双方之间"如何讲""讲什么"和"讲话顺序"。

3)网络协议的层次结构

一个功能完备的计算机网络需要完成的通信任务是十分复杂的,所以相应的网络协议也必然是十分复杂。为了很好地制定和实现协议,人们采用层次结构模型来描述网络协议,每一层定义了一个或多个协议,以完成相应的通信功能。

为了更好地理解网络协议分层的作用,下面以日常生活中的邮政通信为例,引出层次结构模型概念。当甲方向乙方通过邮政系统传送信函时,一般来说,应涉及通信者、邮局和运输部门。整个通信过程可用一个具有三个层次的模型来描述,如图2-20所示。图中最高层为通信者层,中间为邮局层,下面为运输层。甲、乙双方的信息交换必须经由三层合作才能完成。

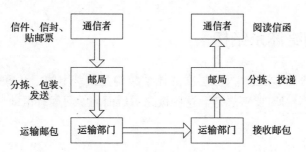

图2-20 一个具有三个层次的邮政投递关系模型

进一步讨论,该模型中体现了"分工合作"的思想。"分工"是说模型中通信者甲方只负责按事先约定的格式来书写,乙方负责阅读信函内容;邮局层负责对信函的分拣、包装、发送、投递;运输层则负责将信函实际从一地运输到另一地。这样,一个任务分解成若干层而各层独立地分别实施,每一层只需要关心自己所需要做的工作。"合作"体现在除本层的工作外,其余的工作均由下层提供的"服务"来完成。例如通信者层只关心信函如何表述,至于信函如何投递则由邮局提供的服务去完成。同样,邮包在运输中可能经过多个车站转接,也可能使用不同的交通工具,但这些邮局均无须考虑,而交给运输部门去负责操作。

另外,对于每一层来说,通信时总是存在着收发双方,例如通信者的甲和乙、收发方的两个邮局、收发方的两个运输部门,并且,每一层的收发双方都将按照一定的规则进行信息交换——通信。网络结构分层的概念和上述邮政系统分层的概念很类似,由此可以引出如下一些网络中也适用的基本概念。

(1)分层。整个网络通信系统按逻辑功能分解到若干层次中,每一层均规定了本层要实现的功能。这种设计分析方法称为"结构化"的设计方法,要求各层次相对独立,界限分明,以便于网络的硬件和软件分别去实现。

(2)服务。下层向上层提供"服务",上层使用下层的"服务",同时又为更高一层提供自己的"服务"。由此可以看出,尽管每一层都设计了各自的功能,但各层功能之间是相互关联的。

(3)对等实体。每一层次中包括两个实体,称之为对等实体。例如邮政系统中的两个通信者、两个邮局、两个运输部门可以比喻为对等实体。

(4)通信协议。网络中各层的对等实体之间都将进行通信,既然有通信,各层都需要有一套双方都遵守的通信规则——通信协议。这些通信规则可能包括通信的同步方式、数据编码方式和差错处理方式等。

(5)通信协议层次结构。通常将第 n 层的对等实体之间进行通信时所遵守的协议称之为第 n 层协议,所以通信协议也是具有层次结构的。

2.3.2 体系结构

1)计算机网络体系结构的定义

从计算机网络协议的层次模型可以看出,整个网络通信功能被分解到若干层次中分别定义,并且各层对等实体之间存在着通信和通信协议,下层通过层间"接口"向上层提供"服务"。一个功能完备的计算机网络需要一套复杂的协议集。

计算机网络体系结构(Architecture)定义为:计算机网络的所有功能层次,各层次的通信协议以及相邻层间接口的集合。构成计算机网络体系结构的分层、协议和接口是其三要素。

需要指出的是,计算机网络体系结构说明了计算机网络层次结构应如何设置,应该如何对各层的功能进行精确的定义。它是抽象的,而不是具体的。至于用何种硬件和软件来实现定义的功能,则不属于计算机网络体系结构的范畴。可见,对同样的计算机网络体系结构,可采用不同的方法,设计完全不同的硬件和软件来实现相应层次的功能。

2)计算机网络体系结构实例

(1)网络体系结构 SNA。美国 IBM 公司于 1974 年提出的世界上第一个以分层方法设计的网络体系结构,凡是遵循 SNA(System Network Architecture)的设备可以进行互联。

(2)数字网络结构 DNA。DEC 公司于 1975 年提出的一个以分层方法设计的网络体系结构,DNA(Digital Network Architecture)适用于该公司的计算机联网。

(3)开放系统互联参考模型 OSI/RM。国际标准化组织 ISO/TC97 于 1978 年建立了"开放系统互联"分技术委员会,起草了开放系统互联参考模型 OSI(Open System Interconnection)的建议草案,并于 1983 年成为正式的国际标准 ISO7498,1986 年又对该标准进行了进一步的完善和补充,形成了为实现开放系统互联所建立的分层模型 OSI/RM(Open System Interconnection Reference Model),简称 OSI 参考模型。这是为异种计算机互联提供的一个共同基础和标准框架,并为保持相关标准的一致性和兼容性提供了共同的参考。"开放"并不是指对特定系统实现具体的互联技术或手段,而是对标准的认同。一个系统是开放系统,是指它可以与世界上任意遵守相同标准的其他系统互联通信。

(4)传输控制协议/互联网协议 TCP/IP。TCP/IP(Transmission Control Protocol/Internet Protocol)形成于 1977~1979 年间,其最早起源于 1969 年美国国防部赞助研究的 ARPANET 参考模型。ARPANET 是由美国国防部 DoD(US Department of Defense)赞助的研究网络。逐渐地,它通过租用的电话线连接了数百所大学和政府部门。当卫星和无线网络出现以后,现有的协议在和它们互联时出现了问题,所以需要一种新的参考体系结构,因此能无缝隙地连接多个网络的能力是从一开始就确定的主要设计目标。这个体系结构在它的两个主要协议出现以后,被称为 TCP/IP 参考模型(TCP/IP reference model)。虽然 TCP/IP 协议都符合 OSI/RM 标准,但由于它是因特网上采用的协议,所以已经成为目前最流行的商业化的协议,并被公认为当前的工业标准或"事实上的标准"。

(5)宽带综合业务数字网 B-ISDN。宽带综合业务数字网 B-ISDN(Broad-Integrated Services Digital Network)可以将各种业务,包括话音、数据、图像、活动图像等业务综合在一个网络中传送。为了支持如此种类众多且特性各异的业务,除以光缆作为其传输介质外,还采用了一种称之为异步转移模式 ATM(Asynchronous Transfer Mode)的网络传输技术。

2.3.3　OSI 参考模型

OSI 参考模型是在博采众长的基础上形成的系统互联技术,它促进了数据通信与计算机网络的发展。OSI 参考模型提供了概念性和功能性结构,将开放系统的通信功能划分为 7 个层次,各层的协议细节由各层独立进行。这样一旦引入新技术或提出新的业务要求,就可以把因功能扩充、变更所带来的影响限制在直接有关的层内,而不必改动全部协议。OSI 参考模型分层的原则是将相似的功能集中在同一层内,功能差别较大时分层处理,每层只对相邻的上下层定义接口。

OSI 参考模型把开放系统的通信功能划分为 7 个层次。从连接物理介质的层次开始,分别赋予 1、2、3……7 层的顺序编号,相应的称为物理层、数据链路层、网络层、传输层、会话层、表示层和应用层。OSI 参考模型如图 2-21 所示。

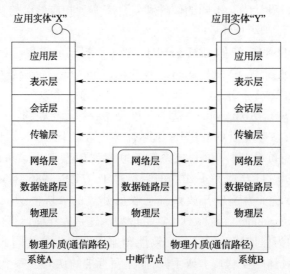

图 2-21　OSI 参考模型

通常,第1~3层功能称为底层功能(LLF),即通信传送功能。第4~7层功能称为高层功能(HLF),即通信处理功能。

1)物理层

物理层(Physical Layer)涉及在信道上传输的原始比特流,设计上必须保证一方发出二进制"1"时,另一方收到的也是"1"而不是"0"。这里的典型问题是用多少伏特电压表示"1",多少伏特电压表示"0",一个比特持续多少微秒;传输是否在两个方向上同时进行;最初的连接如何建立和完成通信后连接如何终止;网络接插件有多少针以及各针的用途。这里的设计主要是处理机械、电气和过程的接口,以及物理层下的物理传输介质等问题。

2)数据链路层

数据链路层(Data Link Layer)的主要任务是加强物理层传输原始比特的功能,使之对网络层显现为一条无错线路。发送方把输入数据分装在数据帧(Data Frame)里(典型的帧为几百字节或几千字节),按顺序传送各帧,并处理接收方回送的确认帧(Acknowledgement Frame)。因为物理层仅仅接收和传送比特流,并不关心它的意义和结构,所以只能依赖各链路层来产生和识别帧边界。可以通过在帧的前面和后面附加上特殊的二进制编码模式来达到这一目的。如果这些二进制编码偶然在数据中出现,则必须采取特殊措施以避免混淆。

数据链路层要解决由于帧的破坏、丢失和重复所出现的问题。数据链路层可能向网络层提供几类不同的服务,每一类都有不同的服务质量和价格。

数据链路层要解决的另一个问题(在大多数层上也存在)是防止高速发送方的数据把低速的接收方"淹没"。因此,需要有某种流量调节机制,使发送方知道当前接收方还有多少缓存空间。通常流量调节和出错处理同时完成。

3)网络层

网络层(Network Layer)关系到子网的运行控制,其中一个关键问题是确定分组从源端到目的端如何选择路由。路由既可以选用网络中固定的静态路由表,也可以在每一次会话开始时决定(例如通过终端对话决定),还可以根据当前网络的负载状况,高度灵活地为每一个分组决定路由。

如果在子网中同时出现过多的分组,它们将相互阻塞通路,形成瓶颈。此类拥塞控制也属于网络层的范围。

因为拥有子网的人总是希望他们提供的子网服务能得到报酬,所以网络层常常设有记账功能。最低限度,软件必须对每一个顾客究竟发送了多少分组、多少字符或多少比特进行记数,以便于生成账单。当分组跨越国界时,由于双方税率可能不同,记账则更加复杂。

4)传输层

传输层(Transport Layer)的基本功能是从会话层接收数据,并且在必要时把它分成较小单元,传递给网络层,并确保到达对方的各段信息正确无误,而且,这些任务都必须高效率地完成。从某种意义上讲,传输层使会话层不受硬件技术变化的影响。

通常,会话层每请求建立一个传输连接,传输层就为其创建一个独立的网络连接。如果传输连接需要较高的信息吞吐量,传输层也可以为之创建多个网络连接,让数据在这些网络连接上分流,以提高吞吐量。另一方面,如果创建或维持一个网络连接不划算,传输层可以将几个传输连接复用到一个网络连接上,以降低费用。在任何情况下,都要求传输层能使多路复用对会话层透明。

传输层也要决定向会话层最终向网络用户提供什么样的服务。最流行的传输连接是一条无错的、按发送顺序传输报文或字节的点到点的信道。但是,还有的传输服务不能保证传输次序的独立报文传输和多目标报文广播。采用哪种服务是在建立连接时确定的。

传输层是真正的从源到目标"端到端"的层。也就是说,源端机上的某程序,利用报文头和控制报文与目标机上的类似程序进行对话。在传输层以下的各层中,协议是每台机器与和它直接相邻的机器间的协议,而不是最终的源端机与目标机之间的协议,在它们中间可能还有多个路由器。

很多主机有多个程序在运行,这意味着这些主机有多条连接进出,因此需要有某种方式来区别报文属于哪条连接。识别这些连接的信息可以放入传输层的报文头。

除了将几个报文流多路复用到一条通道上,传输层还必须解决跨网络连接的建立和拆除。这需要某种命名机制,使机器内的进程可以讲明它希望与谁对话。另外,还需要一种机制以调节通信量,使高速主机不会发生过快地向低速主机传输数据的现象。这样的机制称为流量控制(Flow Control),在传输层(同样在其他层)中扮演着关键角色。主机之间的流量控制和路由器之间的流量控制不同,尽管稍后将看到类似的原理对二者都适用。

5)会话层

会话层(Session Layer)允许不同机器上的用户建立会话(Session)关系。会话层允许进行类似传输层的普通数据的传输,并提供了对某些应用有用的增强服务会话,也可被用于远程登录到分时系统或在两台机器间传递文件。

会话层服务之一是管理对话。会话层允许信息同时双向传输,或任一时刻只能单向传输。若属于后者,则类似于单线铁路,会话层将记录此时该轮到哪一方了。

一种与会话有关的服务是令牌管理(Token Management)。有些协议保证双方不能同时进行同样的操作,这一点很重要。为了管理这些活动,会话层提供了令牌。令牌可以在会话双方之间交换,只有持有令牌的一方可以执行某种关键操作。

另一种会话服务是同步(Synchronization)。如果网络平均每小时出现一次大故障,而两台计算机之间要进行长达2h的文件传输时该怎么办呢?每一次传输中途失败后,都不得不重新传输这个文件。而当网络再次出现故障时,又可能半途而废了。为了解决这个问题,会话层提供了一种方法,即在数据流中插入检查点。每次网络崩溃后,仅需要重传最后一个检查点以后的数据。

6)表示层

表示层(Presentation Layer)完成某些特定的功能,由于这些功能常被请求,因此人们希望找到通用的解决办法,而不是让每个用户来实现。值得一提的是,表示层以下的各层只关心可靠地传输比特流,而表示层关心的是所传输的信息的语法和语义。

表示层服务的一个典型例子是用一种大家一致同意的标准方法对数据编码。大多数用户程序之间并不是交换随机的比特流,而是诸如人名、日期、货币数量和发票之类的信息。这些对象是用字符串、整型、浮点数的形式,以及由几种简单类型组成的数据结构来表示的。不同的机器有不同的代码来表示字符串(如 ASCII 和 Unicode)、整型(如二进制反码和二进制补码)等。为了让采用不同表示法的计算机之间能进行通信,交换中使用的数据结构可以用抽象的方式来定义,并且使用标准的编码方式。表示层管理这些抽象数据结构,并且在计算机内部表示法和网络的标准表示法之间进行转换。

7)应用层

应用层(Application Layer)包含大量人们普遍需要的协议。例如,世界上有成百种不兼容的终端型号。如果希望一个全屏幕编辑程序能工作在网络中许多不同的终端类型上,每个终端都有不同的屏幕格式、插入和删除文本的换码序列、光标移动等,其困难可想而知。

解决这一问题的方法之一是定义一个抽象的网络虚拟终端(Network Virtual Terminal),编辑程序和其他所有程序都面向该虚拟终端。而对每一种终端类型,都写一段软件来把网络虚拟终端映射到实际的终端。例如,当把虚拟终端的光标移到屏幕左上角时,该软件必须发出适当的命令使真正的终端的光标移动到同一位置。所有虚拟终端软件都位于应用层。

应用层的另一个功能是文件传输。不同的文件系统有不同的文件命名原则,文本行有不同的表示方式等。不同的系统之间传输文件所需处理的各种不兼容问题,也同样属于应用层的工作。此外,还有电子邮件、远程作业输入、名录查询和其他各种通用和专用的功能。

2.3.4 TCP/IP 参考模型

与 OSI 模型相比较,TCP/IP 的模型主要由主机至网络层、互联网层、传输层和应用层这 4 个由低到高的层所构成,如图 2-22 所示。

1)互联网层

互联网层(Interned Layer)是整个体系结构的关键部分。它的功能是使主机可以把分组发往任何网络并使分组独立地传向目标(可能经由不同的网络)。这些分组到达的顺序和发送的顺序可能不同,因此如果需要按顺序发送及接收时,高层必须对分组排序。必须注意到这里使用的"互联网"是基于一般意义的,虽然因特网中确实存在互联网层。

互联网层定义了正式的分组格式和协议,即 IP 协议(Internet Protocol)。互联网层的功能就是把 IP 分组发送到应该去的地方。分组路由和避免阻塞是这里主要的设计问题。由于这些原因,我们有理由说 TCP/IP 互联网层和 OSI 网络层在功能上非常相似。

图 2-22 TCP/IP 参考模型

2)传输层

传输层(Transport Layer)的功能是使源端和目标端主机上的对等实体可以进行会话和 OSI 的传输层一样。这里定义了两个端到端的协议。

第一个是传输控制协议 TCP(Transmission Control Protocol)。它是一个面向连接的协议,允许从一台机器发出的字节流无差错地发往互联网上的其他机器。它把输入的字节流分成报文段并传给互联网层。在接收端,TCP 接收进程把收到的报文再组装成输出流。TCP 还要处理流量控制,以避免快速发送方向低速接收方发送过多报文而使接收方无法处理。

第二个协议是用户数据报协议 UDP(User Datagram Protocol)。它是一个不可靠的、无连接的协议,用于不需要 TCP 的排序和流量控制而是自己完成这些功能的应用程序。它也被广泛地应用于只有一次的、客户—服务器模式的请求—应答查询,以及快速递交比准确递交更重要的应用程序,如传输语音或影像。

3) 应用层

TCP/IP 模型没有会话层和表示层。由于没有需要,所以把它们排除在外。来自 OSI 模型的经验已经证明,它们对大多数应用程序都没有用处。传输层的上面是应用层(Application Layer)。它包含所有的高层协议。最早引入的是虚拟终端协议(TELNET)、文件传输协议(FTP)和电子邮件协议(SMTP)。虚拟终端协议允许一台机器上的用户登录到远程机器上并且进行工作。文件传输协议提供了有效地把数据从一台机器移动到另一台机器的方法。电子邮件协议最初仅是一种文件传输,但是后来为它提出了专门的协议。这些年来又增加了不少的协议,例如域名系统服务 DNS(Domain Name Service),用于把主机名映射到网络地址;NNTP 协议,用于传递新闻文章;还有 HTTP 协议,用于在万维网(www)上获取主页等。

图 2-23 所示为 TCP/IP 模型中的协议与网络。

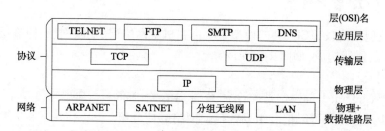

图 2-23 TCP/IP 模型中的协议与网络

4) 主机至网络层

互联网层的下面什么都没有,TCP/IP 参考模型没有真正描述这一部分,只是指出主机必须使用某种协议与网络连接,以便能在其上传递 IP 分组。这个协议未被定义,并且随主机和网络的不同而不同。

2.4 现场总线

现场总线是用于现场仪表与控制室之间的一种全分散、全数字化、智能、双向、互联、多变量、多点、多站的通信网络。IEC 对现场总线一词的定义为:现场总线是一种应用于生产现场,在现场设备之间、现场设备与控制装置之间实行双向、串行、多节点数字通信的技术。

现场总线是当今自动化领域技术发展的热点之一,被誉为自动化领域的计算机局域网,它的出现标志着工业控制技术领域又一个新时代的开始,并将对该领域的发展产生重要的影响。

现场总线技术将专用微控制器置入传统的测控装置,使其具有数字计算和数字通信能力,采用可进行简单连接的双绞线等媒介,把多个测控装置连接成为网络系统,并按照公开、规范的通信协议,在位于现场的多个微机化测控装置之间以及现场仪表与远程监控计算机之间,实现数据传输与信息交换,形成各种适应实际需要的自动控制系统。

由于现场总线适应了工业控制系统向分散化、网络化、智能化方向的发展,一经产生便成为全球工业自动化技术的热点,受到全世界的普遍关注。现场总线的出现,导致目前生产的自动化仪表、集散控制系统(DCS)、可编程控制器(PLC)在产品的体系结构、功能结构方面的较大变革。

2.4.1 现场总线结构

现场总线的体系结构,从网络体系结构到网络的拓扑结构,再到 OSI 参考模型的相关概念,和计算机网络的内容是大致相同的,这里就不再赘述。按照国际电工委员会 IEC/SC65C 的定义,安装在制造或过程区域的现场装置与控制室内的自动控制装置之间的数字式、串行和多点通信的数据总线称为现场总线。本节主要从下面几个常用的现场总线结构体系介绍相关内容。

1) TS61158 现场总线

国际电工委员会推荐的通用现场总线网络结构如图 2-24 所示,从图中可以看出现场总线系统可以支持各种工业领域的信息处理、监视和控制系统,用于过程控制传感器、执行器和本地控制器之间的低级通信,可以与工厂自动化的 PLC 实现互联。在这里,H1 现场总线主要用于现场级,其速率为 31.25kb/s,负责两线制向现场仪表供电,并能支持带总线供电设备的本质安全;H2 现场总线主要面向过程控制级、监控管理级和高速工厂自动化的应用,其速率为 1Mb/s,2.5Mb/s 和 100Mb/s。

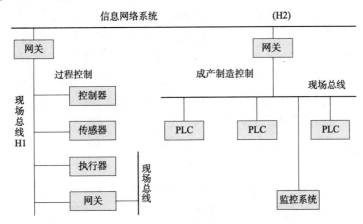

图 2-24 通用现场总线体系结构

2) ControlNet 和 EtherNet/IP 现场总线

该现场总线系统体系结构如图 2-25 所示。ControlNet 采用一种新的通信模式,即生产者/客户(Producer/Consumer)模式,这种模式允许网络上的所有节点,同时从单个数据源存取相同的数据,其主要特点是增强了系统的功能,提高了效率和实现精确的同步。网络的媒体送取,通过限制时间存取算法来控制,即采用并行时间域多路存取(CTDMA)方法,在每个网络刷新间隔(NUI)内调节节点的传送信息机会。

EtherNet/IP 以太网工业协议是一种开放的工业网络,它使用有源星形拓扑结构,可以将 10Mb/s 和 100Mb/s 产品混合使用。该协议在 TCP/UDP/IP 之上附加控制和信息协议(CIP),提供一个公共的应用层。CIP 的控制部分用于实时 I/O 报文,其信息部分用于报文交换。ControlNet 和 EtherNet/IP 都使用该协议通信,分享相同的对象库、对象和设备行规,使得多个供应商的设备能在上述整个网络中实现即插即用。对象的定义是严格的,在同一种网络上支持实时报文、组态和诊断。

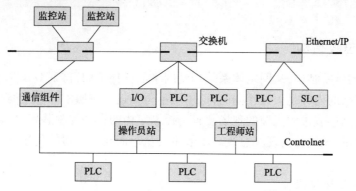

图2-25 ControlNet 和 EtherNet/IP 现场总线体系结构

3) P-NET 现场总线

P-NET 现场总线由丹麦 Process-Data Sikebory Aps 公司从1983年开始开发,主要应用于啤酒、食品、农业和饲养业,它得到 P-NET 用户组织的支持,在现场大约有5000多个应用系统。

P-NET 现场总线是一种多主站、多网络系统,图2-26给出了 P-NET 系统的体系结构。总线采用分段结构,每个总线分段上可以连接多个主站,主站之间通过接口能够实现网上互连,它允许在几个总线区直接寻址,无须递阶网络结构。该总线通信协议包括1、2、3、4和7层,并利用信道机构定义用户层。通信采用虚拟令牌(Virtual Token)传递方式,主站发送一个请求,被寻址的从站在390μs内立即返回一个响应,只有存放到从站内存中的数据才可被访问。每个站节点都含有一个通用的单芯片微处理机,配套的2KB EPROM 不仅可用作通信,而且可用于测量、标定、转换和应用功能。P-NET 接口芯片执行数据链路层的所有功能,第3层和第4层的功能由宿主处理器中的软件解决。该总线物理层基于 RS-485 标准,使用屏蔽双绞线电缆,传输距离为1.2km,应用 NRZ 编码异步传输。

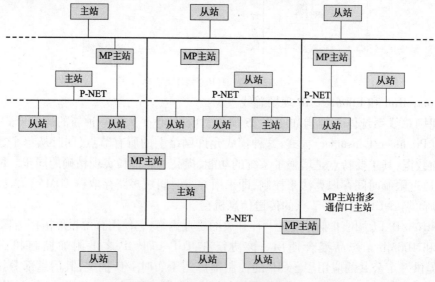

图2-26 P-NET 现场总线体系结构

4) FF HSE 现场总线

1998 年,美国 Fieldbus Foundation(FF)基金会决定采用高速以太网(HSE:High Speed Ethernet)技术开发 H2 现场总线,作为现场总线控制系统控制级以上通信网络的主干网,它与 H1 现场总线整合构成信息集成开放的体系结构,图 2-27 给出了 FF HSE 系统体系结构。HSE 网络遵循标准的以太网规范,并根据过程控制的需要适当增加了一些功能,但这些增加的功能可以在标准的 Ethernet 结构框架内无缝地进行操作,因而 FF HSE 总线可以使用当前流行的商用(COTS)以太网设备。100Mb/s 以太网拓扑是采用交换机形成星形连接,这种交换机具有防火墙功能,以阻断特殊类型的信息出入网络。HSE 使用标准的 IEEE802.3 信号传输,标准的 Ethernet 接线和通信媒体。设备和交换机之间距离,使用双绞线为 100m,使用光缆可达 2000m。HSE 使用连接装置(LD)连接 H1 子系统,LD 执行网桥功能,它允许就地连在 H1 网络上的各现场设备,以完成点对点对等通信。HSE 支持冗余通信,网络上的任何设备都能作冗余配置。

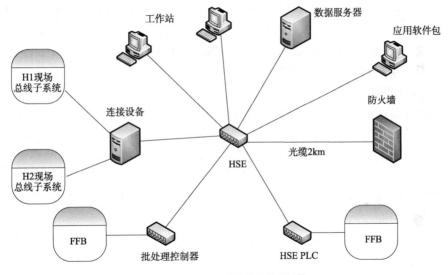

图 2-27　FF HSE 现场总线体系结构

FF HSE 的 1～4 层由现有的以太网、TCP/IP 和 IEEE 标准所定义,HSE 和 H1 使用同样的用户层,现场总线信息规范(FMS)在 H1 中定义了服务接口,现场设备访问代理(FDA)为 HSE 提供接口。用户层规定功能模块、设备描述(DD)、功能文件(CF)以及系统管理(SM)。FF 规范了 21 种功能模块供基本的和先进的过程控制使用,还规定了新的柔性功能模块(FFB),用以进行复杂的批处理和混合控制应用,支持数据采集的监控,子系统接口、事件顺序、多路数据采集、PLC 和其他协议通信的网间连接器。

2.4.2　常用现场总线

现场总线技术自从 20 世纪 80 年代后期诞生以来,经历了 30 多年的发展,国际上出现了一些有代表性的现场总线标准和系列产品。

1) 基金会现场总线

基金会现场总线(Foundation Field bus,FF)在现场总线标准的制定过程中,出现过多种企业集团或组织,通过不断的竞争,到 1994 年,在国际上基本上形成了两大阵营:一个以 Fisher-Rosemount 公司为首,联合 Foxboro、横河、ABB、西门子(Siemens)等 80 家公司制定了可互操作系统协议(Interoperable System Protocol,ISP);另一个以 Honeywell 公司为首,联合欧洲 150 家公司制定了 World FIP。这两大阵营于 1994 年合并,成立现场总线基金会,致力于开发国际上统一的现场总线协议。基金会现场总线分低速 H1 总线和高速 HSE 总线两种。H1 为用于过程控制的低速总线,传输速率为 31.25kb/s,传输距离分别为 200m、400m、1200m 和 1900m 四种,可挂接 2~32 个节点。物理传输介质可支持双绞线、同轴电缆和光纤,协议符合 IEC1158-2 标准,可支持总线供电和本质安全防爆。高速 HSE 总线的传输速率可为 100Mb/s,甚至更高,大量使用了以太网技术。

2)过程现场总线

过程现场总线(Profibus;Process Field bus)是作为德国国家标准和欧洲国家标准的现场总线标准。该项技术是由西门子公司为主的十几家德国公司、研究所共同推出的。Profibus 有三种类型,即分散化的外围设备 Profibus-DP(Decentralized Periphery)、现场总线报文规范 Profibus-FMS(Fieldbus Message Specification)、过程自动化 Profibus-PA(Process Automation)。其最大传输速率为 12Mb/s,传输距离分别为 100m 和 400m,传输介质可以是双绞线,也可以是光缆,最多可挂接 127 个节点,可支持本质安全。

3)局部操作网络

局部操作网络(Local operating Network,LON)是由美国 Echelon 公司于 1990 年正式推出的,其最大传输速率为 1.5Mb/s,传输距离为 2700m,传输介质可以是双绞线、光纤、同轴电缆、射频、红外线和电力线等,可支持总线供电和本质安全。采用的 LonTalk 协议被封装在 Neuron 芯片中,内含三个 8 位微处理器:一个负责介质访问控制,另一个负责网络处理,再一个负责应用处理。很多人把局部操作网络及其技术统称为 LonWorks 技术。

4)控制局域网

控制局域网(Controller Area Network,CAN)属于总线式通信网络。CAN 总线规范了任意两个 CAN 节点之间的兼容性,包括电气特性及数据解释协议,CAN 协议分为二层:物理层和数据链路层。物理层决定了实际位传送过程中的电气特性,在同一网络中,所有节点的物理层必须保持一致,但可以采用不同方式的物理层。CAN 的数据链路层功能包括帧组织形式,总线仲裁和检错、错误报告及处理,确认哪个信息是要发送的,确认接收到的信息及为应用层提供了接口。

2.4.3 现场总线的国际标准

由于标准化对现场总线的发展至关重要,因此几乎每一种现场总线都是有标准的,只不过有的只是自己国家的标准,有的是某一地区或某个洲的标准。目前,国际电工委员会(International Electrotechnical Commission,IEC)和国际标准化组织(ISO)分别在进行国际现场总线的标准化工作,两者也互不协调统一。下面分别对两者制定的现场总线标准加以介绍。

1)IEC 的现场总线标准

IEC 有几个技术委员会分别制定了自己的现场总线标准。

(1) IEC61158 标准。

用于工业控制系统的 IEC61158 标准国际电工委员会测量和控制的数字数据通信分技术委员会 IEC SC65C 与美国仪表学会(Instrument Society of America,ISA)联合制定了工业控制系统用现场总线国际标准,即 IEC61158 标准。IEC61158 标准是制定时间最长、投票次数最多、意见分歧最大的国际标准之一。IEC61158 标准从 1984 年开始起草,到 2000 年 1 月,采用包括 8 种类型现场总线的 IEC61158 才得以投票通过和确定,这是自动化领域内值得庆贺的一件大事。这 8 种现场总线分别是:

类型 1:FF-H1(即 IEC61158 技术报告)。

类型 2:ControlNet(美国罗克韦尔自动化公司支持)。

类型 3:Profibus(德国西门子公司支持)。

类型 4:P-Net(丹麦 Process Data 公司支持)。

类型 5:FF-HSE(即原 FF-H2,美国 Fisher-Rosemount 公司支持)。

类型 6:SwiftNet(美国波音公司支持)。

类型 7:WorldFIP(法国 Alstom 公司支持)。

类型 8:Interbus(德国 Phoenix 公司支持)。

(2) IEC62026 系列标准。

用于低压开关设备与控制设备、控制器与电气设备接口的 IEC62026 标准国际电工委员会低压开关和控制设备分技术委员会 IECSC17B 制定的 IEC62026《低压开关设备和控制设备控制器—设备接口》系列标准汇集了多种现场总线。它的各部分如下:

IEC62026-1:总则。

IEC62026-2:执行器—传感器接口(AS-I)(德国西门子公司支持)。

IEC62026-3:设备网,即 DeviceNet(美国罗克韦尔自动化、日本 OMRON 公司支持)。

IEC62026-4:Lontalk(美国 Echelon 公司支持),现已取消。

IEC62026-5:只能分散系统(SDS)(美国 Honeywell 公司支持)。

IEC62026-6:串行多路控制总线,即 SMCB(美国 Honeywell 公司支持)。

IEC62026-7:Interbus,目前已转入 IEC61158 标准(德国 Phoenix 公司支持)。

从以上情况来看,IEC62026 标准实质上只容纳了 4 种总线,分别是 AS-I、DeviceNet、SDS、SMCB。

2) ISO 的现场总线标准

国际标准化组织为现场总线制定的标准是 TC22,其中影响最大的为 ISO 11898:1993,即道路车辆数字信息交换——高速通信的控制器局域网(CAN)。

ISO 11898 对 CAN 只规定了模型的第 1、2 层,即物理层和数据链路层。应用层的协议可以由不同用户、企业、组织定义,比如 DeviceNet 就部分沿用了 CAN 的物理层和数据链路层,自己增加了对应用层的规定。

总的来看,目前国际上公认的现场总线可以归类为三个标准族:一个是用于工业控制系统的 IEC61158 标准;另一个是用于低压开关设备与控制设备、控制器与电气设备接口的 IEC6206 标准;还有一个是用于道路车辆数字信息交换的现场总线标准 ISO 11898。

2.4.4 现场总线的通信模型

具有7层结构的OSI参考模型可支持的通信功能是相当强大的。作为一个通用参考模型,需要解决各方面可能遇到的问题,需要具备丰富的功能。作为工业数据通信的底层控制网络,要构成开放互联系统,应该如何制定和选择通信模型,7层OSI参考模型是否适应工业现场的通信环境,简化型是否更适合于控制网络的应用需要,这是应该考虑的重要问题。

在工业生产现场存在大量的传感器、控制器、执行器等,它们通常相当零散地分布在一个较大范围内。对由它们组成的控制网络,其单个节点面向控制的信息量不大,信息传输的任务相对也比较简单,但对实时性、快速性的要求较高。如果按照7层模式的参考模型,由于层间操作与转换的复杂性,网络接口的造价与时间开销显得过高。为满足实时性要求,也为了实现工业网络的低成本,现场总线采用的通信模型大都在OSI模型的基础上进行了不同程度的简化。

几种典型现场总线的通信参考模型与OSI模型的对照如图2-28～图2-31所示。可以看到,它们与OSI模型不完全保持一致,在OSI模型的基础上分别进行了不同程度的简化,不过控制网络的通信参考模型仍然以OSI模型为基础。图中的这几种控制网络还在OSI模型的基础上增加了用户层,用户层是根据行业的应用需要,在施加某些特殊规定后形成的标准。

1) 基金会现场总线

基金会现场总线FF的体系结构参照ISO/OSI参考模型的第1、2、7层协议,即物理层、数据链路层和应用层,另外增加了用户层。基金会现场总线分低速H1总线和高速HSE总线两种。图2-28所示为OSI与FF对应关系图,其中,FMS为现场总线报文规范子层,FAS为总线访问子层。

2) 过程现场总线

过程现场总线Profibus它采用ISO/OSI参考模型的物理层、数据链路层。分散化的外围设备(DP)型隐去了第3～第7层,而增加了直接数据连接拟合作为用户接口;现场总线报文规范(FMS)型则只隐去第3～第6层,采用了应用层。过程自动化(PA)型的数据传输沿用Profibus-DP的协议,只是在上层中增加了描述现场设备行为的行规。图2-29所示为OSI与Profibus对应关系图。

OSI模型		H1	HSE
		用户层	用户层
应用层	7	FMS/FAS	FMS/FDA
表示层	6		
会话层	5		
传输层	4		TCP/UDP
网络层	3		IP
数据链路层	2	数据链路层	数据链路层
物理层	1	物理层	以太网物理层

图2-28 OSI与FF对应关系图

3) 局部操作网络

局部操作网络LON它采用ISO/OSI参考模型的全部七层协议和面向对象的设计方法,通过网络变量把网络通信设计简化为参数设置,被誉为通用控制网络。图2-30所示为OSI与LON对应关系图。

第 2 章 计算机网络与现场总线

OSI模型		FMS	DP	PA
			DP-行规	PA-行规
		FMS设备行规	DP基本/扩充功能	DP基本/扩充功能
应用层	7	现场总线信息规范		
表示层	6			
会话层	5			
传输层	4			
网络层	3			
数据链路层	2	数据链路层	数据链路层	数据链路层 IEC接口
物理层	1	RS-485/光纤	RS-485/光纤	IEC 1158-2

图 2-29 OSI 与 Profibus 对应关系图

4）控制局域网

控制局域网 CAN 协议分为二层：物理层和数据链路层。物理层决定了实际位传送过程中的电气特性，在同一网络中，所有节点的物理层必须保持一致，但可以采用不同方式的物理层。CAN 的数据链路层功能包括帧组织形式、总线仲裁和检错、错误报告及处理，确认哪个信息是要发送的，确认接收到的信息及为应用层提供了接口。图 2-31 所示为 OSI 与 CAN 对应关系图。

OSI模型		LON	
应用层	7	应用层	应用程序
表示层	6	表示层	数据解释
会话层	5	会话层	请求或相应、确认
传输层	4	传输层	端端传输
网络层	3	网络层	报文传递寻址
数据链路层	2	数据链路层	介质访问与成帧
物理层	1	物理层	物理电气连接

图 2-30 OSI 与 LON 对应关系图

OSI模型		CAN
应用层	7	
表示层	6	
会话层	5	
传输层	4	
网络层	3	
数据链路层	2	数据链路层
物理层	1	物理层

图 2-31 OSI 与 CAN 对应关系图

小　　结

计算机网络知识涉及计算网络的理论、技术与应用。学习知识要知其然，更要知其所以然，所以本章简要介绍了计算机网络的主要功能、分类、拓扑结构和性能指标；详细介绍了计算网络、计算机网络的体系结构以及计算机网络的组成,让初学者对计算机网络的概念有更深层次的认知。同时,本章还介绍了现场总线的结构、常用现场总线以及各种国际标准,着重介绍了现场总线的各种通信模型。

计算机网络的体系结构,包括计算网络体系结构的形成、网络协议与层次划分、OSI 和 TCP/IP 参考模型是本章的核心。现场总线在某种意义上来说是计算机网络针对工业控制应用特点所做的一种简化,重点结合通信模型加以介绍。掌握这些知识将有助于对汽车总线通信协议的理解。

习 题

一、填空题

1. 计算机网络,是指将_____不同的具有独立功能的_____,通过_____连接起来,在_____,_____及_____的管理和协调下,实现_____和_____的计算机系统。

2. 计算机网络是_____和_____结合的产物。

3. 计算机网络主要分为三大功能,分别为:_____、_____、_____。

4. 计算机网络按照地理范围可划分为_____、_____、_____和_____四种。

5. 按拓扑结构,计算机网络可分为以下五类:_____,_____,_____,_____和_____。

6. 计算机网络的组成结构有_____和_____,其中,硬件系统由_____、_____、_____及_____组成。

7. 计算机网络协议由_____、_____、_____三个要素组成。

8. 层次划分的功能主要有_____、_____、_____、_____等。

9. 常见的现场总线有:_____,_____,_____和_____。

二、选择题

1. 主要特点是信息在网络中沿固定方向流动,两个节点间仅有唯一的通路,大大简化了路径选择的控制的网络拓扑结构是(　　)。

　　A. 总线形网络　　B. 星形网络　　C. 环形网络　　D. 网状形网络

2. 集线器,网桥,交换机,路由器中工作于 OSI 物理层的是(　　)。

　　A. 集线器　　B. 网桥　　C. 交换机　　D. 路由器

3. 目前,我国最广泛使用的网络操作系统是(　　)。

　　A. Unix　　B. Net Ware　　C. Windows　　D. Linux

4. 目前最流行的商业化的协议,并被公认为当前的工业标准或"事实上的标准"的协议是(　　)。

　　A. IPX/SPX 协议　　B. TCP/IP 协议　　C. IEEE802 标准协议系列

5. OSI 参考模型中,主要任务是加强物理层传输原始比特的功能,使之对网络层显现为一条无错线路的是(　　)。

　　A. 物理层　　B. 传输层　　C. 数据链路层　　D. 应用层

三、简答题

    1. 什么是计算机网络？

    2. 简述计算机网络的发展历程。

    3. 简述计算机网络的性能指标有哪些？

    4. 简述计算机网络协议的三要素。

    5. OSI 模型可以分为哪几层？对于这几层可以怎么再分类？

    6. TCP/IP 模型与 OSI 模型对比有什么主要区别？

    7. 什么是现场总线？

    8. 现场总线的国际标准有哪两大类？目前国际上公认的现场总线的三个标准分别是什么？

    9. 控制局域网 CAN 的通信参考模型是什么？

第3章　飞思卡尔单片机及开发环境

电子控制单元(ECU)是汽车总线的重要组成部分,飞思卡尔单片机是应用到车用ECU中最多的单片机。本章主要介绍MC9S12X系列单片机的基本功能、集成开发环境以及如何建立新工程和仿真。

3.1　飞思卡尔单片机

Freescale公司是目前全球领先的半导体公司之一,拥有多达19000种产品。其单片机产品性能稳定,抗电磁干扰,品种齐全,多数产品支持在线调试,大大方便了用户的应用开发。MC9S12XD系列单片机是其中之一。

3.1.1　MC9S12X系列单片机

MC9S12X系列单片机基于S12CPU内核,速度更快。其中S12XD系列单片机工作电压为3.15~5.5V,以其中部分型号为例,主要功能见表3-1。

表3-1　MC9S12XD系列单片机

型号	RAM(KB)	Flash(KB)	EEOROM(KB)	通信信号	PIT	A/D	PWM	ECT	封装
MC9S12XD256	14	256	4	4个SCI,2个SPI 1个IIC,1个CAN	4	2/24/10	8路 8位	8路 16位	80QFP 112LQFP 114LQFP
MC9S12XDT256	16	256	4	4个SCI,3个SPI 1个IIC,3个CAN	4	2/24/10	8路 8位	8路 16位	80QFP 112LQFP 114LQFP
MC9S12XDQ256	16	256	4	4个SCI,3个SPI 1个IIC,4个CAN	4	2/24/10	8路 8位	8路 16位	80QFP 112LQFP 114LQFP
MC9S12XDT384	20	384	4	4个SCI,3个SPI 1个IIC,3个CAN	4	2/24/10	8路 8位	8路 16位	80QFP 112LQFP 114LQFP
MC9S12XDT512	20	512	4	6个SCI,3个SPI 1个IIC,3个CAN	4	2/24/10	8路 8位	8路 16位	80QFP 112LQFP 114LQFP
MC9S12XDP512	32	512	4	6个SCI,3个SPI 2个IIC,5个CAN	4	2/24/10	8路 8位	8路 16位	112LQFP 114LQFP

图3-1所示为MC9S12XDT256单片机的内部结构图。图中左、右分别为内核与外部设

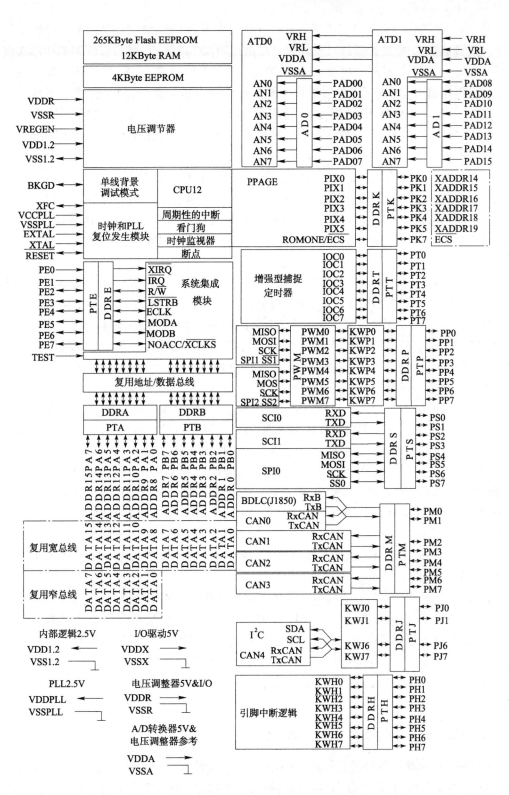

图 3-1　MC9S12XDT256 内部结构框图

备部分。其中左侧 A 口、B 口在扩展方式下作为分时复用的地址/数据总线,E 口的部分口线作为控制总线,在系统扩展的时候使用。目前使用较多的是单片模式,所谓单片模式就是使用一个单片机,不再扩展存储器和 I/O 口电路。在单片模式下,A 口、B 口和 E 口的一部分也可以用作通用 I/O 接口,右边是片上的多种外部设备。此外,每一种接口还具有重功能,即通用 I/O 功能和特殊接口功能。这些重功能的 I/O 口本身及其控制逻辑完全集成在 MCU 内部,使得单片机可极大地满足各种应用需求,同时也要求编程者对其进行初始化设置。

图中左侧和右侧的英文分别对应的是单片机引脚中的主要功能符号。箭头方向用于指示信号的流向,单箭头表明信号单向输入到箭头指向引脚,双箭头表明信号可以双向传输。以右侧 ATD 模块中信号为例,VRH、VRL 和 VDDA 是输入到单片机的电源接口,AD1 口的 PAD08、PAD09 等只能是输入信号到单片机,而 K 口的 PK0~PK7 是双向的,其他的可进行同样推理。

从图中左边向下看首先是 RAM 和 EEPROM 模块,接下来是电压调节器模块,若 VREGEN 引脚接高电平,则电压调节器工作,将来自 VDDR 的 5V 转换为 2.5V;若 VREGEN 接地,则电压调节器不工作。VDD1.2 和 VSS1.2 需要的 2.5V 必须由外部提供。CPU 模块主要由 CPU12、单线背景调试模式与时钟和 PLL 复位发生模块组成。系统集成模块和 E 口紧密相连,通过对 E 口的设置可选择单片机的工作模式、振荡电路的连接方式和提供相应工作模式所对应的信号线等功能。

系统集成模块下方的是 A 口和 B 口,A 口即为 PTA,其中 PTA 是 PORTA 的缩写;同理,B 口即为 PTB。在 PTA 下方每一位都标有四组英文字符,以最左边的一列为例,分别标注的是 DATA7、DATA15、ADDR15 和 PA7。这表明该引脚在复用窄总线时是数据总线第 7 位,在复用宽总线时是数据总线第 15 位;在复用时它又是地址总线的第 15 位。此外,它也可以用作普通的 I/O 口 PA7,且 PA7 是该引脚的主要功能符号。A 口虽然有 4 种功能,但在最常用的单片模式只用作 I/O 口。DDRA 是 A 口的方向寄存器,用于定义 AD 的输入/输出方向。同理,B 口各引脚也有类似分析。

图中左下方标注了单片机的 5 组电源,用箭头方向表明该电源是由单片机产生的输出还是需要外接电源。

再从右半部分向下看,首先是 AD 模块。它由 ATD0 和 ATD1 两部分组成,共同模拟电源 VDDA、VSSA 和基准电源 VRH、VRL。PAD0~PAD15 可通过软件设置成模拟量输入通道,也可设置为通用开关量输入通道。接下来的是 PTK、PTT、PTP、PTS、PTM、PTJ 和 PTH 等接口,每个接口除用作通用 I/O 口外,还有 1~3 种特殊功能。

了解图中各模块的文字符号有益于从总体上把握单片机的结构,从而掌握各模块相互之间的关系。

3.1.2 MC9S12 系列单片机引脚功能

MC9S12 有两种典型的封装形式,即 LQFP112 和 QFP80。其中除了地址、数据、控制等 3 种线外,主要是 I/O 引脚,多数引脚具有两种或更多功能。图 3-2 所示为 LQFP112 的引脚分配。芯片上的圆圈指示引脚 1 从此开始按逆时针方式直到 112 引脚。以引脚 1 为例,图中对应英文字符为 SS1/PWM3/KWP3/PP3,表示该引脚具有 4 种复用功能,其他引脚以此类推。接下来按功能说明各引脚的作用。

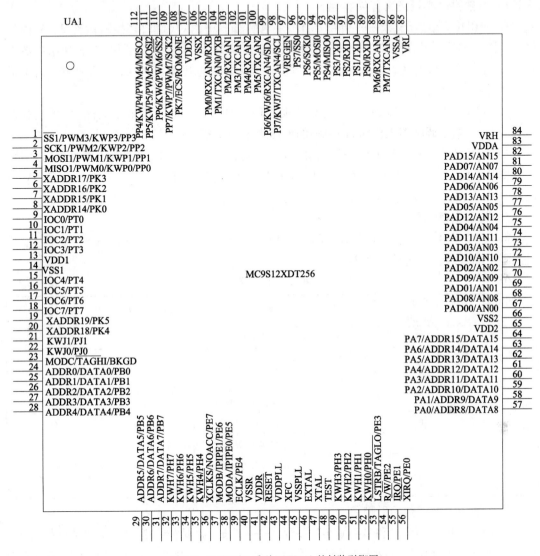

图 3-2　MC9S12D 系列 LQFP112 的封装引脚图

1)电源相关引脚

(1)VDDR 和 VSSR——数字电源和接地引脚。外部电源和接地引脚,提供 I/O 驱动和电压调节器的输入。为了满足信号的快速上升要求,一般要求电源能提供瞬时大电流,因此要在两个之间放置高频旁路电容,并且要尽量靠近 MCU,具体旁路要求取决于 MCU 引脚的负载。

(2)VDDX 和 VSSX——I/O 电源和接地引脚。外部电源和接地引脚,提供 I/O 驱动。要在两个之间放置旁路电容,并且要尽量靠近 MCU。

(3)VDDA 和 VSSA——ADC 转换模块电源和接地引脚。为电压调整器和 AD 转换器提供电源和接地,同时为内部电压调整器提供参考电压。两个引脚之间需要放置旁路电容。

(4) VRH 和 VRL——ADC 参考电源输入引脚。AD 转换器的参考电压输入引脚,其精度和稳定性直接影响转换结果,因此这路电源要求品质较高,不能受数字部分的影响,但功率较小,单独供电既经济又容易实现。

(5) VDD1.2 和 VSS1.2——外部 2.5V 供电引脚。用两对引脚,直接对内部 2.5V 内核供电。如果内部电压调整器使能,2.5V 来自于电压调整器,不需要外部提供,这两组电源引脚上不能放置静态负载。如果 VREGEN 引脚接地,内部电压调整器关闭,这两对引脚上需要提供外部 2.5V 电源。

(6) VDDPLL 和 VSSPLL——振荡器和锁相环供电引脚。电压调节器关闭时,该引脚必须接 2.5V。电压调整器工作时,该引脚的电压由电压调整器提供。

(7) VREGEN——电压调整模块选择引脚。该引脚拉高则使能内部电压调整器,该引脚拉低则禁止内部电压调整器。若 VREGEN 接地,内部电压调整器禁止,不能输出 2.5V 电压,VDD1.2 和 VDDPLL 需要的 2.5V 电压必须由外部提供。

2) 模式选择引脚

MC9S12 单片机指定三个引脚 MODC(BKGD)、MODB(PE6)、MODA(PE5)来设定单片机的运行模式。模式选择见表 3-2。

模式选择表 表 3-2

BKGD (MODC)	PE6 (MODB)	PE5 (MODA)	模式选择	地址线宽度	数据线宽度
0	0	0	特殊单片模式	0	0
0	0	1	仿真窄扩展模式	16	8
0	1	0	测试模式	16	16
0	1	1	仿真宽扩展模式	16	16
1	0	0	普通单片模式	0	0
1	0	1	普通窄扩展模式	16	8
1	1	0	特殊外部设备模式	—	—
1	1	1	普通宽扩展模式	16	16

3) 扩展模式下用到的引脚

(1) A 口(PA7~PA0)和 B 口(PB7~PB0)——地址、数据总线引脚。在宽扩展模式下,A 口和 B 口做分时复用的数据和地址总线,与通用 I/O 口 A、B 共享引脚。其中,PA7~PA0 引脚分时用作 D15~D8 和 A15~A8,PB7~PB0 引脚分时用作 D7~D0 和 A7~A0。

在窄扩展模式下,B 口的引脚用作地址总线的低 8 位,A 口供高 8 位地址总线和 8 位数据总线分时使用。在该模式下,处理 16 位数据需要两个连续的总线周期,第一个周期用于处理高位字节,下一个周期处理低位字节。各个地址引脚的状态应该在 E 时钟的上升沿锁存,要让外部器件获得最长的地址建立时间,因此要用到锁存器。

单片模式下,这两个口可作为通用 I/O 口。

(2) PE4(ECLK)——地址锁存引脚。ECLK 是内部总线时钟的对外输出引脚,用于地址、数据总线分离,也用作定时基准。复位后其频率为晶振频率的 50%。在宽扩展模式下,必须用地址锁存器(74HC574 等),生成地址信息。ECLK 的上升沿将 PTA 口和 PTB 口的地址信息锁存到锁存器,然后释放这两个端口,使其成为数据通道。

(3) PE2($R/\overline{W}$)——读写信号引脚。$R/\overline{W}$引脚在所有模式下都可作为I/O,通过E口设置寄存器PEAR中的RDWE位置位来启用该引脚的读写控制功能。扩展模式下对扩展的存储器和I/O电路进行数据读/写控制。

(4) PE3($\overline{LSTRB}$)——片选信号引脚。$\overline{LSTRB}$在所有模式下都可以用作I/O,通过E口设置寄存器PEAR中的LSTRE位置位来启用该引脚的写控制功能。该引脚可以用作选通控制访问规范字时地址A0和$\overline{LSTRB}$分别作用高位和低位数据单元的片选信号。在特殊扩展模式下,该引脚也用作TAGLO,并与$\overline{LSTRB}$分时占用引脚。

(5) PK7($\overline{ECS}$)——片内程序存储器选择引脚。扩展方式下,该引脚可以用作仿真片选信号输出。配置扩展方式时该引脚用来使能片上的Flash。

1:片上Flash可以使用;0:片上Flash不能使用。

4) 系统功能引脚

(1) XTAL和EXTAL、XFC——锁相环外接滤波电容端。XTAL和EXTAL分别是晶体驱动和外部时钟输入引脚。EXTAL既可接晶振,也可接CMOS兼容的时钟信号,驱动内部时钟产生电路,器件中所有时钟信号都源于该引脚输入的时钟。XTAL是晶体驱动输出,当EXTAL外接时钟时,该引脚必须悬空。XFC是锁相环滤波引脚。

应注意串联和并联晶振电路的构成。

(2) PE7(NOACC/$\overline{XCLKS}$)——外部振荡电路方式选择。当使用串行振荡电路时,该引脚要拉高;当使用并行振荡电路时,该引脚要接地。

(3) $\overline{RESET}$——复位引脚。低有效的双向控制信号。当作为输入时,外部的低电平用来初始化MCU的初始状态。

如果时钟监视或COP看门狗检测到内部故障,该引脚作为开漏输出,对外指示这种状态。MCU进入复位是异步方式,结束复位是同步方式,这使得器件即使在时钟失效的情况下也可以进入真正的复位状态,同时又可以在复位结束后以同步方式开始运行。

一次复位是内部还是外部引起的,是可以判别的。内部复位首先将该引脚拉低并保持131~134个系统时钟周期,然后释放该引脚,再过64个系统时钟周期采样该引脚电平,如果该引脚回到了高电平,说明复位是由时钟监视器或COP看门狗电路引起的,CPU将取得时钟监视器或COP看门狗电路的复位向量;如果该引脚仍然是低电平,就确定为外部复位,将取得外部复位的向量。

(4) PEI($\overline{IRQ}$)——可屏蔽中断请求。可屏蔽外部中断输入脚,可通过程序选择(中断控制寄存器INTCR)该引脚是否和中断逻辑连接,以及下降沿或电平触发方式。复位后,$\overline{IRQ}$默认为电平触发方式,同时在条件码寄存器中$\overline{IRQ}$中断被屏蔽。可以通过软件清零或置位CCR寄存器中的I位来使能或禁止所有可屏蔽的中断,当然也包括IRQ中断。

(5) PE0($\overline{XIRQ}$)——不可屏蔽中断请求。该不可屏蔽外部中断引脚提供了一种复位初始化后申请非屏蔽中断的手段。在复位阶段,CCR寄存器中的X位和I位被置1,在MCU通过软件允许以前,任何中断都被屏蔽。系统初始化后,可以通过软件清零X位,从而使能该中断。X位一旦清零,就不能再通过软件的方式将该位置1了。该中断申请经常用于系统掉电、硬件故障等场合。

（6）BKGD——背景调试引脚。采用自定义协议,通过 BDM 调试工具进行单线双向通信,实现实时在线调试。

5）输入/输出部分

MCU 片上集成了十余个 I/O 接口,其中有通用并行 I/O 口(一般每口 8 个外部引脚)以及 SCI、PWM、ADC、I^{2}C、CAN 等专用子系统。复位后所有 I/O 引脚默认设置为通用 I/O 输入,当专用子系统激活后,自动变更为专用功能。MC9S12 输入输出口包括 PTA、PTB、PTE、PTH、PTJ、PTS、PTP、PTK、AD0、AD1 等。

（1）A、B 口。在扩展方式下为地址数据分时复用总线,但在芯片模式下为通用 I/O 口。输入可选内部上拉,输出具有降功率驱动功能。

（2）E 口。用于总线控制和中断请求,余下其他引脚可作通用 I/O。输入可选内部上拉,输出具有降功率驱动功能。PE1、PE0 固定为输入。

（3）AD 口。ATD 子系统输入或通用输入引脚。复位后默认为通用 I/O 输入引脚并且只能做输入。ATD 模块使能后,用作模拟输入。MC9S12DP256 有 16 个 A/D 引脚对应于两个独立的 ATD 模块。

（4）K 口。扩展方式下外部总线的扩展地址线、仿真片选输出或通用 I/O。复位后为通用 I/O 引脚。输入可选内部上拉,输出具有降功率驱动功能。

（5）T 口。I/O 与增强型捕捉定时器共享引脚。复位后为通用 I/O 引脚,定时器功能使能后,用作输入捕捉或输出比较或脉冲累加输入。输入可选内部上拉,输出具有降功率驱动功能。

（6）P 口。SPI、脉宽调制输出、I/O 中断或通用 I/O。复位后为通用 I/O 引脚,要使用某种特殊功能,可以通过置位相应功能寄存器的使能位来实现。

（7）S 口。SCI、SPI 或通用 I/O。复位后为通用 I/O 引脚。SCI 或 SPI 使能后,对应引脚的通用 I/O 关闭。

（8）M 口。I/O 与 CAN、BDLC 共享。复位后为通用 I/O 引脚。CAN 或 BDLC 使能后,对应引脚的通用 I/O 关闭。

（9）J 口。I/O 与 I^{2}C、CAN、I/O 中断共享。复位后为通用 I/O 引脚。特殊功能使能后,对应引脚的通用 I/O 关闭。

（10）H 口。I/O 与 I/O 中断共享。复位后为通用 I/O 引脚。特殊功能使能后,对应引脚的通用 I/O 关闭。

3.2　CodeWarrior IDE 集成环境开发的使用

早期,Metrowerks 公司推出了基于 Windows 的开发工具软件 CodeWarrior IDE 系列集成开发环境(Integrated Development Environment,IDE),该软件将编辑器、编译器、调试器及辅助工具集成在一起,为飞思卡尔系列单片机应用程序的开发和调试提供了完整的解决方案。为叙述方便,在后续的介绍中将 CodeWarrior IDE 简称为 IDE。由于该软件性能优异、易学易用,所以国内 MC9S12 系列单片机的开发基本上都使用 CodeWarrior IDE 软件开发平台。本节主要对 IDE 系列集成开发环境的使用进行介绍。

3.2.1 IDE 简介

IDE 作为飞思卡尔系列单片机的开发平台,提供了一种应用软件工具的集合,开发人员可以利用这些工具进行编码、编译、链接和调试的过程,并且能够进行代码调试检错功能,提示用户以便让用户修改。错误排除后,通过编译和链接可以生成可执行的目标程序。IDE 软件界面如图 3-3 所示。

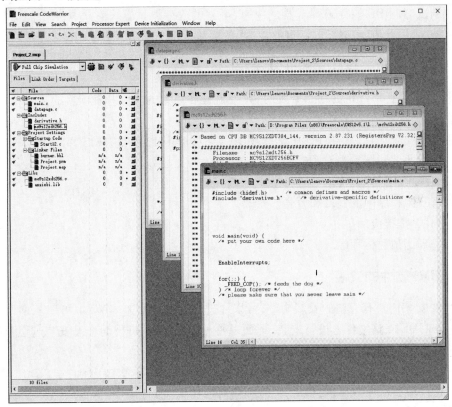

图 3-3 IDE 软件界面

3.2.2 IDE 的软件组成

IDE 环境包括以下几个功能模块:编辑器、源码浏览器、编译器、链接器、调试器、工程管理器。编辑器、编译器、链接器和调试器对应开发过程的 4 个主要阶段,其他模块用以支持代码浏览和构造控制,工程管理器控制整个过程。该集成环境是一个多线程应用,能在内存中保存状态信息、符号表和对象代码,从而提高操作速度;能跟踪源码变化,进行自动编译和链接。

(1) IDE。IDE 集成开发环境集成了编辑器、自动生成工具。利用 IDE 编辑器可以创建多个源代码组织到一个项目中,调试器具有错误提示功能,便于 C 语言和 C++ 的输入、编辑和处理;自动生成工具能够实现程序的编译、链接等应用程序的开发工作。

(2) C 编译器。IDE 创建的源代码被 C 编译为可重定位的目标文件。C 语言编译器完全遵照 ANSI C 语言标准,支持 C 语言的所有标准特性,并为支持 MC9S12 系列单片机的开发进行了扩展。

（3）Libs 库管理器。Libs 库管理器可以把编译器生成的目标文件转化为目标库文件。库是一种被特别组织过，并在以后开发中可以被链接和重用的对象模块。开发人员可以利用这一功能创建自己的库文件，逐渐积累自己的库函数，不断提高开发效率。

（4）Make 链接器。Make 链接器的功能是生成绝对地址目标文件，它把库中提取的目标模块和由编译器生成的目标模块链接到一起，生成不可重定位的代码和数据，并固定到储存单元中。

（5）调试器。IDE 源代码调试器是快速、可靠的程序调试器。它包含一个高速模拟器，能够模拟包括片上功能部件和外部硬件在内的系统。

3.2.3 使用 IDE 工具软件的开发流程

使用 IDE 进行单片机的项目开发时，开发流程和通常的软件开发项目的流程极其相似。一般流程如下：

（1）创建一个项目，从器件库中选择 MCU 类型和编程语言的类型。
（2）用程序编译器编写 C 语言程序。
（3）编译生成目标文件。
（4）修改源程序中的错误和警告。
（5）测试，链接应用。
（6）仿真调试目标程序。

3.2.4 IDE 软件的安装

IDE 的安装需要有完整的安装文件，可以通过光盘或硬盘来安装，也可以从网站上下载 CodeWarrior IDE 完整文件来进行安装，下面以硬盘安装为例，进行简单的安装过程介绍：

（1）双击可执行文件"CW_HC12_v5.1_SPECIAL"运行。
（2）单击"Next"，选择读取安装程序后要放置的目录，然后单击"Next"。
（3）待读取自动完成后，出现图 3-4 所示界面，单击"Next"。
（4）选择接受协议，连续两次单击"Next"后，选择安装目录，如图 3-5 所示。

图 3-4 欢迎安装界面

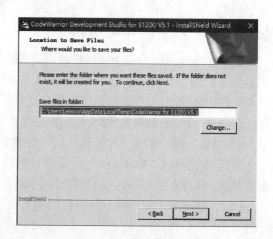

图 3-5 选择安装目录

（5）再两次单击"Next"以后，如图 3-6 所示，单击"Install"，IDE 的安装就开始了，如图 3-7 所示。

（6）自动安装完成，取消复选框，单击"Finish"，则安装完成。

（7）打开集成开发环境，依次选择开始 > 所有程序 > Freescale CodeWarrior development Studio for S12（X）V5.1 > CodeWarrior IDE。

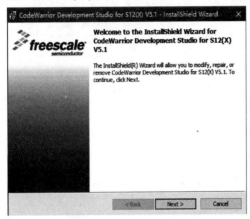

图 3-6　准备安装

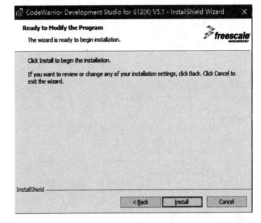

图 3-7　安装完成

3.2.5　IDE 软件工具界面

IDE 界面提供了菜单、工具条、源代码显示窗口、对话框和信息显示等内容，为应用程序开发提供全面完善的支持。

1）IDE 操作模式

（1）创建模式：开发人员在此模式下编辑、编译项目中所有的文件并产生目标代码。

（2）仿真模式：开发人员在此模式下调试、观察各个变量变化、储存器的情况等。

2）IDE 操作菜单

IDE 提供各种操作菜单，如编辑操作、调试程序等。表 3-3 ~ 表 3-9 列出了 IDE 的菜单项目、对应的工具条图标、默认的快捷键以及它们的功能说明。

（1）文件菜单和命令（File）。如表 3-3 所示，文件菜单里包含一些和文件相关的操作，如新建、打开和存储文件，导入和导出工程，设置打印文件等。IDE 的文件菜单和其他大型 Windows 程序文件菜单并没有很大的差别。

文件菜单和命令对应表　　　　　　　　　表 3-3

菜　　单	工具图标	默认快捷键	功　能　说　明
Startup Dialog			启动对话框
New Text File		Ctrl + N	新建文本文件
New Project		Ctrl + Shift + N	新建工程
Open…		Ctrl + O	打开文件
Find and OpenFile…		Ctrl + D	查找并打开文件

续上表

菜　　单	工具图标	默认快捷键	功能说明
Close		Ctrl + W	关闭当前文件
Save	💾	Ctrl + S	保存当前文件
Save All		Ctrl + Shift + S	保存所有打开的文件
Save As…			另存且关闭当前文件
Save A Copy As…			另存且不关闭当前文件
Revert…			文件恢复为上次保存的状态
Open Workspace…			打开工作台
Close Workspace			关闭工作台
Save Workspace			保存工作台
Save Workspace As…			另存工作台
Import Project…			导入工程
Export Project…			导出工程
Page Setup…			打印页面设置
Print…		Ctrl + P	打印选项
Open Recent			打开最近使用过的文件或工程
Exit			退出 CodeWarrior IED

(2)编辑菜单和编辑器命令(Edit)。如表3-4所示,编辑菜单里包含一些和文本编辑相关的操作,如复制、剪切和粘贴等,另外还可以在这里设置 IDE 的一些参数,比如字体和布局的显示等。

编辑菜单和编辑器命令对应表　　　　　　表3-4

菜　单　项	工具图标	默认快捷键	功能说明
Undo Typing	↶	Ctrl + Z	撤销
Redo Typing	↷	Ctrl + Shift + Z	恢复
Cut	✂	Ctrl + X	剪切
Copy	📄	Ctrl + C	复制
Paste	📋	Ctrl + V	粘贴
Delete		Delete	删除
Select All		Ctrl + A	选择全部
Balance		Ctrl + B	选择括号内部的文本
Shift Left		Ctrl + [	所选文本左移一个制表符
Shift Right		Ctrl +]	所选文本右移一个制表符
Get Previous Completion		Alt + Shift + /	上一个代码自动完成
Get Next Completion		Alt + /	下一个代码自动完成

续上表

菜 单 项	工具图标	默认快捷键	功能说明
Complete Code		Alt + .	打开代码自动完成窗口
Preferences…	📄		IDE 参数设置
Standard Settings…	📄	Alt + F7	目标设置
Version Control Settings…			版本控制设置
Commands and Key Bindings…			自定义菜单设置

（3）视图菜单（View）。如表3-5所示，视图菜单的功能主要是调整IDE的菜单和各种窗口的显示和布局，如隐藏、重置和清除菜单栏等。

视图菜单的相关内容　　　　　　　　　　　　　　　　　　　表3-5

菜 单 项	工具图标	默认快捷键	功能说明
Toolbars			可以订制（隐藏、重置、清除）菜单栏
Project Inspector			打开工程检查器窗口
Browser Contents			打开工程内容浏览器窗口
Class Browser		Alt + F12	打开类浏览器窗口
Class Hierarchy			打开并查看类的层次
Build Progress			显示编译和链接的进度
Errors and Warnings	■	Ctrl + I	显示错误和警告信息

（4）查找菜单命令（Search）。如表3-6所示，查找菜单命令主要功能是针对当前文档或工程，完成查找和替换操作，它可以使查找有语法错误的语句变得简单易行。

查找菜单命令对应表　　　　　　　　　　　　　　　　　　　表3-6

菜 单 项	工具图标	默认快捷键	功能说明
Find…	🔍	Ctrl + F	查找指定字符
Replace…		Ctrl + H	查找并替换指定字符
Find In Files…		Ctrl + Shift + M	指定查找范围并查找
Find Next	🔍	F3	查找下一处
Find In Next File		Ctrl + T	在下一个文件中查找指定字符
Enter Find String		Ctrl + E	把当前所选字符设置成查找字符
Find Selection		Ctrl + F3	查找选择的字符
Replace Selection	🔍	Ctrl + =	将查找的字符替换成当前所选字符
Replace and Find Next		Ctrl + L	替换并查找下一处符合条件的地方
Replace All			替换所有
Find Definition		Alt + '	在源文件中查找程序的定义
Go Back		Ctrl + Shift + B	返回
Go Forward		Ctrl + Shift + F	前进

续上表

菜 单 项	工具图标	默认快捷键	功能说明
Go to Line…		Ctrl + G	前进到某行
Compare Files…			对比文本文件
Apply Difference			对比和匹配两个文件
Unapply Difference			撤销匹配

查找、替换等操作的具体实现步骤如下。

选择"Search"→"Find"会出现查找对话框,如图3-8所示,几个选项的含义如下:

①"Find":查找指定字符。可以通过下拉菜单来选择曾经查找的字符。

②"Match whole word":整字匹配。表示要查找的字符和查找到的字符必须完全匹配。

③"Case sensitive":大小写敏感。若选中,则字符中大小写字母的区别不可忽略。

④"Regular expression":使用通配符。

⑤"Stop at end of file":在文件结尾停止搜索。如果此项未被选中,则在查找到文件结尾时,再返回从文件头开始查找。

⑥"Search up":向光标所在位置的上面查找。

⑦"Search selection only":只搜索选择的部分。

⑧"Scope":搜索的范围。可以是整个文档(All text)、仅仅代码(Code only)或者注释(Comment only)。

⑨"Find All":查找所有。如果单击这个按钮,那么搜索结果会以很多窗口的形式出现,每个结果将对应一个窗口,如果搜索结果很多,建议慎用此功能。

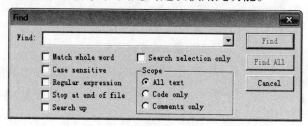

图3-8 查找对话框

选择"Search"→"Replace"出现替换对话框,如图3-9所示。

①"Replace":替换下一处。单击这个按钮可以完成对下一处的替换。

②"Replace All":替换所有。把所有目标字符都替换掉,此功能要慎用。

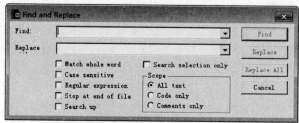

图3-9 替换对话框

选择"Search"→"Find in Files…"出现在文件中查找对话框。在这里也可以完成查找和替换操作,不同的是,它给查找工作限定了范围。如图 3-10 所示,有 4 个限定范围,分别是 "In Folders"指定文件夹查找、"In Projects"指定工程查找、"In Symbolics"指定符号查找、"In Files"指定文件查找。

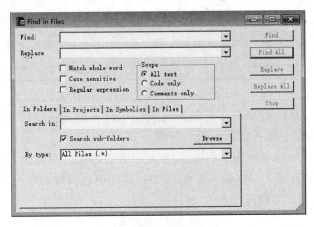

图 3-10　在文件中查找对话框

(5)工程菜单和项目命令(Project)。如表 3-7 所示,工程菜单里的工具用于管理工程。我们所编写的程序,都是包含在一个工程里的,工程包括很多文件和文件夹,最终会生成一个扩展名为 mcp 的工程文件,这个文件可以用 IDE 直接打开,它包含了当前工程的所有信息。

项目菜单和项目命令表　　　　　　　　　　　　　表 3-7

菜　单　项	工具图标	默认快捷键	功　能　说　明
Add main.c to Project			添加主函数文件到工程
Add Files…			添加文件到工程
Create Group			在工程中添加文件夹
Create Target			添加编译目标到当前工程
Check Syntax		Ctrl + ;	语法错误检查
Preprocess			预处理
Precompile			预编译
Compile	■	Ctrl + F7	编译当前工程
Disassemble		Ctrl + Shift + F7	反汇编
Bring Up To Date		Ctrl + U	编译作了修改标记的文件
Make	🛠	F7	链接
Stop Build	■	Ctrl + Break	停止编译链接
Remove Object Code…		Ctrl + - .	从当前工程去除对象代码
Re-search for Files			用文件缓存使编译和链接更快
Reset Project Entry Paths			重置当前文件的保存路径
Synchronize Modification Dates			更改日期属性到当前

续上表

菜 单 项	工具图标	默认快捷键	功能说明
Debug		F5	调试
Set Default Project			设置默认工程
Set Default Target			设置默认编译目标
Change MCU/Connection…			改变 MCU/连接

(6)处理器专家菜单(Processor Expert)用来完成和 PE 相关的操作。PE 是由捷克 UNIS 公司针对 Freescale 单片机和 DSP 开发的嵌入式软件包,采用面向对象的用户窗口,使开发者不需要了解芯片内部的结构就可以进行开发。

(7)设备初始化(Device Initialization)用来对设备初始化以及更新 PE。

(8)窗口菜单(Window)。如表 3-8 所示,窗口菜单可以管理窗口及其排列方式,如关闭当前窗口、关闭所有编辑器窗口等。

窗口菜单对应表　　　　　　　　表3-8

菜 单 项	工具图标	默认快捷键	功能说明
Close		Ctrl + W	关闭当前窗口
Close All		Ctrl + Shift + W	关闭所有的编辑器窗口
Cascade			窗口层叠排列
Tile Horizontally			窗口竖直排列
Tile Vertically			窗口水平排列
Save Default Window			保存当前窗口设置为默认设置

(9)帮助菜单(Help)。如表 3-9 所示,帮助菜单中可以查看帮助信息、帮助索引和软件的版本信息等。

帮助菜单对应表　　　　　　　　表3-9

菜 单 项	工具图标	默认快捷键	功能说明
Code Warrior Help			Code Warrior 的帮助目录
Index			Code Warrior 的帮助索引
Search			搜索相关的帮助信息
Register Product			产品注册
License Authorization…			许可授权
Pack and Go			工程信息收集打包
Processor Expert			PE 帮助文档
Device Initialization			设备初始化
Tip of the Day			每日技巧提示
CodeWarrior Website			Code Warrior 工具网站链接
About Freescale CodeWarrior			关于 Freescale Code Warrior

3.3 新工程文件的建立与仿真

为了使用 CodeWarrior IDE 来进行 MC9S12 系列单片机程序的开发,必须通过创建很多而又不同类型的文件来构成一个工程。这些不用类型的文件信息及其相互的依赖关系,都被存储到一个扩展名为 mcp 的工程文件中,所以,打开这个 mcp 文件就相当于打开了一个完整的工程。下面来逐步讲解如何建立和打开工程。

3.3.1 建立一个新工程

(1)单击计算机左下角的开始菜单,开始→所有程序→Freescale CodeWarrior development Studio for S12(X) V5.1→CodeWarrior IDE。IDE 开始运行,出现图 3-11 所示的窗口。

(2)单击图 3-11 中的"Create New Project"(或关闭此窗口再单击菜单栏的 File →New Project…或按"Ctrl + Shift + N")新建对话框,出现图 3-12 所示的窗口。

图 3-11　CodeWarrior IDE 初始界面

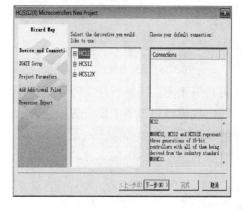

图 3-12　选择单片机型号系

(3)在左边的框中选中 HCS12X,再点开其中的 HCS12XD Family,选中其中的 MC9S12XDT256。在右边的框中选中 TBDML,如图 3-13 所示。此步骤的操作是选择单片机的型号和调试工具,单片机选择的是 MC9S12XDT256,调试工具选择的是飞思卡尔的开源 BDM 下载器 TBDML。接下来单击"下一步",出现如图 3-14 所示的窗口。

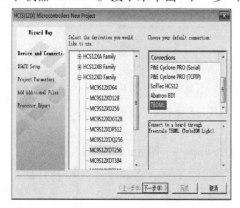

图 3-13　选择单片机型号和调试工具

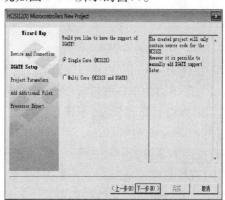

图 3-14　设置单片机工作模式

(4)在图3-14窗口中选择"Single Core(HCS12X)",此项设置是设置单片机的工作模式,选择为单核模式,单击"下一步",出现如图3-15所示的窗口。

(5)在图3-15窗口左侧的复选框中选择"C",确定编程语言,在此窗口的右侧设定工程名和工程的保存位置,这两项是用户可以随意修改的,但不要改变工程的扩展名。设置好之后单击"下一步",出现如图3-16所示的窗口。

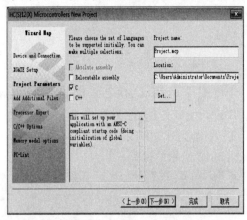 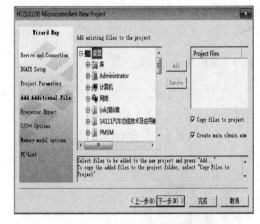

图3-15 选择编程语言图　　　　　　　　图3-16 设置工程名和保存位置

(6)接下来不需要进行任何设置,直接单击"下一步"即可,出现如图3-17所示的窗口。

(7)出现窗口后也不需要设置,直接单击"下一步"即可,出现如图3-18所示的窗口。

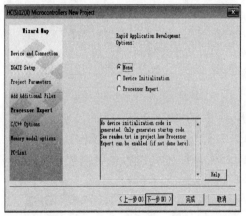 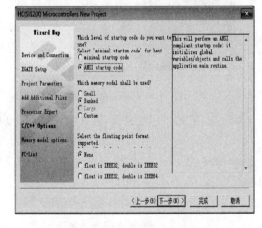

图3-17 快速开发申请选择None　　　　　图3-18 选择ANSI startup code

(8)在图3-18中,最上边的单选框选择"ANSI startup code",中间的单选框选择"Banked",最下边的单选框选择"None"。最下边的单选框是用来设置浮点数格式的,由于单片机对浮点数运算比较慢,不推荐使用浮点数,所以此项选择"None"。单击"下一步",出现如图3-19所示的窗口。

(9)按照默认设置,单击"下一步",出现如图3-20所示的窗口。

(10)在单选框中选择"No",单击"完成",一个新的工程就建成了。IDE会自动生成工程文件。双击"main.c"文件可以对其进行修改,如图3-21所示。

由CodeWarrior IDE创建的工程包含多个文件,其中工程文件扩展名为mcp,它包含了所有文件的指针和工程的配置信息,这些配置信息包括编译和链接的设置,源文件、库文件以及它们最终产生可执行程序的依赖关系,所以 mcp 文件是生成可执行文件的核心。通过打开 mcp 文件就可以打开一个工程,就可以管理工程内的所有文件和将要生成的目标文件。

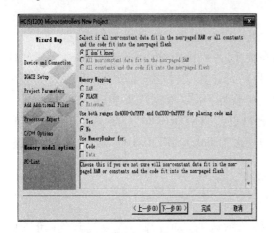

图 3-19　选择存储方式 FLASH

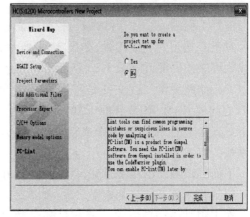

图 3-20　工程设置选择 No

每个工程都有很多编译目标(Build Target),编译目标可以告诉 IDE 来产生怎样的输出文件,如图 3-22 所示,这里的编译目标就是 TBDML(使用 BDM 下载程序到单片机),当然可以通过该下拉框,根据自己的需要来选择其他的目标,如果需要通过模拟器(Simulator)进行全片仿真的话,就要选择相对应的编译目标。在它的右边有 4 个按钮,功能分别是编译目标设置、检查并消除文件的修改标记、编译链接和调试,在 CodeWarrior IDE 的菜单里,都可以找到对应的功能。还有 3 个标签分别为"Files""Link Order"和"Targets"。

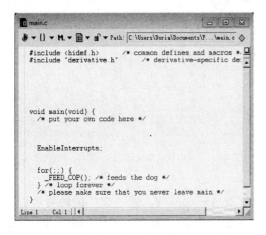

图 3-21　新建工程与 C 语言的主程序文件

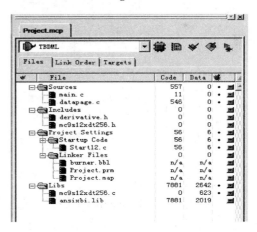

图 3-22　CodeWarrior IDE 的工程窗口

"Files"标签:是当前工程的所有文件,可以说,它就是一个完整的文件管理器,双击文件名,可以打开相应的文件进行编辑;单击文件夹前面的展开/关闭按钮,可以展开或关闭文件夹;如果需要更改文件夹的名字,那么只需要双击目标文件夹即可。

"Link Order"标签:可管理文件的链接顺序,如果需要改变顺序,可以用鼠标进行拖放操作。

"Targets"标签:可以查看所有的编译目标,双击目标便可以针对它进行设置,一般情况下使用默认设置即可。

3.3.2 编写程序源代码

建好工程后,就可以开始编写程序代码了。下面以 C 语言工程环境为例进行说明。

对于 C 语言建立的工程,如图 3-21 所示,在提示"/* put your own code here */"的地方输入程序代码即可。图 3-23 所示 prm 文件,目的是让该文件能全部显示,开发人员完全可以不必如此编辑。该文件是程序的链接和定位程序,可以根据需要更改 SEGMENTS 和 END 之间的 RAM、ROM_4000 等的地址范围。通过更改"INTO ROM_C000"语句,可以使程序下载到指定的 Flash 区域中或者 RAM 中;通过更改"STACKSIZE 0x100"语句,可以更改程序堆栈的大小。

下面将详细介绍在实际编写代码过程中的几个技巧。

1) 寻找函数及变量的定义

在工程被编译后所定义的变量和函数名,按照默认的选项,都会变成浅蓝色(可以更改颜色),如图 3-24 所示。这时如果在函数或者变量名上先双击再右击,在弹出菜单里选择"Go to declaration of [函数/变量名]"就可以直接跳转到指定函数或变量所定义的地方。

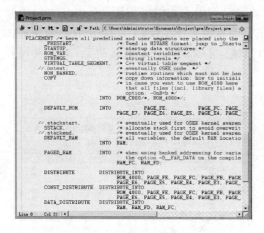

图 3-23 程序链接文件

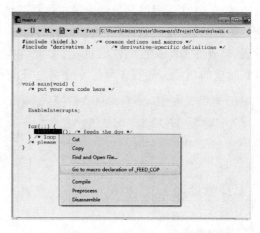

图 3-24 寻找函数及变量的定义文件及函数的跳转

2) 文件及函数的跳转

代码编辑器工具栏里的前两个按钮就是负责实现跳转功能的。通过文件的跳转可以快速切换当前编辑的文件而不用到工程窗口去找。函数的跳转功能更为实用,如果当前的文件内容复杂、函数又多,那么在里面寻找一个函数定义的所在处是非常麻烦的,这时,函数的跳转功能就变得相当方便了。

IDE 的代码编辑器可以完成两个任务:一是建立和编辑程序源文件,这也是代码编辑器最主要的功能;二是建立和编辑文本文件。其中程序源文件的格式也是文本格式的,表面上看这两者似乎没有什么不同,但是作为两个独立的功能,它们还是有本质的差异的。程序源文件在编译时,是要参与编译并且生成目标文件的,而一般的文本文件,比如说明文件 readme.txt，它是不参与编译的，在文件里也不包含任何程序代码和数据，我们可以轻松地利用代码编辑器来管理这些文本文件。

我们可以在工程窗口里任意单击一个程序源文件来打开代码编辑器窗口，此处打开主程序文件 main.c，如图 3-25 所示。

可以看到代码编辑器窗口分为 4 个部分，最上面是标题栏，显示了当前正在编辑的文件的名称和最小化、最大化、关闭按钮；标题栏下面，是工具栏；工具栏下面就是程序源文件代码区域，这是我们工作主要用到的区域，所有编辑、修改和查找替换等代码操作全在这个区域内完成；最下面是状态栏，显示了当前光标所在的行列值。

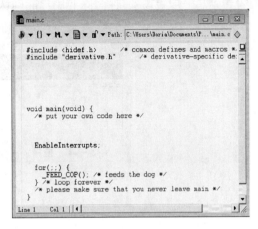

图 3-25　代码编辑器

工具栏的功能说明见表 3-10。

代码编辑器工具栏图标功能表　　　　　表 3-10

名称	图标	功能说明
接口文件菜单	▶ ▼	选取这个列表显示的不仅仅是头文件，其他跟当前文件有关的文件都显示在这里
函数列表菜单	{} ▼	选取这个列表可以显示当前文件里定义的所有函数，方便开发人员找当相应的函数进行修改
编译器列表菜单	M.. ▼	在这里可以添加和删除对应此文件的编译器
文档设置菜单	▤ ▼	在这里可以设置文本的颜色和文档格式
版本控制系统菜单	🔓 ▼	在这里显示的都是版本控制系统的指令
当前文件路径	Path:	在这里显示的是当前文件在硬盘上的绝对路径
文件更改标记	◇ 或 ◆	前者表示当前文件已经存盘，后者表示当前文件没有存盘或存盘后又修改过

如果能够灵活运用表 3-10 所述几个下拉菜单，尤其是接口文件菜单和函数列表菜单，会大大提高程序开发的效率。使用接口文件菜单，可以不用到工程窗口去寻找需要的文件就可以实现文件的快速切换；而使用函数列表菜单，可以很方便地进入当前文件的任意一个函数内部。

3.3.3　编译和链接

在 IDE 中，可以直接单击工程窗口中的"Make"按钮来完成编译和链接。这时可以看到，在打了修改标记的文件前面会逐一出现动态的小齿轮，这表示正在编译这个文件。

编译好后，会出现"Errors & Warning"窗口，如图 3-26 所示。在这个窗口里显示的是错误和警告信息。其中,错误信息是必须消除的,在这些信息中包含的基本都是语法错误,而警告信息一般也需要排除,除非用户能确认这个警告对于程序的结果没有影响。

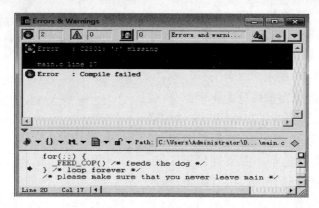

图 3-26　错误和警告

熟练掌握错误和警告的使用方法,对于快速高效地排除程序错误是有很大好处的。如图 3-26 所示,我们在 main.c 文件中的 main 函数中将"_FEED_COP();"后面的";"删掉,那么在编译时,编译器就会报错,它会把可能出错的地方全部列出来。可以看到,我们认为的错误只有一个,编译器却报了 2 个错误。这是因为最后一个错误是只要出错就会出现的,也就是编译失败错误,而前一个错误是由没有";"这个错误引起的。

在图 3-26 中可以看到,错误和警告窗口分为上下两部分,上面是一个错误和警告浏览器,显示的是错误、警告和通过信息,下面则是一个代码浏览器,两部分都有自己独立的工具栏。下面介绍错误和警告浏览器工具的使用方法。

如图 3-27 所示,左半部分为 3 个图标按钮及对应数字,右半部分分别为状态行、状态按钮和上下箭头。左边 3 个按钮分别表示错误、警告和通过信息,相对应的数字表示它们的数量,按钮处于被按下时表示显示相应的状态,反之则不显示;状态行里的文字表示错误和警告信息的归属;右边状态按钮表示是否显示错误或警告的详细信息;上下箭头可以查看上一个或者下一个信息,当然也可以用鼠标直接去点相应的信息。

图 3-27　错误和警告浏览器的工具栏

在查看错误和警告信息时,在错误和警告窗口的下半部分的代码浏览器中会显示出现错误或警告的位置,用一个红色箭头标记。如果用户觉得这个代码浏览器窗口不便查看,可以双击对应的错误或警告信息,打开新窗口来查看出现错误或警告的代码片段。

3.3.4　软件调试

排除语法错误后,就可以开始调试程序了。调试程序和编译、链接不同,它依赖于程序员的经验,经验丰富的程序员就可以在较短的时间内调试程序以达到自己的要求。所以,一定要多练习和实践,才能提高自己的调试效率。

首先要在工程的目标窗口选择"TBDML",如图 3-28 所示。然后通过单击"Debug"快捷按钮就可以打开调试工具进行调试了。

图 3-28 编译目标的选择

如图 3-29 所示,打开的调试工具是"True-Time Simulator & Real-Time Debugger",这里只介绍它的常用功能。

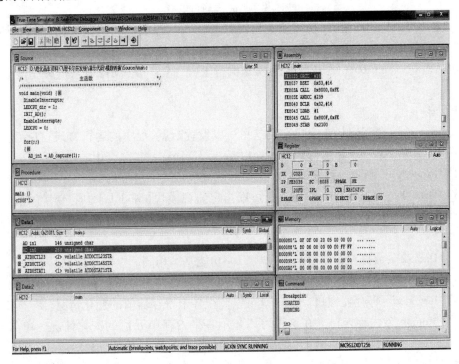

图 3-29 调试窗口

调试窗口包含了菜单栏、工具栏和 8 个子窗口。左边的 4 个子窗口从上到下依次为程序代码源文件窗口、函数过程窗口、数据窗口一和数据窗口二;右边 4 个子窗口从上到下依次为汇编语句窗口、寄存器窗口、内存窗口和命令行窗口。

1) 菜单栏

菜单栏里包含了调试工具的全部功能,如图 3-30 所示。

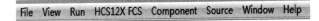

图 3-30 调试工具的菜单栏

(1)"File":可以打开要调试的目标程序,保存设置等。

(2)"View":可以自定义调试工具的界面。

(3)"Run":各种运行或停止命令。

(4)"HCS12 FCS":对调试环境的各种设置。

(5)"Component":可以打开组件,设置字体和背景。

(6)"Source":对数据文件进行操作。

(7)"Window":自定义窗口的排列方式。

(8)"Help":帮助主题和程序版本。

2)工具栏

调试工具栏包含了一些基本的文件操作、帮助命令和调试指令,如图 3-31 所示。

图 3-31 调试工具的工具栏

工具栏共有 15 个按钮,其功能依次为:新建文件、打开文件、存盘、剪切、复制、粘贴、帮助主题、在线帮助、Start(全速运行)、step into(单步执行,包括语句或函数)、step over(单步执行,只包括语句)、step out(跳出当前函数并执行下一条语句)、执行一条汇编指令、暂停和重置。

3)子窗口

(1)"Source":源程序代码窗口。在这里可以设置断点,程序的运行方式,打标记等。其中,设置断点(Breakpoint)和运行到光标处(Run to Cursor)是非常有用的功能。

(2)"Procedure"函数过程窗口。在这里可以监视函数和过程的情况。

(3)"Data:1":数据窗口一。在这里可以指定监视模块(Module)中的变量的值,并可以设置变量显示方式和刷新速度。其中,动态刷新显示变量值和设置显示进制是非常有用的功能。

(4)"Data:2":数据窗口二。与数据窗口一功能基本相同。

(5)"Assembly":汇编语句窗口。显示当前 C 语言语句对应的汇编语言语句。

(6)"Register":寄存器窗口。在这里可以监视各个寄存器值的变化情况。

(7)"Memory":内存窗口。在这里可以显示各个内存单元值的变化情况。单击某个内存单元的时候,会在其上面的框里显示对应的寄存器的名字。

(8)"Command":命令行窗口。这里可以通过手动输入命令来辅助程序的调试,命令列表及格式请参见调试工具的帮助文件。

3.3.5 BDM 调试

Flash 技术在 MCU 上的应用,使单片机开发彻底脱离了仿真器,在单片机开发和应用上给用户提供了很大的方便。BDM 调试器是向目标板上下载程序时用的,可以将单片机 Flash 中的旧程序擦除,这是 BDM 的编程功能。除此之外,BDM 还有很多其他的调试功能,MC9S12 单片机的 BDM 接口可以提供很多调试信息,包括 CPU 运行时的动态信息,故与之通信的 BDM 调试器也需要有 CPU 的支持。

单片机需要一个 6 针的插头将信号引出并且与 BDM 调试器相连接,就可实现单片机的 BDM 调试,通过最小系统的 JA1 与 BDM 调试工具,向 MC9S12 单片机下载并调试程序用,而下载了 BDM 调试工具软件之后,这块核心板就可以有 BDM 调试器的功能。

(1)安装 BDM 的 USB 驱动程序。安装了 CodeWarrior IDEV5.0(或者 V5.1)之后,将"BDM 驱动程序\USBDMdriver\Debug DLLs"文件夹下的"tbdml.dll、lisbusb.dll 和 usbdm-debug.4.dll"这三个文件夹复制到(当前 CodeWarrior 的安装路径)Freescale\CodeWarrior for S12(X) V5.0\prog\gdi 文件夹下面,之后安装 BDM 驱动。安装成功后可以在设备管理器中

看到新安装的设备,如图3-32所示。

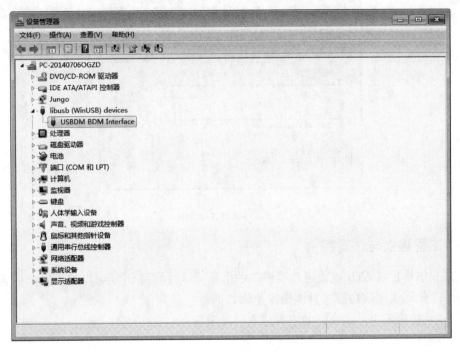

图3-32　BDM驱动

(2)在硬件连接完成之后,就可以进行实时调试了。

第一步,建立工程。建立工程的时候,一定要选中"TBDML",其余的操作与软件仿真调试相同。

第二步,编写程序。可以自行编写一段硬件简单测试代码或者参照光盘资料中的简单测试代码。

第三步,调试。编译无误后,选择"Debug"按钮,进入调试环境,即启动Hiwave.exe。第一次进入调试环境会弹出一个窗口,在第一个晶振频率中添入所需频率,然后单击"OK"按钮。

第四步,出现图3-33所示窗口,单击"确定"按钮。

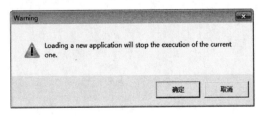 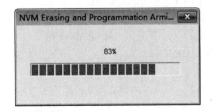

图3-33　下载新程序

第五步,设置连接方式。单击"Component"进入选择BDM接口标准"Set Connection"页面,如图3-34所示,在"Target"的下拉菜单中选择"TBDML"。

程序下载到实验板之后,单击图3-31所示调试窗口的"Start"按钮就可以观察实验结果。

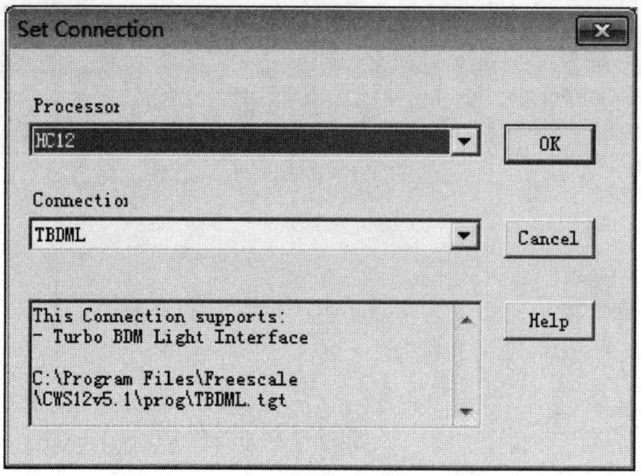

图 3-34 选择连接目标

3.3.6 工程建立与仿真实例

飞思卡尔单片机 ATD 模块可以将模拟的电压信号转换为 CPU 可以处理的数字信号,在此编写一段代码实现该功能。具体操作步骤如下:

第一步:按照 3.3.1 节介绍的内容建立好新工程。

第二步:在图 3-25 提示"/* put your own code here */"处编写如下程序。在编写过程中对于端口的配置问题可以通过跳转"Go to declaration of [函数/变量名]"查看函数变量定义的地方。

```
/*------------------------------------------------------------*/
说明:这是模拟电压转换数字信号程序
功能:初始化 AD 模块后,将模拟信号经过 AD 进行转换
设计者:王帅,赵轩
设计日期:2016 年 8 月 28 日
/*------------------------------------------------------------*/
#include <hidef.h>       /* common defines and macros */
#include "derivative.h"  /* derivative-specific definitions */
#define LEDCPU PORTK_PK4
#define LEDCPU_dir DDRK_DDRK4
unsigned char AD_in1,AD_in0;
/*            初始化 AD 模块                    */
void INIT_AD(void)
{
ATD0CTL2 = 0xc0;   //启动 A/D 转换,快速清零,禁止中断
ATD0CTL3 = 0x08;   //每次只转换一个通道
ATD0CTL4 = 0x81;   //选用 8 位模数转换,AD 模块时钟频率为 2MHz
}
/*            起动 AD 转换                     */
unsigned char AD_capture(unsigned char s)
{
unsigned char AD_data;
```

```
switch(s)
{
    case 1:
        ATD0CTL5 = 0x81;        //转换 AD01
        while(! ATD0STAT1_CCF0);
        AD_data = ATD0DR0L;
        break;
    case 0:
        ATD0CTL5 = 0x80;        //转换 AD00
        while(! ATD0STAT1_CCF0);
        AD_data = ATD0DR0L;
        break;
}
return(AD_data);
}
/*                  主函数                        */
void main(void) {
    DisableInterrupts;
    LEDCPU_dir = 1;
    INIT_AD();
    EnableInterrupts;
    LEDCPU = 0;
        for(;;)
    {
        AD_in1 = AD_capture(1);
        AD_in0 = AD_capture(0);
        if(AD_in1 > AD_in0)
            LEDCPU = 0;
        else
            LEDCPU = 1;
    }
}
```

第三步:编写完代码后,可以直接用单击工程窗口中的"Make"按钮来完成编译和链接。编译和链接完之后,会出现"Errors & Warning"窗口,如图3-26所示。在这个窗口里显示的是错误和警告信息。对于其中的错误信息是必须消除的,在这些信息中包含的基本都是语法错误;而对于用户能确认这个警告信息对于程序的结果没有影响的,一般不需要排除。

第四步:排除语法错误,选择正确的调试工具后,单击"Debug"就可以开始软件调试程序。

第五步:在安装好BDM下载器后,接到计算机USB并且连接到开发板就可以进行BDM的调试了。在硬件开发板上调节对应的滑动变阻器的阻值,就可以看到AD_in1和AD_in0对应不同阻值对应电压下数值的转换情况,如图3-35所示。

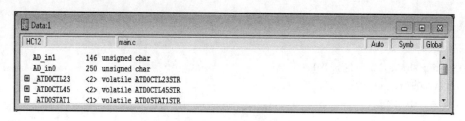

图 3-35　AD 数值变化

小　　结

本章主要介绍了飞思卡尔系列单片机及其开发环境。首先介绍了飞思卡尔单片机,并在此基础上着重分析了 MC9S12XDT256 单片机的内部结构以及引脚功能;接着对 CodeWarrior IDE 集成开发环境进行了一个简单的介绍,让读者对整个的集成开发环境有一个整体的了解;然后在掌握 CodeWarrior 集成开发环境的基础上,对于简单工程的创建、程序代码的编写、软件的调试和 BDM 调试等进行了详细的说明;最后,结合工程建立和仿真实例项目使读者对 IDE 集成开发环境有更深层次的了解,对单片机基础功能的实现有一定的掌握。

习　　题

一、填空

1. MC9S12 系列单片机的内部结构图中,分别为_____与_____两部分,其中左侧 A 口、B 口在扩展方式下作为分时复用的_____,E 口的部分口线作为_____,在系统扩展的时候使用。

2. CPU 模块主要由_____、_____与_____模块组成。

3. AD 模块由_____和_____两部分组成,共同模拟电源_____、_____和基准电源_____、_____。

4. MC9S12 有的封装形式中的引脚功能,除了_____、_____、_____等 3 种线外,主要是_____引脚,多数引脚具有两种或更多功能。

5. ECLK 是内部总线时钟的对外输出引脚,用于_____、_____总线分离,也用作_____基准。

二、选择题

1. 扩展模式下用到分时复用的数据和地址总线 A 口时,PA7~PA0 引脚用作(　　)和(　　)。

　　A. D15~D8　　　　B. D7~D0　　　　C. A15~A8　　　　D. A7~A0

2. 片选信号引脚 PE3($\overline{\text{LSTRB}}$)时,LSTRB 在所有模式下都可以用作 I/O,通过 E 口设置寄存器 PEAR 中的 LSTRE 位置位来启用该引脚的写控制功能。在特殊扩展模式下,该引脚也用作(　　),并(　　)分时占用引脚。

　　A. XTAL　　　　B. $\overline{\text{TAGLO}}$　　　　C. $\overline{\text{ECS}}$　　　　D. $\overline{\text{LSTRB}}$

3. CodeWarrior IDE 系列集成开发环境中,除了包含编辑器、调试器、辅助工具以外,还包括(　　)。

  A. 自动生成工具　　　B. 项目管理工具　　　C. 在线帮助　　　D. 编译器

4. MC9S12 系列设定单片机的运行模式时,没有用到的引脚是(　　)。

  A. MODC(BKGD)　　B. MODB(PE6)　　C. PE4(ECLK)　　D. MODA(PE5)

5. 在图 3-1 中,单片机的输入电源不包括(　　)。

  A. VRH　　　　　　B. VRL　　　　　　C. DATA　　　　　D. VDDA

三、思考题

1. 简述 MC9S12 系列单片机的主要性能。
2. 看图 3-1,试问 MC9S12 一共有多少个 CAN 接口？有多少个 SPI 接口？有多少个计数定时器？有多少个 CSI？
3. 在图 3-1 中,如果将所有引脚都设置为通用 I/O,MC9S12 共有多少个开关量输入？有多少个开关量输出？
4. 简述 CodeWarrior 集成环境开发的主要功能。
5. 如何在 CodeWarrior 中进行文档查找和替换操作？
6. 写出你所知道的在实际编写代码过程中的几个技巧。
7. 简述 CodeWarrior IDE 软件开发流程。
8. 简述错误和警告浏览器工具栏的使用方法。
9. 如何对已连接完成的硬件进行实时调试？

第 4 章　串行通信技术

在复杂的测控网络中往往存在多个控制器,其中控制器之间的通信无疑成为支撑整个测控网络的重要环节。通常把控制器与外部设备或控制器与控制器之间的数据传送称为通信。常用的通信方式有:并行通信和串行通信。本章主要介绍串行通信,鉴于 RS485 和 RS422 总线与串行通信相类似,故在本章一并介绍。其中,RS232 串行通信是两台设备间通信,RS485/RS422 主要应用在多台设备或控制器间通信。

4.1　串行通信基础

串行通信是指两个或多个功能模块通过 1~2 条数据线进行的数据传送。发送方需要将数据分解成二进制位,一位一位的分时经过单条数据线传送;同时,接收方需要一位一位的从单条数据线上接收数据,并且将他们重新组装成一个数据。所以,串行通信只需一根传输线即可完成通信,通信数据线路少,在远距离传送时比并行通信造价低。

串行通信又分为同步和异步两种方式。同步通信方式要求通信设备在通信时使用同一时钟,给控制器设计带来很多不便,故在单片机应用系统中使用较少。异步通信方式是指通信的发送与接收设备使用各自的时钟控制数据的发送和接收。可见,"异步"两字主要是指通信设备各自使用自己的时钟。

4.1.1　串行通信的字符格式

异步通信数据格式一般为字符格式,一个字符接一个字符的传输,字符间可以有空闲位,如图 4-1。空闲位用逻辑 1 表示,每个字符的传送总是以"起始位"开始,以"停止位"结束,中间是代表字符的"8 位数据"和"校验位"。从图中可以看出,起始位是逻辑 0,它告知接收方有信息传送,实现异步通信的起始时间同步。停止位一定是逻辑 1,数据位和校验位视字符而定,可以是 0 也可以是 1,用"0/1"表示。其中,字符与字符之间的间隙(时间间隔)是任意的,但每个字符中的各位是以固定的时间传送的。

从起始位开始到停止位结束的全部内容称为一帧。帧是一个字符的完整通信格式,因此常把串行通信的字符帧格式简称为帧格式。异步串行通信的字符帧又称数据帧,由起始位、数据位、奇偶校验位和停止位等组成。

(1)起始位(start bit)——开始一个字符传送的标志位。位于字符帧的开头,逻辑 0 有效,其持续时间根据系统或设置不同而不同,一般大于 1 位数据宽度。起始位告诉对方通信开始。在空闲期(双方不通信时)信号线应一直保持逻辑 1。

(2)数据位(data bit)——起始位之后传送的数据信号位。在数据位中,低位在前(左)高位在后(右)。由于字符编码方式的不同,数据位可以是 5、6、7 或 8 位。

(3) 校验位(parity bit)——用于对字符的传送作正确性检查。由于校验位有以下三种:奇校验、偶校验和无校验,用户可自行选择。校验位的正确使用将提高数据传输的准确性。

(4) 停止位(stop bit)——用于标志一个字符的结束,位于字符帧的末尾,逻辑高电平有效,它可以是 1、1.5 或 2 位数据宽度,在实际中根据需要确定。

其中,位时间是指发送 1 位数据所需时间,也称 1 位数据宽度。

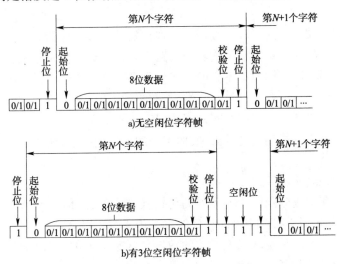

图 4-1 异步通信的字符帧格式

图 4-2 给出了 8/9 位数据、无校验的传送格式。一个有效的数据帧包括起始位、数据位和停止位,数据位低位在先。起始位和停止位分别位于帧的开头和末尾,长度固定为一位,数据长度由 SCICIR1 寄存器中的 M 位控制。当 M = 0/1 时,其值分别为 8 和 9。在任何情况下,SCI 的有效帧长度都只能是 10 或 11 位。不使用奇偶校验时(寄存器 SCICR1 中的 PE = 0),若 M = 0,则 8 个数据位与寄存器 SCIDRL 相对应。即发送的数据来自 SCIDRL,接收的数据送到 SCIDRL。当 M = 1 时,9 个数据位中的 D0 ~ D7 与 SCIDRL 相对应,而 D8 位对应寄存器 SCIDRH,发送时由 T8 提供,接收时送到 R8。

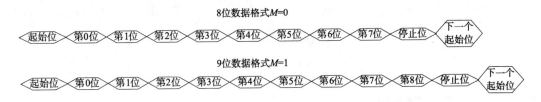

图 4-2 SCI 数据格式

4.1.2 串行通信的数据通路形式

数据通信系统一般由信源、信缩和数据通路构成,数据通信发送方称为信源,接收方称为信缩,连接信源和信缩的通道称为通信信道或数据通路,串行数据通信共有以下几种数据通路连接形式。

1)单工(Simplex)形式

单工形式的数据传送是单向的,按一个固定的方向传送,通信双方中一方固定为接收端、一方固定为发送端。单工形式的串行通信只需要一条数据线,如图4-3a)所示。

2)半双工(Half-duplex)形式

半双工形式的数据传送是双向的,但任何时刻只能由其中的一方发送数据,另一方接收数据,发送和接收不能同时进行。因此半双工形式既可以使用一条数据线,也可以使用两条数据线,如图4-3b)所示。

通信系统的每一端的发送器和接收器,通过收/发开关接到通信线上,利用收/发切换开关进行通信方向的切换。虽然半双工方式因线路反复切换会产生延迟积累而导致其效率下降,但由于它经济实用,在传输效率不高的系统中得到了广泛的应用。

当计算机主机用串行接口连接显示终端时,在半双工方式中,输入过程和输出过程使用同一通路。有些计算机和显示终端之间采用半双工方式工作,这时,从键盘打入的字符在发送到主机的同时就被送到终端上显示出来,而不是用回送的办法,所以避免了接收过程和发送过程同时进行的情况。

3)全双工(Full-duplex)形式

当数据的发送和接收分别由两根不同的传输线传输时,通信双方都能在同一时刻进行发送和接收工作,即相当于将两个方向相反的单工传输方式组合在一起,这样的传输方式就是全双工传输方式。也就是说全双工形式的数据传送是双向的,因此全双工形式的串行通信需要两条数据线,如图4-3c)所示。

在全双工传输方式下,通信系统的每一端都设置了发送器和接收器,因此能控制数据信息在两个方向同时传送。由于全双工方式不需要进行方向的切换,没有切换操作所产生的时间延迟,所以,特别适宜应用于那些要求有较小时间延迟的交互系统。

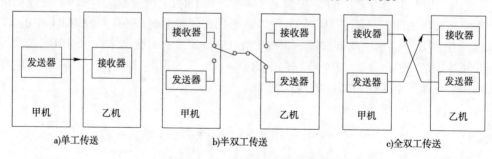

a)单工传送   b)半双工传送   c)全双工传送

图4-3 串行通信的数据通路形式

4.2 串行口的寄存器

MC9S12系列单片机的串行通信接口SCI(Serial Communication Interface)是一种采用NRZ格式的全双工异步串行通信接口。它内置独立的波特率产生电路和2个SCI口,分别为SCI0和SCI1。其结构与工作原理相同,不同的是寄存器设置和引脚编号。

首先详细介绍串行口寄存器,包括每个寄存器的读写和每一位的详细字段描述。其中某些寄存器含有保留位,对于保留位的写入无任何作用,而读取时所得数据都为0。

4.2.1 寄存器概述

SCI 模块寄存器各位定义表见表 4-1,表中左侧是寄存器名称,寄存器名按相对地址从上往下顺序排列,右侧是寄存器各位对应的英文名称。

SCI 模块寄存器各位定义表　　　　　　　　　　　表 4-1

寄存器名	位 7	位 6	位 5	位 4	位 3	位 2	位 1	位 0
SCIBDH	IREN	TNP1	TNP0	SBR12	SBR11	SBR10	SBR9	SBR8
SCIBDL	SBR7	SBR6	SBR5	SBR4	SBR3	SBR2	SBR1	SBR0
SCICR1	LOOPS	SCISWAI	RSRC	M	WAKE	ILT	PE	PT
SCICR2	TIE	TCIE	RIE	ILIE	TE	RE	RWU	SBK
SCISR1	TDRE	TC	RDRF	IDLE	OR	NF	FE	PF
SCISR2	AMAP	0	0	TXPOL	RXPOL	BRK13	TXDIR	RAF
SCIDRH	R8	T8	0	0	0	0	0	0
SCIDRL	R7/T7	R6/T6	R5/T5	R4/T4	R3/T3	R2/T2	R1/T1	R0/T0
SCIASR1	RXEDGIF	0	0	0	0	BERRV	BERRIF	BKDIF
SCIACR1	RXEDGIE	0	0	0	0	0	BERRIE	BKDIE
SCIACR2	0	0	0	0	0	BERRM1	BERRM0	BKDFE

4.2.2 SCIBDH、SCIBDL——波特率寄存器

波特率寄存器用于设置 SCI 通信的速率,具体定义如下:

	R/W								
SCIBDH	R/W	IREN	TNP1	TNP0	SBR12	SBR11	SBR10	SBR9	SBR8
SCIBDL	R/W	SBR7	SBR6	SBR5	SBR4	SBR3	SBR2	SBR1	SBR0
复位		0	0	0	0	0	0	0	0

当状态寄存器的 AMAP 位为 0 时,可读写。只要正在写入 SCIBDH,读取就不会返回正确的数据,直到 SCIBDL 数据写完再写 SCIBDH。波特率寄存器字段描述见表 4-2。

注意:只有当 AMAP=0(复位为 0)时,这两个寄存器在存储器映射中是可见的。SCI 波特率寄存器用于决定 SCI 的波特率,并且控制 IR 调制或解调子模块。

波特率寄存器字段描述　　　　　　　　　　　表 4-2

区域	描　述
IREN	IR 使能位:这一位用于使能或禁止 IR 调制解调子模块 0:IR 禁止;　　　　　　　　　　　　　　1:IR 使能
TNP[1:0]	发送器窄脉冲位:这两位使能是否发送一个宽度为 1/16、3/16、1/32 或 1/4 的窄脉冲 11:窄脉冲宽度为 1/4;　　10:窄脉冲宽度为 1/32;　　01:窄脉冲宽度为 1/16;　　00:窄脉冲宽度为 3/16

续上表

区域	描述
SBR[12:0]	SCI 波特率位:这 13 位用来决定 SCI 的波特率,波特率由 IREN 位决定了两种不同的计算方法: 当 IREN = 0,SCI 波特率 = SCI 总线时钟/(16 * SBR[12:0]); 当 IREN = 1,SCI 波特率 = SCI 总线时钟/(32 * SBR[12:1])。 注意1:复位之后波特率发生器被禁止工作,直到 TE 位或 RE 位被第一次置1。当(SBR[12:0] = 0 且 IREN = 0)或(SBR[12:1] = 0 且 IREN = 1)时,波特率发生器被禁止。 注意2:当没有写 SCIBDL 而写 SIBDH 时不起作用,因为写入 SCIBDH 的数据先放入一个缓存,直到 SCIBDL 写入时才写入

4.2.3　SCICR1、SCICR2——控制寄存器

控制寄存器具体定义如下:

	R/W								
SCICR1	R/W	LOOPS	SCISWAI	RSRC	M	WAKE	ILT	PE	PT
SCICR2	R/W	TIE	TCIE	RIE	ILIE	TE	RE	RWU	SBK
复位		0	0	0	0	0	0	0	0

注意: 只有当 AMAP = 0(复位)时,这两个寄存器在存储器映射中是可见的。表4-3 和表4-4 分别为两个控制寄存器的字段描述。

控制寄存器1字段描述　　　　　　　　　　　表 4-3

区域	描述
LOOPS	循环模式选择位:该位使能循环模式,控制 RXD 引脚。该位置 1 时,RXD 引脚与 SCI 断开,发送输出直接作为接收器输入,用于测试。在循环模式下,发送器和接收器必须被使能。 0:正常工作使能;　　　　　　　　　　　1:循环操作使能(接收器输入由 RSRC 位决定)
SCISWAI	等待模式下 SCI 停止位: 0:在等待模式下使能 SCI;　　　　　　　　1:在等待模式下禁止 SCI
RSRC	接收器信号源选择位:当 LOOPS = 1 时,该位决定接收移位寄存器输入的来源 0:内部接收器输入连接到发送器输出;　　　1:接收器输入连接到外部发送器
M	数据格式选择位:选择数据位个数。 0:8 个数据位;　　　　　　　　　　　　　1:9 个数据位
WAKE	唤醒条件位:该位选择唤醒 SCI 的条件。一个接收数据的最高位为1。 0:空闲线唤醒;　　　　　　　　　　　　　1:地址屏蔽唤醒
ILT	空闲线类型选择位:该位决定何时接收器开始计数 1 作为空闲字符位。在起始位之后或停止位之后开始计数。 0:空闲字符位计数开始于起始位之后;　　　1:空闲字符位计数开始于停止位之后
PE	奇偶校验使能位:该位使能奇偶校验功能。奇偶校验功能在最高有效位后插入奇偶位。 0:禁止奇偶校验;　　　　　　　　　　　　1:使能奇偶校验

续上表

区域	描述
PT	奇偶校验类型选择位:该位决定SCI生成偶校验还是奇校验。如果选择偶校验,当数据中有偶数个1时,校验位清零;有奇数个1时,校验位置1。如果选择奇校验,当数据中有奇数个1时,校验位清零;有偶数个1时,校验位置1。 0:选择偶校验;　　　　　　　　　　　　　　1:选择奇校验

控制寄存器2字段描述　　　　　　　　　　　　表4-4

地址	描述
TIE	发送中断使能位:该位使能发送数据寄存器标志TDRE来产生中断请求。 0:TDRE中断请求禁止;　　　　　　　　　　　1:TDRE中断请求使能
TCIE	发送完成中断使能位:该位使能发送完成标志位TC来产生中断请求。 0:TC中断请求禁止;　　　　　　　　　　　　1:TC中断请求使能
RIE	接收器满中断使能位:该位使能接收数据寄存器满标志位RDRF或溢出标志OR来产生中断请求。 0:RDRF和OR中断请求禁止;　　　　　　　　1:RDRF和OR中断请求使能
ILIE	线路空闲中断使能位:该位使能空闲标志位IDLE产生中断请求。 0:IDLE中断请求禁止;　　　　　　　　　　　1:IDLE中断请求使能
TE	发送器使能位:该位使能SCI发送器并配置TXD引脚被SCI控制。该位可用来发送空闲报头。 0:发送器禁止;　　　　　　　　　　　　　　1:发送器使能
RE	接收器使能位:该位使能SCI接收器。 0:接收器禁止;　　　　　　　　　　　　　　1:接收器使能
RWU	接收器唤醒位:该位置1时,通常硬件通过自动清零来唤醒接收器。 0:正常工作模式;　　　　　　　　　　　　　1:RWU使能唤醒功能且禁止接收器中断请求
SBK	传输中止位:锁定该位会发送1个中止符(10或11个"0",如果BRK13置1,则为13或14个"0")。锁定意味着在中止符发送完成前该位清零。只要SBK置1,发送器持续发送完整的中止符。 0:禁止发送中止符;　　　　　　　　　　　　1:允许发送中止符

4.2.4　SCISR1、SCISR2——状态寄存器

在SCI发生中断时,首先MCU以轮询的方式检查SCISR1和SCISR2寄存器中每一位的变化;然后读或写SCI数据寄存器;最后清除标志位。在前两个步骤之间允许插入其他指令操作(处理I/O接口除外),但是操作的步骤不允许改变,否则不能清除标志位。状态寄存器具体定义如下:

SCISR1	R	TDRE	TC	RDRF	IDLE	OR	NF	FE	PF	
	W									
SCISR2	R	AMAP	0	0	TXPOL	RXPOL	BRK13	TXDIR	RAF	
	W	AMAP			TXPOL	RXPOL	BRK13	TXDIR		
复位		0	0	0	0	0	0	0	0	

阴影部分表示未生效的或是保留的。表4-5和表4-6分别为两个状态寄存器的字段描述。

状态寄存器 1 字段描述　　　　　　　　　　　　　　　　　　　　　　　　　　　　表 4-5

地址	描 述
TDRE	发送数据寄存器空闲标志位:当发送移位寄存器接收到来自 SCI 数据寄存器的一个字节后,TDRE 就被置 1。当 TDRE = 1 时,发送数据寄存器 SCIDRH/L 为空,且可以接收到新的数据。读 SCISR1 之后向 SCIDRL 写入字节可将 TDRE 清零。 0:没有字节传送给发送移位寄存器;　　　　　1:字节传送给发送移位寄存器,发送数据寄存器为空
TC	发送完成标志:当正在发送或当一个报头或中止符将被加载时,TC 为 0;当 TDRE 标志位置 1 且没有要传送的数据、报头或中止符时,TC 为 1。当 TC 置 1 时,TXD 引脚空闲(逻辑 1)。当 TC 置 1 时,读取 SCISR1 之后向 SCIDRL 写入字节可将 TC 清零。当数据、报头或中止符进入队列并准备发送时,TC 被自动清零。 0:传输正在进行;　　　　　　　　　　1:没有数据传输
RDRF	接收数据寄存器满标志:当接收移位寄存器将数据发送到 SCI 数据寄存器时,RDRF 置 1。当 RDRF 置 1 时,读取 SCISR1 之后向 SCIDRL 写入字节可将 RDRF 清零。 0:SCI 数据寄存器中的数据不可用;　　　　　1:SCI 数据寄存器中接收到可用的数据
IDLE	线路空闲标志:当 10 个连续的逻辑 1(M = 0)或 11 个连续的逻辑 1(M = 1)出现在接收器输入端时,IDLE 置 1。一旦 IDLE 被清零,一个有效帧必须在空闲条件置位 IDLE 之前重置 RDRF 位。当 IDLE 置 1 时,读取 SCISR1 之后向 SCIDRL 写入字节可将 IDLE 清零。 0:IDLE 最后一次被清零后,接收器输入低有效或没有有效过;　1:接收器输入空闲
OR	溢出标志:在接收移位寄存器接收下一帧之前,若读取 SCI 数据寄存器失败,OR 被置 1。对第二帧来说,接收到停止位后立即将 OR 置 1。若移位寄存器中的数据丢失,不会影响 SCIDR 中数据。当 OR 置 1 时,读取 SCISR1 之后向 SCIDRL 写入字节可将 OR 清零。 0:无溢出;　　　　　　　　　　　　1:有溢出发生
NF	噪声标志:当 SCI 检测到接收器输入有噪声时,该位与 RDRF 同时置 1,但如果已经出现溢出,该位不置 1。读取 SCISR1 之后向 SCIDRL 写入字节可将 NF 清零。 0:未检测到噪声;　　　　　　　　　　1:检测到噪声
FE	接收器帧错误标志:如果检测到停止位是 0,则该位置 1。该位与 RDRF 同时置 1,但如果已经出现溢出,该位不置 1。FE 禁止进一步的数据接收,直到 FE 被清零。当 FE 置 1 时,读取 SCISR1 之后向 SCIDRL 写入字节可将 FE 清零。 0:未检测到帧错误;　　　　　　　　　　1:检测到帧错误
PF	奇偶错误标志:当奇偶使能位 PE 置 1 时,且接收数据的校验位和校验类型不符时,PF 置 1。该位与 RDRF 同时置 1,但如果已经出现溢出,该位不置 1。读取 SCISR1 之后向 SCIDRL 写入字节可将 PF 清零。 0:未检测到奇偶错误;　　　　　　　　　　1:检测到奇偶错误

状态寄存器 2 字段描述　　　　　　　　　　　　　　　　　　　　　　　　　　　　表 4-6

地址	描 述
AMAP	寄存器选择标志:该位用来选择共用同一段地址的两组寄存器。 0:SCIBDH、SCIBDL 和 SCICR1 寄存器可用;　　　1:SCIASR1、SCIACR1 和 SCIACR2 寄存器可用
TXPOL	发送极性:这一位决定发送的数据极性。在 NRZ 数据格式下,对于正常极性,标记表示 1,空余表示 0;在 IrDA 格式下,对于正常极性,在位时间中间,一个窄的高电平表示 0,其余的空闲低电平表示 1。 0:正常极性;　　　　　　　　　　　　1:相反极性
RXPOL	接收极性:这一位决定接收的数据极性。在 NRZ 数据格式下,对于正常极性,标记表示 1,空余表示 0;在 IrDA 格式下,对于正常极性,在位时间中间,一个窄的高电平表示 0,其余的空闲低电平表示 1。 0:正常极性;　　　　　　　　　　　　1:相反极性

续上表

地址	描述
BRK13	中止符长度:这一位决定发送的中止符是 10 或 11 位还是 13 或 14 位。帧错误的检测不影响该位。 0:10 位或 11 位中止符长度; 1:13 位或 14 位中止符长度
TXDIR	单线模式下发送器引脚数据检测:在单线操作模式下,这一位决定 TXD 位是用于输入还是输出。这一位只与单线操作模式有关。 0:单线模式下 TXD 引脚用于输入; 1:单线模式下 TXD 引脚用于输出
RAF	接收器有效标志位:在起始位的 RT1 时刻,当接收器检测到逻辑 0 时,该位被置 1;当接收器检测到空闲字符时,该位被清零。 0:没有接收操作; 1:正在接收

4.2.5 SCIDRH、SCIDRL——数据寄存器

数据寄存器具体定义如下:

SCIDRH	R W	R8	T8	0	0	0	0	0	0
SCIDRL	R W	R7 T7	R6 T6	R5 T5	R4 T4	R3 T3	R2 T2	R1 T1	R0 T0
复位		0	0	0	0	0	1	0	0

表 4-7 为数据寄存器的字段描述。

数据寄存器字段描述   表 4-7

位 置	描述
SCIDRH R8	接收位:当 SCI 被配置为 9 位数据格式时(M=1),R8 是接收到数据的第 9 位
SCIDRH T8	发送位:当 SCI 被配置为 9 位数据格式时(M=1),T8 是发送的数据的第 9 位
SCIDRL7:0 R[7:0] T[7:0]	R[7:0]:接收的数据位 T[7:0]:发送的数据位

4.2.6 SCIASR1:可选择状态寄存器

可选择状态寄存器具体定义如下:

R W	RXEDGIF	0	0	0	0	BERRV	BERRIF	BKDIF
复位	0	0	0	0	0	0	0	0

表 4-8 为可选择状态寄存器的字段描述。

可选择状态寄存器字段描述   表 4-8

位置	描述
RXEDGIF	接收输入有效沿中断标志位:当 RXD 引脚上有有效边沿(当 RXPOL=0 时,下降沿有效;当 RXPOL=1 时,上升沿有效)时,该位置 1,写"1"时该位清零。 0:在接收器输入没有有效接收出现; 1:在接收器输入有有效沿出现

续上表

位置	描述
BERRV	位错误值:该位反映 RXD 输入的状态。当 BERRIF=1 时,这个值才有意义。 0:应该是 1 时出现 0; 1:应该是 0 时出现 1
BERRIF	位错误中断标志位:当位错误检测电路使能时,若 RXD 的输入值与发送值不等,则该位有效。若 BERRIE 置 1,则中断发生。写入 1 时该位被清零。 0:无位错误; 1:出现位错误
BKDIF	中止检测中断标志位:当中止检测电路使能时,若接收到中止信号,则该位有效。若 BKDIE 置 1,则中断发生。写入 1 时该位被清零。 0:没有接收到中止信号; 1:接收到中止信号

4.2.7 SCIACR1、SCIACR2——可选择控制寄存器

可选择控制寄存器具体定义如下:

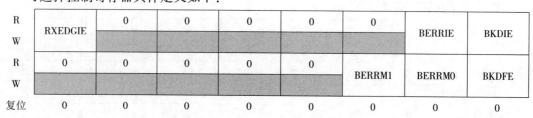

表 4-9 为可选择状态寄存器的字段描述。

可选择控制寄存器字段描述   表 4-9

位置	描述
RSEDGIE	接收输入有效沿中断使能位:该位使能 RXEDGIF 以产生中断请求。 0:RXEDGIF 中断请求禁止; 1:RXEDGIF 中断请求使能
BERRIE	位错误中断使能:该位使能 BERRIF 以产生中断请求。 0:BERRIF 中断请求禁止; 1:BERRIF 中断请求使能
BKDIE	中止检测中断使能位:该位使能 BKDIF 以产生中断请求。 0:BKDIF 中断请求禁止; 1:BKDIF 中断请求使能
BERRM[1:0]	位错误模式:这两位决定位错误检测功能。 00:位错误检测禁止; 01:在发送位的第 9 个时间段接收到采样输入; 10:在发送位的第 13 个时间段接收到采样输入; 11:保留
BKDFE	中止检测功能使能位:该位使能中止检测电路。 0:中止检测电路禁止; 1:中止检测电路使能

4.3 串行口的结构与工作原理

4.3.1 串行口的特点

SCI 串口的主要特点归纳如下:
(1) 全双工和单线模式。

(2) 标准 NRZ 格式。
(3) 13 位波特率选择。
(4) 可编程的 8 位和 9 位数据格式。
(5) 可以独立使能的发送器和接收器。
(6) 可编程的发送器奇偶校验特性。
(7) 两个接收器唤醒方法空闲或地址标配。
(8) 具有 8 个中断标志位。
(9) 接收帧结构错误检测。
(10) 硬件奇偶特性检测。
(11) 1/16 位时间长度的噪声检测。
(12) 10/13 位软件 BREAK 属性。

4.3.2 串行口的结构

SCI 由发送器和接收器组成,它们在功能上是独立的,但使用相同的数据格式和波特率。

1) SCI 发送器

SCI 发送器结构如图 4-4 所示。发送器主要由波特率分频器、SCI 数据寄存器、11 位发送移位寄存器、串行通信控制器和各种标志符号生成逻辑电路等构成。

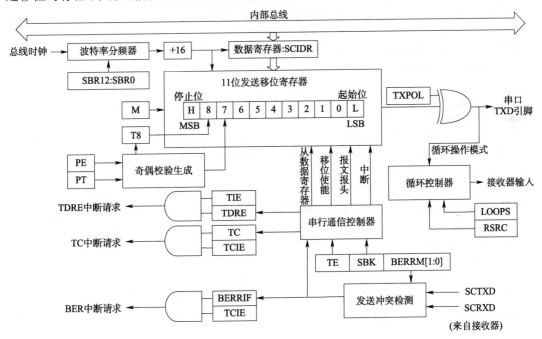

图 4-4 SCI 发送器

SCI 发送器的核心部分是发送串行移位寄存器。软件写入数据寄存器(SCIDR)后,数据送到发送缓冲区,移位寄存器从发送缓冲区得到数据。移位寄存器得到数据后,在它的 LSB (第一位/最低位)装入 0 作为起始位,在 MSB(最后一位/最高位)装入 1 作为停止位。

当控制寄存器(SCICR2)中的 TE 位(发送允许)由 0 变为 1 时,移位寄存器将全部装入

1(包括通常装入 0 的起始位)作为数据头。而在 SBK(中止符使能位)置 1 时,移位寄存器全部装入 0。发送缓冲区的附加位(第 9 位)由数据寄存器(SCIDR)的 T8 位提供,只有当状态寄存器(SCICR1)的 M 位被置 1 且选择 9 位数据格式时,第 9 位才有意义。SCICR1 的 PE(奇偶校验使能位)决定是否有奇偶校验位,PT(奇偶校验类型选择位)决定奇校验或偶校验,产生的校验位装入发送移位寄存器的位 7。

发送逻辑自动设置状态寄存器(SCISR1)中的发送数据寄存器空(TDRE)和发送结束(TC)状态标志,软件能随时读取这两个标志位。当数据从数据寄存器(SCIDR)传送到移位寄存器后,TDRE 标志位置 1,允许下一数据写入。当数据从移位寄存器向 TXD 引脚发送完毕时,TC 标志位置 1。若发送中断允许(TIE)和发送结束中断允许(TCIE)置 1,则 TIRE 和 TC 标志将分别发送中断请求。

状态寄存器(SCISR2)的 TXPOL(发送极性)位控制发送数据的极性。TXPOL = 1,所有发送数据将取反之后发出。

以下为 SCI 查询发送的例程:

```
/*********************初始化 SCI*********************/
void INIT_SCI( void)
{
    SCI0BD = BUS_CLOCK/16/BAUD;    //设置 SCI0 波特率为 9600
    SCI0CR1 = 0x00;                //设置 SCI0 为正常模式,8 位数据位,无奇偶校验
    SCI0CR2 = 0x08;                //允许发送数据,禁止中断功能
}
/*********************串口发送函数*********************/
void SCI_send( unsigned char data)
{
    while( ! SCI0SR1_TDRE);        //等待发送数据寄存器(缓冲器)为空
    SCI0DRL = data;
}
/*********************串口发送字符串函数*********************/
void send_string( unsigned char * putchar)
{
    while( * putchar! = 0x00)      //判断字符串是否发送完毕
    {
        SCI_send( * putchar + + );
    }
}
/*********************主函数*********************/
void main( void) {
    DisableInterrupts;
    INIT_PLL( );                   //初始化锁相环
    INIT_SCI( );
    LEDCPU_dir = 1;
    EnableInterrupts;
    LEDCPU = LED_ON;
    for( ; ;)                      //循环发送字符串
```

```
        send_string(putstring);
        LEDCPU = ~ LEDCPU;          //闪灯
    }
}
```

2) SCI 接收器

SCI 接收器受 SCI 控制寄存器 2(SCICR2)中接收器使能位(RE)的控制,其核心是接收串行移位寄存器,结构如图 4-5 所示。SCI 从 RXD 引脚接收数据,经过缓冲后驱动数据恢复模块。数据恢复模块实际上是一个工作在 16 倍波特率下的移位寄存器,接收移位寄存器的时钟频率就是波特率。根据 SCICR2 寄存器中 M 位的设置,移位寄存器会使用 10 位或者 11 位分别接收 8 位或者 9 位的串行数据。在接收到停止位后,移位寄存器的数据传送到 SCIDR 寄存器,同时将数据寄存器满(RDRF)状态标志位置 1。当 SCIDR 寄存器中的数据还未被取走,移位寄存器又接收到下一个数据时,就会发生溢出(丢包)。此时移位寄存器中的新的数据将会丢失,状态寄存器中溢出标志(OR)置 1,以指出溢出错误。

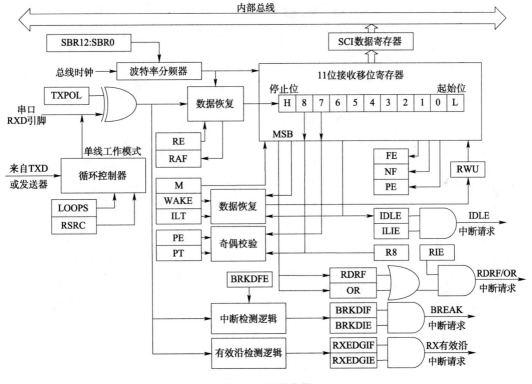

图 4-5 SCI 接收器

SCICR1 的 PE(奇偶校验使能位)决定是否有奇偶校验位,PT(奇偶校验类型选择位)决定奇偶校验类型。

SCI 接收器的 3 个标志位(IDLE、RDRF 和 OR)在允许后能够分别发出中断请求。设置接收中断允许(RIE)控制位就可以允许 RDRF 和 OR 状态标志发出硬件中断请求;设置空闲线中断允许(ILIE)控制位就可以允许 IDLE 状态标志发出中断请求。

以下为 SCI 查询接收的例程:

/******************************初始化 SCI ****************************/
```c
void INIT_SCI(void)
{
    SCI0BD = BUS_CLOCK/16/BAUD;      //设置 SCI0 波特率为 9600
    SCI0CR1 = 0x00;                  //设置 SCI0 为正常模式,8 位数据位,无奇偶校验
    SCI0CR2 = 0x0c;                  //允许接收和发送数据,禁止中断功能
}
```
/****************************** 串口发送函数 ****************************/
```c
void SCI_send(unsigned char data)
{
    while(! SCI0SR1_TDRE);           //等待发送数据寄存器(缓冲器)为空
    SCI0DRL = data;
}
```
/****************************** 串口接收函数 ****************************/
```c
unsigned char SCI_receive(void)
{
    while(! SCI0SR1_RDRF);           //等待发送数据寄存器满
    return(SCI0DRL);
}
```
/****************************** 主函数 ****************************/
```c
void main(void) {
    DisableInterrupts;
    INIT_PLL();                      //初始化锁相环
    LEDCPU_dir = 1;
    INIT_SCI();
    EnableInterrupts;
    LEDCPU = LED_ON;
    for(;;)
    {
        data_receive = SCI_receive();
        if(data_receive == 'O')
        {
            SCI_send('Y');
            LEDCPU = LED_ON;
        }
        if(data_receive == 'C')
        {
            SCI_send('V');
            LEDCPU = LED_OFF;
        }
    }
}
```

3) SCI 模块结构

图 4-6 是 SCI 模块的结构图,从终端使用者的角度详细列举了各个部分之间的运行。其中,SCI 接收器和 SCI 发送器独立工作,即使它们使用相同波特率发生器。

第 4 章 串行通信技术

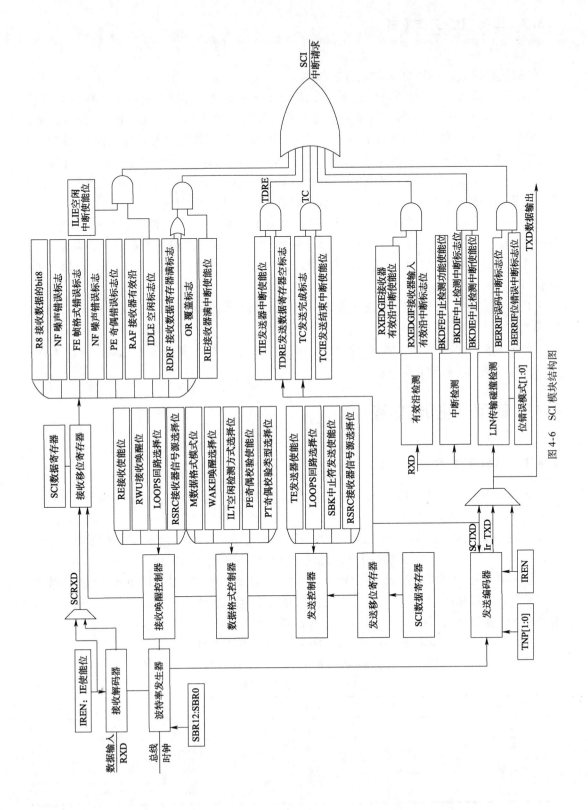

图 4-6 SCI 模块结构图

4.3.3 串行口的工作模式

SCI 有 3 种工作模式：

(1) 运行模式。正常的、标准的工作模式。

(2) 等待模式。SCI 在等待模式下工作，取决于 SCI 控制寄存器 1 的 SCISWAI 位。如果 SCISWAI 是 0，SCI 在 CPU 等待模式下正常工作。如果 SCISWAI 置 1，在 CPU 等待模式下，SCI 时钟停止，SCI 模块进入低功耗状态。置 SCISWAI 位并不影响接收器使能位 RE 和发送器使能位 TE 的状态。如果 SCISWAI 置 1，在进入等待模式时，任何的发送或接收进程将会停止，当一个内部或外部的中断使 CPU 跳出等待模式后，发送或接收过程将被恢复。通过复位来跳出等待模式将终止任何的发送或接收进程，并且使 SCI 复位。

(3) 停止模式。在停止模式下，SCI 不工作以降低功耗。停止操作不会影响 SCI 寄存器的状态，但 SCI 的时钟将被禁止。在一个外部的中断使 CPU 跳出停止模式后，SCI 从中止的地方恢复正常工作。通过复位来跳出停止模式将中止任何的发送或接受进程，并且使 SCI 复位。

TXD 引脚传送 SCI 数据，在发送器禁用的任何时刻，该引脚会进入空闲、高电平或高阻抗模式。

RXD 接收引脚接收 SCI 数据，检测出空闲线作为高电平，当接收器禁用时忽略输入，到了一个已知的电压就中止输入。

4.4 串行口的通信功能

4.4.1 波特率发生器

在波特率发生器中有 13 位的计数器来给接收器和发送器产生波特率。在 SCI 波特率寄存器中 SBR[12:0] 位写入 1 ~ 8191 来决定总线时钟分频器；当 SBR = 0 时，波特率发生器禁止。波特率时钟与总线时钟同步并驱动接收器，波特率时钟除以 16 来驱动发送器。

$$SCI 波特率 = SCI 总线时钟 / (16 \times SBR[12:0])$$

表 4-10 列出了当 IREN = 0 时，25MHz 的总线时钟要获得的波特率的例子。波特率发生器会遇到的一种错误，原因是总线时钟的整数除法不能给出确切的目标频率。错误率为计算所得 SCI 波特率与目标波特率之差占目标波特率的百分比。以 SBR = 41 时为例：

$$SCI 波特率 = 25M/(16 \times 41) \approx 38109.76Hz$$

$$错误率 = (38400 - 38109.76)/38400 \times 100\% \approx 0.76\%$$

波特率（设总线时钟为 25MHz） 表 4-10

SBR[12:0]位	接收器时钟	发送器时钟	目标波特率	错误率(%)
41	609 756.1	38109.8	38400	76
81	308642.0	19290.1	19200	47
163	153374.2	9585.9	9600	16
326	76687.1	4792.9	4800	15

续上表

SBR[12:0]位	接收器时钟	发送器时钟	目标波特率	错误率(%)
651	38402.5	2400.2	2400	1
1302	19201.2	1200.1	1200	1
2604	9600.6	600.0	600	0
5208	4800.0	300.0	300	0

4.4.2 字符传输

为了传输数据,MCU 将数据写入 SCI 数据寄存器,反过来又被发送到发送器移位寄存器。发送移位寄存器先配置一个起始位、一个停止位,然后通过 TXD 引脚将数据溢出一帧。SCI 数据寄存器在内部数据总线和发送移位寄存器之间只写缓冲区。

SCI 也会设置一个标志位:发送数据空标志位,每次从缓冲区到发送移位寄存器传输数据。发送驱动程序通过对发送缓冲区再写入一个字来响应这个标志位,这时移位寄存器仍然溢出第一个字节。

启动一个 SCI 发送程序,步骤如下:

(1) 配置 SCI。

①选择波特率。给 SCI 波特率寄存器写入一个值来启动波特率发生器。提示:波特率是零时波特率发生器被禁止。没有给波特率低位寄存器写入而给波特率高位寄存器写入是没有作用的。

②给 SCICR1 写数据来配置数据长度、奇偶性以及其他配置位(LOOPS 回路选择位、RSRC 接收器信号源选择位、M 数据格式模式位、WAKE 唤醒选择位、ILT 空闲检测方式选择位、PE 奇偶校验允许位、PT 奇偶校验选择位)。

③通过给 SCICR2 写数据使能发送器、中断、接收和唤醒请求。空闲位或前面的位会从发送移位寄存器中溢出。

(2) 每一个字节的传输过程。

①通过读取 SCISR1 或对 TDRE 中断的反应来检验 TDRE 标志位。要注意的是 TDRE 位复位后是 1。

②如果 TDRE 置位,则将数据写入要发送的数据寄存器。如果 SCI 是 9 位数据格式,那么第 9 位数据就是数据寄存器中的 T8 位。一个新的数据传输直到 TDRE 被清零后产生。

(3) 随后每一次传输则重复步骤(2)。

4.4.3 运行模式

一般情况下,SCI 使用 2 个管脚进行传输和接收,有单线运行与回路操作两种模式。这两种模式区别在于接收器的数据来源。

接收器的输入数据由 RSRC 位选择确定,发送器的输出使能受相应的方向控制位(DDRS)控制。要使用回路或者单线模式,发送器和接收器必须同时允许工作。在 LOOPS = 1 期间,如果 TXD 引脚对应的方向控制位(DDRS)被置 1,那么 TXD 引脚就输出 SCI 的信号;如果方向控制位被清 0,且 RSRC = 0,TXD 引脚就变成高电平(空闲状态);反之 RSRC = 1,

TXD引脚变成高阻态。

1)单线运行

如图4-7所示,单线运行时,接收器的数据来源为外部,所以将RXD引脚从SCI断开,SCI使用TXD引脚来接收和传送。

通过设置SCI控制寄存器1中的回路选择位LOOPS和接收器信号源选择位RSRC使能单线操作。设置从RXD引脚回路选择禁用路径。设置接收器信号源选择位RSRC连接TXD引脚与接收器。发送器和接收器都必须使能(TE=1和RE=1)。TXDIR位(SCISR2 1)决定TXD引脚将被用来作为这种操作模式的一个输入(TXDIR=0)或一个输出(TXDIR=1)。

注意:如果RXPOL置位,来自TXD引脚的单线操作数据会取反。

2)回路操作

如图4-8回路操作时,接收器的数据来源为内部,接收器的输入在内部连接发送器的输出。通过在SCI控制寄存器1设置回路选择位LOOPS和清零接收器信号源选择位RSRC位使能回路选择操作。发送器和接收器必须使能(TE=1和RE=1)。

图4-7 单线操作(LOOPS=1,RSRC=1)   图4-8 回路操作(LOOPS=1,RSRC=0)

4.4.4 中断操作

本节介绍了SCI的中断源,单片机必须服务中断请求。表4-11列出8种SCI中断源,都为高电平有效。

表4-11 中断源描述

中断	中断源	使能位	描述
TDRE	SCISR1[7]	TIE	表示一个字节是从SCIDRH/L转移到发送移位寄存器
TC	SCISR1[6]	TCIE	表明发送完成
RDRF	SCISR1[5]	RIE	RDRF中断表明在SCI的数据寄存器中接收的数据是可用的
OR	SCISR1[3]	RIE	这个中断表明出现覆盖
IDLE	SCISR1[4]	ILIE	表明接收器输入已变为空闲状态
RXEDGIF	SCIASR1[7]	RXEDGIE	表明一个有效沿(RXPOL=0下降,RXPOL=1上升)被检测
BERRIF	SCIASR1[1]	BERRIE	表明在单线操作中发送和接收数据之间的不匹配
BKDIF	SCIASR1[0]	BRKDIE	表明已收到中断字符

4.5 单片机串行通信接口技术

由于单片机串行口的输入、输出均为TTL电平,而这种以TTL电平传输数据的方式,抗干扰性能差,传输距离短。为了提高串行通信的可靠性,增大通信距离,在实际工业现场中一般采用RS-232、RS-422、RS-485等串行接口标准来进行串行通信。

4.5.1 常用的标准串行通信接口

单片机的通信根据其通信距离、抗干扰性能等的要求,可选择 TTL 电平传输、RS-232、RS-422、RS-485 等标准串行接口进行串行数据传输。

1) TTL 电平通信接口

TTL 电平采用正逻辑,即逻辑 1 对应电压值为 2.5~5V,逻辑 0 对应电压值为 0~0.8V。TTL 电平通信接口传输距离较短,适合于在同一电路内两个单片机的通信。通常将双方 RXD 和 TXD 交叉连接,即可实现通信,如图 4-9 所示。

2) RS-232/422/485 接口

(1) 简介。RS-232、RS-422 与 RS-485 都是串行数据接口标准,最初都是由电子工业协会(EIA)制定并发布的。以 RS-232C 为例,RS 是英文"推荐标准"的缩写,232 为标识号,C 表示修改次数,代表 RS232 的最新一次修改(1969)。

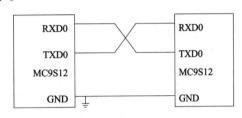

图 4-9 采用 TTL 电平实现的双机通信

① RS-232。RS-232 在 1962 年发布,命名为 EIA-232-E,作为工业标准,以保证不同厂家产品之间的兼容。目前 RS-232 是 PC 与通信工业中应用最广泛的一种串行接口。RS-232 被定义为一种在低速率串行通信中增加通信距离的单端标准。RS-232 采取不平衡传输方式,即所谓单端通信。

② RS-422。RS-422 由 RS-232 发展而来,它是为弥补 RS-232 的不足而提出的。为改进 RS-232 通信距离短、速率低的缺点,RS-422 定义了一种平衡通信接口,将传输速率提高到 10Mb/s,传输距离延长到 4000ft(速率低于 100kb/s 时),并允许在一条平衡总线上连接最多 10 个接收器。RS-422 是一种单机发送、多机接收的单向、平衡传输规范,被命名为 TIA/EIA-422-A 标准。

③ RS-485。为扩展应用范围,EIA 又于 1983 年在 RS-422 基础上制定了 RS-485 标准,增加了多点、双向通信能力,即允许多个发送器连接到同一条总线上,同时增加了发送器的驱动能力和冲突保护特性,扩展了总线共模范围,后命名为 TIA/EIA-485-A 标准。由于 EIA 提出的建议标准都是以"RS"作为前缀,所以在通信工业领域,仍然习惯将上述标准以 RS 作前缀称谓。

(2) 电气特性。

各种串行接口的性能比较见表 4-12。

各种串行接口的性能比较表　　　　表 4-12

性能 \ 接口	RS-232	RS-422	RS-485
功能	双向,全双工	双向,全双工	双向,半双工
传输方式	单端	差分	差分
逻辑"0"电平	3~15V	2~6V	1.5~6V

续上表

接口 性能	RS-232	RS-422	RS-485
逻辑"1"电平	−3 ~ −15V	−2 ~ −6V	−1.5 ~ −6V
最大传输速率	20kb/s	10Mb/s	10Mb/s
最大传输距离	30m	1200m	1000m
最大驱动输出电压	±25V	−0.25 ~ +6V	−7 ~ +12V
驱动器加载输出电压	±3 ~ ±15V	±2.0V	±1.5V
驱动器空载输出电压	±25V	±6V	±6V
驱动器负载阻抗(Ω)	3k ~ 7k	100	54
接收器输入电压范围	±15V	−10 ~ +10V	−7 ~ +12V
接收器输入电阻(Ω)	3k ~ 7k	4k(最小)	≥12k
组态方式	点对点	1台驱动器,10台接收器	32台驱动器,32台接收器
抗干扰能力	弱	强	强
传输介质	扁平或多芯电缆	二对双绞线	一对双绞线
常用驱动芯片	MAX232、MC1488	SN75174、MC3487	SN75174、MC3487、SN75176
常用接收器芯片	MAX232、MC1489	SN75175、MC3486	SN75175、MC3486、SN75176

(3)接口电路。

①RS-232接口电路。两个不同的单片机系统如果通信距离在30m之内,可利用RS-232C标准接口实现点对点的双机通信,接口电路如图4-10所示。

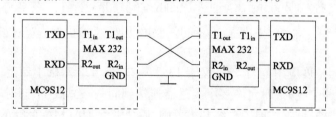

图4-10 采用RS-232C实现的双机通信

串行接口或终端以基带方式直接传送串行信息流的最大距离与传输速率及传输线的电气特性有关,传输距离随传输速率的增加而减小。RS-232C标准规定,当数据传输速度小于20kb/s且电缆的电容负荷小于2500pF时,传送距离小于30m。由于电缆的电容没有这么大,当传输速度较慢时,传输距离将超过这个距离。在实际应用中,对远距离传送,一般都需要加入调制解调器MODEM。

②RS-422接口电路。RS-422标准规定了差分平衡的电气接口,它采用平衡驱动和差分接收的方法。这相当于两个单端驱动器。输入同一个信号时,其中一个驱动器的输出永远是另一个驱动器的反相信号。于是两条线上传输的信号电平,当一个表示逻辑"1"时,另一条一定为逻辑"0"。当干扰信号作为共模信号出现时,接收器接收差分输入电压,只要接收器有足够的抗共模电压工作范围,就能识别两个信号并正确接收传输的信息,使干扰和噪声相互抵消。因此,RS-422能在长距离、高速率下可靠传输数据。

图 4-11 所示为采用 75176 电平转换芯片双机通信电路原理图。如果要实现多机通信，只需在传输线路中并接上多个单片机即可。

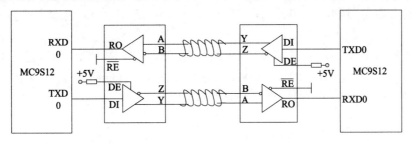

图 4-11 采用 RS-422 实现的双机通信

③RS-485 接口电路。图 4-12 给出了采用 RS-485 实现双机通信的接口电路。RS-485 以双向、半双工的方式实现了双机通信。在单片机系统发送或接收数据前，应先将 75176 的发送门或接收门打开，当 PB1 输出为高电平时，发送门打开，接收门关闭；当 PB1 输出低电平时接收门打开，发送门关闭。

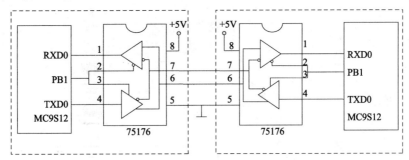

图 4-12 采用 RS-485 实现双机通信

在工业现场中，多个单片机的通信使用最多的方式是利用 RS485 构成的串行总线网络结构。其中，一台单片机为主机，其他单片机为从机，其接口电路如图 4-13 所示。

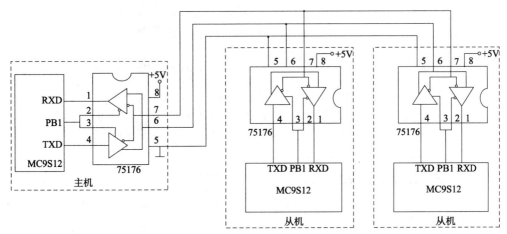

图 4-13 采用 RS-485 构成的主从多机通信

（4）电平转换。

①RS-232 与 TTL 电平转换。由于 TTL 电平和 RS-232 电平互不兼容，所以两者相连时，

必须进行电平转换。

电平转换芯片 MAX232 可以实现 2 组 TTL 电平与 RS-232 电平的双向转换。MAX232 内部有电压倍增电路和转换电路,仅需要外接 5 个电容,在 +5V 电源下工作,使用十分方便。

图 4-14 和图 4-15 所示为 MAX232 引脚图与内部原理图。MAX232 可以把 TTL 电平(0 ~ 5V)转换为 RS-232 的电平(-10 ~ +10V),并送到传输线上;也可以把传输线上 RS-232 电平转换成为 TTL 电平,并送到通信接口的 TXD 和 RXD 端。

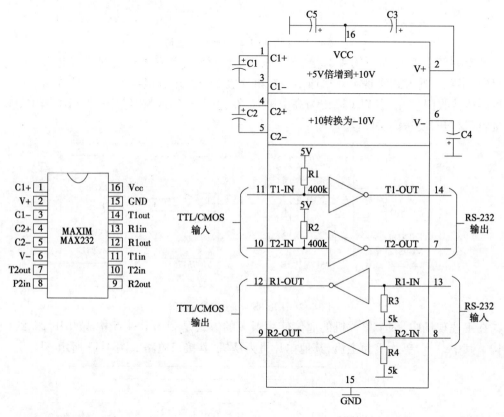

图 4-14　MAX232 引脚图　　　　图 4-15　MAX232 内部原理图

② RS-422 与 TTL 电平转换。可以把 TTL 电平转换成 RS-422 电平的常用芯片有 SN75172、SN75174、MC3487、AM26LS30、VI26IS31 和 UA9638 等。器件特性为:最大电缆长度 1.2km,最大传输速率为 10Mb/s,无负载输出电压≤6V,加负载输出电压≥2V,断电下输出阻抗≥4kΩ,短路输出电流≤150mA。

可以把 RS-422 电平转换成 TTL 电平的常用芯片有:SN75173、SN75175、MC3486、AM26IS32、AM26LS33、UA9637 等。器件特性为:输入阻抗≥4kΩ,阈值为 -0.2 ~ +0.2V,最大输入电压为 ±12V。

③ RS-485 与 TTL 电平转换。在 RS-422A 标准中所用的驱动器和接收器芯片,在 RS-485 中均可使用。除了 RS-422A 电平转换中所列举的驱动器和接收器外,还有收发器 SN75176 芯片,该芯片集成了一个差分驱动器和一个差分接收器,表 4-13 为其功能表。

第4章 串行通信技术

SN75176 功能表　　　　　　　　　　　　　　　　　表 4-13

驱动器				接收器		
输入 D	使能 DE	输出		差分输入 V_{ID}	使能 $\overline{RE}$	输出 R
		A	B			
				$V_{ID} \geq 0.2V$	L	H
H	H	H	L	$-0.2V < V_{ID} < 0.2V$	L	X
L	H	L	H	$V_{ID} \leq -0.2V$	L	L
X	L	三态	三态	X	H	三态

(5) 串行接口的应用。下面以 MAX485 为例介绍 RS-485 串行接口的应用。MAX485 的封装有 DIP、SO 和 MAX3 种，其中 DIP 封装的管脚如图 4-16 所示。

管脚的功能如下：

R0：接收器输出端。若 A 比 B 大 200mV，R0 为高电平；反之，为低电平。

RE：接收器输出使能端。RE 为低电平时，R0 有效；RE 为高电平时，R0 呈高阻状态。

DE：驱动器输出使能端。若 DE = 1，驱动器输出 A 和 B 有效；若 DE = 0，则它们呈高阻态。若驱动器输出有效，器件作为线驱动器用，反之，作为线接收器用。

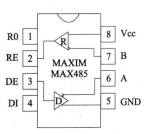

图 4-16　MAX485 芯片的 DIP 封装形式

DI：驱动器输入端，若 DI = 0，则 A = 0，B = 1；若 DI = 1，则 A = 1，B = 0。

GND：接地。

A：同相接收器输入和同相驱动器输出。

B：反相接收器输入和反相驱动器输出。

Vcc：电源端，一般接 +5V。

MAX485 的收发功能见表 4-14。

MAX485 的收发功能　　　　　　　　　　　　　　　表 4-14

发送				接收		
输入		输出		输入		输出
DE	DI	A	B	DE	A - B	R0
X	1	1	0	0	>0.2V	1
X	1	0	1	0	<0.2V	0
0	0	X	Z	Z	0	输入开路	1
1	0	X	Z	Z	1	X	Z

4.5.2 单片机与 PC 通信接口

在以单片机为基础的数据采集和实时控制系统中，经常以计算机为控制中心，各单片机系统组成采集和控制的智能单元构成小型分布式测控系统。其中，以单片机为核心的智能测量和控制仪表(从机)既能独立完成数据处理和控制任务，又可以将数据传送给计算机

(主机);计算机将从单片机系统接收到的数据进行处理、显示、打印,同时根据现场控制需要向各单片机系统发送命令,实现对整个系统的管理和控制。

在工业现场中,通常使用扩展多个串行接口分别与近距离的多个单片机系统进行通信的星形连接方式;而对于距离较远的单片机系统,通常采用 RS-485 通信接口标准,采用串行总线结构的方式与多个单片机系统组成通信网络。图 4-17 所示是计算机与多个近距离单片机系统进行通信的星形连接方式示意图。

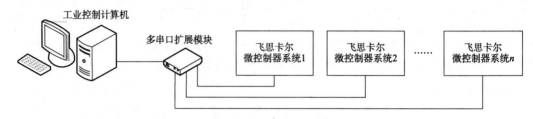

图 4-17 计算机与多个系统进行通信的星形连接方式

4.5.3 单片机与设备通信程序设计

飞思卡尔单片机的 SCI 的工作方式与使用方法都比较灵活,可以采用简单易懂且便于实现的查询方式,也可以采用高效但较复杂的中断方式。无论是查询方式还是中断方式,实现串行通信的编程首先均需进行 SCI 的初始化,主要是完成波特率、收发数据格式、通信方式等的设置。

以异步串行 LED 屏为例,首先是它的串行通信标准,波特率:338400,1 位起始位,字长 8 位,无奇偶校验位,1 位停止位。通信协议见表 4-15。

表 4-15　LED 屏通信协议

包头	地址低位	地址高位	控制命令	数据长度低位	数据长度高位	数据1…n	错误码	校验	包尾
7A	AddrL	AddrH	CMD	DataL	DataH	Data1…n	Err	Ex	1A

控制命令有:03 修改设置参数,用于初始化;0A 指定播放节目。

下面程序的功能是实现 LED 屏的显示。

```
unchar Send_485_Ledsys[68] = {
0x7A,0x01,0x00,0x03,0x3C,0x00,0x00,0x00,0x00,0x00,0x00,0x00,0x00,0x00,0x00,0x00,0x00,
0xFF,0xFF,0xFF,0xFF,0xFF,0xFF,0xFF,0xFF,0xFF,0x00,0x96,0x00,0x00,0x60,0x00,0x10,0x00,
0x04,0x00,0x00,0x01,0x01,0x01,0x00,0x0F,0x01,0x08,0x10,0x10,0x10,0x20,0x20,0x40,0x00,0x10,0x00,
0x00,0x00,0x00,0x00,0x00,0x00,0x00,0x00,0x00,0x58,0x1A}
uncharSend_485_Ledappoint[37] = {
0x7A,0x01,0x00,0x0A,0x1D,0x00,0x0A,0x00,0x00,0x08,0x07,0x06,0x05,0x04,0x03,0x02,0x01,0x01,0x00,0x00,
0x00,0x00,0x00,0x00,0x00,0x00,0x00,0x00,0x00,0x00,0x00,0x00,0x00,0x00,0xCC,0x1A}
/*********************************************
函数名称:void Usart485Init(void)      函数功能:初始化 USART,USART1
*********************************************/
void Usart485Init(void)
{
  SCI1BD = BUS_CLOCK/16/BAUD_485;   //设置 SCI1 波特率为 38400
  SCI1CR1 = 0x00;                    //设置 SCI1 为正常模式,8 位数据位,无奇偶校验
```

```c
// SCI1CR2 = 0x2c;              //允许接收和发送数据,允许接收中断功能
   SCI1CR2 = 0x08;              //允许发送数据,禁止中断功能
   DDRM_DDRM6 = 1;              //485_DE 收发方向控制初始化
}
/******************************************************
函数名称:void LedInit(void)        函数功能:初始化 LED 屏幕
使用全局变量:Send_485_Ledsys[ ]     取值范围:0~67
             Send_485_LedShow[ ]    取值范围:0~243
******************************************************/
void LedInit(void)
{
  int i = 0;
  PTM_PTM6    = 1;              //配置串口1(485)为发送模式
  delay_ms(500);
  for(i = 0;i < 68;i + +)        //屏幕初始化
  {
  while(! SCI1SR1_TDRE);         //等待发送数据寄存器(缓冲器)为空
  SCI1DRL = (Send_485_Ledsys[i]); // Send_485_Ledsys[i]是初始化数据
  }
  delay_ms(100);
}
/******************************************************
函数名称:void Led_Show (void)      函数功能:播放节目
******************************************************/
void Led_Show (void)
{
  int i = 0;
  Send_485_Ledappoint[8] = ucShowNum;         // ucShowNum:节目号
  Send_485_Ledappoint[35] = 0xCC + ucShowNum; //错误码
  for(i = 0;i < 37;i + +)
  {
  while(! SCI1SR1_TDRE);         //等待发送数据寄存器(缓冲器)为空
  SCI1DRL = (Send_485_Ledappoint[i]);  // Send_485_Ledappoint[i]是指定播放的内容
  }
  delay_ms(1000);
}
```

小 结

本章主要讲解了单片机串行通信技术的基础知识,包括串行口的接口与工作原理,串行口寄存器的详细介绍,最后介绍的是常用的标准串行通信接口技术,在串行口的介绍中附有程序代码供学生练习体会,更好地熟练串行通信的操作。

本章对于串行通信技术的学习,最终落实在单片机的使用过程中,特别是对于串行口的程序编写。其中,串行口寄存器内容的掌握就显得非常重要。对于寄存器内容的学习,不仅对于 SCI 接收器与发送器的结构理解有帮助,对于串行通信功能的实现也是至关重要的,需

要多看多用,将每位的功能熟记于心。

习 题

一、填空题

1. 串行通信是指_____。发送方需要将数据分解成_____,_____经过单条数据线传送;同时,接收方需要一位一位的从_____上接收数据,并且将它们_____。
2. MC9S12 系列单片机的串行通信接口 SCI 是一种采用_____通信接口。它内置独立的_____和_____个 SCI 口,分别为_____。
3. SCI 发送器的核心部分是_____。
4. SCI 接收器受 SCI 控制寄存器 2 _____中_____的控制,其核心是_____。
5. 在波特率发生器中有_____位的计数器来给接收器和发送器产生_____。

二、选择题

1. 异步串行通信中一个字符信息位的格式按先后次序是( )。
   A. 起始位、数据位、校验位、停止位
   B. 起始位、校验位、数据位、停止位
   C. 起始位、数据位、停止位、校验位
   D. 校验位、起始位、数据位、停止位
2. 串行通信的传输速率是波特,而波特的单位是( )。
   A. 字符/秒　　　　B. 位/秒　　　　C. 帧/秒　　　　D. 帧/分
3. ( )是指在一条通信线路中可以同时双向传输数据的方法。
   A. 单工通信　　B. 半双工通信　　C. 同步通信　　D. 全双工通信
4. SCI 定义的中止符 BREAK 是( )。
   A. 10 个连续的"0"　　　　　　　　B. 10 个连续的"1"
   C. 10 或 11 个连续的"0"　　　　　D. 10 或 11 个连续的"1"

三、简答题

1. 异步串行通信和同步通信的主要区别是什么?
2. 在串行通信中,数字帧由哪几部分组成?分别起到了什么作用?
3. 在一帧数据中,怎么确定数据位的格式?
4. 串行通信有哪几种数据通路形式?试举例说明。
5. 串行口设有几个控制寄存器?它们的作用是什么?
6. 简述 SCI 的常用寄存器都有哪几种?
7. 当数据格式为 9 位时,那么接收到或发送的数据存储在哪里?
8. SCI 有哪几种工作模式,分别是什么?
9. 串行通信接口的中断标志位都有哪些?
10. 常用的标准串行通信接口都有哪几种?并简要说明其优点、区别。
11. 为什么 RS-422A 能在长距离、高速率下可靠传输数据?

第5章 CAN 总线

CAN 总线本质上和 RS232、RS485、RS422 一样,是一种串行通信。不同之处在于 CAN 总线协议更加完善和规范,是 ISO 国际标准化的串行通信协议。为适应"减少线束的数量"、"通过多个 LAN,进行大量数据的高速通信"的需要,1986 年德国 BOSCH 公司开发出面向汽车的 CAN 通信协议。此后,CAN 通过 ISO11898 及 ISO11519 进行了标准化,现在在欧洲已是汽车网络的标准协议。CAN 的高性能和可靠性已被认同,并被广泛地应用于工业自动化、船舶、医疗设备、工业设备等领域。本章主要介绍 CAN 总线的基本原理。

5.1 CAN 总线概述

5.1.1 CAN 总线的基本结构

汽车电子控制系统主要由传感器、执行器和控制器(ECU)组成。ECU 通过连接器与传感器和执行器相连,它接受传感器的输入信号,经 CPU 计算和数据处理后控制执行器动作,完成相应的控制功能。为实现各个 ECU 之间的信息交换,可采用 CAN 总线通信。这就要求在原有 ECU 的基础上增加 CAN 通信控制器和 CAN 收发器构建新的 ECU。使用 CAN 总线通信的 ECU 也可称之为 CAN 节点。图 5-1 所示为发动机 ECU 和自动变速器 ECU 采用 CAN 总线的连接示意图。图中发动机 ECU 和自动变速器 ECU 通过 2 根电线组成的数据线相连,数据线两端分别与 2 个终端电阻相连。可见:从电子线路来看,CAN 总线通信相当简单,复杂的是在 ECU 中的通信控制器和协议部分。

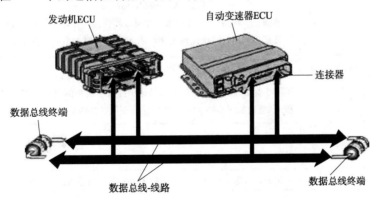

图 5-1　2 个 ECU 采用 CAN 总线通信示意图

图 5-2 所示为汽车上基于 CAN 总线电子网络系统的原理框图。图中节点 1 和节点 n 为采用集成 CAN 通信控制器的微控制器所构成的 ECU 的框图,节点 2 中微控制器无 CAN 通信控制器。CAN 总线系统中每个 CAN 节点单元能够挂接在 CAN 总线上,并能通过 CAN 总

线实现各个节点间的通信，以实现复杂的控制过程。在 CAN 通信中我们通常会用到一些术语，表 5-1 中给出了常用的 CAN 总线术语以及说明。

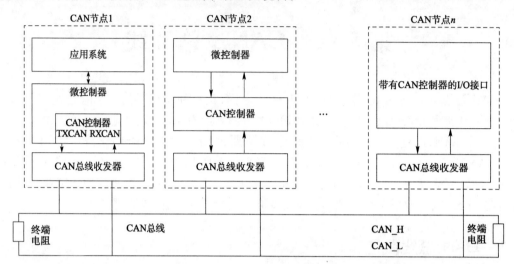

图 5-2 基于 CAN 总线电子网络系统

CAN 总线的术语   表 5-1

中文名	英文名	术语说明
报文	Messages	网络中交换与传输的数据单元，即站点一次性要发送的数据块
节点	Node	将电控单元与网络相连的硬件
帧	Frame	组成一个完整消息的一系列数据位，被划分成几个域，每个域包括了预定义类型的数据
信息路由	Information Routing	在 CAN 系统里，CAN 的节点不使用任何关于系统配置的报文。 系统灵活性——不需要改动应用层以及软件和硬件即可在 CAN 网络直接添加节点； 报文路由——目的地由标识符（ID）确定； 多播——广播模式，任何节点都可以接收报文并对报文作出反应； 数据连贯性——确保报文在 CAN 网络里同时被所有节点接收
标识符	Identifier	用来标识报文本身特征的一个符号，又称 ID
位填充	Bit Stuffing	用于保证发送或接收的消息具有保持最小数量的显性位 或隐性位跳变的处理程序，进而实现 CAN 数据帧中的位流正确的再同步
位速率	Bit rate	在单位时间内可以传输多少数据，又称比特率。不同系统的位速率不同，同一系统位速率唯一
优先权	Priorities	由发送数据的报文中的标识符决定报文占用总线的优先权
多主机	Multimaster	总线空闲时，任何单元都可以作为主节点开始传送报文。具有较高优先权报文的单元可以获得总线访问权
远程数据请求	Remote Data Request	通过发送远程帧，需要数据的节点可以请求另一节点发送相应的数据帧。数据帧和相应的远程帧是由相同的识别符命名的

续上表

中文名	英文名	术 语 说 明
仲裁	Arbitration	总线空闲,任何节点都可以向总线发送报文;总线冲突时,通过使用标识符解决冲突
错误界定	Fault Confinement	CAN 节点能够把永久错误和临时错误区别开来。错误的节点会被关闭
连接	Connect	理论上可以连接无限个单元,但由于延迟时间和电气负载,实际上只能接有限个
应答	Answer	对于连贯的报文,接收器应答,对于不连贯的报文,接收器做出标志

5.1.2 CAN 协议及总线的基本特点

CAN 协议具有以下特点:

(1) 多主控制。在总线空闲时,所有的单元都可以开始发送消息(多主控制)。最先访问总线的单元可获得发送权(CSMA/CA 方式)。多个单元同时开始发送时,发送高优先级 ID 消息的单元可获得发送权。

(2) 消息的发送。在 CAN 协议中,所有的消息都以固定的格式发送。总线空闲时,所有与总线相连的单元都可以开始发送新消息。两个以上的单元同时开始发送消息时,根据 ID 决定优先级。ID 并不是表示发送的目的地址,而是表示访问总线的消息的优先级。两个以上的单元同时开始发送消息时,对各消息 ID 的每个位进行逐个仲裁比较。仲裁获胜(被判定为优先级最高)的单元可继续发送消息,仲裁失利的单元则立刻停止发送而进行接收工作。

(3) 系统的柔软性。与总线相连的单元没有类似于"地址"的信息。因此在总线上增加单元时,连接在总线上的其他单元的软硬件及应用层都不需要改变。

(4) 通信速度。根据整个网络的规模,可设定适合的通信速度。在同一网络中,所有单元必须设定成统一的通信速度。即使有一个单元的通信速度与其他的不一样,此单元也会输出错误信号,妨碍整个网络的通信。不同网络间则可以有不同的通信速度。

(5) 远程数据请求。可通过发送"遥控帧"请求其他单元发送数据。

(6) 错误检测功能、错误通知功能、错误恢复功能。所有的单元都可以检测错误(错误检测功能)。检测出错误的单元会立即通知其他所有单元(错误通知功能)。正在发送消息的单元一旦检测出错误,会强制结束当前的发送。强制结束发送的单元会反复地重新发送此消息直到成功发送为止(错误恢复功能)。

(7) 故障封闭。CAN 可以判断出错误的类型是总线上暂时的数据错误(如外部噪声等)还是持续的数据错误(如单元内部故障、驱动器故障、断线等)。根据此功能,当总线上发生持续数据错误时,可将引起此故障的单元从总线上隔离出去。

(8) 连接。CAN 总线是可同时连接多个单元的总线。可连接的单元总数理论上是没有限制的。但实际上可连接的单元数受总线上的时间延迟及电气负载的限制。降低通信速度,可将连接的单元数增加;提高通信速度,则可将连接的单元数减少。

CAN 总线是一种串行数据通信总线,其通信速率最高可达 1Mb/s。CAN 系统内两个任意节点之间的最大传输距离与其位速率有关,见表 5-2。

位速率与最大传输距离　　　　　　　表 5-2

位速率(kb/s)	1000	500	125	100	50	20	10	5
最大距离(m)	40	130	530	620	1300	3300	6700	10000

从表 5-2 中不难看出,CAN 的传输速率达 1Mb/s 时,最大传输距离为 40m,对一般实时控制现场来说已经足够使用。

CAN 总线有如下基本特点:

(1)总线访问采用基于优先权的多主方式。CAN 总线任一节点所发送的数据信息不包括发送节点或接收节点的物理地址。信息的内容通过一个 ID 作标记,在整个网络中,该标识符是唯一的。网络上的其他节点收到信息后,每一节点都对这个标识符进行检测,以判断此信息是否与自己有关。若是相关信息,则它将得到处理;否则被忽略。标识符还决定信息的优先权,ID 值越小,其优先权越高。CAN 总线确保发送具有最高优先权信息的节点获得总线使用权,而其他的节点自动停止发送。总线空闲后,这些节点将自动重新发送信息。

(2)非破环性的基于线路竞争的仲裁机制。CAN 采用带有冲突检测的载波侦听多路访问方法,它能通过无破坏性仲裁解决冲突。CAN 总线上的信息是用固定格式的帧来进行传送的,这些帧长度有限且不尽相同。总线空闲时,接在其上的任何节点都可以开始发送新的帧。如果两个和两个以上的节点同时开始发送帧,将会引起总线访问冲突,此时利用基于线路竞争的仲裁对标识符进行判别来解决冲突。仲裁机制可以保证既不会丢失信息,也不会浪费时间。优先权最高的帧的发送器将获得访问总线的权利。

(3)利用接收滤波对帧实现了多点传送。在 CAN 系统中,节点可以不需要配置任何有关系统(如节点地址)的信息。接收器对信息的接收或拒绝是建立在一种称为帧接收滤波的处理方法上的。该处理方法能判断出接收到的信息是否和接收器有关,所以接收器没有必要辨别出谁是信息的发送器,反过来也是如此。

(4)支持远程数据请求。通过送出一个远程帧,需要数据的节点可以请求另外一个节点向自己发送相应的数据帧,该数据帧的标识符和相应远程帧的标识符相同。

(5)配置灵活。在往 CAN 网络中增添节点时,如果要增添的节点不是任何数据帧的发送器或者该节点不需要接收额外追加发送数据,则网络中所有节点均不用做任何软件或硬件方面的调整。

(6)数据在整个系统范围内具有一致性。系统可使一个帧既可以同时被所有节点接收,也可以同时不被任何节点所接收,即系统具有数据一致性的特征,而这一特征是利用多点传送原理和故障处理方法而具有的。

(7)有检错和出错通报功能。在 CAN 总线中有位检测、15 位循环冗余码校验、填充宽度为 5 的位填充和帧校验 4 种检测错误的措施,通过监视、循环冗余校验、位填充和报文格式检查,使得未检测出的出错概率小于 $4.7e^{-11}$。

(8)仲裁失败或传输期间被故障损坏了的帧能自动重发。任何正在发送数据的节点和正在正常(或错误激活状态下)接收数据的节点都能对出现了错误的帧做出标记,并进行出错通报。所有接收器都会校验所接收帧的一致性,然后对具有一致性的帧做出应答,对不具有一致性的帧做出标记。

(9)能区分节点的临时故障和永久性故障并能自动断开故障节点。通过错误界定,CAN

节点能够自动区分出短期干扰性故障和永久性故障,发生故障的节点会被断开。在处于连续干扰时,CAN 节点将处于关闭状态。

5.1.3 CAN 总线的分层结构及功能

CAN 总线的分层遵循 OSI 参考模型,体系结构划分为两层:数据链路层和物理层。数据链路层被进一步细分为:逻辑链路控制子层(LLC)和介质访问控制子层(MAC)。依照 CAN2.0A 技术规范,LLC 和 MAC 子层的服务和功能被描述为"目标层"和"传送层"。

MAC 子层的运行由一个称为"错误界定实体(FCE)"的管理实体进行监控,错误界定实体是一种能区分短期干扰和永久性故障的自校验机制。

物理层可由一种检测并管理物理介质故障(比如总线短路或中断,总线故障管理)的实体来监控。CAN 的分层结构和功能如图 5-3 所示。

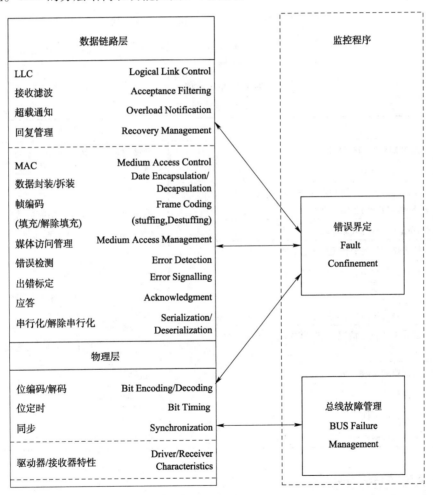

图 5-3　CAN 层级式的体系结构

其中 MAC 层是 CAN 协议的核心层,它描述由 LLC 子层接收到的报文和对 LLC 子层发送的报文进行认可。MAC 子层就其功能方面,可分为完全独立工作的两个部分,即发送部分和接收部分,这两个部分的具体功能见表 5-3。其功能如图 5-4 所示。

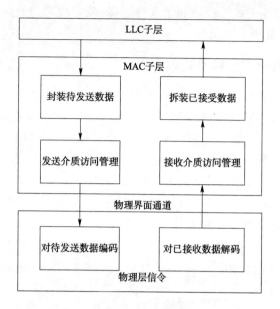

图 5-4 MAC 层功能

MAC 层功能表   表 5-3

	发 送 功 能		接 收 功 能
发送数据封装	接收 LLC 帧和接口控制信息	接收数据封装	由接收帧中去除 MAC 特定信息
	CRC 循环计算		
	通过向 LLC 附加 SOF、RTR、保留位、CRC、ACK 和 EOF 构造 MAC 帧		输出 LLC 帧和接口控制信息至 LLC 子层
	构造出错帧并开始发送		
	输出串行位流至物理层准备发送		
发送媒体访问管理	确认总线空闲后,开始发送过程	接收媒体访问管理	由物理层接收串行位流
	MAC 串行化		解除串行结构并重新构筑帧结构
	插入填充位(位填充)		检测填充位(解除位填充)
	在丢失仲裁的情况下,退出仲裁并转入接收方式		错误检测(CRC、格式校验、填充规则校验)
	错误检测(监控、格式校验)		发送应答
	应答校验		构造错误帧并开始发送
	确认超载条件		确认超载帧
	构造超载帧并开始发送		重激活超载帧结构并开始发送

5.2 CAN 总线物理层

CAN 总线物理层是实现电子控制单元与总线相连的电路。从通信协议来看,它包括位时间定义、时间编排和同步等协议;从硬件电路来看,它包括从微控制器开始的 CAN 通信控制控制器、收发器、连接器、总线和终端电阻等。

5.2.1 通信协议

1)位时间相关定义

位时间的定义为一位的持续时间。CAN总线的数据传输速率最高可达1Mb/s,通常用石英晶振体作为时钟发生器。但网络中的晶振的频率不是绝对稳定的,温度、电压以及器件的异常都会导致微小的差别,但只要将其稳定在振荡器容差范围之内,总线上的节点会通过再同步进行弥补。

额定位速率显示了理想发送器在不经过再同步化处理的情况下每秒送出的位数。

额定位时间定义为额定位速率的倒数。额定位时间可被认为是能够划分成几个互不重叠的分立时段。这些时段组成位时间的情形如图5-5所示,详细说明见表5-4。

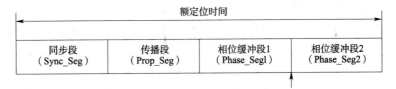

图5-5 位时间分区

位时间段详细说明 表5-4

名　称	描　述
同步段 Sync_Seg	位时间的这一段用来使总线上的各个ECU同步。预计在该段内会出现一个跳变沿
传播段 Prop_Seg	位时间的这一段用来对出现在网络内部的物理延迟时间进行补偿。该延迟时间由信号在总线上的传播时间和ECU内部的延迟时间组成
相位缓冲段1,相位缓冲段2 Phase_Seg1,Phase_Seg2	位时间的这两段用来补偿跳变沿的相位误差。这两段可以被再同步处理延长或缩短
采样点	读取总线电平并将它转化为对应位值的时刻,它位于Phase_Seg1的结尾

信息处理时间是从采样点开始留出的一段用于计算后续位电平的时间。

2)时间的编排

时间份额是从振荡器周期派生出来的一种定长时间单元。它存在一个可编程的整数分度值,最小范围为1~32。从最小时间份额开始,时间份额的长度可以是:

$$时间份额 = m \times 最小时间份额$$

式中:m——分度值。

额定位时间各时段长度定义如下:

(1)同步为一个时间份额长度。

(2)传播段可根据情况设定为1,2,…,8或更多个时间份额长度。

(3)相位缓冲段1可根据情况设定为1,2,…,8或更多个时间份额长度。

(4)相位缓冲段2选相位缓冲段1和信息处理时间中较长的那段。

(5)信息处理时间小于或等于2个时间份额长度。

一个位时间内时间份额的总数目起码要做到可以在8~25这一范围内进行选择。同时必须协调不同ECU中振荡器的频率,使其产生一个能在全系统有效的时间份额。

3)同步

硬同步和再同步是两种形式的同步过程。它们遵循如下准则:

(1)一个位时间内仅允许一种同步。

(2)只要在先前采样点上监测到的数值与总线数值不同,跳变沿过后立即有一个跳变沿用于同步。

(3)总线空闲期间,只要出现从隐性到显性的跳变沿,就执行硬同步操作。

(4)在其他情况下,所有从隐性到显性的跳变沿都将用于再同步处理,例如,对于具有正相位误差的跳变沿,只要从隐性到显性的跳变沿用于再同步处理,发送显性位的节点将不执行再同步处理。

①再同步跳变宽度。再同步会导致Phase_Seg1延长或Phase_Seg2缩短。再同步跳变宽度规定了相位缓冲段的延长量和缩短量的上限。应该使再同步跳变宽度可以从1到min(4, Phase_Seg1)(4与Phase_Seg1中的较小值)这一范围内选择。

时钟信息可由一位数值到另一位数值的跳转获得。由于位填充,总线上出现连续相同位的位数的最大值是确定的,这提供了在帧期间重新将总线单元同步于位流的可能性。可被用于再同步的跳变之间的最大长度为29个位时间。一个同步跳变沿的相位误差e由该沿与Sync_Seg的相对位置确定,度量单位为时间份额。定义相位误差的符号如下:

a. $e=0$,跳变沿位于Sync_Seg之内时。

b. $e>0$,跳变沿位于采样点之前时。

c. $e<0$,跳变沿位于前一位采样点之后时。

②硬同步。经过一次硬同步处理后,内部位时间从同步段重新开始。因此,硬同步强迫由于硬同步引起的跳变沿处于重新开始的位时间同步段之内。

③位再同步。当引发再同步的跳变沿的相位误差值小于或等于再同步跳变宽度的预定值时,再同步会造成位时间的延长或缩短以致采样点被调整到正确的位置。当相位误差的值大于再同步跳变宽度时:

a. 当相位误差e为正时,则Phase_Seg1被延长一段时间,这段时间相当于再同步跳变宽度那样长。

b. 当相位误差e为负时,则Phase_Seg2被缩短一段时间,这段时间相当于再同步跳变宽度那样长。

总线上绝大多数的同步都是由仲裁引起的,总线上的所有节点都要同步于最先开始发送的节点,但是由于总线延迟,节点的同步不可能达到理想的要求。

如果最先发送的节点没有赢得总线仲裁,那么所有的接收节点都要重新同步于获得总线仲裁的节点。

4)内部延迟时间

ECU的内部延迟时间t_{ECU}指:相对于各个ECU协议芯片的位定时逻辑单元而言,发生在发送和接收路径上的所有异步延时的总和,如图5-6所示。

关于图5-6,ECU输出及输入延时之和与位定时逻辑有关键性的联系。ECU有一个重要的特性参数,即:

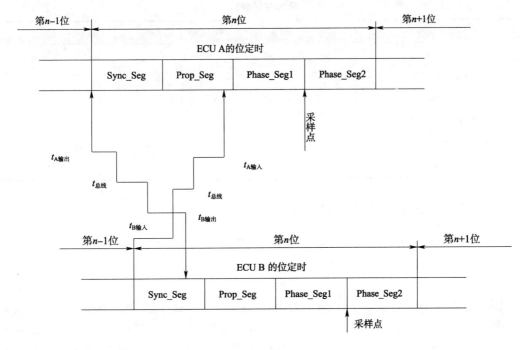

图 5-6 ECU 内部延迟时间示意图

$$t_{ECU} = t_{OUTPUT} + t_{INPUT}$$

要使仲裁顺利进行,必须满足以下条件

$$t_{ECUA} + t_{ECUB} + 2t_{busline} \leq t_{Sync\_Seg} + t_{Prop\_Seg}$$

也就是说,对 ECU 的同步处理而言,在发送第一位的位定时逻辑时必须能够准确地掌握第 n 位在采样点处的总线电平。t_{ECU} 的允许值在很大程度上取决于总线及有效位定时(由仲裁条件给出)对位速率和线路长度的要求。

协议芯片的容许时钟误差和发生同步错误的可能性由 Phase_Seg1 和 Phase_Seg2 决定。

5.2.2　CAN 总线网络布局

CAN 总线网络的接线布局应接近线性结构,如图 5-7 示,连接短电缆到主电缆,避免电缆辐射。为了减少驻波,网络上节点的间隔应不相等,且电缆短线长度也不能完全相同,如图 5-7 中尺寸 s。网络尺寸的要求见表 5-5。

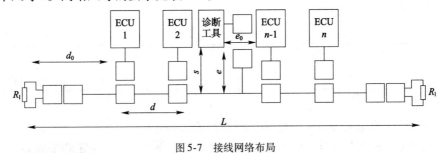

图 5-7　接线网络布局

网络布局参数　　　　　　　　　　　　表 5-5

参　数	符号	单位	最小值	最大值	条　件
总线长度	L	m	0	40	不包括电缆短线
电缆短线长度	s	m	0	1	节点 1
节点间距离	d	m	0~1	40	—
从 R_L 起的距离	d_0	m	0	—	R_L 不位于 ECU 内
诊断设备外部接口总线长度	e	m	—	0~66	车辆内总线
离线诊断设备接口长度	e_0	m	—	0~33	诊断设备连线

5.2.3 CAN 总线上主要硬件的参数

目前在汽车上使用的高速网络系统大多数采用的都是基于 CAN 总线的标准,特别是被广泛使用的 ISO11898 国际标准。

1) 总线线路

CAN 能够使用多种物理介质,例如双绞线、光纤等。CAN 总线物理介质通常采用的是屏蔽或非屏蔽的双绞线。另外,用做 CAN 总线的电缆必须符合表 5-6 的最低要求。此种绞线特定阻抗为 120Ω,电流对称驱动。信号传输速率为 250kb/s。两条线分别命名为 CAN_H (黄色) 和 CAN_L (绿色)。

双绞线的物理介质参数　　　　　　　　　　　　表 5-6

参　数	符号	单位	数　值			备　注
			最小值	额定值	最大值	
阻抗	Z	Ω	108	120	132	从两信号之间测得
线电阻率	r	mΩ/m		70		①
线路比延时		ns/m		5		②

注:①在接收一方的 ECU 处测得的总线差分电压取决于该处与发送一方的 ECU 之间的线路电阻,所以信号线的总电阻受各 ECU 总线电平参数的制约。
②总线上两点间的最短延时可以为 0,最长延时则由位时间及发送与接收电路的延时决定。

2) 终端电阻

线性总线的主要中枢链路的每个终端都必须以一个合适的电阻来结束,以提供 CAN_H 和 CAN_L 导线的正确终端。该终端电阻应连接在 CAN_H 和 CAN_L 导线之间。该终端电阻应符合表 5-7 中指定的特性。

终端电阻参数　　　　　　　　　　　　表 5-7

参数	符号	单位	最小值	额定值	最大值	条　件
电阻	R_L	Ω	110	120	130	最小功耗 400mW

3) 连接器

连接器的性能要求可分为电性能和机械性能两大部分。

(1) 电性能要求。连接器以及它们的连接终端要符合表 5-8 中规定的参数要求。

连 接 器 参 数   表 5-8

参数	符号	单位	最小值	额定值	最大值	条件
电压	V_{CAN_H}/V_{CAN_L}	V	—	—	32	额定的 $V_{BAT}=24V$
电流	I	mA	0	25	80	
峰值电流	I_P	mA	—	—	500	时间限制 $101t_B$①
特性阻抗	Z_C	Ω	100	120	140	
传输频率	F	MHZ	25	—	—	
接点电阻	R_T	mΩ	—	—	10	②

注：①总线故障。

②由接收模块检测的总线电压差，该接收模块依赖于它自己和传输模块之间的线电阻。因此，信号线总电阻由每个模块的总线标准参数限定。

（2）机械性能要求。连接器都应该有符合指定应用要求的闭锁装置。每一对连接器护套颜色一致。同一节点或相邻节点的连接器从颜色、形状或者孔/针数目上可以区分。连接器根据环境要求，应符合应用环境的保护措施。总线应向用户提供外部诊断接口，平时应有保护盖封闭。用于将 ECU 连入总线的连接器必须符合表 5-9 所规定的要求。

连 接 器 参 数   表 5-9

参数		符号	单位	数值		
				最小值	额定值	最大值
电压	$V_{BAT}=12V$	U	V			16
	$V_{BAT}=24V$	U	V			32
电流		I	mA	0	25	80
电流峰值①		I_P	mA			500
阻抗		Z_C	Ω		120	
传输频率		f	MHz	25		
传输电阻②		R_T	mΩ		70	

注：①限时：$101t_B$。

②在接收一方的 ECU 处测得的总线差分电压取决于该处与发送一方的 ECU 之间的线路电阻，所以信号线传输电阻受 ECU 总线电平参数的制约。

5.2.4 CAN 总线收发器的工作原理

1）线与的基本概念

线与逻辑是两个或多个输出信号相连来实现"与"的功能。在硬件上，两个或多个集电极开路的并联，可以实现逻辑与的关系，称为"线与"。但一般 TTL 门输出端并不能直接并联使用，否则会因为这些门的输出管之间由于低阻抗形成很大的短路电流（灌电流），而烧坏器件。在硬件上，可用 OC 门来实现，同时注意在输出端口应添加一个上拉电阻。典型的 OC 门实现"线与"功能的电路如图 5-8 所示。

由以上分析可知，该电路图可实现"线与"逻辑功能。当输出端 Y1 和 Y2 都接入高电平，输出端 Y 才输出高电平；当输出端 Y1 或 Y2 只要有一端输入为低电平，输出端 Y 就输出低电平。

2)总线电平

总线电平总是处于两种逻辑状态,即隐性和显性的其中之一,如图 5-9 所示。CAN_H 和 CAN_L 相对于每个单独 ECU 地的电压有 V_{CAN_H} 和 V_{CAN_L}。V_{CAN_H} 和 V_{CAN_L} 间的差动电压由下式计算:

$$V_{diff} = V_{CAN\_H} - V_{CAN\_L}$$

在隐性状态下,V_{CAN_L} 和 V_{CAN_H} 稳定在总线平均电平 5.5V 左右,此时的状态表示为逻辑 1,V_{diff} 近乎为 0,在总线空闲或隐性位期间发送隐性状态。

在显性状态下,电压值通常为 $V_{CAN\_H}=3.5V$ 和 $V_{CAN\_L}=1.5V$,表现为一个超出某个最小差动阈值电压,此时的状态表示为逻辑 0。显性状态会覆盖隐性状态,它在显性位期间发送。

3)功能说明

CAN 总线的物理连接如图 5-10 所示,总线两端均串有一个负载电阻,用 R_L 表示,这个电阻用来抑制反射作用。

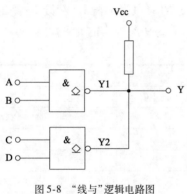

图 5-8 "线与"逻辑电路图

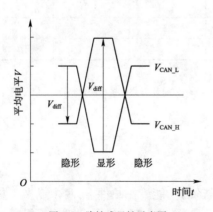

图 5-9 隐性或显性示意图

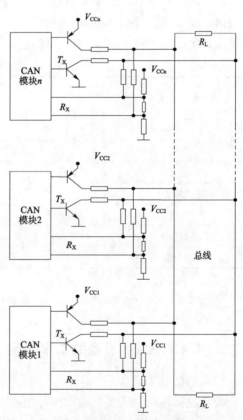

图 5-10 CAN 总线的物理连接

如果每个 ECU 内的三极管都截止,总线表现为隐性状态。在这种情况下,总线平均电压由各个 ECU 的高内阻电压电源生成。只要三极管中有一对被导通了,总线上就会出现一个显性位。这导致电流通过终端电阻,使总线的两根线之间就产生了一个差动电压。

电阻网络能将总线上的差动电压转换成接收电路比较器输入处相应的隐性或显性电

平,从而检测出显性和隐性状态。

5.2.5 CAN 总线收发器 PCA82C250

PCA82C250 是 CAN 控制器与物理总线间的接口,对物理总线提供差动发送能力,对 CAN 控制器提供差动接收能力。

PCA82C250 为 8 引脚芯片,其芯片图以及各引脚的功能介绍如图 5-11 所示。

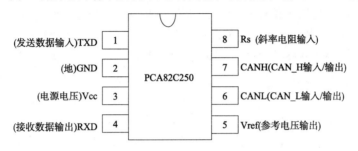

图 5-11　引脚及封装

其内部功能模块如图 5-12 所示。

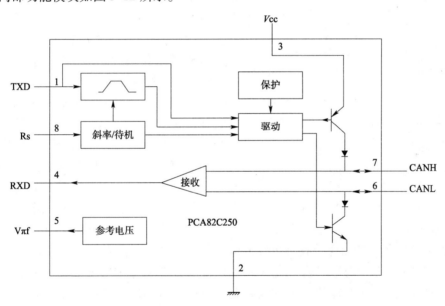

图 5-12　PCA82C250 内部功能模块

1)工作模式

PCA82C250 有三种不同的工作模式,通过 Rs 控制引脚进行模式控制。下面我们将详细地讨论这三种工作模式。

(1)高速模式。在这个模式中,适合执行最大的位速率。高速模式通常用于普通的工业应用,这种模式的总线输出信号切换速度快,因此一般使用屏蔽的总线电缆来防止可能的扰动,例如汽车无线电装置对总线信号的扰动。高速模式通过 V_{Rs}(Rs 两端电压)$<0.3Vcc$ 来选择,将 Rs 控制输入直接连接到微控制器的输出端口或者地就可以实现。同时,在该模式下串联阻抗值 R_{ext} 应满足:$0<R_{ext}<1.8\text{k}\Omega$。

(2)斜率控制模式。对于较低速或较短总线长度,可使用非屏蔽双绞线或平行线作为总线电缆,然而使用非屏蔽电缆意味着收发器要满足额外的要求,例如电磁兼容性(EMC)问题。如果使用非屏蔽总线电缆,PCA82C250 的总线信号转换速度应被降低。转换速度通过连接在控制引脚 Rs 上的串联阻抗值 R_{ext} 来调整,可以减少射频干扰,此时收发器被设置成斜率控制模式。

在斜率控制模式中,总线输出的转换速度和流出引脚 Rs 的电流成比例,电流范围在 $10\mu A < I_{Rs} < 200\mu A$。电阻阻值在 $16.5k\Omega < R_{ext} < 140k\Omega$,才符合上面所说的 Rs 输出电流范围。如果 Rs 引脚的输出电流在这个范围中,引脚 Rs 将输出大约 $0.5Vcc$ 的电压。

(3)待机模式。将 Rs 输入高电平,即当 $V_{Rs} > 0.75V_{cc}$,进入待机模式,这时系统的功耗可被降低。这个模式用于电池供电的应用,例如汽车停车时要进入待机模式,就会给收发器的控制输入 Rs 上加一个逻辑高电平。

在总线上传输一个报文,系统可被重新激活。在检测到 $3\mu s$ 长的显性总线电平后,收发器将通过 RXD 向协议控制器输出一个唤醒中断信号。在检测到 RXD 的下降沿后,控制器把 Rs 引脚置为逻辑低电平,这样收发器就可以切换到普通传输模式。由于待机模式工作速度缓慢,收发器要回到普通接收速度,则取决于逻辑的延迟时间(Rs 的下降沿)。在总线速度很高的情况下,收发器在待机模式中的第一个报文会丢失。在图 5-13 中,如果 Px,y 为高,PCA82C250 切换到待机模式($V_{Rs} > 0.75V_{cc}$);如果 Px,y 为低,PCA82C250 切换到普通工作模式,普通工作模式时高速模式还是低斜率模式由连接到 Rs 的电阻决定。

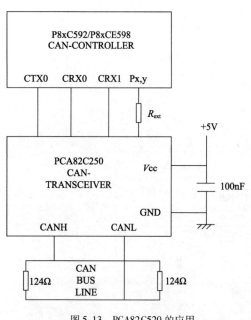

图 5-13 PCA82C520 的应用

2)应用举例

PCA82C250 收发器的典型应用如图 5-14 所示。

协议控制器通过串行数据输出线(TX)和串行数据输入线(RX)连接到收发器。收发器通过有差动发送和接收功能的两个总线终端 CANH 和 CANL 连接到总线电缆。输入的 Rs 用于模式控制,参考输出电压 V_{REF} 是额定 V_{cc} 的 50%。其中收发器的额定电源电压是 5V。

协议控制器输出一个串行的发送数据流到收发器的 TXD 引脚,内部的上拉功能将 TXD 输入设置成逻辑高电平,即总线输出驱动器默认是被动的。在隐性状态中,CANH 和 CANL 输入通过内部阻抗是 $17k\Omega$ 的接收器输入网络,偏置到 2.5V 的额定电压。另外,如果 TXD 是逻辑低电平,总线的输出级将被激活,在总线电缆上将产生一个显性的信号电平。输出驱动器由一个源输出级和一个下拉输出级组成。CANH 连接到源输出级,CANL 连接到下拉输出级。在显性状态中,CANH 的额定电压是 3.5V,CANL 是 1.5V。

如果没有一个总线节点传输显性位,总线处于隐性状态,即网络中所有 TXD 输入是逻辑高电平。另外,如果一个或更多的总线节点传输显性位,即至少一个 TXD 输入是逻辑低电平,则总线从隐性状态进入显性状态(线与功能)。

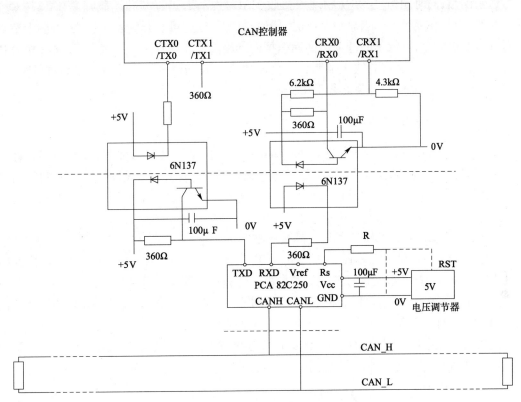

图 5-14　PCA82C520 收发器的应用举例

接收器的比较器将差动的总线信号转换成逻辑电平信号,并在 RXD 输出。接收到的串行数据流传送到总线协议控制器译码。接收器的比较器总是活动的,即当总线节点传输一个报文时,它同时也监控总线。这就要求有诸如安全性和支持非破坏性逐位竞争等 CAN 策略。一些控制器提供一个模拟的接收端口(RX0 和 RX1)。RX0 一般需要连接到 RXD 输出,RX1 需要偏置到一个相应的电压,这可以通过 V_{REF} 输出或一个电阻电压分配器实现。

收发器直接连接到协议控制器及其应用电路。如果需要电流隔离,光耦可以放置在收发器和协议控制器之间。使用光耦时要注意选择正确的默认状态,特别是在隔开的协议控制器电路一边没有上电时,在这种情况下,连接到 TXD 的光耦应该是暗的,即 LED 关断。当光耦是断开/暗时,收发器的 TXD 输入是逻辑高电平,可以达到自动防故障的目的。使用光耦还要考虑到将 Rs 模式控制输入连接到高电平有效的复位信号,例如当本地收发器电源电压(在斜率上升和下降过程中)没有准备好的情况下禁止使能收发器。

5.3　CAN 总线数据链路层

数据链路层分 LLC 子层与 MAC 子层。LLC 子层为数据传送和远程数据请求提供服务,确认由 LLC 子层接收的报文实际已被接收,并恢复管理和通知超载提供信息。

MAC 层提供传送协议,即数据封装/拆装,帧编码及位填充/去除位填充、仲裁、错误检测和应答等功能。MAC 层构造 MAC 数据帧、远程帧和超载帧并将其发送到物理层,还构造并发送错误帧;同时 MAC 层亦从物理层接收 MAC 数据帧、远程帧和超载帧。MAC 是对介质访问的控制/仲裁机制。当总线开放时,任何 CAN 节点均可以开始发送报文,若多个节点同时开始发送报文,总线访问冲突借助标识符进行逐位仲裁来解决。仲裁期间,每一个发送器都将发送的位电平和在总线上监听到的电平进行比较,若相同,则该单元可以继续发送;若不同,该单元丢失仲裁,并且必须退出而不再发送后续位。

5.3.1 非破坏性按位仲裁

CAN 总线上的数据采用非归零(NRZ)编码,数据位可以具有两种互补的逻辑值,即显性和隐性。显性电平用逻辑"0"表示,隐性电平用逻辑"1"表示。总线按照"线与"机制对其上任一潜在的冲突进行仲裁,显性电平覆盖隐性电平。发送隐性电平的竞争节点和发送显性电平的监听节点将失去总线访问权而变为接收节点。

在 CAN 总线上发送的每一条报文都具有唯一的一个 11 位或 20 位数字的 ID。CAN 总线状态取决于二进制数"0"而不是"1",所以 ID 号越小,该报文拥有越高的优先权,因此一个为全"0"的标识符的报文具有总线上的最高级优先权。即在消息冲突的位置,第一个节点发送"0"而另外的节点发送"1",那么发送"0"的节点将取得总线的控制权,并且能够成功地发送出它的信息。图 5-16 所示为三个节点竞争总线的情况。

当发现总线空闲后,如果存在两个以上的总线节点同时开始发送数据,可利用 CSMA/CD 以及"非破坏性的逐位仲裁"方法来避免消息冲突。每个节点发送它的消息标识符位,同时监测总线电平。

从图 5-15 中可以看出,在标识符的第 5 位处,节点 1 和节点 3 为显性电平,而节点 2 为隐性电平;根据"线与"机制,此时总线为显性电平,节点 2 发送隐性电平却检测到显性电平,于是节点 2 丢失总线仲裁,立刻变为只听模式,并且开始发送隐性位;同理,在数据第二位处,节点 1 将丢失仲裁,变为只听模式。通过这种方式,优先权高的节点 3 最终赢得总线仲裁并且开始发送数据。

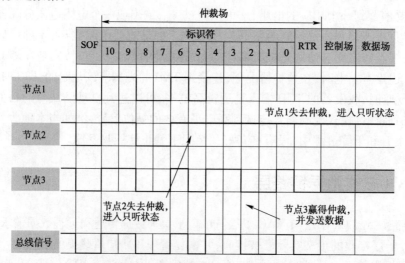

图 5-15 非破坏性逐位仲裁过程示意图

5.3.2 数据帧

CAN 有两类消息帧格式,其本质的不同在于 ID 的长度。CAN2.0A 消息帧具有 11 位标识符的帧称为标准帧。CAN2.0B 的消息帧,又称扩展帧。它有 29 位标识符,前 11 位与 CAN2.0A 消息帧的标识符完全一样,后 18 位专用于标记 CAN2.0B 的消息帧。

数据帧用于传送数据,数据帧由 7 个不同的位场组成,即帧起始、仲裁场、控制场、数据场、CRC 场、应答场和帧结束,其中数据场长度可为 0。CAN2.0A 数据帧的组成如图 5-16 所示。

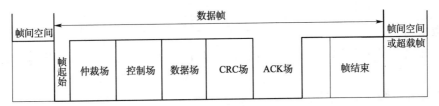

图 5-16 数据帧组成

下面对这些场的功能做简要说明,如图 5-17 所示。

格式类型	SOF	仲裁场			控制场			数据场
标准格式	SOF	11位标示符		RTR	IDE	R0	DLC	
扩展格式	SOF	11位标示符	SRR	IDE	18位标示符	RTR	R1	R0	DLC

图 5-17 标准格式和扩展格式数据帧

1) 帧起始(SOF)

帧起始标志数据帧和远程帧的开始,它仅由一个显性位构成,即"0"。只有在总线处于空闲状态时,才允许开始发送。所有站都必须同步于最先开始发送的那个站的帧起始前沿。

2) 仲裁场

在标准格式中,仲裁场由 11 位标识符和 RTR 位组成;在扩展格式中,仲裁场由 29 位标识符和替代传输请求位(SRR)、标识符扩展位(IDE)及远程传输请求位(RTR)组成。

(1) RTR 位(远程传输请求位):在数据帧中,RTR 位必须是显性电平,而在远程帧中,RTR 位必须是隐性电平。

(2) SRR 位(替代传输请求位):在扩展格式中始终为隐性位。

(3) IDE 位(标识符扩展位):IDE 位对于扩展格式属于仲裁场,对于标准格式属于控制场。IDE 在标准格式中为显性电平,而在扩展格式中为隐性电平。

3) 控制场

控制场由 6 位组成,如图 5-18 所示。

在标准格式中,一个信息帧包括 DLC、发送显性电平的 IDE 位和保留位 r0。在扩展格式中,一个信息帧包括 DLC 和两个保留位 r1 和 r0,这两个位必须发送显性电平。

DLC(数据长度码):数据场的字节数目由数据长度码给出。数据长度码为 4 位,在控制场中被发送。数据字节的允许使用数目为 0~8,不能使用其他数值。

图 5-18 控制场组成

4)数据场

由数据帧中被发送的数据组成,可包括 0~8 个字节,每个字节 8 位。首先发送的是最高有效位。

5)循环冗余码校验场(CRC)

CRC 场包括 CRC 序列和 CRC 界定符,共 16 位。CRC 场结构如图 5-19 所示。

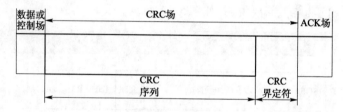

图 5-19 CRC 场结构

用于检验的 CRC 序列由循环冗余码(BCH 码)求得的帧检查序列组成,特别适用于位数小于 127 位的帧。

CRC 序列求解步骤:

(1)将发送数据的比特序列[包括帧起始、仲裁场、控制场、数据场(如果存在)在内]当做一个多项式 $f(x)$ 的系数,并将多项式 $f(x)$ 乘以 x^k,其中 k 为生成多项式的最高幂值,即将发送数据比特序列左移 k 位用于存放余数。在这里的 CRC 序列共 15 位,即 $k=15$。

(2)得到发送方与接收方预先约定的生成多项式 $G(x)$,在这里为:

$$G(x) = x^{15} + x^{14} + x^{10} + x^8 + x^7 + x^4 + x^3 + 1$$

(3)将 $f(x) \cdot x^{15}$ 除以生成多项式 $G(x)$,得到其余数多项式 $R(x)$,即为所求的 CRC 序列(在进行二进制数字的除法过程中,不考虑借位)。

接收器接收数据时,按照同样的规则对所接收到的数据进行 CRC 计算,然后把两个 CRC 序列进行比较,以判断数据是否出错。CRC 序列后面是 CRC 界定符,它只包括一个隐性位。

6)应答场(ACK)

应答场包括两位,即应答间隙和应答界定符。如图 5-20 所示。在应答场中,发送器送出两个隐性位。一个正确接收到有效报文的接收器,在应答间隙期间,将此信息通过传送一个显性位报告给发送器。所有接收到匹配 CRC 序列的站,通过在应答间隙内把显性位写入发送器的隐性位报告。

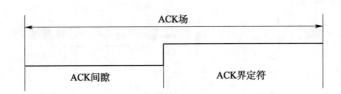

图 5-20 应答场组成

应答界定符是应答场的第二位,并且必须是隐性位。因此,应答间隙被两个隐性位(CRC 界定符和应答界定符)包围。

7)帧结束(EOF)

每个数据帧和远程帧均由 7 个隐性位组成的标志序列界定。

通过以上的介绍可知,标准帧与扩展帧的最大和最小位数分别计算如下:

(1)标准帧:

SOF + ID + RTR + R0 + IDE + DLC + DATA + CRC + CRCDEL + ACK + ACKDEL + EOF = 1 + 11 + 1 + 1 + 1 + 4 + (0~8)×8 + 15 + 1 + 1 + 1 + 7 = 44~108

(2)扩展帧:

SOF + ID + SRR + IDE + RTR + R0 + R1 + DLC + DATA + CRC + CRCDEL + ACK + ACKDEL + EOF = 1 + 29 + 1 + 1 + 1 + 1 + 1 + 4 + (0~8)×8 + 15 + 1 + 1 + 1 + 7 = 64~128

5.3.3 远程帧

远程帧用于请求发送数据,接收数据的节点可以通过发送远程帧要求源节点发送数据。如图 5-21 所示,它由 6 个不同分位场组成:帧起始(SOF)、仲裁场、控制场、CRC 场、应答场和帧结束(EOF)。它没有数据场,其 RTR 位为隐性电平。

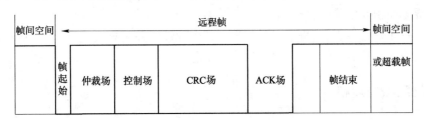

图 5-21 远程帧组成

仲裁场由标识符场和 RTR(远程传输请求)位构成,其中前者从 LLC 子层传承而来。在 MAC 远程帧中,RTR 位的值为 1。帧起始(SOF)、控制场、CRC 场、应答场(ACK)和帧结束(EOF)均与 MAC 数据帧中相应的位场相同。

5.3.4 出错帧

出错帧用于标识检测到的错误,由两个不同的场构成。第一个场由不同节点送出的出错标志叠加而成,紧随其后的第二个场为出错界定符。出错帧的组成如图 5-22 所示。

1)出错标志

出错标志有两种形式:活动错误标志和认可错误标志。

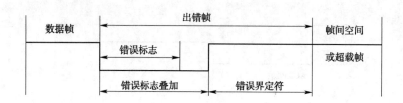

图 5-22　出错帧组成

（1）活动错误标志由连续的 6 个显性位构成。

（2）认可错误标志由连续的 6 个隐性位构成,认可错误标志的部分或所有位可以被其他节点送出的显性位所覆盖。

一个检测到出错状态的"错误激活"节点通过发出一个活动出错标志来对出错进行通报。这种出错标志的形式违反了位填充规则,也破坏了固定的位场形式。因此,其他节点也会检测到一个出错状态,就各自送出一个出错标志,所以在总线上实际监察到的显性位序列是由多个节点各自发出的不同出错标志叠加而成的。该序列的总长度最少为 6 位,最多为 12 位。

发送器送出的认可错误标志源于帧区段采用位填充方法进行编码,这在接收器看来是一种错误,因此导致接收器检测到填充错误。在仲裁期间,要求不能出现认可出错标志,同时,其他节点可继续发送；而且,当 CRC 序列的最后几位恰巧全为隐性时,要求出错标志不能起始于 CRC 序列最后几位。

接收器产生的认可错误标志并不会处于任何总线活动之上,所以错误认可模式下的接收器在检测到一个出错状态后往往还要等待其后出现 6 个相同位,直到其出错标志发送完毕为止。

2）错误界定符

错误界定符由 8 个隐性位构成。

发送完一个出错标志后,每个节点都送出几个隐性位并对总线进行监察,直到检测到一个隐性位为止。接着,这些节点还要再送出 7 个隐性位。

5.3.5　超载帧的规格

超载帧用于延迟下一个信息帧的发送。超载帧包括两个位场:超载标志和超载界定符。如图 5-23 所示。

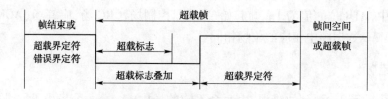

图 5-23　超载帧组成

超载帧可分为两种类型,其格式完全相同。

（1）LLC 提请的超载帧,LLC 子层会请求此种超载帧来指示一种内部超载状态。

(2) 反应性超载帧，在某些出错的状态下，MAC 子层会送出反应性超载帧。

两种导致发送超载标志的超载条件类型：一个是要求延迟下一个数据帧或远程帧的接收器内部条件；另一个是在间歇场的第一位和第二位上检测到显性位。超载标志由 6 个显性位组成，超载界定符由 8 个连续的隐性位组成。

超载标志的总体形式与活动错误标志相似，超载界定符与错误界定符相同。

(1) 超载标志。超载标志由 6 个显性位构成，其形式破坏了间歇场的固定格式，使其他节点也检测到了一个出错状态，就都各自送出一个超载标志。

(2) 错误界定符。错误界定符由 8 个隐性位构成。发送完一个出错标志后，每个节点都送出几个隐性位并对总线进行监察，直到检测到一个隐性位为止。接着，这些节点还要再送出 7 个隐性位。

5.3.6 帧间空间

数据帧及远程帧均以一种称为帧间空间的位场与其他各种类型的帧（数据帧、远程帧、出错帧或超载帧）相分隔。不同的是，超载帧和出错帧的前面不用帧间空间分隔，而且多个超载帧之间不用帧间空间进行分隔。

1) 帧间空间

帧间空间是由间歇和总线空闲，以及暂停发送等位场构成的，如图 5-24 所示。

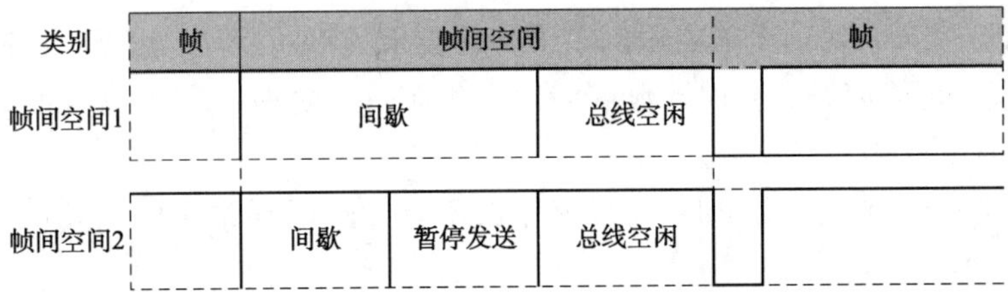

图 5-24 帧间空间

帧间空间 1 表示节点处于非错误认可状态或刚完成接收动作的场合；帧间空间 2 表示处于错误认可状态的节点刚完成发送动作。由图 5-24 可见，暂停发送只用于错误认可状态下的节点刚完成发送动作的场合。

2) 间歇

间歇由 3 个隐性位构成。在间歇期间，不允许任何节点发送数据帧或远程帧。唯一可以执行的操作是通报超载状态。

3) 总线空闲

总线空闲时间长短不限。总线一经确认处于空闲状态，则任何节点都可以通过访问总线来传送信息。因另一帧正在传送而延期发送的帧是从间歇之后的第一位开始送出的。通过对总线进行检测，把出现在总线空闲期间的显性位认为是帧起始。

4) 暂停发送

处于错误认可状态的节点完成其发送动作后，在被允许发送下一帧之前，它要在间歇之后送出 8 个隐性位。如果间歇期间执行了（由另一个节点引起的）发送动作，此节点将会变成正被发送的帧的接收器。

5.4 错误界定与总线故障管理

5.4.1 错误界定

错误界定的目的是实现数据传输系统即使在节点发生故障的情况下也能维持很高的可靠性。因此错误界定策略必须证明在以下方面是可靠的：

(1) 区分短期故障和永久性故障。
(2) 找到并断开故障节点。

错误界定策略是每个节点都配备有一个发送错误计数器和一个接收错误计数器，前者记录发送帧期间发生的错误数目，后者则记录接收帧期间发生的错误数目。

如果帧被正确发送或接收，计数就减少。发生错误引起的计数增加量要比没发生错误引起的计数减少量多。计数增量与减量之比取决于总线上可承受的出错帧与正确帧之比。在任何时刻，错误计数的情况都反映在此以前干扰出现的相对频繁程度。

通过预定计数值，可以调整节点针对错误的行为。可以调整的范围是从禁发出错标志以取消送出帧的操作，直到断开经常发送出错帧的节点。

5.4.2 错误界定规则

(1) 对错误界定而言，一个节点根据错误计数结果的不同，可以处于下列三种状态之一：错误激活、错误认可或离线。错误计数依照以下规则进行更改（在特定帧的传输过程中，可以有多条规则在起作用）。

① 当接收器检测到一个错误时，如果该错误不是发送活动错误标志或超载标志期间的位错误，接收错误计数器将加1。

② 当接收器在送出出错标志后检测到第一个显性位时，接收错误计数器将加8。

③ 当发送器送出一个出错标志时，发送错误计数器将加8。例外1：如果处于错误认可状态的发送器，因为没有检测到一个显性应答而认为出现了一次应答错误，并且在发送其认可错误标志时没检测到显性位。例外2：如果发送器发现仲裁期间发生填充错误而送出了一个出错标志，它应该为隐性且送出的也确实是隐性，但监察时却呈显性。在例外1和例外2这两种情况下，发送错误计数器保持不变。

④ 当发送器在发送活动错误标志或超载标志期间检测到一个位错误，发送错误计数器将加8。

⑤ 当接收器在发送活动错误标志或超载标志期间检测到一个位错误，接收错误计数器将加8。

⑥ 任何节点在送出一个活动错误标志、认可错误标志或超载标志之后，最多允许连续出现7个显性位。在检测到一连串显性位中的第14个（出现一个活动错误标志或超载标志的情况下）或检测到认可错误标志随后的一连串显性位中的第8个之后，且再出现一连串8个显性位之后，每个发送器的发送错误计数器加8，同时每个接收器的接收错误计数器也加8。

成功接收一帧（接收过程直到应答间隙都没出错，并且顺利送出应答位）之后，如果接收错误计数结果原来在 1~127 之间,计数器减 1;如果计数结果原来是 0,它依然为 0;如果计数结果原来大于 127,则将计数器设为 119~127 之间的某个值。

(2)如果系统刚开始运行期间只有一个节点在线,并且该节点发送了帧,它将无法收到应答信号,就检测到一个错误,于是重新发送帧。因此,它能转入错误认可模式,但不会成为离线模式。与总线的连接关闭或处于离线状态的节点必须执行一种启动例行程序,这是为了:

①在传输开始之前实现与已进入正常工作状态的那些节点同步。当检测到"应答界定符 + 帧结束 + 间歇",或者"错误或超载界定符 + 间歇"等于 11 个隐性位时,就完成了同步处理。

②在暂时没有其他节点处于正常工作状态的情况下,等候一段时间,同时保证自己不会转入离线模式。

(3)错误激活和错误认可。如果某个节点的发送错误计数器或接收错误计数器超过了 127(接收错误计数器只有 7 位时,就会处于进位状态),监控器就请求 MAC 子层让该节点进入错误认可状态。让节点变为错误认可模式的出错状态促使该节点发送一个活动错误标志。当错误认可状态下的节点的发送错误计数器及接收错误计数器均小于或等于 127 时,该节点就回到错误激活状态,如图 5-25 所示。

(4)离线管理。如果某个节点的发送错误计数器超过了 255(发送错误计数器只有 8 位时,就会处于进位状态),监控器就请求物理层让该节点进入离线状态。

离线状态不会对总线有任何影响,它不发送任何帧,也不会发送应答信号、出错帧或超载帧。是否让此种节点从总线接收帧完全由实用要求决定。

在检测出总线上出现了 128 次连续的 11 个隐性位后,允许将处于离线状态的节点的两种错误计数器置 0,使其变成错误激活状态,如图 5-26 所示。

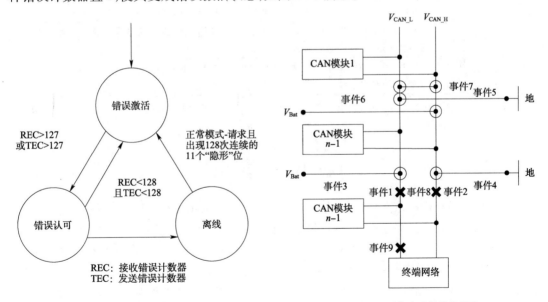

图 5-25 节点状态转换图　　　　　图 5-26 可能出现的总线故障

5.4.3 总线故障管理

在总线正常运行期间,可能会发生一些总线故障,它们将会对总线运行造成影响。这些故障及其引起的网络动作在表5-10中有详细说明,可能出现的开路及短路故障如图5-26所示。

总线故障检测　　　　　　　　　　　　　表5-10

对总线故障的描述		网络动作①	规范性质②
某个节点掉电		剩余节点在信噪比变小的情况下继续通信	推荐性
某个节点失去与地的连接		剩余节点在信噪比变小的情况下继续通信	推荐性
某处节点的屏蔽连接失效③		所有节点继续通信	推荐性
编号	开路和短路故障		
	1　CAN_H 断开	所有节点在信噪比变小的情况下继续通信	推荐性
	2　CAN_L 断开		
	3　CAN_H 同电池电压短接		
	4　CAN_L 同地短接		
	5　CAN_H 同地短接		
	6　CAN_L 同电池电压短接		
	7　CAN_L 线与 CAN_H 线短接	所有节点在信噪比变小的情况下继续通信	任选性
	8　CAN_L 线与 CAN_H 线短接在同一处断开	系统整体停止动作,由此形成的子系统(包括终端网络的那部分)中的节点继续通信	推荐性
	9　失去一条与终端网络的连接	所有节点在信噪比变小的情况下继续通信	推荐性

注:①图5-26中的示例不包括所有容错方式。
②对规范性质作如下说明:

强制性	如果发生相应故障,网络必须按照此表第2列中所规定的方式运作
推荐性	如果发生相应故障,网络动作本该按照此表第2列中所规定的方式进行,制造商可以选择不适用这里所指定的功能
任选性	如果发生相应故障,网络动作本该按照此表第2列中所规定的方式进行,制造商可以选择适用这里所指定的功能

③仅在使用了屏蔽电缆的场合才用考虑该故障。在这种场合下,某个节点处的屏蔽连接失效会在屏蔽层与两根信号线之间感应出共模电压。

小　　结

CAN 总线最早用于汽车内部测量与执行部件之间的数据通信,现在广泛应用于离散控制领域。CAN 协议也是建立在国际标准组织开放系统互连模型基础上。

本章主要介绍了 CAN 总线的概念、基本原理和分层结构。详细分析了 CAN 总线物理层的通信协议、总线网络布局、主要部件参数以及收发器的工作模式;CAN 总线数据链路层中 MAC 子层的功能,消息帧包括:数据帧、远程帧、出错帧、超载帧及其帧结构。最后介绍了错误界定以及总线故障管理相关知识。

本章的重点知识为 CAN 总线中物理层上对于总线收发器使用的掌握,文中附以应用实例,便于学习;在数据链路层中,对于各种消息帧的格式进行了详细的介绍,需要仔细阅读,加深记忆。

习 题

一、填空题

1. CAN 总线本质上和_____、_____一样,是一种_____。
2. CAN 的体系结构分为_____、_____。
3. 连接器的性能可分为_____和_____两大部分。
4. 总线总是处于两种逻辑状态,即_____和_____的其中之一。
5. PCA82C250 共有三种不同的工作模式:_____,_____,_____。
6. 标准帧具有_____位标识符;_____有 29 位标识符,前 11 位与标准帧的标识符完全一样,后 18 位专用于_____。
7. 应答场包括两位,即_____和_____。
8. 出错标志中_____由连续的 6 个显性位构成;_____由连续的 6 个隐性位构成。
9. 错误界定的目标是_____。

二、选择题

1. 下面不是汽车电子控制系统主要组成部分的是(　　)。
   A. 传感器　　　　B. 执行器　　　　C. 运算器　　　　D. 控制器
2. 如果每个 ECU 内的那对三极管都截止,总线表现的状态是(　　)。
   A. 隐性状态　　　B. 显性状态　　　C. 正常状态　　　D. 非正常状态
3. 出错标志有(　　)两种形式,(　　)形式的部分或所有位可以被其他节点送出的显性位所覆盖。
   A. 活动错误标志和认可错误标志,活动错误标志
   B. 活动错误标志和认可错误标志,认可错误标志
   C. 活动错误标志和检测错误标志,活动错误标志
   D. 活动错误标志和检测错误标志,检测错误标志
4. 本文中介绍的 ID 是指(　　)。
   A. 总线地址　　　B. 相对地址　　　C. 标识符　　　　D. 优先级

三、简答题

1. 汽车电子网络系统为何使用 CAN 总线而不使用 RS232、RS485/422 通信？试从几个方面加以说明。
2. CAN 的物理层由什么构成？
3. CAN 与 RS485 物理层相比有什么优势？
4. CAN 收发器 PCA82C250 的工作原理以及几种工作模式分别是什么？每个工作模式的特点是什么？
5. 简述"线与"的基本原理。
6. 简述 MAC 层的工作原理。
7. 简述错误界定的目标及策略。

第 6 章　MSCAN 通信控制器

　　CAN 通信控制器是实现 ECU 相互交换信息的关键部件。PCA82C200 和 SJA1000 都是独立的 CAN 通信控制器,可用于汽车和一般工业环境中的 CAN 总线网络控制。随着电子技术的发展,为提高产品可靠性和简化电路设计,集成电路生产厂家将 CAN 通信控制器集成到所生产的微控制器中。飞思卡尔公司生产的 MC9S12 系列微控制器都集成有 CAN 通信控制器,并将其命名为 MSCAN 模块。MSCAN 模块是符合 BOSCH 公司所定义的 CAN2.0A 和 CAN2.0B 协议的 CAN 总线通信控制器。本章主要介绍 MSCAN 模块的结构、寄存器的功能和运行模式等,为后续 CAN 总线应用编程打下坚实的基础。

6.1　MSCAN 模块简介

6.1.1　MSCAN 模块的结构

　　MSCAN 又称为飞思卡尔控制器局域网,在飞思卡尔多数 16 位微控制器中均有集成,但集成的数量各有不同。如 MC9S12xD128 内部集成了 1 个 MSCAN,而 MC9S12xEP100 内部集成了 5 个 MSCAN,且集成的每个 MSCAN 之间功能互不影响。

　　每个 MSCAN 模块均有两个信号引脚,以 MSCAN 模块 0 为例,其发送引脚定义为 TX-CAN0,接收引脚定义为 RXCAN0,均为 TTL 电平,通过收发器才能连接到 CAN 总线上。

　　MSCAN 模块的内部结构如图 6-1 所示。配置寄存器由众多控制寄存器、状态寄存器、发送缓冲区和接收缓冲区等组成。其中,控制寄存器用来设置 MSCAN 模块的功能,状态寄存器用来指示 CAN 总线状态。CAN 总线时钟可通过控制寄存器 CANCTL1 中的 CLK-SRC 位来选择使用总线时钟 f_{bus} 还是振荡时钟 f_{osc}。Tq 时钟通过总线时序寄存器 CANB-TR0 来设置分频系数。发送时,接收/发送驱动器用来将要输出的并行数据转化为串行数据并从引脚输出;接收时,接收/发送驱动器用来将从引脚输入的串行数据转换并行数据供 CPU 使用。

6.1.2　MSCAN 模块的特性

　　(1) MSCAN 的基本特性:符合 CAN 协议 2.0A/2.0B 版;标准和扩展数据帧;0~8 字节数据长度;高达 1 Mb/s 的可编程传送速率;支持远程帧。

　　(2) 5 个具有先进先出队列(FIFO)存储机制的接收缓冲区。

　　(3) 3 个具有使用"本地优先"概念的内部优先顺序的发送缓冲区。

　　(4) 灵活可掩码标识符滤波器支持 2 个全尺寸(32 位)扩展标识符滤波器,或 4 个 16 位滤波器,或 8 个 8 位滤波器。

(5) 集成低通滤波器的可编程唤醒功能。

(6) 可编程环回模式支持自测操作。

(7) 可编程监听模式用于 CAN 总线监控。

(8) 可编程总线脱离恢复功能。

(9) 独立的信号和中断功能适用于所有 CAN 接收器和发射器错误状态(警报、错误严重状态、总线脱离)。

(10) 可编程 MSCAN 时钟源,采用总线时钟或振荡器时钟。

(11) 内部计时器提供给接收和发送的报文的时间标签。

(12) 三种低功耗模式:睡眠、关机和 MSCAN 使能。

(13) 配置寄存器的全局初始化。

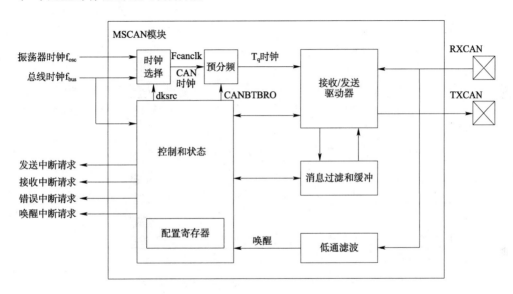

图 6-1 MSCAN 模块内部结构图

6.2 MSCAN 模块的相关寄存器

6.2.1 寄存器组织结构

CPU 是通过对各个寄存器的设置来实现对 CAN 通信控制器的配置。每个 MSCAN 模块在内存中均占连续的 64 字节用作寄存器,其中第 1 个字节所占地址为该模块的唯一一个映射地址,是一个 MCU 级的绝对地址。其余寄存器地址是相对于此字节偏移的相对地址。由于飞思卡尔系列单片机内有多个 MSCAN 模块,其功能也大致相同,采用相对地址来描述更具通用性。具体的 MSCAN 模块内存映射关系见表 6-1。

MSCAN 模块内存映射图 表 6-1

分类	相对地址	寄存器名称	寄存器用途	访问方式
控制寄存器	$_00	CANCTL0	MSCAN 控制寄存器 0(MSCAN Control Register 0)	R/W
	$_01	CANCTL1	MSCAN 控制寄存器 1(MSCAN Control Register 1)	R/W
	$_02	CANBTR0	MSCAN 总线定时寄存器 0(MSCAN Bus Timing Register 0)	R/W
	$_03	CANBTR1	MSCAN 总线定时寄存器 1(MSCAN Bus Timing Register 1)	R/W
	$_04	CANRFLG	MSCAN 接收标志寄存器(MSCAN Receiver Flag Register)	R/W
	$_05	CANRIER	MSCAN 接收中断允许寄存器(MSCAN Receiver Interrupt Enable Register)	R/W
	$_06	CANTFLG	MSCAN 发送标志寄存器(MSCAN Transmitter Flag Register)	R/W
	$_07	CANTIER	MSCAN 发送中断允许寄存器(MSCAN Transmitter Interrupt Enable Register)	R/W
	$_08	CANTARQ	MSCAN 发送报文终止控制寄存器(MSCAN Transmitter Message Abort Request Register)	R/W
	$_09	CANTAAK	MSCAN 发送报文终止确认寄存器(MSCAN Transmitter Message Abort Acknowledgement Register)	R
	$_0A	CANTBSEL	MSCAN 发送缓冲选择寄存器(MSCAN Transmit Buffer Selection Register)	R/W
	$_0B	CANIDAC	MSCAN 标识符控制寄存器(MSCAN Identifier Acceptance Control Register)	R/W
保留	$_0C		保留	
	$_0D	CANMISC	MSCAN 其他寄存器(MSCAN Miscellaneous Register)	R/W
错误寄存器	$_0E	CANRXERR	MSCAN 接收错误计数寄存器(MSCAN Receive Error CounterRegister)	R
	$_0F	CANTXERR	MSCAN 发送错误计数寄存器(MSCAN Transmit Error Counter Register)	R
标识滤波器	$_10	CANIDAR0	MSCAN 标识符接收寄存器 0(MSCAN Identifier Acceptance Register 0)	R/W
	$_11	CANIDAR1	MSCAN 标识符接收寄存器 1(MSCAN Identifier Acceptance Register 1)	R/W
	$_12	CANIDAR2	MSCAN 标识符接收寄存器 2(MSCAN Identifier Acceptance Register 2)	R/W
	$_13	CANIDAR3	MSCAN 标识符接收寄存器 3(MSCAN Identifier Acceptance Register 3)	R/W
	$_14	CANIDMR0	MSCAN 标识符屏蔽寄存器 0(MSCAN Identifier Mask Register 0)	R/W
	$_15	CANIDMR1	MSCAN 标识符屏蔽寄存器 1(MSCAN Identifier Mask Register 1)	R/W
	$_16	CANIDMR2	MSCAN 标识符屏蔽寄存器 2(MSCAN Identifier Mask Register 2)	R/W
	$_17	CANIDMR3	MSCAN 标识符屏蔽寄存器 3(MSCAN Identifier Mask Register 3)	R/W
	$_18	CANIDAR4	MSCAN 标识符接收寄存器 4(MSCAN Identifier Acceptance Register 4)	R/W
	$_19	CANIDAR5	MSCAN 标识符接收寄存器 5(MSCAN Identifier Acceptance Register 5)	R/W
	$_1A	CANIDAR6	MSCAN 标识符接收寄存器 6(MSCAN Identifier Acceptance Register 6)	R/W
	$_1B	CANIDAR7	MSCAN 标识符接收寄存器 7(MSCAN Identifier Acceptance Register 7)	R/W
	$_1C	CANIDMR4	MSCAN 标识符屏蔽寄存器 4(MSCAN Identifier Mask Register 4)	R/W
	$_1D	CANIDMR5	MSCAN 标识符屏蔽寄存器 5(MSCAN Identifier Mask Register 5)	R/W
	$_1E	CANIDMR6	MSCAN 标识符屏蔽寄存器 6(MSCAN Identifier Mask Register 6)	R/W
	$_1F	CANIDMR7	MSCAN 标识符屏蔽寄存器 7(MSCAN Identifier Mask Register 7)	R/W

续上表

分类	相对地址	寄存器名称	寄存器用途	访问方式
接收缓冲区	$_20 - $_2F	CANRXFG	前台接收缓冲区	R
发送缓冲区	$_30 - $_3F	CANTXFG	前台发送缓冲区	R/W

6.2.2 寄存器各位映射表

表 6-2 罗列了寄存器各位映射表,从表中可以看出每个寄存器各个位的名称众多,长短不一样。在此罗列各个位的名称主要是便于学习时记忆,使用时查找。

MSCAN 模块寄存器   表6-2

寄存器名称	7	6	5	4	3	2	1	0
CANCTL0	RXFRM	RXACT	CSWAI	SYNCH	TIME	WUPE	SLPRQ	INITRQ
CANCTL1	CANE	CLKSRC	LOOPB	LISTEN	BORM	WUPE	SLPAK	INITAK
CANBTR0	SJW1	SJW0	BRP5	BRP4	BRP3	BRP2	BRP1	BRP0
CANBTR1	SAMP	TSEG22	TSEG21	TSEG20	TSEG13	TSEG12	TSEG11	TSEG10
CANRFLG	WUPIF	CSCIF	RSTAT1	RSTAT0	TSTAT1	TSTAT0	OVRIF	RXF
CANRIER	WUPIF	CSCIE	TSTATE1	RSTATE0	TSTATE1	TSTATE0	OVRIE	RXFIE
CANTFLG	0	0	0	0	0	TXE2	TXE1	TXE0
CANTIER	0	0	0	0	0	TXEIE2	TXTEIE1	TXTEIE0
CANTARQ	0	0	0	0	0	ABTRQ2	ABTRQ1	ABTRQ0
CANTAAK	0	0	0	0	0	ABTAK2	ABTAK1	ABTAK0
CANTBSEL	0	0	0	0	0	TX2	TX1	TX0
CANIDAC	0	0	IDAM1	IDAM0	0	IDHIT2	IDHIT1	IDHIT0
Reserved	0	0	0	0	0	0	0	0
CANMISC	0	0	0	0	0	0	0	BOHOLD
CANRXERR	RXERR7	RXERR6	RXERR5	RXERR4	RXERR3	RXERR2	RXERR1	RXERR0
CANTXERR	TXERR7	TXERR6	TXERR5	TXERR4	TXERR3	TXERR2	TXERR1	TXERR0
CANIDAR0-3	AC7	AC6	AC5	AC4	AC3	AC2	AC1	AC0
CANIDMR0-3	AM7	AM6	AM5	AM4	AM3	AM2	AM1	AM0
CANIDAR4-7	AC7	AC6	AC5	AC4	AC3	AC2	AC1	AC0
CANIDMR4-7	AM7	AM6	AM5	AM4	AM3	AM2	AM1	AM0

本节详细介绍 MSCAN 模块的各个寄存器以及寄存器每一位的描述。下面按相对地址的顺序逐个介绍。更详细的内容请参考飞思卡尔英文版手册。

6.2.3 控制寄存器

1) CANCTL:MSCAN 模块控制寄存器

(1) CANCTL0：MSCAN 控制寄存器 0。

CANCTL0 寄存器提供了 MSCAN 模块的各种位控制。寄存器各位的数据都是 CPU 可读的，但有部分位是不可写的，或者说即使写入数据也是无效的。图中用阴影表示该位写无效。最后一行表示上电复位后寄存器在初始化模式时的状态。所谓初始化模式是指 INITRQ = 1 且 INITAK = 1 时的工作状态；正常运行时退出初始化模式的工作模式，对应于 INITRQ = 0 且 INITAK = 0。

CANCTL0 寄存器定义如下：

R/W	RXFRM	RXACT	CSWAI	SYNCH	TIME	WUPE	SLPRQ	INITRQ
复位	0	0	0	0	0	0	0	1

CANCTL0 寄存器各位功能描述见表 6-3。CANTL0 在任何时间均可读取，其他寄存器大多也是如此，所以在后续寄存器使用介绍中如未加说明就表示该寄存器是在任何时间内均可读取。

表 6-3 CANCTL0 寄存器位描述

位	描 述
RXFRM[①]	已收到帧标记位：该位是只读和只清除位。当接收器正确收到有效报文（独立于滤波器配置）时，设置该位。设置后，该位一直保持设置，直到通过软件或复位将其清除。清除通过写入 1 完成，写 0 被忽略。当模块处于监控模式时，在环回模式中无效。 0：自上次清除该标记以来未收到有效报文；　　1：自上次清除该标记以来收到有效报文
RXACT	接收器使能状态位：该只读标记表示 MSCAN 正在接收报文。该标记由接收器前端控制。该位在环回模式中无效。 0：MSCAN 正在发送或空闲[②]；　　1：MSCAN 正在接收报文（包括仲裁丢失的情况）[②]
CSWAI[②]	在等待模式中 CAN 停止：设置此位可在等待模式中通过禁止 MSCAN 模块与 CPU 总线接口的所有时钟而降低功耗。 0：在等待模式中，CAN 模块不受影响；　　1：在等待模式中，CAN 模块停止计时
SYNCH	同步状态位：该只读标记显示 MSCAN 是否与 CAN 总线同步，是否能参与通信流程。设置和清除通过 MSCAN 进行。 0：MSCAN 与 CAN 总线不同步；　　1：MSCAN 与 CAN 总线同步
TIME	计时器使能位：该位使能内部 16 位字宽自由运行计时器，由位时钟速率计时。如果计时器被使 16 位间标签将分配给有效 Tx/Rx 缓冲区内的每条发送/接收报文。一旦报文在 CAN 总线上确认，时间标签将被写入适当缓冲区（参见报文存储模式）的最高字节（0x000E，0x000F）。禁止时，内部计时器复位（所有位都设置为 0）。该位在初始化模式中保持低。 0：禁止内部 MSCAN 计时器；　　1：使能内部 MSCAN 计时器
WUPE[③]	唤醒使能位：当检测到 CAN 上有流量时（参见 MSCAN 睡眠模式），该配置位能够让 MSCAN 从睡眠模式中重启。为了让所选功能发挥作用，在该位进入睡眠模式前必须进行配置。 0：唤醒禁止，MSCAN 忽略 CAN 上的流量；　　1：唤醒使能，MSCAN 能够重启

续上表

位	描 述
SLPRQ[④]	睡眠模式请求位：该位请求 MSCAN 进入睡眠模式，这是一个内部节电模式（参见 MSCAI 睡眠模式）。通过设置 SLPAK=1（参见控制寄存器1（CANCTLI）），表示该模块进入睡眠模式。当设置了 WUPIF 标记时（参见 MSCAN 接收器标志寄存器（CANRFLG）），不能设置 SLPRQ。睡眠模式维持有效，直到 SLPRQ 被 CPU 清除或者根据 WUPE 的设置，MSCAN 检测到 CAN 总线上有有效并自行清除。 0：运行中，MSCAN 正常工作；　　　　　1：睡眠模式请求，当 CAN 总线空闲时 MSCAN 进入睡眠模式
INITRQ[⑤⑥]	初始化模式请求位：当 CPU 设置该位时，MSCAN 切换至初始化模式。任何正在进行的发送或接收都将被中止，与 CAN 总线的同步也丢失。通过设置 INITAK=1，表示该模块进入初始化模式。以下寄存器进入其硬复位状态并恢复它们的默认值：CANCTL0、CANRFLG、CANRIER、CANTFLG、CANTIER、CANTARQ、CANTAAK 和 CANTBSEL。当 MSCAN 处于初始化模式时，寄存器 CANCTL1、CANBTR0、CANBTR1、CANIDAC、CANIDAR0~7 和 CANIDMR0~7 只能通过 CPU 写入。错误计数器的值不受初始化模式的影响。当该位通过 CPU 清除时，MSCAN 重启，然后试图与 CAN 总线同步。如果 MSCAN 未处于总线脱离状态，它在 CAN 总线上出现 11 个连续隐性位后同步。如果 MSCAN 处于总线脱离状态，它将继续等待 11 个连续隐性位重复出现 128 次。只有当退出初始化模式后，才可以在 CANCTL0、CANRFLG、CANRIER、CANTFLG 或 CANTIER 中写入其他位，这时 INITRQ=0，INITAK=0。 0：正常运行；　　　　　1：MSCAN 处于初始化模式

注：①要设置该位，MSCAN 必须处于正常模式。
②如需了解发送器和接收器状态的详细定义，可参见等待模式中的操作和停止模式中的操作。
③为了防止意外违反 CAN 协议，当 CPU 进入等待（CSWAI=1）或停止模式，立即强制 TXCAN 引脚进入隐性状态。
④如果需要从停止或等待模式中进行恢复的机制，CPU 必须确保 WUPE 位和 WUPIE 唤醒中断使能位（参见 MSCAN 接收器中断使能寄存器（CANRIER））CANRIER 被使能。
⑤在 MSCAN 进入睡眠模式（SLPRQ=1，SLPAK=1）前，CPU 不能清除 SLPRQ。
⑥在 MSCAN 进入初始化模式（INITRQ=1，INITAK=1）前，CPU 不能清除 INITRQ。

在 CANCTL0 寄存器中，当初始化模式处于有效（INITRQ=1 且 INITAK=1）时，除 WUPE、INITRQ 和 SLPRQ 三位外，其他所有 CANCTL0 寄存器位都处于复位状态。只要退出初始化模式（INITRQ=0 且 INITAK=0），该寄存器可以再次写入。

（2）CANCTL1：MSCAN 控制寄存器 1。

CANCTL1 寄存器定义如下，其位描述见表6-4。

R W	CANE	CLKSRC	LOOPB	LISTEN	BORM	WUPE	SLPAK	INITAK
复位	0	0	0	1	0	0	0	1

除 CANE 以外，在初始化时可在正常情况下写入一次。

CANCTL1 寄存器位描述　　　　　　　　　　　　　表6-4

位	描 述
CANE	MSCAN 使能位：该位定义 MSCAN 模块是否工作。 0：MSCAN 模块禁止；　　　　　1：MSCAN 模块使能
CLKSRC	MSCAN 时钟源位：该位定义 MSCAN 模块的时钟源（仅适用于具有时钟发生模块的系统）。 0：MSCAN 时钟源是振荡器时；　　　　　1：MSCAN 时钟源是总线时钟

续上表

位	描述
LOOPB	环回自测模式位:当设置了该位时,MSCAN 执行可用于自测操作的内部环回。发送器的位流输出从内部流回接收器。 0:环回自测禁止;　　　　　　　　　　　　　　　　1:环回自测使能
LISTEN	监听模式位:该位把 SCAN 配置为 CAN 总线监控器。当设置了 LISTEN 时,会收到带有匹配 ID 的所有有效 CAN,但不发出确认和错误帧,此外,错误计数器停止计数。监听模式可以支持需要"热插拔"或"吞吐量分析"的应用。当监听模式处于有效状态时,MSCAN 不能发送任何报文。 0:正常运行;　　　　　　　　　　　　　　　　　　1:监听模式使能
BORM	总线脱离恢复模式位:该位配置 MSCAN 的总线关断恢复模式,更多报文总线脱离恢复模式:该位配置 MSCAN 的总线关断恢复模式(参见总线脱离恢复)。 0:自动总线脱离恢复(参见 Bosch CAN2.0A/B 协议规范);1:用户请求的总线脱离恢复
WUPM	唤醒模式位:如果 CANCTL0 中的 WUPE 被使能,该位决定是否应用集成低通滤波器来防止 MSCAN 出现假唤醒(参见 MSCAN 睡眠模式)。 0:MSCAN 被 CAN 总线上的任意显性信号唤醒;　1:MSCAN 只有在 CAN 总线上的显性脉冲长度为 T_{wup} 时才唤醒
SLPAK	睡眠模式确认位:该标记显示 MSCAN 模块是否已经进入睡眠模式(参见 MSCAN 睡眠模式),它用做 SLPRQ 睡眠模式请求的握手标志,当 SLPRQ = 1,SLPAK = 1 时,睡眠模式是有效的,根据 WUPE 设置,如果在处于睡眠模式检测到 CAN 总线有信号,MSCAN 将清除该标志,CPU 清除 SLPRQ 位也将复位 SLPAK 位。 0:正在运行,MSCAN 正常运行;　　　　　　　　　1:睡眠模式使能,MSCAN 已经进入睡眠模式
INITAK	初始化模式确认位:该标志显示 MSCAN 模块是否处于初始化模式(参见 MSCAN 初始化模式),它用做 INITRQ 初始化模式请求的握手标志。当 INITRQ = 1,INITAK = 1 时,初始化模式被使能;当 MSCAN 处于初始化模式时,寄存器 CANCTL1、CANBTR0、CANBTR1、CANIDAC、CANIDAR0 ~ CANIDAR7 和 CANIDMR0 ~ CANIDMR7 只能通过 CPU 写入。 0:正在运行,MSCAN 正常运行;　　　　　　　　　1:初始化模式使能,MSCAN 处于初始化模式

2)CANBTR0:MSCAN 模块时序寄存器

(1)CANBTR0:MSCAN 总线时序寄存器 0。

CANBTR0 寄存器主要用于配置 MSCAN 的各种 CAN 总线时序参数。CANBTR0 寄存器定义如下:

R W	SJW1	SJW0	BRP5	BRP4	BRP3	BRP2	BRP1	BRP0
复位	0	0	0	0	0	0	0	0

该寄存器在初始化模式时可写入。其中 SJW1 和 SJW0 两位用于确定同步跳转的宽度,详见表 6-5。BRP5、BRP4、BRP3、BRP2、BRP1 和 BRP0 组成波特率预分频因子 BRP,用于确定位定时的时间份额(T_q)的时钟,详见表 6-6。

同步跳转宽度 SJ　　　　　　　　　表 6-5

SJW1	SJW0	同步跳跃宽度
0	0	1 Tq 时钟周期
0	1	2 Tq 时钟周期
1	0	3 Tq 时钟周期
1	1	4 Tq 时钟周期

波特率预分频因子 BRP　　　　　　　　　　　　　　　表 6-6

BRP5	BRP4	BRP3	BRP2	BRP1	BRP0	预分频因子
0	0	0	0	0	0	1
0	0	0	0	0	1	2
0	0	0	0	1	0	3
0	0	0	0	1	1	4
…	…	…	…	…	…	…
1	1	1	1	1	0	63
1	1	1	1	1	1	64

（2）CANBTR1：MSCAN 总线时序寄存器 1。

CANBTR1 寄存器定义如下，配置 MSCAN 模块的各种 CAN 总线时序参数，详见表 6-7 ~ 表 6-9。在写入时，要处于初始化模式。

R/W	SAMP	TSEG22	TSEG21	TSEG20	TSEG13	TSEG12	TSEG11	TSEG10
复位	0	0	0	0	0	0	0	0

CANBTR1 寄存器位描述　　　　　　　　　　　　　　　表 6-7

位	描述
1 SAMP	采样位：该位确定每位时间所采集的 CAN 总线样本数量 0：每位 1 个样本，得到的位值等于采样点上定位的单个位的值，能实现更高比特速率； 1：每位 3 个样本 1，得到的位值通过在总共三个采样点上使用多数规则来决定
6:4 TSEG2[2:0]	时间段 2（TimeSegment2）：位时间内的时间段固定每个位时间的时钟周期数和采样点的位置（参见图位时间内的段），时间段 2（TSEG2）值可以按表 6-8 所示进行编程
3:0 TSEG1[3:0]	时间段 1（TimeSegment1）：位时间内的时间段固定每个位时间的时钟周期数和采样点的位置（参见图位时间内的段），时间段 1（TSEG1）值可以按表 6-9 所示进行编程

时间段 2（TSEG22 ~ TSEG20）的设置　　　　　　　　　　表 6-8

TSEG22	TSEG21	TSEG20	时间片段 2
0	0	0	$1T_q$ 时钟周期①
0	0	0	$2T_q$ 时钟周期
…	…	…	…
1	1	1	$7T_q$ 时钟周期
1	1	1	$8T_q$ 时钟周期

注：①此设置无效。

时间段 1（TSEG13 ~ TSEG10）的设置　　　　　　　　　　表 6-9

TSEG13	TSEG12	TSEG11	TSEG10	时间片段 2
0	0	0	0	$1T_q$ 时钟周期①
0	0	0	1	$2T_q$ 时钟周期①
0	0	1	0	$3T_q$ 时钟周期①

续上表

TSEG13	TSEG12	TSEG11	TSEG10	时间片段 2
0	0	1	1	$4T_q$ 时钟周期
…	…	…	…	…
1	1	1	0	$15T_q$ 时钟周期
1	1	1	1	$16T_q$ 时钟周期

注：①此设置无效。

3) CANRFLG:MSCAN 模块接收标志寄存器

CANRFLG 寄存器主要用于存放 MSCAN 模块各种接收标志。每个标志只有在造成该设置的条件不再有效时才能通过软件清除（即将 1 写入相应位置就可以实现清除）。此外，每个标志在 CANRIER 寄存器中都有相关的中断使能位。该寄存器在正常工作时，写入 1 可以清除标志，写入 0 表示忽略标志。各位功能描述见表 6-10。

CANRFLG 寄存器定义如下：

R/W	WUPIF	CSCIF	RSTAT1	RSTAT0	TSTAT1	TSTAT0	OVRIF	RXF
复位	0	0	0	0	0	0	0	0

CANRFLG 寄存器位描述　　　　　　　　　　表 6-10

位	描　述
WUPIF	唤醒中断标志位：如果在处于睡眠模式时 MSCAN 检测到 CAN 总线上面有有效（参见 MSCAN 睡眠模式）且 CANTCTL0 中的 WUPE = 1（参见 MSCAN 控制寄存器 0（CANCTL0）），那么该模块将设置 WUPIF。如果未被屏蔽，当设置了该标志时有一个唤醒中断产生。 0:处于睡眠模式时未观察到唤醒有效；　　　1:MSCAN 检测到 CAN 总线有效并请求唤醒
CSCIF	CAN 状态变化中断标志位：当 MSCAN 由于发送错误计数器（TEC）和接收错误计数器的实际值而更改当前 CAN 总线状态时，设置该标志。另外一个为 TEC/REC 分出几个独立段的 4 位（RSTAT[1:0]、TSTAT[1:0]）状态寄存器告知系统实际的 CAN 总线状态（参见 MSCAN 接收器中断使能寄存器（CANRIER））。如果被屏蔽，当设置了该标志时有一个错误中断产生,CSCIF 提供一个拦截中断，这保证了接收器/发送器状位（RSTAT/TSTAT）只有在无 CAN 状态变化中断产生时才进行更新；如果 TEC/REC 在 CSCIF 置位后更新其当前值，就会引起 RSTAT/TSTAT 位的其他状态变化。这些位会一直保持它们的状态，直到当前 CSC 中断被再次清除。 0:自上次中断以来 CAN 中线状态未发生变化；　　　1:MSCAN 更改了当前 CAN 总线状态
RSTAT[1:0]	接收器状态位：错误计数器的值控制着 MSCAN 的实际 CAN 总线状态。只要设置了状态变化中断标志（CSCIF），这些位就显示 MSCAN 的与接收器有关的适当 CAN 总线状态。位 RSTAT1、RSTAT0 的编码是： 00:RxOK,0≤接收错误计数器≤96；　　　01:RxWRN,96＜接收错误计数器≤127； 10:RxERR,127＜发送错误计数器；　　　11:Bus-off①,发送错误计数器＞255

续上表

位	描述
TSTAT[1:0]	发送器状态位:错误计数器的值控制着 MSCAN 的实际 CAN 总线状态。只要设置了状态变化中断标志(CSCIF),这些位就显示 MSCAN 的与接收器有关的适当 CAN 总线状态。位 TSTATI、TSTAT0 的编码是: 00:TxOK,0≤发送错误计数器≤96; 01:TxWRN,96<发送错误计数器≤127; 10:TxERR,127<发送错误计数器≤255; 11:Bus-off[①],发送错误计数器>255
OVRIF	溢出中断标志位:该标志在出现数据溢出情况时设置。如果没有被屏蔽,当设置了该标志时有一个错误中断产生。 0:无数据溢出情况; 1:检测到数据溢出
RXF[②]	接收缓冲区已满标志位:当新报文被转移到接收器 FIFO 中时,RXF 由 MSCAN 进行置位,该标志表示移位缓冲区是否接收了正确的报文(匹配标识符、匹配循环冗余代码(CRC)和未检测到其他错误)。在 CPU 从接收器 FIFO 中的 RxFG 缓冲区那里读取了该报文后,RXF 标志必须清除,以释放缓冲区。已设置的 RXF 标志禁止下一个 FIFO 条目转移到前台缓冲区(RxFG)。如果未被屏蔽,当设置了该标志时有一个接收中断产生。 0:RxFG 中没有新报文; 1:接收器 FIFO 非空,RxFG 中有报文

注:①处于总线脱离状态的最重要 CAN 总线状态的冗余报文。只有当错误计数器的错误超过 255 个时才会出现这种情况。总线脱离会影响接收器状态。一旦发送器离开其总线脱离状态,接收器状态也立即跳到 RxOK。详情参见本寄存器中的 TSTAT[1:0]编码。

②为确保数据完整性,当 RXF 标志清除时,不要读取接收缓冲区寄存器。对于那些有双 CPU 的 MCU 来说,当 RXF 标志被清除时读取接收缓冲区寄存器可能会导致 CPU 故障。

4)CANRIER:MSCAN 接收中断使能寄存器

CANRIER 寄存器包含用于 CANRFLG 寄存器中描述的中断标志的中断使能位,各位功能描述见表 6-11。CANRIER 寄存器定义如下:

R W	WUPIE	CSCIE	RSTATE1	RSTATE0	TSTATE1	TSTATE0	OVRIE	RXFIE
复位	0	0	0	0	0	0	0	0

当初始化模式处于有效状态时,CANRIER 寄存器保持复位状态。当未处于初始化模式时,任何时间该寄存器可以写入。其中,RSTATE[1:0]和 TSTATE[1:0]位不受初始化模式影响。

CANRIER 寄存器位描述   表6-11

位	描述
WUPIE[①]	唤醒中断使能位 0:无中断请求从该事件中产生; 1:唤醒事件引起唤醒中断请求
CSCIE	CAN 状态变化中断使能位 0:无中断请求从该事件中产生; 1:CAN 状态变化事件引起错误中断请求
RSTATE [1:0]	接收器状态变化使能位:这些 RSTAT 使能位控制接收器状态变化而引起 CSCIF 中断的电平状态,它们独立于所选电平状态,RSTATE 标志继续显示实际接收器状态,且只有在没有 CSCIF 中断产生时才会更新。 00:未生成由于接收器状态变化而引起的任何 CSCIF 中断; 01:只有当接收器进入或离开总线脱离状态时才会生成 CSCIF 中断,并丢弃其他接收器状态变化; 10:只有当接收器进入或离开"RxErr"或总线脱离状态时才会生成 CSCIF 中断,并丢弃其他接收器状态变化; 11:所有状态变化都生成 CSCIF 中断

续上表

位	描 述
TSTATE [1:0]	发送器状态变化使能位:这些 TSTATE 使能位控制发送器状态变化而引起 CSCIF 中断的电平状态,它们独立于所选电平状态,TSTAT 标志继续显示实际发送器状态,且只有在没有 CSCIF 中断产生时才会更新。 00:未生成由于接收器状态变化而引起的任何 CSCIF 中断; 01:只有当发送器进入或离开总线脱离状态时才会生成 CSCIF 中断,并丢弃其他接收器状态变化; 10:只有当发送器进入或离开总线脱离状态时才会生成 CSCIF 中断,并丢弃其他接收器状态变化; 11:所有状态变化都生成 CSCIF 中断
OVRIE	溢出中断使能位 0:无中断请求从该事件中生成;　　1:溢出事件引起错误中断请求
RXFIF	接收器已满中断使能位 0:无中断请求从该事件中生成;　　1:接收缓冲区已满(成功报文接收)事件引起接收器中断请求

注:①如果需要从停止或等待模式中进行恢复的机制,必须同时使能 WUPIE 和 WUPE。

5) CANTFLG:SCAN 发送标志寄存器

CANTFLG 寄存器只有 3 个有效位 TXE2、TXE1 和 TXE0,用来指示 MSCAN 模块三个发送缓冲区的状态标志。当 TXEx = 0 时,表示对应发送缓冲区满;反之,对应发送缓冲区空,还未做好发送数据的准备。其中,x 为 0、1 或 2。

CANTFLG 寄存器定义如下:

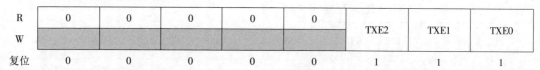

正常工作状态,写 1 将对 TXEx 位清零,写 0 忽略标志。如果 CPU 将数据写入到发送缓冲区后,希望发送数据,则 CPU 需通过写入置 1 指令使 TXEx = 0;当数据成功发送后,MSCAN 模块会自动将 TXEx 置 1;如果数据发送被强行终止,则 TXEx 置 1。

当初始化模式处于有效状态时,CANTFLG 寄存器保持复位状态。当未处于初始化模式时,任何时间该寄存器都可以写入。

CANTFLG 寄存器发送器缓冲区空位(TXE[2:0])表示相关发送报文缓冲区空,因此没有用于发送。在发送缓冲区中放好报文并准备好发送后,CPU 必须清除该标志;报文发送成功后,MSCAN 设置该标志;发送请求由于中止请求而被成功中止时,MSCAN 也设置该标志(参见 MSCAN 发送器报文中止请求寄存器(CANTARQ))。如果未被屏蔽,当设置了该标志时产生发送中断。清除 TXEx 标志也会清除相应的 ABTAKx(参见 MSCAN 发送器报文中止确认寄存器(CANTAAK))。当设置了 TXEx 标志时,相应的 ABTRQx 位被清除(参见 MSCAN 发送器报文中止请求寄存器(CANTARQ))。当监听模式处于有效状态时,TXEx 标志不能清除且不进行任何发送;当相应的 TXEx 位被清除(TXEx = 0)且缓冲区被安排用于发送时,对发送缓冲区的读写操作会被拦截。

6) CANTIER：MSCAN 发送器中断使能寄存器

CANTIER 寄存器包含发送缓冲区中断标志的中断使能位。中断使能位（TXEIE[2:0]）为 0 时无中断请求从该事件中生成，为 1 时发送器空（发送缓冲区可用于发送）事件引起发送器空中断请求。

CANTIER 寄存器定义如下：

R	0	0	0	0	0	TXEIE2	TXEIE1	TXEIE0
W								
复位	0	0	0	0	0	0	0	0

当初始化模式处于有效状态时，CANTIER 寄存器保持复位状态。当未处于初始化模式时，该寄存器可以写入。

7) CANTARQ：MSCAN 发送器报文中止请求寄存器

CANTARQ 寄存器用以中止报文发送队列的请求，包含中止请求位。中止请求位（ABTRQ[2:0]）为 0 时无中止请求，为 1 时中止请求产生。

CANTARQ 寄存器定义如下：

R	0	0	0	0	0	ABTRQ2	ABTRQ1	ABTRQ0
W								
复位	0	0	0	0	0	0	0	0

当初始化模式处于有效状态时，CANTARQ 寄存器保持复位状态。当未处于初始化模式时，该寄存器可以写入。

CPU 设置 ABTRQx 位，请求中止预定的报文缓冲区（TXEx = 0）。如果报文还没有开始发送，或者如果发送没有成功（仲裁丢失或错误），MSCAN 就同意请求；当报文被中止时，相关 TXE（参见 MSCAN 发送器标志寄存器（CANTFLG））和中止确认标志（ABTAK）被设置，且若使能就触发发送中断。CPU 不能复位 ABTRQx；每当设置了相关的 TXE 标志时，ABTRQx 就被复位。

8) CANTAAK：MSCAN 发送器报文中止确认寄存器

CANTAAK 寄存器表示成功中止报文发送队列的请求，包含中止确认位。中止确认位（ABTAK[2:0]）为 0 时报文未被中止，为 1 时报文被中止。

CANTAAK 寄存器定义如下：

R	0	0	0	0	0	ABTAK2	ABTAK1	ABTAK0
W								
复位	0	0	0	0	0	0	0	0

当初始化模式处于有效状态时，CANTAAK 寄存器保持复位状态。当不为 ABTAKx 标志执行时，可以写入。

中止确认位确认由于 CPU 产生发送中止请求而中止的报文。当某个报文缓冲区标空时，软件可以使用该标志来确认报文是成功中止还是已发送出去。每当相应 TXE 标志被清除时，ABTAKx 标志就会清除。

9) CANTBSEL:MSCAN 发送缓冲区选择寄存器

CANTBSEL 寄存器对应缓冲区可以在 CANTXFG 寄存器空间访问。发送缓冲区选择位 (TX[2:0]) 为 0 时相关报文缓冲区不被选择；为 1 时选择了相关报文缓冲区，如果是最低置1位。

CANTBSEL 寄存器定义如下：

R	0	0	0	0	0	TX2	TX1	TX0
W								
复位	0	0	0	0	0	0	0	0

当初始化模式处于有效状态时，CANTARQ 寄存器保持复位状态。当未处于初始化模式时，该寄存器可以写入。在发现最低排列顺序位设置为1，所有其他位读为0。

CANTBSEL 寄存器在 CANTXFG 寄存器空间里置位为 1 的最低位（例如 TX1 = 1、TX0 = 1，选择发送缓冲区 TX0；TX1 = 1、TX0 = 0 选择发送缓冲区 TX1）。如果相应 TXEx 位被清除，缓冲区被安排用于传输，所选发送缓冲区的读写接入会被拦截。

10) CANIDAC:MSCAN 标识符接收控制寄存器

CANIDAC 寄存器用于标识符滤波器验收控制，详见表 6-12、表 6-13。在处于初始化模式的任何时间都可以写入，只读位 IDHITx 除外。

CANIDAC 寄存器定义如下：

R	0	0	IDAM1	IDAM0	0	IDHIT2	IDHIT1	IDHIT0
W								
复位	0	0	0	0	0	0	0	0

CANIDAC 寄存器标识符接收模式位（IDAM[1:0]）：CPU 设置这种标志来定义标识符接收滤波器结构，表 6-12 总结了不同设置。在滤波器关闭模式中，不接收任何报文，因此前台缓冲区永远不会重载。

标识符接收模式选择　　　　　　　　　　　　　　　　表 6-12

IDAM1	IDAM0	标识符接收模式
0	0	2 个 32 位接收滤波器
0	1	4 个 16 位接收滤波器
1	0	8 个 8 位接收滤波器
1	1	不使用

CANIDAC 寄存器标识符接收有效标志指示器位（IDHIT[2:0]）：MSCAN 设置这些标志来显示标识符接收有效标志，表 6-13 总结了不同设置。

标识符接收有效标志指示器　　　　　　　　　　　　　表 6-13

IDHIT2	IDHIT1	IDHIT0	标识符接受有效标志
0	0	0	滤波器 0 有效标志
0	0	1	滤波器 1 有效标志
0	1	0	滤波器 2 有效标志
0	1	1	滤波器 3 有效标志

续上表

IDHIT2	IDHIT1	IDHIT0	标识符接受有效标志
1	0	0	滤波器 4 有效标志
1	0	1	滤波器 5 有效标志
1	1	0	滤波器 6 有效标志
1	1	1	滤波器 7 有效标志

IDHITx 指示器总是与前台缓冲区(RxFG)中的报文有关。当报文被转移到接收器 FIFO 的前台缓冲区时,指示器也相应更新。

6.2.4 保留寄存器

1) Reserved:MSCAN 保留寄存器

此寄存器保留用于 MSCAN 模块的厂商测试,定义如下:

R	0	0	0	0	0	0	0	0
W								
复位	0	0	0	0	0	0	0	0

2) CANMISC:MSCAN 其他寄存器

CANMISC 寄存器定义如下,提供了一些其他功能。在任何时间都可以写入;写入 1 清除标志,写入 0 忽略标志。

R	0	0	0	0	0	0	0	BOHOLD
W								
复位	0	0	0	0	0	0	0	0

CANMISC 总线脱离状态持续到用户请求位(BOHOLD):此标志位显示模块是否已经进入总线脱离状态。该位为 0 时模块未总线脱离,或在总线脱离状态并已请求恢复;为 1 时模块总线脱离,并保持该状态直到用户请求。清除该位则请求从总线脱离恢复。

6.2.5 错误计数器

1) CANRXERR:MSCAN 接收错误计数器

CANRXERR 寄存器定义如下,反映 MSCAN 接收错误计数器的状态。

R	RXERR7	RXERR6	RXERR5	RXERR4	RXERR3	RXERR2	RXERR1	RXERR0
W								
复位	0	0	0	0	0	0	0	0

在非睡眠或初始化模式外的任意其他模式中读取该寄存器会返回错误值。对于那些具有双 CPU 的 MCU 来说,这可能会引起 CPU 故障情况。在特殊模式中写入该寄存器可能改变 MSCAN 功能。该寄存器只能在睡眠模式或初始化模式读取数据并不可写。

2) CANTXERR:MSCAN 发送错误计数器

CANTXERR 寄存器定义如下,反映 MSCAN 发送错误计数器的状态。该计数器使用时的注意事项与接受错误计数器相同。

R	TXERR7	TXERR6	TXERR5	TXERR4	TXERR3	TXERR2	TXERR1	TXERR0
W								
复位	0	0	0	0	0	0	0	0

6.2.6 标识符滤波寄存器

1)CANIDAR0~CANIDAR7:MSCAN 标识符接收寄存器

一旦接收报文,每条报文将写入后台接收缓冲区。只有当报文通过了标识符接收和标识符掩码寄存器中的滤波,CPU 才被告知读取报文(接收),否则当前报文会被下一条报文覆盖。

MSCAN 的接收寄存器采用逐位方式,应用于标识符寄存器 IDR0~IDR3。

如下为标识符接收寄存器 CANIDAR0~CANIDAR7 的定义。对于扩展标识符,要应用四个接收和掩码寄存器;对于标准标识符,只应用前两个(CANIDAR0/1、CANIDMR0/1)即可。它们都是可以在处于初始化模式的任何时间写入的。

R	AC7	AC6	AC5	AC4	AC3	AC2	AC1	AC0
W								
复位	0	0	0	0	0	0	0	0

CANIDAR0~CANIDAR7 接收码位(AC[7:0]):由用户定义的位顺序组成,通过这种方式,接收报文缓冲区的相关标识符寄存器(IDRn)的相应位进行比较,比较结果用相应标识符掩码寄存器进行掩码屏蔽。

2)CANIDMR0~CANIDMR7MSCAN:标识符掩码寄存器

标识符掩码寄存器指定标识符接收寄存器中的哪些相应位与接收过滤比较,如下为标识符掩码寄存器 CANIDMR0~CANIDMR7 的定义。标志位为 0 时,匹配相应接收码寄存器和标识符位;为 1 时忽略相应接收码寄存器位(不比较)。该寄存器在处于初始化模式的任何时间可以写入。

R	AM7	AM6	AM5	AM4	AM3	AM2	AM1	AM0
W								
复位	0	0	0	0	0	0	0	0

为了在 32 位滤波器模式中接收标准标识符,需要把掩码寄存器 CANIDMR1 和 CANIDMR5 中最后三位(AM[2:0])编程为"不比较";为了在 16 位滤波器模式中接收标准标识符,需要把掩码寄存器 CANIDMR1、CANIDMR3、CANIDMR5 和 CANIDMR7 中的最后三位(AM[2:0])编程为"不比较"。

CANIDMR0~CANIDMR7 接收掩码位(AM[7:0]):如果该寄存器中的某位被清除,这表示检测到匹配前,标识符接收寄存器中的相应位必须和它的标识符位相同。如果所有类似位均匹配,报文被接收。如果此位置 1,这表示标识符接收寄存器中的相应位的状态不会影响报文是否被接收。

6.2.7 报文存储相关寄存器

本部分所介绍的寄存器都是与数据的接收和传送有关的,包括接收和传送的缓冲区及其控制位,报文缓冲区结构见表 6-14。其中,接收和传送缓冲区都是相同的,从而简化了编程。每个缓冲区由 16 个字节组成,其中数据字节占 13 个,最后 2 个字节用来存储时间标签,只有在 CANCTL0 寄存器中的 TIME 位有效时才可用。时间标签寄存器只能被 MSCAN 模块写入,CPU 只能读取。

报文缓冲区结构 表 6-14

地址	寄存器名
$_x0	标识符寄存器 0(IDR0,Identifer Register 0)
$_x1	标识符寄存器 1(IDR1,Identifer Register 1)
$_x2	标识符寄存器 2(IDR2,Identifer Register 2)
$_x3	标识符寄存器 3(IDR3,Identifer Register 3)
$_x4	数据段寄存器 0(DSR0,Data Segment Register 0)
$_x5	数据段寄存器 1(DSR1,Data Segment Register 1)
$_x6	数据段寄存器 2(DSR2,Data Segment Register 2)
$_x7	数据段寄存器 3(DSR3,Data Segment Register 3)
$_x8	数据段寄存器 4(DSR4,Data Segment Register 4)
$_x9	数据段寄存器 5(DSR5,Data Segment Register 5)
$_xA	数据段寄存器 6(DSR6,Data Segment Register 6)
$_xB	数据段寄存器 7(DSR7,Data Segment Register 7)
$_xC	数据长度寄存器(DLR,Data length Register)
$_xD	发送缓冲优先级寄存器[1](TBPR,Transmit Buffer Priority Register)
$_xE	时间标签寄存器(高 8 位)[2](TSRH,Time Sign Register High)
$_xF	时间标签寄存器(低 8 位)[2](TSRL,Time Sign Register low)

注:[1]对于接收操作无效。
[2]CPU 只可读,不可写。

传送缓冲区任意时刻可读,接收缓冲区仅在 RXF 标志位置 1 时才可读;传送缓冲区当 CANTBSEL 寄存器选择了相应的缓冲区且 TXEx 位置时才可写,接收缓冲区不可写。

表 6-15 为扩展标示符显示了接收和发送缓存器常用的 13 字节数据结构,表 6-16 为标准标示符在 IDR 寄存器中的映射图。

接收和发送数据缓冲区扩展标识符 表 6-15

寄存器名称	7 位	6 位	5 位	4 位	3 位	2 位	1 位	0 位	地址
IDR0	ID28	ID27	ID26	ID25	ID24	ID23	ID22	ID21	$_ x0
IDR1	ID20	ID19	ID18	SRR(=1)	IDE(=1)	ID16	ID15	ID15	$_ x1
IDR2	ID14	ID13	ID12	ID11	ID10	ID9	ID8	ID7	$_ x2
IDR3	ID6	ID5	ID4	ID3	ID2	ID1	ID0	RTR	$_ x3
DSR0	DB7	DB6	DB5	DB4	DB3	DB2	DB1	DB0	$_ x4

续上表

寄存器名称	7位	6位	5位	4位	3位	2位	1位	0位	地址
DSR1	DB7	DB6	DB5	DB4	DB3	DB2	DB1	DB0	$_ x5
DSR2	DB7	DB6	DB5	DB4	DB3	DB2	DB1	DB0	$_ x6
DSR3	DB7	DB6	DB5	DB4	DB3	DB2	DB1	DB0	$_ x7
DSR4	DB7	DB6	DB5	DB4	DB3	DB2	DB1	DB0	$_ x8
DSR5	DB7	DB6	DB5	DB4	DB3	DB2	DB1	DB0	$_ x9
DSR6	DB7	DB6	DB5	DB4	DB3	DB2	DB1	DB0	$_ xA
DSR7	DB7	DB6	DB5	DB4	DB3	DB2	DB1	DB0	$_ xB
DLR					DLC3	DLC2	DLC1	DLC0	$_ xC

接收和发送数据缓冲区一般标识符　　　　表6-16

寄存器名称	7位	6位	5位	4位	3位	2位	1位	0位	地址
IDR0	ID10	ID9	ID8	ID7	ID6	ID5	ID4	ID3	$_ x0
IDR1	ID2	ID1	ID0	RTR	IDE(=0)				$_ x1
IDR2									$_ x2
IDR3									$_ x3

1) IDR0~3:标识符寄存器

扩展标识符由4个字节组成,一共32位,分别为ID28~ID0、SRR、IDE和RTR位,见表6-15;一般标识符由13位组成,分别为ID10~ID0、RTR和IDE位,见表6-16。

2) ID28~ID0:扩展标识符

扩展格式的标识符占29个二进制位。最高显著位第28位传输时在最前面,二进制值越小,则标识符的优先级越高。

3) ID10~ID0:一般标识符

一般格式的标识符占11个二进制位。最高显著位第10位传输时在最前面,二进制值越小,则标识符的优先级越高。

4) SRR:替代远程请求

SRR位只在扩展标识符格式时使用。作为传送缓冲区必须设置为1,作为接收缓冲区,SRR位包含接收到的数据。

5) IDE:扩展标识符

IDE位表示当前使用的标识符是一般格式还是扩展格式的。当设置为1时,表示扩展格式(29位),当设置为0时,表示一般格式(11位)。

6) RTR:远程传送请求

RTR位指示CAN的一帧内远程传送请求的状态。作为接收缓冲区,RTR位指示接收到帧的状态并且支持软件应答;作为传送缓冲区,RTR位定义了要发送RTR的状态。当设置为1时,表示远程帧,当设置为0时,表示数据帧。

7) DSR0~7:数据段寄存器

数据段寄存器一共有8个字节,包含即将发送或者接收的数据。数据长度寄存器DLR

定义了即将发送或接收的数据字节数。DB7~DB0 为数据位。

8) DLR:数据长度寄存器

DLR 寄存器控制着 CAN 的一帧所包含的字节数。

9) DLC3~DLC0:数据长度控制码

DLC 寄存器控制着一段数据所包含的字节数。传输远程帧时,当传送的数据字节总为 0 时,数据长度码按照编程的设置来传输。数据帧的字节数可以是 0~8 个,见表 6-17。

数 据 长 度 码   表 6-17

数据长度码				数据字节数
DLC3	DLC2	DLC1	DLC0	
0	0	0	0	0
0	0	0	1	1
0	0	1	0	2
0	0	1	1	3
0	1	0	0	4
0	1	0	1	5
0	1	1	0	6
0	1	1	1	7
1	0	0	0	8

10) TBPR:传送缓冲区优先级寄存器

TBPR 寄存器定义了本地缓冲区的优先级,用于 MSCAN 模块内部的优先级处理。MSCAN 模块执行以下的内部优先级控制方法:在发送帧起始位前,所有 TXEx 标志被清除的传送缓冲区都要参与优先级的分配;拥有最低本地优先级的传送缓冲区会被分配一个最高的优先级。TBPR 寄存器各位定义如下:

R/W	PRIO7	PRIO6	PRIO5	PRIO4	PRIO3	PRIO2	PRIO1	PRIO0
复位	0	0	0	0	0	0	0	0

11) TSRH、TSRL:时间标签寄存器

如果 TIME 位被置 1,则 MSCAN 会在传送和接收的数据中添加上时间标签,写在一帧数据的 ACK 分隔符隐性位的采样点里。当传送数据时,对应的传送缓冲区为空,CPU 只能读取到数据的时间标签信息。

时间标签的值是从自由运行的定时器里得到的,定时器溢出被忽略。当处于初始化模式时,定时器被复位。CPU 不能直接读取定时器的值,而只能读时间标签寄存器。

TSR 寄存器各位定义如下:

	R/W								
TSRH	R W	TSR15	TSR14	TSR13	TSR12	TSR11	TSR10	TSR9	TSR8
TSRL	R W	TSR7	TSR6	TSR5	TSR4	TSR3	TSR2	TSR1	TSR0
复位		x	x	x	x	x	x	x	x

6.3 MSCAN 模块的主要功能

MSCAN 模块的功能主要有报文存储,报文发送和报文接收,并且对报文传送中的标示符接收滤波、协议违反保护以及系统时钟的设定进行了讲解,从而实现 MSCAN 模块的主要功能的详细阐述。

6.3.1 报文存储

MSCAN 模块有 5 个接收缓冲区和 3 个发送缓冲区,其缓冲区结构的用户模型如图 6-2 和图 6-3 所示。MSCAN 提供了一个能够满足一系列网络应用需求的先进报文存储系统。

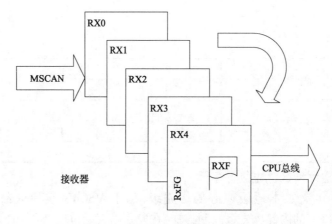

图 6-2 报文接收缓冲区的用户模型

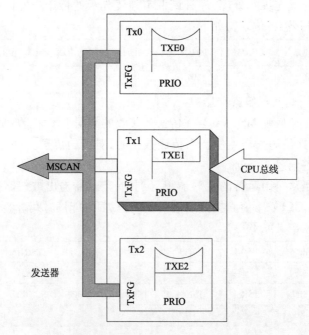

图 6-3 报文发送缓冲区的用户模型

6.3.2 报文发送

现代应用层软件的建立基于两个基本假设：

(1) 任何 CAN 节点都能够发送安排好的报文流，而不需要在两条报文间释放 CAN 总线，这些节点在发送上一条报文后立即仲裁 CAN 总线，只有当仲裁丢失时释放 CAN 总线。

(2) 安排 CAN 节点内的内部报文队列，因此如果有多条报文准备发送时，最高优先级报文首先发出。

以上描述的行为不能用单个发送缓冲区来实现。该缓冲区在上一条报文发送后必须立即重新加载。加载流程的持续时间有限，必须在帧间顺序(IFS)内完成，以便能够发送不中断报文流。即使这对于有限总线速度的 CAN 来说可行，但它要求 CPU 有最短的发送中断延迟时间。双缓冲区机制能够把发送缓冲区的重新加载和实际的报文发送分开，因此降低了 CPU 的响应要求。问题可能出在完成报文的发送时 CPU 正重新加载第二个缓冲区，这时没有缓冲区做好发送准备，CAN 总线会被释放。

满足上述第一个假设至少需要三个发送缓冲区。MSCAN 有三个发送缓冲区，这三个缓冲区都具有类似接收缓冲区的 13 字节数据结构。发送缓冲区优先寄存器(TBPR)包含 8 位本地优先级字段(PRIG)。如果需要，剩下的两个字节用于报文的时间标签。

第二个假设需要某些类型的内部优先排队，MSCAN 用发送结构中描述的本地优先级来执行该优先排队。

报文发送的流程图如图 6-4 所示。要发送报文，首先 CPU 必须确定可用的发送缓冲区，这由置位的发送器缓冲区空(TXEx)标志表示。如果发送缓冲区可用，CPU 必须通过写入 CANTBSEL 寄存器为该缓冲区设置一个指针，这使得各自的缓冲区能够在 CANTXFG 地址空间内访问。与 CANTBSEL 寄存器有关的算法功能简化了发送缓冲区选择；此外，这种机制使程序软件处理更为简单，因为发送流程只需访问一个地址，节省所需地址空间。然后，CPU 将标识符、控制位和数据内容保存到一个发送缓冲区，设置该缓冲区优先级。最后，通过清除相关 TXE 标志，缓冲区标志为发送准备就绪。

MSCAN 安排报文发送，并通过设置相关 TXE 标志，通知缓冲区成功发送。设置 TXEx 可触发发送中断，可用来使应用软件重新加载缓冲区。

当 CAN 总线赢得仲裁时，如果有一个以上的缓冲区等待发送，MSCAN 则使用三个缓冲区的本地优先级设置来决定优先顺序。因此，每个发送缓冲区都有 8 位本地

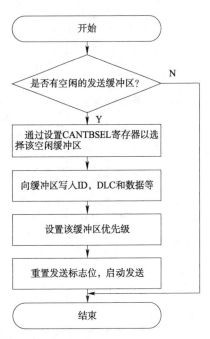

图 6-4 MSCAN 发送报文流程图

优先级字段(PRIO)。在报文建立时，应用软件就编辑该字段。本地优先级反应了在从该节点发送的有关报文之间的优先级顺序，具有最低二进制代码的 PRIG 字段占最高优先级。当 MSCAN 为 CAN 总线进行仲裁时，就会引发内部调度程序；当出现发送错误时也会如此。

当应用软件安排了高优先级报文时,可能有必要中止三个发送缓冲区的某一个低优先级报文。由于正发送的报文不能中止,因此用户必须通过设置发送器报文中止请求寄存器(CANTARQ)相应中止请求位(ABTRQ)请求中止。可能的话,MSCAN通过以下方式允许该请求:

(1)在CANTAAK寄存器中设置相应的中止确认标志(ABTAK)。

(2)设置相关的TXE标志来释放缓冲区。

(3)生成发送中断。发送中断处理程序软件能够根据ABTAK标志的设置决定是报文中止(ABTAK=1)还是已发送(ABTAK=0)。

6.3.3 报文接收

收到的报文保存在5级输入FIFO中,5个报文缓冲区被交替映射到单个存储器区域。后台接收缓冲区(RxBG)只与MSCAN相关,但前台接收缓冲区(RxFG)可以通过CPU寻址。这样接收流程只需访问一个地址,因此这种机制简化处理程序软件。接收使能后,所有接收缓冲区都有15个字节保存CAN控制位、标识符(标准或扩展)、数据和时间标签。CANRFLG寄存器的接收器已满标志(RXF)位显示前台接收缓冲区的当前状态。当缓冲区包含带有匹配标识符的正确接收报文时,RXF位被置1。

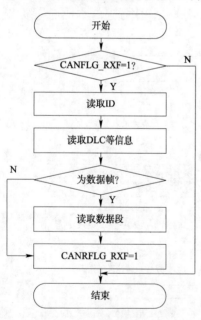

图6-5 MSCAN接收报文流程图

报文接收的流程图如图6-5所示,首先检查每条报文是否通过滤波器,同时写入有效RxBG。成功接收到有效报文后,MSCAN将RxBG的内容转移到接收器FIFO的缓冲区,设置位RXF为1,并向CPU生成一个接收中断。用户的接收处理程序必须从RxFG读取收到的报文,然后复位RXF标志,确认中断、释放前台缓冲区。新报文传来时,将被接收到下一个可用RxBG中。如果MSCAN在其RxBG中接收到无效报文(如错误标识符、发送错误等),缓冲区的实际内容将被下一条报文覆盖,而不会被转移到FIFO缓冲区。

当MSCAN模块正在发送报文时,会将自己发送的报文接收到后台接收缓冲区RxBG,但不会将它转移到接收器FIFO,也不会生成接收中断或在CAN总线上响应其自己的报文。但如果是在环回模式中,MSCAN会完全按照其他报文一样的方式处理其自己的报文。当仲裁丢失时,MSCAN接收自己发送的报文,这时MSCAN被配置为接收状态。

当FIFO中的所有接收报文缓冲区都被带有已接收标识符的正确接收报文占据时,这时从CAN总线中正确接收到另外一条带有已接收标识符的报文,就会产生溢出,后面这一条报文被丢弃,并生成带有溢出标志的错误中断。当接收器FIFO已满时,MSCAN仍能发送报文,但所有进入报文会被丢弃;一旦FIFO中的接收缓冲区重新可用,就能接收新的有效报文。

6.3.4 标识符接收滤波

MSCAN 标识符验收寄存器(CANIDAC)定义标准或扩展标识符(ID[10:0]或 ID[28:0])的可接收模式,这些位中的任意一个都可以在 MSCAN 标识符掩码寄存器 CANIDMR 中标志为"不比较"。

一次滤波器匹配可由接收缓冲区已满标志(RXF=1)和 CANIDAC 寄存器中的三个位通知给应用软件。这些标识符匹配标志(IDHIT[2:0])能够清晰识别引起接收的滤波寄存器,简化了应用软件处理接收器中断来源的任务。如果出现一次以上的匹配(两个或多个滤波器匹配),则低地址的寄存器优先权最高。验收过程如图 6-6 所示。

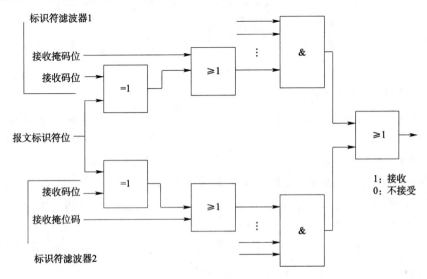

图 6-6 报文验收过程示意图

非常灵活的可编程通用标识符接收滤波器可以有效降低 CPU 的中断负载,滤波器在经过编程后可在 4 种不同模式中运行(Bosch CAN 2.0A/B 协议规范)。

1) 2 个标识符接收滤波器

该模式为符合 CAN2.0B 标准的扩展标识符提供两个标识符接收滤波器,即 CANIDAR 和 CANIDMR 分别分为两组,CANIDAR0~3 和 CANIDMR0~3 为一组,CANIDAR4~7 和 CANIDMR4~7 为一组,任意一组通过匹配的 ID 都可以被接收到。模式设置通过配置 CANIDAC[IDAM]=00 实现。

每个滤波器将应用于:

(1)扩展标识符的 29 位和符合 CAN2.0B 的远程发送请求(RTR)、标识符扩展位(IDE)、替代远程请求(SRR)。

(2)标准标识符的 11 位和符合 CAN2.0A/B 的 RTR 和 IDE 位。图 6-7 显示第一个 32 位滤波器页如何产生滤波器 0 匹配。同样,第二个滤波器页产生滤波器 1 匹配。每次接收到的 ID,放在 IDR 寄存器中,该寄存器的值首先要和 CANIDMR 比较,查看哪些位需要比较,哪些位不需要比较。CANIDMR 位为 1 则不需要比较;为 0 则需要和对应的 CANIDAR 位比较,和 CANIDAR 位相同的 IDR 寄存器值对应的 ID 才能被接收,否则被抛弃。

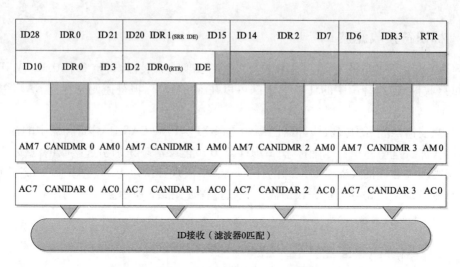

图 6-7　32 位可屏蔽标识符接收滤波器

2) 4 个标识符接收滤波器

该模式提供了 4 个标识符接收滤波器，每个滤波器可应用于扩展标识符的 14 个最重要位，加上 CAN2.0B 报文的 SRR 和 IDE 位，或标准标识符的 11 位，加上 CAN2.0A/B 报文的 RTR 和 IDE 位。该模式同样分为两组，CANIDAR0～3 和 CANIDMR0～3 为一组，CANIDAR4～7 与 CANIDMR4～7 为一组，任意一组通过匹配的 ID 都可以被接收到。每组包含两个滤波器，模式设置通过配置 CANIDAC [IDAM] =01 实现。16 位可屏蔽标识符接受滤波器结构如图 6-8 所示，说明第一个 32 位滤波器页如何产生滤波器 0 和滤波器 1 匹配。同样，第二个滤波器页产生滤波器 2 和滤波器 3 匹配。从图中可以看出，检查了两次 IDR0 和 IDR1，不检查 IDR2 和 IDR3。

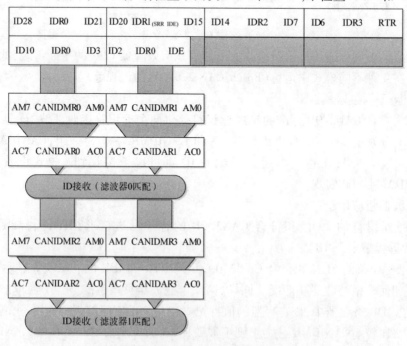

图 6-8　16 位可屏蔽标识符接收滤波器

3) 8个标识符接收滤波器

该模式每个滤波器应用于符合CAN2.0A的标准标识符或符合CAN2.0B的扩展标识符的前8位。不论扩展标识符还是标准标识符,都是只检查前8位,每组检查4次,一共两组。8位可屏蔽标识符接收滤波器结构如图6-9所示,说明了第一个32位滤波器页如何产生滤波器0~3匹配。同样,第二个滤波器页产生滤波器4~7匹配。从图中可以看出,IDR0被CANIDAR0和CANIDMR0、CANIDAR1和CANIDMR1、CANIDAR2和CANIDMR2、CANIDAR3和CANIDMR3分别检查4次。加上CANIDAR4~7和CANIDMR4~7的组合,一共两组,8个滤波器。

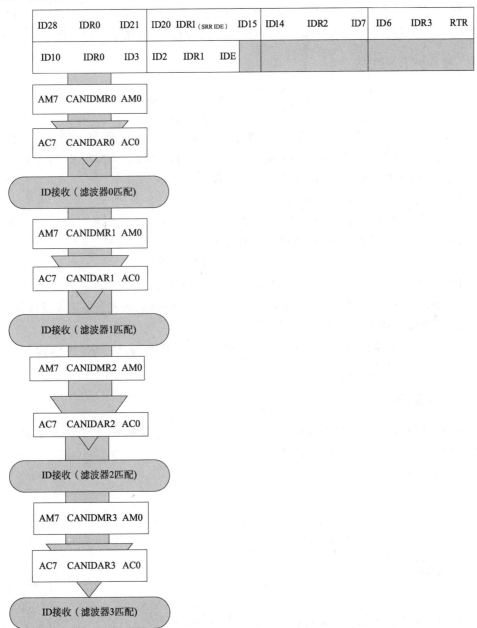

图6-9 8位可屏蔽标识符接收滤波器

4）关闭滤波器

该模式下没有 CAN 报文被复制到前台缓冲区 RXFG,因此从不设置 RXF 标志位。

MSCAN 滤波器使用三组寄存器来提供滤波器配置。首先,CANIDAC 寄存器决定页配置中的滤波器大小和滤波器数量;其次,寄存器 CANIDMR0/1/2/3 通过把 0 放在滤波器寄存器中的适当位置来决定将比较的滤波器位;最后,寄存器 CANIDAR0/1/2/3 决定 CANIDMR0/1/2/3 所决定的位的值。

例如当滤波器值为 000x1100x10,CANIDMR0/1/2/3 寄存器将被配置为 00010000100。所有报文标识符位(除位 2 和位 7)会与 CANIDMR0/1/2/3 寄存器进行比较,这些寄存器将配置为 00001100010。位 2 和 7 设置为 0,但由于它们被忽略,因此等同于把它们设置为 1。

6.3.5 协议违反保护

MSCAN 能够防止用户由于编程错误而意外违反 CAN 协议,保护逻辑实施以下功能:

(1)接收和发送错误计数器不能写入或以其他方式操作。

(2)当 MSCAN 在线时,控制 MSCAN 的配置的所有寄存器均不能被修改,MSCAN 必须处于初始化模式,CANCTL0/CANCTL1 寄存器中的相应 INITRQ/INITAK 握手位(参见 MSCAN 控制寄存器 0(CANCTL0))作为一个锁来保护以下寄存器:

①MSCAN 控制 1 寄存器(CANCTLI)。

②MSCAN 总线定时寄存器 0 和 1(CANBTR0、CANBTR1)。

③MSCAN 标识符接收控制寄存器(CANIDAC)。

④MSCAN 标识符接收寄存器(CANIDAR0~CANIDAR7)。

⑤MSCAN 标识符掩码寄存器(CANIDMR0~CANIDMR7)。

⑥当 MSCAN 进入节电模式或初始化模式时,TXCAN 引脚立即被强制进入隐性状态(参见 MSCAN 断电模式和 MSCANI 初始化模式)。

(3)MSCAN 使能位(CANE)在正常系统操作模式下只能写入一次,从而为意外禁止 MSCAN 提供了进一步保护。

6.3.6 时钟系统

CAN 总线的传输速率可以从 10kb/s 一直到 1Mb/s,因此 MSCAN 拥有一个很灵活的时钟机制。MSCAN 时钟发生电路的结构如图 6-10 所示。

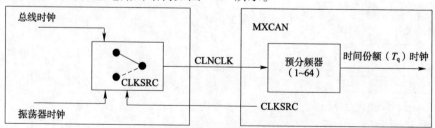

图 6-10 MSCAN 时钟机制

CANCTL1 寄存器中的时钟源位(CLKSRC)决定 MSCAN 内部时钟源 CANCLK 是连接到晶体振荡器(振荡器时钟)输出还是连接到总线时钟。时钟源的选择必须选择能满足 CAN

协议的振荡器精度要求(高达0.4%)的时钟源。如果总线时钟从锁相环(PLL)中生成,由于抖动,建议最好选择振荡器时钟而不是总线时钟,特别是以较快的 CAN 总线速率时。对于那些没有时钟和复位发生器(Clock and Reset Generator,CRG)的微控制器,CANCLK 的驱动则来自晶体振荡器(振荡时钟)。

选择好时钟源后,可以通过编程来设置预分频因子,然后会得到一个时间份额(T_q)时钟(Time Quanta Clock)。时间份额是 MSCAN 位时间的基本时间单元。一个位时间由几个时钟份额构成,CAN 时钟实际上就是由系统时钟分频得到的(就是 MCU 时钟分频),这个时钟比波特率快。图 6-11 是它们的关系示意图。

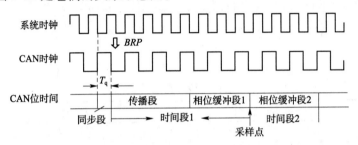

图 6-11 系统时钟与位时间的关系

时间份额的长度由 CAN 控制器的系统时钟 f_{CANCLK} 和波特率预分频值 BRP 定义,时间份额 T_q 计算公式为:

$$T_q = \frac{f_{CANCLK}}{BRP}$$

位时间再分成三段:同步段、时段 1 和时段 2,每个段由具体可编程数量的时间份额组成,如图 6-12 和表 6-18 所示。

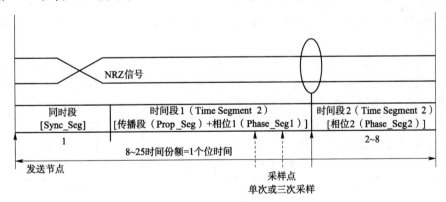

图 6-12 位时间内的段

时 间 段 说 明   表 6-18

名 称	描 述
发送点	正处于发送模式的节点在该时刻上向 CAN 总线传输一个新值
同步	该段有一个长度固定的时间份额,信号边沿预计出现在本段,系统希望该时段内在 CAN 总线上出现电平转换

续上表

名　称	描　述
时段1	本段包括 CAN 标准的传播段和相缓冲段1，通过设置参数 TSEG1，使之包含 4～16 个 T_q，可以对其进行编程
采样点	正处于接收模式的节点在该时刻采样 CAN 总线，如果选择了每位采样三次模式，那么该点标志第三采样点的位置
时段2	本段表示 CAN 标准的相缓冲段2，通过设置 TSEG2 参数，使之具有 2～8 个 T_q，可以对其进行编程

比特率（BR, Bit Rate）由时间份额（T_q）频率、位时间的时间份额数量确定，见表6-19，计算公式为：

$$BR = \frac{f_{T_q}}{nT_q}$$

各时间段参数范围表　　　　　　　　　　　　　　表6-19

参　数	范　围	说　明
BRP	$[1\sim32]T_q$	定义时间份额长度
Sync_Seg	$1T_q$	固定长度
Prop_Seg	$[1\sim8]T_q$	补偿物理延时
Phase_Seg1	$[1\sim8]T_q$	在同步时可能被延长
Phase_Seg2	$[1\sim8]T_q$	在同步时可能被缩短
SJW	$[1\sim4]T_q$	同步跳转宽度

位时间的配置是由 MSCAN 总线时序寄存器0（CANBTR0）和总线时序寄存器1（CANBTR1）配置完成。同步跳转宽度（SJW）决定重新同步会将采样点移动多远，移动距离的上限由用于补偿沿相位误差的相位缓冲段给定。可以通过设置 SJW 参数，在1～4个时间份额范围内进行编程。

Sync_Seg、TSEG1、TSEG2 和 SJW 参数通过编程对 MSCAN 总线时序寄存器（CANBTR0、CANBTR1）进行设置。Prop_Seg、Phase_Seg1 之和时段1（作为 TSEG1）与 Phase_Seg2（作为 TSEG2）组合成1个字节，而 SJW 和 BRP 组合成另一个字节。表6-20 概括地描述了 CAN 段设置和相关参数值，在这些位定时寄存器中，TSEG1 和 TSEG2、SJW 和 BRP 四个位域必须编程为一个小于其参数值的数值；所以其值不属于 1～n 范围，而属于 0～n-1 范围。

遵从 CAN 标准的位时段设置　　　　　　　　　　　　　　表6-20

时间段1	TSEG1	时间段2	TSEG2	同步跳跃宽度	SJW
5～10	4～9	2	1	1～2	0～1
4～11	3～10	3	2	1～3	0～2
5～12	4～11	4	3	1～4	0～3
6～13	5～12	5	4	1～4	0～3
7～14	6～13	6	5	1～4	0～3
8～15	7～14	7	6	1～4	0～3
9～16	8～15	8	7	1～4	0～3

MSCAN 总线时序寄存器中的数据是 CAN 协议控制器的配置输入。波特率预分频器（由 BRP 配置）决定时间份额（位时间的基本时间单元）的长度；位定时逻辑（由 TSEG1、TSEG2 和 SJW 配置）决定位时间内时间份额的数目。

要定义的第一部分位时间是传播时间段（Prop_Seg）。其长度视系统测量的延迟时间而定。必须为可扩展的 CAN 总线系统定义最大的总线长度和最大的节点延迟。Prop_Seg 是信号在总线上的传播时间、接收电路延时及总线驱动器延时总和的 2 倍（取过剩近似值，调高至 T_q 的整数倍）。如果两个相位缓冲段长度是偶数，那么相位缓冲段的长度相同，即 Phase_Seg2 = Phase_Seg1，否则 Phase_Seg2 = Phase_Seg1 + 1。同步跳转宽度 SIW 的长度被设置为最大值，是 4 和 Phase_Seg1 之中的最小值。

下面结合 1 个具体例子来说明波特率的设置步骤及波特率与寄存器的操作关系。

【例 6-1】 CAN_CLK 的频率为 10MHz，BRP 为 0，而位速率为 1Mb/s，总线驱动器的延迟为 50ns、接收电路的延迟为 30ns、总线线路（40m）的延迟为 220ns。已知以上信息设置寄存器内容。

解：
(1) 确定时间份额（T_q），位时间 $t$bit：$T_q = t$CAN_CLK = 100ns；$t$bit = 1000ns = $10T_q$
(2) 确定 Prop_seg 时间：tProp_Seg = $(220 + 30 + 50) \times 2 = 600$ns = $6T_q$
(3) 确定 Phase_Seg2，Phase_Seg2，SJW。

因为：tSYNC_SEG = $1T_q$，$t$bit = SYNC_SEG + Prop_Seg + Phase_Seg1 + Phase_Seg2

所以：Phase_Seg2 = ($t$bit − tSYNC_SEG − tProp_Seg + $1T_q$)/2 = $2T_q$

Phase_Seg1 = ($t$bit − tSYNC_SEG − tProp)/2 = $1T_q$

tSJW = min(4, Phase_Seg1)T_q = $1T_q$

tTSeg1 = tProp + Phase_Seg1 = $7T_q$

tTSeg2 = Phase_Seg2 = $2T_q$

CANBTR1_TSEG1 = 7 − 1 = 6
CANBTR1_TSEG2 = 2 − 1 = 1
CANBTR0_SJW = 1 − 1 = 0

由公式 Prescaler value = 10MHz/(1 + 7 + 2)/(1MHz) = 1，得到 CANBTR0_BRP = 1 − 1 = 0；由于运行在高速模式，根据每位时间所采集的 CAN 总线样本数量规定，每位采集一个样本，可得 CANBTR1_SAMP = 0；至此求出了 CANBTR0 和 CANBTR1 寄存器中所有字段的值，即 CANBTR0 = 0x00；CANBTR1 = 0x16。

6.4 MSCAN 的工作模式

本节将介绍 MACAN 的工作模式，主要介绍的工作模式有：正常模式、监听模式环路自测模式、低功耗模式、可编程唤醒模式、初始化模式、中断及总线脱离恢复模式，这些模式基本上涵盖了 MSCAN 在运行过程中所包含的所有模式。通过对以下模式的学习和分析，就可以基本掌握 MSCAN 的各种工作模式。

6.4.1 正常模式

在正常系统模式中,MSCAN 模块正常工作。在该模式下,器件主动监视总线上的所有报文,并产生应答位和错误帧等。

6.4.2 监听模式

在可选的 CAN 总线监控模式(监听)中,CAN 节点能够接收有效数据帧和有效远程帧,但它只发送 CAN 总线上的隐性位。此外,它不能启动发送。如果 MAC 层需要发送显性位(ACK 位、超载标志或有效错误标志),该位将在内部传输,这样 MAC 层就监控该显性位,此时 CAN 总线在外部仍保持隐性状态。

6.4.3 环路自测模式

环路自测模式独立于外部系统的连接,有时用于检查软件,以帮助隔离系统问题。在该模式中,发送器输出内部连接到接收器输入。RXCAN 输入引脚被忽略,TXCAN 输出进入隐性状态(逻辑 1)。发送时,MSCAN 的运行如常,把它自己发送的报文作为从远程节点接收的报文。在该状态中,MSCAN 将忽略 CAN 帧应答场中 ACK 间隙中发送的位,以确保正确接收它自己的报文,同时生成发送和接收中断。

6.4.4 低功耗模式

如果 MSCAN 被禁止(CANE = 0),则 MSCAN 时钟停止,以节省功率。如果 MSCAN 使能(CANE = 1),MSCAN 还有两种与正常模式相比功耗更低的模式:睡眠模式和断电模式,在睡眠模式中,可以通过停止所有时钟(除了 CPU 端访问寄存器的时钟外)来降低功耗。在断电模式中,所有时钟停止,没有功率消耗。

表 6-21 总结了 MSCAN 和 CPU 模式的各种组合。模式的特殊组合通过 CSWAI 和 SLPRQ/SLPAK 位上的设置决定。对所有模式来说,只有当 MSCAN 处于睡眠模式、唤醒功能使能(WUPE = 1)且唤醒中断使能(WUPIE = 1)时,MSCAN 唤醒中断才可能发生。

表 6-21 CPU 与 MSCAN 运行模式之比较

CPU 的模式	MSCAN 的模式			
	正常模式	低能耗模式		
		睡眠模式	断电模式	禁用
运行(RUN)	CSWAI = x SLPRQ = 0 SLPAK = 0	CSWAI = x SLPRQ = 1 SLPAK = 1		CSWAI = x SLPRQ = x SLPAK = x
等待(WAIT)	CSWAI = 0 SLPRQ = 0 SLPAK = 0	CSWAI = 0 SLPRQ = 1 SLPAK = 1	CSWAI = 1 SLPRQ = x SLPAK = x	CSWAI = x SLPRQ = x SLPAK = x

续上表

CPU 的模式	MSCAN 的模式			
	正常模式	低能耗模式		
		睡眠模式	断电模式	禁用
停止(STOP3)		CSWAI = x² SLPRQ = 1 SLPAK = 1	CSWAI = x SLPRQ = 0 SLPAK = 0	CSWAI = x SLPRQ = x SLPAK = x
停止(STOP1 OR 2)			CSWAI = x SLPRQ = x SLPAK = x	CSWAI = x SLPRQ = x SLPAK = x

(1) CPU 运行模式。如表 6-21 所示，当 CPU 处于运行模式时，只有 MSCAN 进入睡眠模式以降低能耗。

(2) CPU 等待模式。WAIT 指令将 MCU 置入低功耗待机模式中。如果设置了 CSWAI 位，还可以在断电模式下节省更多功耗(因为 CPU 时钟停止)。退出断电模式后，MSCAN 重新启动其内部控制器，并再次进入正常模式。当 CPU 处于等待模式时，MSCAN 可以在正常模式下运行并生成中断。根据 SLPRQ/SLPAK 和 CSWAI 位的值，MSCAN 也可以在任意一种低功率模式下运行，如在表 6-21 中看到的那样。

(3) CPU 停止模式。STOP 指令将 CPU 置入低功耗模式中。在 STOP1 或者 STOP2 模式中，MSCAN 被置为断电模式，无论 SLPRQ/SLPAK 如何。在 STOP3 模式中，断电或睡眠模式由进入 STOP3 前设置的 SLPRQ/SLPAK 值决定。CSWAI 位在任意一种停止模式中都不发挥作用。

下面对 MSCAN 的睡眠模式和断电模式进行详细的介绍。

1) 睡眠模式

CPU 通过设置 CANCTL0 寄存器中 SLPRQ 位来请求 MSCAN 进入睡眠模式。MSCAN 进入睡眠模式的时间取决于固定的同步延迟及其当前状态。

(1) 如果有一个或多个报文缓冲区等待发送(TXEx = 0)。MSCAN 将继续发送，直到所有发送报文缓冲区空(TXEx = 1，成功发送或中止)，然后再进入睡眠模式。

(2) 如果 MSCAN 正在接收，则必须等待数据接收完毕，并且一旦 CAN 总线空闲，就立即进入睡眠模式。

(3) 如果 MSCAN 既没有发送也没有接收，它会立即进入睡眠模式。

注意：应用软件必须避免在开始发送数据(通过清除一个或多个 TXEx 标志)后立即请求进入睡眠模式(通过设置 SLPRQ)。MSCAN 是启动发送还是直接进入睡眠模式取决于实际的操作顺序。如果睡眠模式激活，SLPRQ 和 SLPAK 置位如图 6-13 所示。应用软件必须把 SLPAK 作为请求(SLPRQ)的握手标志，以进入睡眠模式。

当处于睡眠模式(SLPRQ = 1, SLPAK = 1)时，MSCAN 停止其内部时钟，然而 CPU 访问寄存器的时钟继续运行。

如果 MSCAN 处于总线脱离状态，由于时钟停止，它就停止计数 11 个连续隐性位的 128

次出现。TXCAN 引脚保持隐性状态。如果 RXF = 1,可以读取报文且可以清除 RXF。当处于睡眠模式时,不会出现新报文转移到接收器 FIFO 的前台缓冲区的情况。

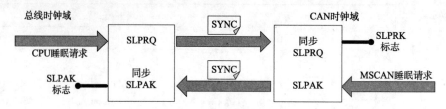

图 6-13 睡眠请求/确认周期

访问发送缓冲区和清除相关 TXE 标志是允许的。当处于睡眠模式时,不会出现报文中止的情况。

如果 CANCLT0 中的 WUPE 位还未置位,MSCAN 将屏蔽它在 CAN 上检测到的任何信号。RXCAN 引脚因此在内部设置为隐性状态,这将把 MSCAN 锁在睡眠模式(图 6-14)。WUPE 必须在进入睡眠模式前设置,以便发挥作用。

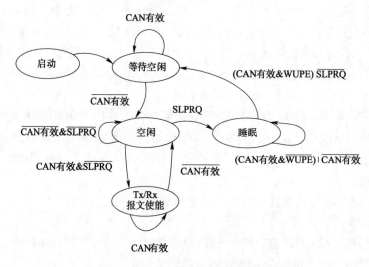

图 6-14 进入/退出睡眠模式的简单状态转换

只有当出现以下情形时,MSCAN 才能够退出睡眠模式(唤醒):

(1) 出现 CAN 总线有效和 WUPE = 1。

(2) CPU 清除 SLPRQ 位。

注意:在使能睡眠模式(SLPRQ = 1, SLPAK = 1)前,CPU 不能清除 SLPRQ 位。唤醒之后,MSCAN 等待 11 个连续隐性位与 CAN 总线同步。因此,如果 MSCAN 被 CAN 帧唤醒,就不会收到该帧。

如果在进入睡眠模式前已经收到报文,接收报文缓冲区(RxFG 和 RxBG)就包含该报文。所有挂起的操作在唤醒后执行,复制 RxBG 至 RxFG,报文中止和报文发送。如果在退出睡眠模式后 MSCAN 仍处于总线脱离状态,它将继续计数 128 次 11 个连续隐性位的出现。

2) 断电模式

当出现以下情况时,MSCAN 处于断电模式:

(1) CPU 处于停止模式。

(2)CPU 处于等待模式且设置了 CSWAI 位。

当进入断电模式时,MSCAN 立即停止正在进行的所有发送和接收,可能造成违反 CAN 协议。为了防止 CAN 总线系统出现违反上述规则的严重后果,MSCAN 立即驱动 TXCAN 引脚进入隐性状态。

注意:进入初始化模式时,用户负责保证 MSCAN 不在工作态。推荐步骤是在 CANCTL0 寄存器中设置 INITRQ 位前,把 MSCAN 置入睡眠模式,否则中止正在发送的报文可能导致错误情况,并影响到其他 CAN 总线节点。

6.4.5 可编程唤醒模式

只要检测到 CAN 总线有效,就可以对 MSCAN 进行编程以唤醒 MSCAN。当处于睡眠模式时,通过将低通滤波器功能应用于 RXCAN 输入,可以更改 CAN 总线检测的灵敏度。

该功能可以用来防止由于 CAN 总线线路上的短脉冲而唤醒 MSCAN,例如嘈杂环境中的电磁干扰可能引起的尖峰脉冲。

6.4.6 初始化模式

在初始化模式中,正在进行的任何发送或接收都会立即中止,与 CAN 总线的同步丢失,并可能会 CAN 违反协议。为了防止 CAN 总线系统出现严重的后果,MSCAN 立即驱动 TX-CAN 引脚进入隐性状态。

在进入初始化模式时,用户负责保证 MSCAN 不在工作态。推荐步骤是在 CANCTL0 寄存器中设置 INITRQ 位前,把 MSCAN 置入睡眠模式。否则,中止正在发送的报文可能导致错误情况,并影响到其他 CAN 总线节点。

在初始化模式中,MSCAN 被停止,然而接口寄存器仍然可以访问。这种模式用来将 CANCTL0、CANRFLG、CANRIER、CANTFLG、CANTIER、CANTARQ、CANTAAK 和 CANTBSEL 寄存器复位为它们的默认值。此外,MSCAN 还使能 CANBTR0、CANBTR1 位波特率寄存器的配置以及 CANIDAC、CANIDAR 和 CANIDMR 报文滤波器。由于 MSCAN 内的独立时钟域,INITRQ 必须通过采用特殊握手机制与所有时钟同步,这种握手机制将导致进一步的同步延迟,如图 6-15 所示。

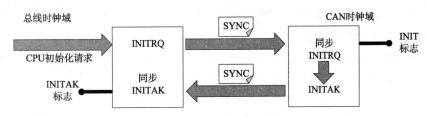

图 6-15 初始化请求/确认周期

如果 CAN 总线上没有正在传输的报文,则最小延迟是两个额外的总线时钟和三个额外的 CAN 时钟。当 MSCAN 的所有部件都处于初始化模式时,INITAK 标志置位。应用软件必须将 INITAK 作为握手标志,以便请求(INITRQ)进入初始化模式。

注意:在使能初始化模式前,CPU 不能清除 INITRQ。

系统复位后,初始化 MSCAN 模块的流程如下:

(1) 置位 CANE。
(2) 写入处于初始化模式的配置寄存器。
(3) 清除 INITRQ,离开初始化模式,进入正常模式。当 MSCAN 模块处于正常模式下,需要更改只能在初始化模式中写入的寄存器。
(4) CAN 总线空闲后,通过设置 SLPRQ 并等待 SLPAK 进行确认,模块进入睡眠模式。
(5) 进入初始化模式,确定 INITRQ 并等待 INITAK。
(6) 写入处于初始化模式的配置寄存器。
(7) 清除 INITRQ,离开初始化模式,继续保持正常模式。

6.4.7 中断

本节描述了由 MSCAN 引发的所有中断,列出了使能位和触发标志。文中单独列出并描述了每个中断。

1) 中断运行描述

MSCAN 支持四个中断向量,见表 6-22,任意一个向量都可以单独屏蔽。

表 6-22 MSCAN 中断向量

向量地址	中断源	CCR 掩码	本地使能
1	唤醒中断(WUPIF)	1 位	CANRIER(WUPIE)
3	错误中断(CSCIF,OVRIF)	1 位	CANRIER(CSCIE,OVRIE)
5	接入中断(RXF)	1 位	CANRIER(RXFIE)
7	发送中断(TXE[2:0])	1 位	CANRIER(TXEIIE[2:0])

2) 中断源

(1) 发送中断。三个发送缓冲区中至少有一个为空(未安排发送),并可以写入报文发送,空报文缓冲区的 TXEx 标志已置位。

(2) 接收中断。报文成功接收,并转移到接收器 FIF 的前台缓冲区(RxFG)。收到 EOF 符号后,立即生成该中断,RXF 标志已置位。如果接收器 FIFO 中有多条报文,一旦下一条报文转移到前台缓冲区,就立即设置 RXF 标志。

(3) 唤醒中断。如果在 MSCAN 内部睡眠模式期间 CAN 总线上有信号,就生成唤醒中断。WUPE(CANCTL0)必须使能。

(4) 错误中断。如果出现了接收器 FIFO 溢出、错误、警报或总线脱离情况,就出现错误中断。MSCAN 接收器标志寄存器(CANRFLG)显示以下情况中的一种:

① 溢出:出现了如"接收结构"所述的接收器 FIFO 的溢出情况。

② CAN 状态变化:实际值控制着 MSCAN 的 CAN 总线状态,只要错误计数器进入关键范围(Tx/Rx 警报、Tx/Rx 错误、总线脱离),MSCAN 就标志错误情况,造成错误情况的状态变化用 TSTAT 和 RSTAT 标志表示。

3) 中断响应

中断与 MSCAN 接收标志寄存器(CANRFLG)或 MSCAN 发送标志寄存器(CANTFLG)中的一个或多个状态标志相关。CANRFLG 和 CANTFLG 中的标志必须在中断处理程序内复位,将 1 写入相应位来清零标志。如果中断条件仍然存在,标志不能清除。只要设置了相应标志中的一个,中断就产生。

注意:必须确保 CPU 只清除引起当前中断的位,正是因为这个原因,不能用位操作指令(BSET)清除中断标志。这种指令可能造成意外清除进入当前中断服务程序后设置的中断标志。

4)唤醒中断

MSCAN 可以通过唤醒中断恢复停止或等待。只有在当 MSCAN 进入断电模式前处于睡眠模式时,唤醒选项使能(WUPE=1)以及唤醒中断使能(WUPIE=1),这种中断才能发生。

6.4.8 总线脱离恢复模式

用户可配置总线脱离恢复功能。总线脱离状态既可以自动退出,也可以在用户的请求下退出。出于向前兼容原因,复位后 MSCAN 默认为自动恢复。在这种情况下,在计数 128 次 CAN 总线上 11 个连续隐性位的出现后,MSCAN 将重新变成错误认可状态。

如果 MSCAN 配置为用于用户请求模式控制寄存器 1(CANCTL1)中设置的 BORM,从总线脱离中恢复依赖于以下两个独立事件都成立(顺序可以是任意的):

(1)发现 128 次 CAN 总线上的 11 个连续隐性位。

(2)MSCAN 其他寄存器(CANMISC)中的 BOHOLD 已经被用户清除。

小　　结

本章首先系统地介绍了 MSCAN 模块的基本结构及特性,并对 MSCAN 模块寄存器的组成结构和相关字段描述以及其功能进行了详细的介绍,所涉及的模块主要包括报文存储、报文发送、报文接收、标识符接收滤波器、协议违反保护、时钟系统等 MSCAN 模块。最后对 MSCAN 模块的运行工作模式进行了详细的说明。

本章的重点首先是对于常用 MSCAN 各种寄存器的掌握,在此基础上,能够使用 MSCAN 模块实现一些常用的功能,如报文的发送、存储和接收。最后对于 MSCAN 的各种工作模式进行掌握,能够实现在常用模式下的熟练使用。

习　　题

一、填空题

1. CANCTL1 寄存器中的时钟源位(CLKSRC)决定 MSCAN 内部时钟源是连接到_____还是连接到_____。

2. MSCAN 模块的相关寄存器有_____个。

3. MSCAN 三种低功耗模式为:_____、_____和_____。

4. 当位 INITRQ 和位 INITAK 同置 1 时,MSCAN 处于_____模式。

5. MSCAN 模块有_____个接收缓冲区和_____个发送缓冲区。

6. 位时间的配置是由 MSCAN _____和_____配置完成。

7. MSCAN 的中断源有：_____、_____、_____、_____。

二、选择题

1. 在 CANCTL0 寄存器中，当初始化模式处于有效时，处于复位状态的位是（　　）。
   A. SLPRQ3　　　　B. CSWAI　　　　C. WUPE　　　　D. INITRQ

2. 当 MSCAN 的发送错误计数器 >255 时，接收标志寄存器的 RSTAT1、RSTAT2 的编码为（　　）。
   A. 00　　　　B. 01　　　　C. 10　　　　D. 11

3. MSCAN 的标识符验收控制寄存器的 IDAM1、IDAM0 位编码为 10 时，标识符接收模式为（　　）。
   A. 2 个 32 位接收滤波器　　　　B. 4 个 16 位接收滤波器
   C. 8 个 8 位接收滤波器　　　　D. 不使用

4. 当位 SLPRQ 与位 SLPAK 同时为 1 时，MSCAN 处于（　　）模式。
   A. 睡眠模式　　　　B. 监听模式　　　　C. 唤醒模式　　　　D. 环回自测模式

5. 当 MSCAN 处于初始化模式，CANCTL0/CANCTL1 寄存器中的相应 INITRQ/INITAK 握手位作为一个锁来保护相应的寄存器，除了（　　）寄存器。
   A. CANCTL0　　　　B. CANCTL1　　　　C. CANBTR0　　　　D. CANBTR1

三、简答题

1. 简述 MSCAN 模块的基本特性。
2. MSCAN 模块寄存器为什么采用相对地址来描述？
3. MSCAN 模块标识符接收滤波器的工作原理是什么？
4. 现代应用层软件的建立基于哪两个基本假设？
5. 什么情况下，MSCAN 处于断电模式？

四、计算题

MCU 外部晶振 16MHz，CAN 总线波特率为 125kb/s，总时间份额为 16，同步跳变宽度为 4，MSCAN 在位时间 75% 初采样一个样本，分别计算 TSEG1、TSEG2、SJW、BRP 的值。

第7章　MSCAN模块的编程

当了解CAN总线和CAN通信控制器后,我们就需要对CAN通信的编程有一定的了解并开始程序的编写。了解和编写MSCAN程序之前,需要先对其编程结构有一定的学习。鉴于C语言程序的通用性强,应用广泛,所以MSCAN的编程方式是采用的C语言结构;MSCAN的模块编程一般可分为三部分,分别为初始化程序、发送程序和接收程序,同时其中会有在发送前或接收前的空余时间段的低功耗应用程序的编写,最后是三个案例测试。

7.1　C语言程序的基本结构

C语言是一种通用的高级程序设计语言,基本上能满足各种应用程序设计的要求,具有代码效率高、数据类型及运算符丰富、完全模块化的程序结构、调试方便、可移植性好和项目管理及维护方便等优点。

用C语言编写应用程序具有如下优点:
(1)无须深入了解系统硬件及单片机指令系。
(2)C语言编译器自动完成内部寄存器分配、存储空间分配和数据类型处理细节等问题。
(3)语言简洁、表达能力强、表达方式灵活。
(4)程序由若干函数组成,具有完全的模块化结构。
(5)有丰富的子库程序,可减少用户的编程工作量。
(6)可有效缩短编程和调试时间,提高软件开发效率。
(7)程序具有良好的可读性和可维护性。
(8)具有良好的可移植性,应用程序稍加修改就可以移植到其他系统中。

7.1.1　C语言程序结构

为了理解C程序结构,这里用一个简单的"流水灯"程序来开启C程序学习。将单片机系统中PB口连接8个LED发光指示灯,要使这些指示灯按一定时间顺序先后闪烁,编写如下一段程序:

```
/*------------------------------------------------------------*/
1 说明:这是一个学习C语言的例程
2 功能:使单片机控制的PORTB口的LED等按设置的时间顺序先后闪烁
3 设计者:郝熠,赵轩
4 设计日期:2016年8月28日
```

```
5   /*-----------------------------------------------------------*/
6   #include <hidef.h>
7   #include "derivative.h"
8   /* --------------------定义的端口 -------------------------*/
9   #define LED PORTB
10  #define LED_dir DDRB
11  unsigned char data = 0x01;
12  /* --------------------延时函数 -------------------------*/
13  void delay(void)
14  {
15  unsigned int i,j;
16  for(j=0;j<2;j++)
17  for(i=0;i<60000;i++)
18      ;
19  }
20  /* --------------------主函数 -------------------------*/
21  void main(void)
22  {
23  DisableInterrupts;
24  LED_dir = 0xff;            //设置为输出
25  LED = ~data;               //点亮LED1
26  EnableInterrupts;
27  for(;;)
28  {
29  delay();
30      data = data<<1;        //左移一位
31  if(data==0)
32          data = 0x01;
33      LED = ~data;
34  }
35  }
```

这个程序有35行之多,貌似复杂,但仔细分析就可以知道,其实是一个非常简单的程序,可以把这个程序分解为5个部分:第1～5行为第一部分,第6、7行为第二部分,第8～11行为第三部分,第12～19行为第四部分,第20～35为第五部分。

第一部分为说明区,它包含程序说明、功能说明、设计者、设计日期等内容,这部分不会自动生成任何代码,只是一个注释,如果把它去掉也不会影响程序的功能。如果程序比较复杂,还是建议加入这些信息,这样有助于使用者迅速掌握这个程序的功能及编程思路,还可以帮助使用者养成良好的编程习惯。

第二部分是预处理区,程序中的#include命令通知编译器在对程序进行编译时,将所需要的头文件读入后再一起进行编译。一般在"头文件"中包含了一些必要的信息,通常C语言编译器都会提供若干个不同用途的头文件。头文件的读入是在对程序进行编译时才完成的。

第三部分是全局变量定义区,通过该区域的定义后可以很清楚地了解到点亮LED灯时用到的是哪些 I/O 口。这样编写的程序更容易被理解,可增强程序的可阅读性。同时在 11 行有一个无符号变量 data,用来指示灯的亮变。

第四部分是延时函数区,这个区域主要是编写一段程序来实现延时功能,在第五部分调用的过程中,可以实现对灯的先后顺序的变化的一个过程。

第五部分是真正能够生成目标代码的程序区,它包含一个 main( )函数。main( )函数是一个特殊的函数,程序的执行都是从 main( )函数开始的,也称为该程序的主函数,一个 C 程序有且只有一个 main( )的主函数。

main( )函数中的程序实体是第 16~33 行,它是一个循环结构。第 24 行是设置 8 个 LED 为输出结构,第 25 行实现 LED1 灯的点亮,第 29 行实现延时功能,延时的时间间隔长短决定了灯在闪烁过程中的一个效果的变化;第 30 行实现程序的灯的左移,从而实现流水灯的闪烁显示。

C 程序的书写格式十分自由,一条语句可以写成一行,也可以在一行内写多条语句,但是需要注意的是,每条语句都必须以分号";"作为结束符。另外,C 语言编程是对大小写敏感的,C 编译器在对程序进行编译时,会把程序中同一个字母的大小写作为不同的字符来处理。虽然 C 程序不要求具有固定的格式,但在实际编写程序时还是遵守一定的规则,一般应按程序的功能以"缩格"形式来编写程序。

上面的程序中在几个地方都加入了注释,注释的目的是增强程序的可阅读性。单行的注释可以用注释标记符号"//"来表述注释开始,到这一行的末尾结束。对于整段的注释可以用"/*"来标识下面整段都是注释,结束标识符号是"*/",使用方法如同第一部分程序说明。注释对于较大的程序来说是十分重要的,一个复杂的程序如果没有注释,在经过一段时间后,恐怕连程序编写者也难以明白原来程序的内容,更不用说让别人来阅读或修改程序了。给程序加入恰当的注释是一个优秀的程序员必须具备的编程习惯。

7.1.2　C 程序的编辑和编译

目前,单片机上的 MSCAN 通常采用 C 语言来编写,MSCAN 的编程环境是 CodeWarrior IDE 的集成开发环境,CodeWarrior IDE 详细使用方法参见第 3 章的内容。

CodeWarrior IDE 集成开发环境建立好以后,C 程序的编辑、编译和调试过程如下:

(1)建立一个工程文件。在打开的应用界面上单击建立一个新工程,从器件库中选择目标器件。比如创建一个 Project.prj 的工程文件。

(2)新建一个 C 语言程序文件。在主菜单 File 下建立一个新文件,这时会打开新的程序编辑窗口,输入新的编写的程序,并保存为 Star.c 文件。

(3)把 C 程序文件添加到工程文件。选中左边工程文件窗口中的 Project 项,右击,在弹出的快捷菜单中选择 Addfile……再选中第二步中建立的 Star.c 文件,即把它加入到工程中。

(4)程序编译。在主菜单选中 Project 下的条形框中的 Make 编译器即可编译程序,编译完成后会生成调试所需要的一系列文件。

(5)运行和调试。编译完成无错误报警并且连接上 BDM 下载器后,在菜单栏中选择 Debug,即可在实验板进行程序的调试和观察程序运行的结果。

7.2 MSCAN 初始化程序的编写

在使用 MSCAN 模块之前,首先配置 MSCAN 的相关寄存器。某些寄存器只有在 MSCAN 初始化模式下才能进行修改,以防止 MSCAN 模块的损坏和 CAN 总线协议的违反。

报文滤波器的设置是 MSCAN 模块初始化中重要的环节。由于 CAN 总线上可能传输着大量的数据,若将每帧的 ID 都与自己感兴趣的 ID 进行比对,会消耗大量的 CPU 资源。许多报文对本节点毫无意义,则应把它们拒之门外,以节省 CPU 的处理时间,降低 CPU 的负载。设置了报文滤波器,CPU 只需处理自己感兴趣的报文。

在进入 MSCAN 初始化模式前,若 MSCAN 模块已经在工作,则用户须确认 MSCAN 的传送队列为空,并首先让 MSCAN 进入睡眠模式。否则,中止正在发送的报文可能导致错误情况,并影响到其他 CAN 总线节点。

7.2.1 MSCAN 初始化流程

初始化按下列过程实现:
(1)若当前 MSCAN 模块已在运行,则使其进入睡眠模式。
(2)若 MSCAN 模块不在初始化模式,则请求进入初始化模式。
(3)等待进入初始化模式。
(4)设置相应寄存器,可供设置的有 CANCTL1、CANBTR0、CANBTR1、CANIDAC、CANIDAR0 ~ CANIDAR7,CANIDMR0 ~ CANIDMR7 等。
(5)对 INITRQ 清零以离开初始化模式,回到运行模式。
(6)若先前进入了睡眠模式,则离开睡眠模式。
(7)设置剩下的 MSCAN 寄存器,可设置的有 CANCTL0、CANNIER、CANTIER 等。
典型的 MSCAN 初始化流程如图 7-1 所示。

7.2.2 MSCAN 模块初始化例程

下面给出一个 MSCAN 初始化的例子,使用飞思卡尔控制器 MC9S12XDT256 的 CAN0。

假定 MCU 外部晶振 16 MHz,时序部分规定为:CAN 总线波特率为 125 kb/s,总时间份额为 16,同步跳变宽度为 4 个时间份额,MSCAN 在位时间 75% 处采样一个样本;滤波方式规定为:选择双 32 位滤波器,只接收 0x13F 的标准帧;MSCAN 模式规定为:MSCAN 模块使能,正常模式,使能时间戳,使能接收中断,禁止发送中断。MSCAN 的具体配置如下。

1)确定 MSCAN 时序参数

CANCTL1 寄存器中的时钟源选择位 CLKSRC 定义了 MSCAN 使用的时钟源是总线时钟还是振荡器时钟。时钟源的选择必须以 CAN 协议为基础,选择最为恰当的时钟源。若使用了锁相环 PLL,则最好选择振荡器时钟而不是总线时钟。此例中,选择 16 MHz 的外部振荡器作为时钟源,即设置 CANCTL1_CLKSRC = 0。

根据表 7 - 1,从中确定合适的时段 1、时段 2 和同步跳转宽度的值,从而确定 MSCAN 寄存器 TESG1、TSEG2 和 SJW 的值。

第 7 章 MSCAN模块的编程

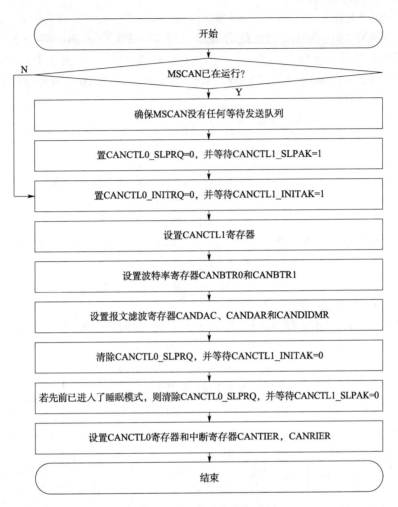

图 7-1 MSCAN 初始化流程

遵从 CAN 标准的位时段设置　　　　　　　　　　　　　　　　　　　表 7-1

时段 1	TSEG1	时段 2	TSEG2	同步跳转宽度	SJW
5.10	4.9	2	1	1.2	0.1
4.11	3.10	3	2	1.3	0.2
5.12	4.11	4	3	1.4	0.3
6.13	5.12	5	4	1.4	0.3
7.14	6.13	6	5	1.4	0.3
8.15	7.14	7	6	1.4	0.3
9.16	8.15	8	7	1.4	0.3

选择条件为：

总时间份额 = 16 = SYNC + 时段 1 + 时段 2（SYNC = 1）

（SYNC + 时段 1）/ 总时间份额 = 75%

同步跳转宽度 = 4

则可从中选择时段1 = 11,时段2 = 4满足上述条件,从而得出寄存器的值,即:
$$CANBTR1\_TSEG1 = 10, CANBTR1\_TSEG2 = 3, CANBTR0\_SJW = 3$$

接着根据 CAN 总线波特率计算公式,求出 MSCAN 波特率分频因子 Prescaler value。其中,$f_{CANCLK} = 16MHz$, Bit Time $= 1/(125kHz)$, Time Segment1 $= 11$, Time Segment2 $= 4$。CAN 总线波特率计算公式为:

$$\text{Bit Time} = \frac{\text{Prescaler value}}{f_{CANCLK}} \cdot (1 + \text{Time Segment1} + \text{Time Segent2})$$

分频数为:
$$\text{Prescaler value} = 16MHz/(1 + 11 + 4)/(125kHz) = 8$$
$$CANBTR0\_BRP = 8 - 1 = 7$$

根据每位时段所采集的 CAN 总线样本数量规定,每位采集一个样本,可得 CANBTR1_SAMP = 0。至此求出了 CANBTR0 和 CANBTR1 寄存器中所有字段的值,即:
$$CANBTR0 = 0xC7$$
$$CANBTR1 = 0x3A$$

2)确定 MSCAN 滤波参数

根据 MSCAN 的 IDAR 寄存器结构,见表7-2,设置 ID 值及其掩码(11 位标识符),即:
$$ID = 0x13F = 0b00100111111$$
$$Mask = 0x6C0 = 0b11011000000$$

MSCAN 的 IDAR 寄存器结构表 表7-2

REG		Bit7	Bit6	Bit5	Bit4	Bit3	Bit2	Bit1	Bit0
IDR0	R/W	ID10	ID9	ID8	ID7	ID6	ID5	ID4	ID3
IDR1	R/W	ID2	ID1	ID0	RTR	IDE			
IDR2	R/W								
IDR3	R/W								

设置 IDAR 寄存器,见表7-3,深色部分是1。

IDAR 寄存器的设定 表7-3

REG	Value	Bit7	Bit6	Bit5	Bit4	Bit3	Bit2	Bit1	Bit0
IDR0	27	ID10	ID9	ID8	ID7	ID6	ID5	ID4	ID3
IDR1	E0	ID2	ID1	ID0	RTR	IDE			
IDR2	00								
IDR3	00								

设置 IDMR 寄存器,由于只接收 0x13F 的标准帧,因此每位都需要比对,IDMR 各个寄存器均为0。则得出的其中一组滤波器的各寄存器的值为:
$$IDAR0 = 0x27$$
$$IDAR1 = 0xE0$$
$$IDAR2 = 0x00$$
$$IDAR3 = 0x00$$
$$IDMR0 = 0x00$$

IDMR1 = 0x00
IDMR2 = 0x00
IDMR3 = 0x00

7.2.3 完整的初始化代码

MSCAN 初始化一般按以下步骤编写：
（1）查询是否能进入初始化状态，获得初始化允许后就可以配置控制寄存器。
（2）配置总线时序寄存器 0 和 1。
（3）配置 MSCAN 标识符验收控制寄存器。
（4）配置滤波器设置，两组滤波器设置相同，使得 MSCAN 只能接收 ID 为 0x13F 的帧。
（5）退出请求初始化模式。
（6）等待正常模式的确认，同时设置 MSCAN 控制寄存器 0。
（7）打开接收中断，关闭发送中断。

具体的程序如下：

```
/*-----------------------------------------------------------*/
说明:这是 MSCAN 模块初始化函数
功能:初始化 MSCAN,配置相关寄存器后,退出初始化状态并打开接收中断
设计者:马力旺,赵轩
设计日期:2016 年 8 月 28 日
/*-----------------------------------------------------------*/
void INIT_CAN0( void)
{
  if( CAN0CTL0_INITRQ = =0)       // 查询是否进入初始化状态
    CAN0CTL0_INITRQ = 1;          // 请求进入初始化状态
  while ( CAN0CTL1_INITAK = =0 );  //等待进入初始化状态
  CAN0CTL1 = 0x81;                //配置 MSCAN 控制寄存器 1
  /* 0b10000001                   //使能 MSCAN、时钟源为振荡器、初始化模式
  *[7] - >CANE：MSCAN 使能。        0:禁止;              1:使能
  *[6] - >CLKSRC：MSCAN 时钟源选择。 0:振荡器时钟;        1:总线时钟
  *[5] - >LOOPB:环回自测模式。      0:禁止;              1:使能
  *[4] - >LISTEN:监听模式。         0:MSCAN 正常运行;    1:监听模式使能
  *[3] - >BORM:总线脱离回复模式。    0:自动;              1:用户请求
  *[2] - >WUPM:唤醒模式。           0:任意显性信号;      1:显性脉宽为 Twup 时
  *[1] - >SLPAK:睡眠模式。          0:MSCAN 正常运行;    1:睡眠模式使能
  *[0] - >INITAK：MSCAN 使能。      0:MSCAN 正常运行;    1:初始化模式使能
  */
  CAN0BTR0 = 0xC7;                //配置 MSCAN 总线时序寄存器 0
  /* 0b11000111    //CAN 时钟分频数 =8(BRP =7)、同步跳变宽度 =4(SJW =3)
  *[7:6] - >SJW[1:0]:同步跳变宽度。
  *[5:0] - >BRP[5:0]:波特率预分频因子。
  */
  CAN0BTR1 = 0x3A;                //配置 MSCAN 总线时序寄存器 1
  /* 0b00111010   //时段 1 = 11(TSEG1 = 10)、时段 2 = 4(TSEG2 = 3)、每位采样一个样本
```

* [7] -> SAMP:每位时段采集的CAN总线样本数量。0:每位1个样本;1:每位3个样本
 * [6:4] -> TSEG2[2:0]:时段2。
 * [3:0] -> TSEG1[3:0]:时段1。
 */
CAN0IDAC = 0x00;//配置MSCAN标识符验收控制寄存器
/*0b00000000   //时段1=11(TSEG1=10)、时段2=4(TSEG2=3)、每位采样一个样本
 * [7:6]:保留位。
 * [5:4] -> IDAM[1:0]:标识符接收模式。00:2个32位接收滤波器   01:4个16位接收滤波器
 *   10:8个8位接收滤波器   11:不使用
 * [3]:保留位。
 * [2:0] -> IDHIT[2:0]:标识符接收有效标志指示器。
//滤波器设置,两组滤波器设置相同,使得MSCAN只能接收ID为0x13F的帧。
CAN0IDAR0 = 0x27;
CAN0IDAR1 = 0xE0;
CAN0IDAR2 = 0x00;
CAN0IDAR3 = 0x00;
CAN0IDAR4 = 0x27;
CAN0IDAR5 = 0xE0;
CAN0IDAR6 = 0x00;
CAN0IDAR7 = 0x00;
CAN0IDMR0 = 0x00;
CAN0IDMR1 = 0x00;
CAN0IDMR2 = 0x00;
CAN0IDMR3 = 0x00;
CAN0IDMR4 = 0x00;
CAN0IDMR5 = 0x00;
CAN0IDMR6 = 0x00;
CAN0IDMR7 = 0x00;
CAN0CTL0_INITRQ = 0;   //请求退出初始化模式
while(CAN0CTL1_INITAK);   //等待正常模式确认
CAN0CTL0 = 0x08;   //MSCAN控制寄存器0
/*0b00001000   //使能时间戳
 * [7] -> RXFRM:接收帧标志位,写1清除。   0:未收到有效报文;1:收到有效报文
 * [6] -> RXACT:接收器使能状态。   0:正在发送或空闲;1:正在接收报文
 * [5] -> CSWAI:在等待模式中CAN停止。   0:不受影响；   1:停止计时
 * [4] -> SYNCH：MSCAN与CAN总线同步状态。0:不同步；   1:同步
 * [3] -> TIME:计时器使能。   0:禁止；   1:使能
 * [2] -> WUPE:唤醒使能。   0:唤醒禁止；   1:唤醒使能
 * [1] -> SLPRQ:睡眠模式请求。   0:正常运行；   1:睡眠模式请求
 * [0] -> INITRQ:初始化模式请求。   0:正常运行；   1:初始化模式
 */
CAN0RIER = 0x01;//打开接收中断,开中断在退出初始化的模式下进行
CAN0TIER = 0X00;//关闭发送中断
```

在系统初始化时,调用"INIT_CAN0(void)"即可完成MSCAN模块的初始化。由于在初
```

始化函数中打开了接收中断,故在工程中必须有相应的中断处理函数以防中断触发时程序跑飞。

7.2.4　MSCAN 监听与环路模式的应用

在 MSCAN 初始化模式中,设置 CANCTL1_LISTEN = 1 使 MSCAN 进入监听模式。在此模式下,节点只能接收数据,而无法发送任何数据,且也不会发送包括错误标志和确认信号在内的任何报文,同时,错误计数器停止计数。监听模式可以支持需要"热插拔"或"吞吐量分析"的应用。

在 MSCAN 初始化模式中,设置 CANCTLI LOOPB = 1 使 MSCAN 进入环路模式。环路模式独立于外部系统的连接,有时用于检查软件,以帮助隔离系统问题。在该模式中,发送器输出内部连接到接收器输入。RXCAN 输入引脚被忽略,TXCAN 输出进入隐性状态(逻辑1)。发送时,MSCAN 的运行正常,把它自己发送的报文作为从远程节点接收的报文。在该状态中,MSCAN 将忽略 CAN 帧应答场中 ACK 间隙中发送的位,以确保正确接收它自己的报文,同时生成发送和接收中断。单一节点的 MSCAN 可以通过环路模式进行自收自发,以此实现系统的功能进行测试。

7.3　MSCAN 发送程序的编写

要将 CAN 报文发送至 CAN 总线上,首先需要选择可用的发送缓冲区,然后将数据写入发送缓冲区,最后设置对应于此缓冲区的发送标志。MSCAN 有三个发送缓冲区,此机制允许提前建立多条报文,从而优化了实时性能,用户在对发送缓冲区写入数据前,只需通过 CANTBSEL 寄存器为缓冲区设置一个指针,这使得每个缓冲区能够在前台缓冲区 CANTXFG 地址空间内被访问,此算法功能简化了发送缓冲器选择。此外,这种机制使程序软件处理更为简单,因为发送流程只需访问一个地址,节省所需地址空间。

要利用 MSCAN 发送报文,首先必须对 MSCAN 进行初始化,这部分已有说明,下面介绍 MSCAN 发送流程。

7.3.1　MSCAN 发送流程

发送前,检测 CANTFLG&7 是否为 0,以判断是否存在可用的缓冲区。若 CANTFLG&7 = 0,说明三个缓冲区已满,且报文未被发出,此时若选择缓冲区继续装填将导致先前待发送的报文丢失。检测到此情况的原因可能为:

(1) MSCAN 没有来得及将报文发出。

(2) 总线上未有节点应答,导致报文发送不成功。

若有可用的缓冲区,使用语句"CANTBSEL = CANTFLG;"将选择相应的发送缓冲区。当有多个缓冲区空闲时,选择的缓冲区的序号是最小的,即若 CANTFLG = 7,则执行"CANTBSEL = CANTFLG"语句后,CANTBSEL = 1,MSCAN 自动选择了第一个发送缓冲区。

接着,CPU 将标识符、数据段长度和数据装入缓冲区内,最后置位发送标志"CANTFLG = CANTBSEL",将已选择的缓冲区标记为发送,同时 TXE 标志被清零。

此后 MSCAN 会自动把数据装入传送队列,传送成功后将 TXE 标志置 1,若先前使能发送中断,在此则会产生一个发送中断,用户可以利用此中断继续加载数据到发送缓冲区。

若准备发送的缓冲区不止一个,则 MSCAN 模块会使用内部的优先级来决定先发送哪个缓冲区。每个缓冲区都有一个 8 位优先级域,在数据建立之前,用户首先要对此域写入优先级。通过判断域内的优先级即可判定数据的优先级。优先级的值越小,则表示此缓冲区的优先级越高。当 MSCAN 每次参与总线仲裁和发生发送错误时,都会进行内部的数据排列。

当用户产生一个较高优先级的数据时,三个缓冲区内低优先级的数据必须终止发送。若发送操作不能够终止,则用户必须设置 CANTARQ 寄存器中的 ABTRQ 位以强行终止发送,随后 MSCAN 模块会把 CANTAAK 寄存器中的 ABTAK 标志位置 1,并把 TXE 标志位置 1以释放缓冲区,然后产生一个发送中断。此时,发送中断的服务程序便可以根据 ABTAK 位的情况来确定数据发送成功还是被终止了。

7.3.2 MSCAN 报文发送例程

针对 MC9S12XDT256 的 CAN0,定义一个发送函数 CAN0TX,在函数执行过程中,若没有找到空闲的缓冲区,则停止发送,返回错误标志;反之,说明发送成功,返回成功标志。其中,对 ID 的操作请参照 MSCAN 模块介绍中 IDR 寄存器的结构图。代码如下:

```
/*------------------------------------------------------------*/
说明:这是 MSCAN 模块报文发送函数
功能:找到空闲缓冲区,发送数据并返回成功标志
设计者:黑文洁,赵轩
设计日期:2016 年 8 月 28 日
/*------------------------------------------------------------*/
*                CAN0 发送程序
*    id              //标识符,四个字节
*    isextend        //是否为扩展帧标志位,扩展帧为 1,否则为 0
*    isdataframe     //是否为数据帧标志位,数据帧为 1,否则为 0
*    priority        //优先级,最高为 0
*    length          //数据长度
*    *Senddata       //指向发送数据段的字节指针
byte CAN0TX( ulong id, byte isextend, byte isdataframe, byte priority, byte length, byte  *Send_data)
{
  byte i;
  ulong idreg = 0;
  if( ! ( CAN0TFLG&7 ) )
     return( FALSE) ;            // 发送缓冲区已满,返回
  CAN0TBSEL = CAN0TFLG;          // 选择发送缓冲区
  if( isextend)                  // 将扩展帧 ID 格式转换为 MSCAN 中的 IDR 的格式
     idreg = ( ( ( id&0x1FFC0000UL) < 3) |0x00180000UL| ( ( id&0x0003FFFFUL) < <1) ) ;
  else                           // 将标准帧 ID 格式转换为 MSCAN 中的 IDR 的格式
     idreg = id < <21;
  if( ! isdataframe)
     if( isextend)
```

```
        idreg| =1;
     else
        idreg| =0x100000UL;
   }
   else
   {
     for(i=0;i<length;i++)                    // 设置数据
        *(&CAN0TXDSR0+i)=Send_data[i];
   }
   *((ulong*)((ulong)(&CAN0TXIDR0)))=idreg;   // 设置 ID
   CAN0TXDLR=length;                          // 设置数据段长度
   CAN0TXTBPR=priority;                       // 设置优先级
   CAN0TFLG=CAN0TBSEL;                        // 启动发送
   return(TRUE);                              // 成功发送,返回
}
```

若发送标准数据帧,ID=0x13E,优先级为0,数据段长度为8,则调用如下:
if(CAN0TX(0x13E,0,1,0,8,&Senddata[0]))
//发送成功,进行后续处理
else
//缓冲区满,进行后续处理

发送扩展远程帧,ID=0x20000,优先级为0,数据段长度为8,则调用如下:
if(CAN0TX(0x20000,1,0,0,8,&Senddata[0]))
//发送成功,进行后续处理
else
//缓冲区满,进行后续处理

7.4 MSCAN 接收程序的编写

MSCAN 有 5 个接收缓冲区,这 5 个缓冲区被映射到相同的内存单元 CANRXFG。同发送缓冲区一样,这种机制简化了应用软件的编写,提高了接收 CAN 帧的效率。所有的接收缓冲区都具有 15 个字节来存放 CAN 帧相关信息,包括 ID、DLC 和数据等。

CANRFLG 寄存器中的 RXF 位指示了前台接收缓冲区的状态,当缓冲区内的数据被正确接收时,RXF 位就被置 1。若打开了接收中断,CPU 就会跳到用户的中断代码中执行。用户的中断服务程序可以把数据从前台缓冲区中读出,并置位 RXF 标志以响应中断并释放前台缓冲区。若前台缓冲区释放前有新的 CAN 帧被接收,则会被存入另一个可用的背景缓冲区中。若 MSCAN 在传送期间发生错误,则背景缓冲区内的数据会被新的数据覆盖,而不会移至前台缓冲区。

要利用 MSCAN 接收特定的报文首先必须对 MSCAN 进行初始化,这在前面已有说明,下面介绍 MSCAN 接收流程。

7.4.1 MSCAN 接收流程

CAN 帧的接收有两种方式:查询标志 CANRFLG_RXF 和中断。在接收到 CAN 帧后,

CANRFLG_RXF=1,对 CANRFL_RXF 清除标志,即写 1 时将释放此前台缓冲区,前台缓冲区一旦释放,后台缓冲区的数据就可能立即移到前台,因此必须在清除标志前读取所有的数据:ID、数据场和时间标记等,否则将导致接收错误。

7.4.2 查询方式接收 CAN 帧例程

下面给出以查询方式接收 CAN 帧的代码示例。基于 MC9S12XDT256 的 CAN0,编写一个查询方式的 CAN 帧接收函数,能接收任意 ID 的 CAN 帧。在函数执行过程中,若检测到接收缓冲区为空,则返回缓冲区为空的标志,否则读取前台缓冲区中的数据到函数的参数中,并返回成功标志。其中,对 ID 的操作请参照 MSCAN 模块介绍中 IDR 寄存器的结构。代码如下:

```
/*------------------------------------------------------------*/
说明:这是 MSCAN 模块报文接收函数
功能:以查询方式接收 CAN 帧
设计者:何璐,赵轩
设计日期:2016 年 8 月 28 日
/*------------------------------------------------------------*/
*                    CAN0 接收程序
*    * id              //接收到的标识符,四个字节
*    * isextend        //是否为扩展帧标志位,扩展帧为 1,否则为 0
*    * isdataframe     //是否为数据帧标志位,数据帧为 1,否则为 0
*    * length          //接收到的数据帧长度
*    * Rxdata          //接收到的数据段
Bool CAN0RX(ulong * id,byte * isextend,byte * isdataframe,byte * length,byte * Rxdata)
{
    byte i;
    ulong idreg;
    if(! CAN0RFLG)
        return(FALSE);//接收缓冲区为空,返回
    /* CAN0RFLG = 0bxxxxxxx0    //接收缓冲区没有新报文
    *[7] - >WUPIE:唤醒中断标志,如果在处于睡眠模式时 MSCAN 检测到 CAN 总线上面有效且 CANTCTL0 中的 WUPE =1,那么该模块将设 WUPIF。
如果未被屏蔽,当设置了该标志时,有一个唤醒中断产生。
0:处于睡眠模式时未观察到唤醒有效           1:MSCAN 检测到 CAN 总线有效并请求唤醒。
    *[6] - >CSCIF:CAN 状态变化中断标志。
0:自从上次中断以来 CAN 总线状态未发生变化   1:MSCAN 更改了当前 CAN 总线状态。
    *[5:4] - >RSTAT[1:0]:接收器状态位。00:RxOK:   0 < = 接收错误计数器 < =96;
                                    01:RxWRN:96 < 接收错误计数器 < =127;
                                    10:RxERR:127 < 接收错误计数器 < =255;
                                    11:Bus- off:接收错误计数器 >255
    *[3:2] - >TSTAT[1:0]:发送器状态位。00:TxOK:   0 < = 发送错误计数器 < =96;
                                    01:TxWRN:96 < 发送错误计数器 < =127;
                                    10:TxERR:127 < 发送错误计数器 < =255;
                                    11:Bus- off:发送错误计数器 >255
```

```
 *[1]->OVRIF:溢出中断标志。            0:无数据溢出情况
                                        1:检测到数据溢出
 *[0]->RXF[2:0]:接收缓冲区已满标志。   0:RXFG 中没有新报文
                                        1:接收器 FIFO 非空。RXFG 中有报文
 */
idreg = *((ulong*)((ulong)(&CAN0RXIDR0)));//获取 ID 值
if(idreg&0x00080000UL)//MSCAN IDR//寄存器组中扩展帧位
{
    *isextend = 1;
    *id = ((idreg>>1)&0x3FFFFUL)|((idreg>>3)&0x1FFC0000UL);//转换为扩展帧 ID
    *isdataframe = (idreg&1)? 0:1;        //判断 RTR 位  0:数据帧  1:远程帧
}
else
{
    *isextend = 0;
    *id = idreg>>21;
    *isdataframe = (idreg&0x100000UL)? 0:1;//判断 RTR 位  0:数据帧  1:远程帧
}
if( *isdataframe)                          //数据帧
{
    *length = CAN0RXDLR_DLC;               //获取数据长度
    for(i=0;i<*length;i++)
        Rxdata[i] = *(&CAN0RXDSR0+i);      //获取数据内容
}
CAN0RFLG_RXF = 1;                          //通过给 RXF 位写 1 清除 RXF 位,释放缓冲区
return(TRUE);                              //接收成功,返回
}
```

使用 CAN0RX 函数前,首先要对 CAN0 模块进行初始化,如果允许任意 ID 的 CAN 帧通过滤波器,可选择双 32 位滤波方式,并设置掩码寄存器如下(具体见初始化 CAN 模块章节):

```
CAN0IDMR0 = 0xFF;//第一组
CAN0IDMR1 = 0xFF;
CAN0IDMR2 = 0xFF;
CAN0IDMR3 = 0xFF;
CAN0IDMR4 = 0xFF;//第二组
CAN0IDMR5 = 0xFF;
CAN0IDMR6 = 0xFF;
CAN0IDMR7 = 0xFF;
```

上面的两组滤波器,如果第一组 CAN0IDMR0~3 均设置成了 0xFF,即关闭了滤波器,第二组的 CAN0IDMR4~7 可以设置为任意值。

调用 CAN0RX 函数,首先要声明变量:

```
ulong id;
byte isextend,isdataframe,length;
byte Receive_data[8];
```

调用如下：
if(CAN0RX(&id,&isextend,&isdataframe,&length,&Receive_data[0]))
　　//接收成功,进行后续处理
else
　　//缓冲区为空,进行后续处理

7.4.3　中断方式接收 CAN 帧例程

基于 MC9S12XDT256 的 CAN0,开放 MSCAN 接收中断,当中断触发后,读取前台缓冲区中的 ID 和数据等信息。可以在中断程序中调用上述的 CAN 接收函数。MSCAN 的每一个 CAN 通道有四类中断,分别对应 CPU 中的四个向量号：

（1）wake-up——由唤醒操作引发的中断。
（2）errors——由故障帧引发的中断。
（3）receive——由接收模块引发的中断。
（4）transmit——由发送模块引发的中断。

这些中断的开启,必须在正常模式下进行,而不能在初始化期间(参见 MSCAN 模块的初始化部分内容)。若初始化时允许接收中断,当 MSCAN 模块从总线上接收到通过滤波的 CAN 消息后将产生接收中断。每个通道的接收中断向量号的查阅参见相应的芯片手册,对于 MC9S12XDT256 中断向量表见表 7-4。

MC9S12XDT256 的中断向量表　　　　表 7-4

地　　址	XGATE 通道 ID	中断源	CCR Mask	局 部 使 能
矢量基 + $BA	$5D	EPROM	1 bit	ECNFG(CCIE,CBEIE)
矢量基 + $B8	$5C	FLASH	1 bit	FCNFG(CCIE,CBEIE)
矢量基 + $B6	$5B	CAN0 wake-up	1 bit	CAN0RIER(WUPIE)
矢量基 + $B4	$5A	CAN0 errors	1 bit	CAN0RIER(CSCIE,ORVIE)
矢量基 + $B2	$59	CAN0 receive	1 bit	CAN0RIER(RXFIE)
矢量基 + $B0	$58	CAN0 transmit	1 bit	CAN0TIER(TXEIE[2:0])
矢量基 + $AE	$57	CAN1 wake-up	1 bit	CAN1RIER(WUPIE)
矢量基 + $AC	$56	CAN1 errors	1 bit	CAN1RIER(CSCIE,ORVIE)
矢量基 + $AA	$55	CAN1 receive	1 bit	CAN1RIER(RXFIE)
矢量基 + $A8	$54	CAN1 transmit	1 bit	CAN1TIER(TXEIE[2:0])
矢量基 + $A6	$53	CAN2 wake-up	1 bit	CAN2RIER(WUPIE)
矢量基 + $A4	$52	CAN2 errors	1 bit	CAN2RIER(CSCIE,ORVIE)
矢量基 + $A2	$51	CAN2 receive	1 bit	CAN2RIER(RXFIE)
矢量基 + $A0	$50	CAN2 transmit	1 bit	CAN2TIER(TXEIE[2:0])
矢量基 + $9E	$4F	CAN3 wake-up	1 bit	CAN3RIER(WUPIE)
矢量基 + $9C	$4E	CAN3 errors	1 bit	CAN3RIER(CSCIE,ORVIE)
矢量基 + $9A	$4D	CAN3 receive	1 bit	CAN3RIER(RXFIE)
矢量基 + $98	$4C	CAN3 transmit	1 bit	CAN3TIER(TXEIE[2:0])

CAN0 的接收中断向量位于地址 Vector + $ B2 处,CPU 的复位向量安排在地址 Vector + $ FE 处(向量地址以 16 位双字节对齐),且规定它的向量为 0,则 Vector + $ FC 地址处的中断向量号为 1,类似的,CAN0 的接收中断向量为(0xFE - 0xB2)/2 = 38,CAN0 的发送中断是 39,CAN1 的接收中断是 42。

通常,MSCAN 的 CAN0 中断方式接收程序如下:

```
#pragma CODE_SEG NON_BANKED//将代码放到未分页的代码段中,保证能随时访问
void interrupt 38 ISR_CAN0RX( void)
{
  if( CAN0RX( &id ,&isextend ,&isdataframe ,&length ,&Receive_data[0]))
    //接收完成的语句
}
#pragma CODE_SEG DEFAULT
```

当触发接收中断后,在中断服务程序中,必须有 CAN0RFLG_RXF = 1,来清零接收中断标志位,否则后续将不能触发接收中断。因为在 CAN0RX 接收函数中已经有 CAN0RFLG_RXF = 1 语句,所以这里不再重复清零。

一个 CAN 帧被正确接收后,中断函数将被 CPU 自动调用,调用的前提是在 CAN 的初始化程序中打开接收中断 CAN0RIER_RXFIE = 1;且全局中断也打开("EnableInterrupts;"或者"_asm CLI;")。另外,如果打开了中断,但是没有相应的中断服务程序,程序将跑飞。

7.5 MSCAN 的低功耗应用

微控制器上的 MSCAN 模块是通过物理接口与 CAN 总线相连的。CAN 总线往往是两根差分双绞线,有时也会是单线。为了使用方便,多个 CAN 接口集成在一个芯片中。CAN 接口可以分为两种基本类型:高速和容错。高速 CAN 接口可以使用 CAN 总线所有的速率范围,从 10kb/s(10000b/s) 到 1Mb/s(1000000b/s)。相比之下,容错 CAN 的速率限制在 125kb/s。容错 CAN 一直监视 CAN 总线上的故障情况,比如导线损坏或者接电/地短路。一旦检测到故障,容错 CAN 会自动采取措施来减小系统目前的消耗并使用单线通信,但故障恢复后,容错 CAN 会自动切换回正常工作状态,MC33388 就是容错 CAN 的典型例子,高速 CAN 是不提供容错功能的。

在系统基础芯片中可以实现更高级别的集成。SBC(系统基础芯片)集成了很多在嵌入式 CAN 应用中常见的电路,节省了电路板体积和成本。像 MC33889 这种 SBC 就集成了很多功能,比如一个容错 CAN 接口,双电压调节器,供电电压检测,可编程看门狗和唤醒功能。SBC 通过 SPI 接口被微控制器控制。MC33989 也是如此,但是有一个高速 CAN 接口。

微控制器、MSCAN 模块、CAN 接口和 SBC 都有低功耗模式,也被称为休眠模式,其目的是在不活跃时把功耗降至最低,这对于电池供电的应用场合非常重要。比如,在一个有电池供电的汽车应用环境中,系统要求在停车两周后系统中剩余的电量仍足以起动发动机。在不活跃时段,电控单元大部分处于低功耗休眠模式。过段时间后 ECU 可能需要被唤醒来检查新的活动或者对外部刺激给出反应。本节的目的是描述这样一种必要的统筹行为:将处

于低功耗休眠模式下的 CAN 应用通过特定刺激唤醒。本节基于 MC9S12D 系列微控制器对 MSCAN 低功耗应用作介绍，只要对寄存器名和位略作改动便可兼容在 MC68HC08 和 MC68HC12 的 MSCAN 模块上。

7.5.1 低功耗模式介绍

1）微控制器的低功耗模式

微控制器有三种功耗模式：工作、等待和停止。

（1）在工作模式下，微控制器可以使用所有功能，功耗最高。某些不使用的外围模块可能处于初始化模式下来减少不必要的功耗。

（2）在等待模式下，CPU 时钟关闭，减少功耗。外围模块也可以通过软件关闭，可以减少更多功耗。通过执行 WAI 指令进入等待模式，当检测到不可屏蔽中断时退出等待模式。不可屏蔽中断包括外部信号，某个外围模块或者复位。

（3）在停止模式下，所有的内部时钟都停止，外部晶振也停止（除非设置 CLKSEL 寄存器中的 PSTP 位），功耗降至最小。通过 STOP 指令进入停止模式，清除 CCR 寄存器中的 S 位执行 STOP 指令。当检测到外部信号或者中断时退出停止模式。如果设置正确的话，CAN 总线上的报文也可以发出唤醒中断，退出停止模式后晶振重新启动。如果 STOP 指令执行时 CLKSEL 寄存器 PSTP 位设 1，则晶振不会停止。虽然这会产生较大的功耗，但是减小了晶振启动的延时也降低了机械压力和频繁 STOP 状态的机械疲劳。

还有一个对功耗影响很大的因素是总线频率。微控制器一般使用外部晶振，频率为 1~8MHz。一个内部锁相环（PLL）可以产生高达 25MHz 的总线频率。如果将 PLL 关闭可以节省功耗，不过会将总线频率降低到晶振频率的 50%，这个往往和等待模式一起使用。外围模块和内部总线时钟用的是同一个时钟源，所以都会被影响到。MSCAN 模块可以直接用晶振作为时钟源，所以不会受到模式选择的影响。

2）MSCAN 的低功耗模式

MSCAN 模块有两种低功耗模式：休眠模式和断电模式。在休眠模式下，通过停止那些需要 CPU 来访问寄存器以外的所有 MSCAN 时钟来降低功耗；在断电模式下，所有的 MSCAN 时钟都被停止，功耗最低。如果 MSCAN 关闭（CANE=0），那么除了需要 CPU 访问寄存器外的所有 MSCAN 时钟都将停止来减少功耗。

在 CPU 运行时 MSCAN 可以处于正常模式或者休眠模式下。当 CPU 进入等待模式时需要同时设置 MSCAN 寄存器并且 CPU 要选择需要的模式。当微控制器进入停止模式时 MSCAN 总是进入断电模式。

只有在以下情况时方能触发 MSCAN 唤醒中断：

（1）MSCAN 在休眠模式或者断电模式，SLPRQ=1 并且 SLPAK=1。

（2）唤醒功能被使能（WUPE=1）。

（3）唤醒中断被使能（WUPIE=1）。

（4）中断没有被屏蔽（CCRI=0）。

（5）RX 输入端检测到显性电平（所需时间取决于 WUPM 位）。

MSCAN 无法接收或确认由唤醒中断产生的第一个 CAN 报文，而且如果接收 CAN 报文时微控制器处于停止模式下,那么要等到微控制器的晶振重新启动而且 MSCAN 和 CAN 总线同步(连续接收 11 位)。当网络中所有节点都在低功耗模式时,传输的第一个报文将会唤醒所有的节点,但是只有那些最快恢复到普通运行方式的节点能够接收到。如果要使所有节点都变化运行模式还需要发送第二个报文。

3) CAN 接口

CAN 接口和系统基础芯片也会有低功耗模式,往往称为休眠模式或者待机模式。CAN 接口的操作模式由一两个引脚的电平决定,这些引脚一般与 I/O 口相连来控制 CAN 接口的操作模式,系统基础芯片的操作模式由内部寄存器决定;通过 SPI 接口发送合适命令来控制。

在 CAN 总线不活跃前,将其置于低功耗模式并且在需要通信时将 CAN 接口置回普通模式。通过触发信号代替 CAN 报文来唤醒总线,同时在休眠模式下 CAN 接口和系统基础芯片也能检测 CAN 总线。CAN 总线上的显性位将在 Rx 引脚上产生一个低电平,可以使能正确配置了的微控制器。系统基础芯片可以使用输出引脚周期性地唤醒微控制器。

7.5.2 进入低功耗模式

为了保证可靠地唤醒操作,防止 CAN 故障,在进入低功耗模式时必须遵循一个合适的流程,如图 7-2 所示。在接下来的叙述中,清零表示 bit = 0,置位表示 bit = 1。

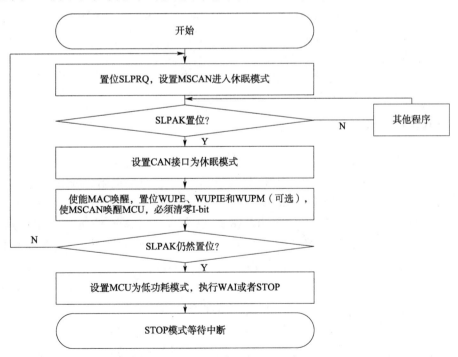

图 7-2 进入低功耗模式的流程图

(1) 当 CPU 还在运行时,将 MSCAN 设置为休眠模式是有必要的。通过将 CPU 的 CANCTL0 寄存器的 SLPRQ 置位来进入休眠模式。任何待发报文要么在进入时就发送,要么就在置位前取消掉。需要注意的是休眠模式不是一下就能进入的,如果 CAN 总线上没有报文传输,在1~2个位时间内就能够进入休眠模式。如果有报文正在发送或者接收,休眠模式要等到收发完成后才会进入。

当MSCAN进入休眠模式后,将会把CANCTL1的SLPAK置位。MCU必须要等待SLPAK置位完成,然后才能进入下一个环节。如果后面有其他报文跟着,MSCAN会马上被唤醒。因此,建议由网络管理软件来处理CAN网络的模式变换,例如通过特定的报文广播方式使得所有节点同时进入休眠模式。

(2) CAN物理接口或者系统基础芯片必须进入低功耗模式,物理接口必须在MSCAN之前进入休眠模式。如果系统基础芯片处于周期性唤醒模式下,必须要在发送休眠信号前使能该功能。

(3) MCU唤醒功能现在必须使能。如果MSCAN会被用来唤醒MCU,参见①;如果MCU被外部中断引脚唤醒,参见②。

①使用MSCAN唤醒MCU。必须置位CANCTL0寄存器的WUPE位来使能总线激活唤醒。必须置位CANRIER寄存器的WUPIE位并且通过中断过程来处理唤醒中断。必须清零CCR中的I-mask位。将CANCTL1的WUPM位来过滤CAN接口RX引脚上的信号尖峰。

②使用中断引脚来唤醒CPU。CAN接口或者系统基础芯片上的相应引脚(如NERR或者INT)必须连接到有中断功能的端口上(如PORTP),该端口必须设置为输入,并且使能下降沿触发的中断功能。通过中断程序处理端口中断,清空CCR的I-mask位。

(4)如果SLPAK仍然置位,MCU现在就可以设置为低功耗模式,等待或者休眠:如果MCU进入停止模式,MSCAN进入断电模式;如果MCU进入等待模式并且CANCTL0的CSWAI事先置位,则进入断电模式,或者仍然保持在休眠模式(如果CSWAI位清零)。

为了执行STOP指令,CCR中的S位必须清零。

7.5.3 MSCAN唤醒

当另一个节点在CAN总线上发送报文,休眠状态下的MCU将被7.4.2节中的所选择的中断唤醒。如果MCU被MSCAN唤醒,那么MSCAN将会自动退出休眠模式。

如果MCU被其他方式唤醒,比如中断引脚,那么只有在CPU将CANCTL0中的SLPRQ位清零并且MSCAN将CANCTL1中的SLPAK位清零,才能使MSCAN退出休眠模式。在这两种情况下,MCU必须将CAN接口或者系统基础芯片退出低功耗模式,才能收发CAN报文。当中断程序中的代码被执行后,将会执行中断之前的最后一条指令。如果MCU处于停止或者等待模式,将执行WAI或者STOP后面的指令。

第一条用来唤醒MCU的报文是无法被接收的。这条报文会被一直自动重发直到被某个节点承认。注意某些节点会比其他节点需要更长的时间来唤醒。尤其是当MCU处于STOP模式,在报文接收前将不得不重启晶振(如果CLKSEL中的PSTP位被置位,晶振将在STOP模式下持续运作以加快启动速度,这也被称为伪停止模式),如图7-3所示。

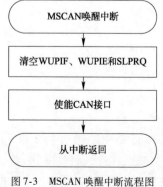

图7-3 MSCAN唤醒中断流程图

7.6 MSCAN 收发程序案例

前四节详细介绍了 MSCAN 模块的初始化、发送和接受程序的编写以及低功耗模式的介绍,下面给出发送测试、接收测试、综合实验三个案例,在 MC9S12XDT256 单片机上结合 USB 转 CAN 工具对上述的代码进行验证与应用。

7.6.1 实验项目 1:CAN 总线发送数据测试

1)实验目的
(1)通过 MC9S12XDT256 单片机 MSCAN 模块发送报文。
(2)学会利用 USB 转 CAN 工具观察接收到的报文。
2)实验设备
(1)计算机。
(2)CodeWarrior for S12(X) v5.1 软件。
(3)BDM 仿真器。
(4)MC9S12XDT256 开发板。
(5)USB 转 CAN 工具。
(6)CANTest 上位机软件。
3)实验内容
编写程序,通过 MC9S12XDT256 开发板的 CAN0 模块连续向上位机发送数据,波特率为 125kb/s,数据帧、标准帧,数据长度为 8 字节,数据内容为 0x00-0x07,当发送失败时,LED(PK4)亮起。
4)实验步骤
(1)将开发板上的 CAN0H 与 CAN 分析仪上的 CAN0H 相连、开发板上的 CAN0L 与 CAN 分析仪上的 CAN0L 相连。
(2)将 BDM 下载器连接到实验板上,打开开发板电源,下载程序。
(3)打开 CANTest 上位机软件,配置如图 7-4 所示,设备索引号为 0,通道号为 0,波特率为 125kb/s,工作模式为正常。单击"确定并启动 CAN",开始测试。
(4)复位开发板,可以看到如图 7-5 的现象。
(5)在 CodeWarrior 仿真状态下,于程序中设置断点,观察各个寄存器和变量的值。
(6)修改源代码,尝试改变 CAN 总线的波特率、帧 ID、帧格式、帧类型、数据长度(0~8)、数据内容等,观察现象。
5)实验程序源代码

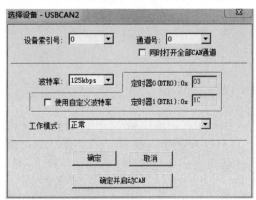

图 7-4 CANTest 软件配置

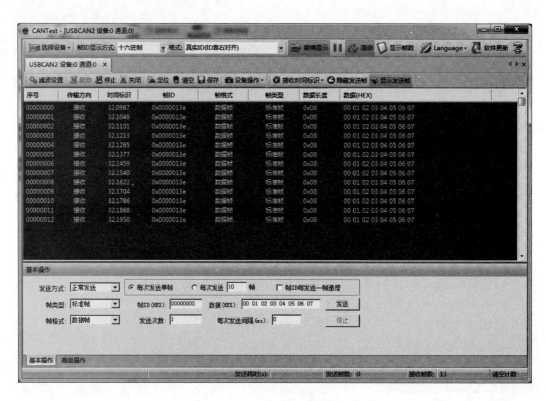

图 7-5　CAN0 发送测试结果

```
#include  < hidef. h >
#include "derivative. h"
#define LED PORTK_PK4        // LED(PK4)相关寄存器定义
#define LED_dir DDRK_DDRK4   // LED 方向寄存器
byte Senddata[8] = {0x00,0x01,0x02,0x03,0x04,0x05,0x06,0x07};// 发送的数据
/ * 延时函数                            */
void delay( void)
{
  unsigned int i,j;
  for( j = 0;j < 2;j + + )
  for( i = 0;i < 60000;i + + )
  ;
}
/ * 初始化 CAN0                         */
void INIT_CAN0( void)
{
  if( CAN0CTL0_INITRQ = = 0)       //查询是否进入初始化状态
    CAN0CTL0_INITRQ = 1;           //请求进入初始化状态
  while ( CAN0CTL1_INITAK = = 0);  //等待进入初始化状态
  CAN0CTL1 = 0x81;                 //使能 MSCAN、时钟源为振荡器、初始化模式
  CAN0BTR0 = 0xC7;                 // CAN 时钟分频数 = 8( BRP = 7)、同步跳变宽度 = 4( SJW = 3)
  CAN0BTR1 = 0x3A;                 //配置 MSCAN 总线时序寄存器 1
```

```
//只发送,不对滤波器进行配置
   CAN0CTL0_INITRQ = 0;              //请求退出初始化模式
   while(CAN0CTL1_INITAK);           //等待正常模式确认
   CAN0CTL0 = 0x08;                  // MSCAN 控制寄存器 0
   CAN0RIER = 0x01;                  //打开接收中断,开中断在退出初始化的模式下进行
   CAN0TIER = 0X00;                  //关闭发送中断
}
*                    CAN0 发送程序 *
*    id                            //标识符,四个字节
*    isextend                      //是否为扩展帧标志位,扩展帧为1,否则为0
*    isdataframe                   //是否为数据帧标志位,数据帧为1,否则为0
*    priority                      //优先级,最高为0
*    length                        //数据长度
*    *Send_data                    //指向发送数据段的字节指针
byte CAN0TX(ulong id,byte isextend,byte isdataframe,byte priority,byte length,byte *Send_data)
{
   byte i;
   ulong idreg = 0;
   if(!(CAN0TFLG&7))
      return(FALSE);                 //发送缓冲区已满,返回
   CAN0TBSEL = CAN0TFLG;             //选择发送缓冲区
   if(isextend)                      //将扩展帧 ID 格式转换为 MSCAN 中的 IDR 的格式
      idreg = (((id&0x1FFC0000UL)<<3)|0x00180000UL|((id&0x0003FFFFUL)<<1));
   else                              //将标准帧 ID 格式转换为 MSCAN 中的 IDR 的格式
      idreg = id<<21;
   if(!isdataframe)
   {
      if(isextend)
         idreg|=1;
      else
         idreg|=0x100000UL;
   }
   else
   {
      for(i=0;i<length;i++)                    //设置数据
         *(&CAN0TXDSR0+i) = Send_data[i];
   }
   *((ulong*)((ulong)(&CAN0TXIDR0))) = idreg;   // 设置 ID
   CAN0TXDLR = length;                          // 设置数据段长度
   CAN0TXTBPR = priority;                       //设置优先级
   CAN0TFLG = CAN0TBSEL;                        // 启动发送
   return(TRUE);                                // 成功发送,返回
}
/* 主函数                          */
void main(void)
```

```
{
    DisableInterrupts;                          //关闭全局中断
    INIT_CAN0();
    LED_dir = 1;
    LED = 0;
    EnableInterrupts;                           //开启全局中断
    for(;;)
    {
        delay();
        if(CAN0TX(0x13F,0,1,0,8,&Senddata[0]))  //发送成功
            LED = 1;                            // LED 熄灭
        else                                    //发送过程出现错误
            LED = 0;                            // LED 点亮
    }
}
```

7.6.2 实验项目 2：CAN 总线接收数据测试

1）实验目的

（1）通过 MC9S12XDT256 单片机 MSCAN 模块查询方式接收报文。

（2）通过 MC9S12XDT256 单片机 MSCAN 模块中断方式接收报文。

（3）学会利用 USB 转 CAN 工具给下位机发送报文。

2）实验设备

同实验项目 1。

3）实验内容

编写程序，通过 MC9S12XDT256 开发板的 CAN0 模块接收上位机 CANTest 软件发送的数据，波特率为 125kb/s，数据帧、标准帧，当接收到的第二个字节的数据为 0x01 时，LED（PK4）点亮，否则 LED 熄灭。

4）实验步骤

（1）将开发板上的 CAN0H 与 CAN 分析仪上的 CAN0H 相连、开发板上的 CAN0L 与 CAN 分析仪上的 CAN0L 相连。

（2）将 BDM 下载器连接到实验板上，打开开发板电源，下载程序。

（3）打开 CANTest 上位机软件，配置如图 7-4 所示，设备索引号为 0，通道号为 0，波特率为 125kb/s，工作模式为正常。单击"确定并启动 CAN"，开始测试。

（4）复位开发板，配置发送的报文格式：标准帧、数据帧、ID 为 0x000，数据为 0x00、0x01、0x02、0x03、0x04、0x05、0x06、0x07（数据长度为 2~8 个字节、数据内容可以任意，只要第二个字节为 0x01 即可），如图 7-6 所示，单击"发送"，可以看到 LED（PK4）亮起。

（5）改变数据内容为 0x00、0x00、0x02、0x03、0x04、0x05、0x06、0x07，如图 7-7 所示，单击"发送"，可以看到 LED（PK4）熄灭。改变上位机其他配置信息，观察 LED 的亮灭。

（6）在 CodeWarrior 仿真状态下，于程序中设置断点，观察各个寄存器和变量的值。

（7）修改源代码，尝试改变 CAN 总线的波特率、滤波器、判定条件等，观察现象。

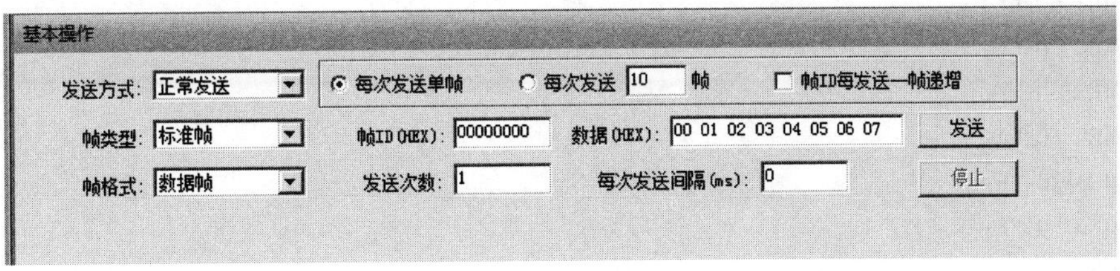

图 7-6 测试数据 1

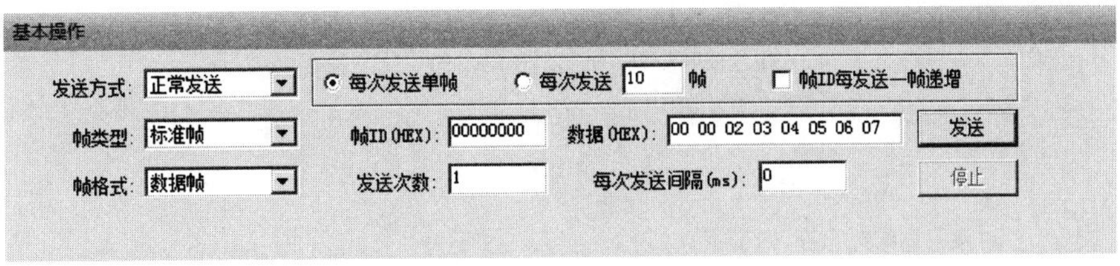

图 7-7 测试数据 2

5) 实验程序源代码

```c
#include <hidef.h>
#include "derivative.h"
#define LED PORTK_PK4          // LED(PK4)相关寄存器定义
#define LED_dir DDRK_DDRK4     // LED 方向寄存器
//存储接收到的内容
ulong id;
byte isextend,isdataframe,length;
byte Receive_data[8];
byte flag = 0;                 // LED 亮灭标志位
/* 延时函数                    */
void delay(void)
{
  unsigned int i,j;
  for(j = 0;j < 2;j + +)
  for(i = 0;i < 60000;i + +)
    ;
}
/* 初始化 CAN0                 */
void INIT_CAN0(void)
{
  if(CAN0CTL0_INITRQ = = 0)         //查询是否进入初始化状态
    CAN0CTL0_INITRQ = 1;            //请求进入初始化状态
  while (CAN0CTL1_INITAK = = 0);    //等待进入初始化状态
  CAN0CTL1 = 0x81;                  //使能 MSCAN、时钟源为振荡器、初始化模式
  CAN0BTR0 = 0xC7;                  //CAN 时钟分频数 = 8(BRP = 7)、同步跳变宽度 = 4(SJW = 3)
  CAN0BTR1 = 0x3A;                  //配置 MSCAN 总线时序寄存器 1
  //关闭滤波器件
  CAN0IDMR0 = 0xFF;
```

```c
    CAN0IDMR1 = 0xFF;
    CAN0IDMR2 = 0xFF;
    CAN0IDMR3 = 0xFF;
    CAN0IDMR4 = 0xFF;
    CAN0IDMR5 = 0xFF;
    CAN0IDMR6 = 0xFF;
    CAN0IDMR7 = 0xFF;
    CAN0CTL0_INITRQ = 0;            //请求退出初始化模式
    while(CAN0CTL1_INITAK);         //等待正常模式确认
    CAN0RIER = 0x01;                //打开接收中断,开中断在退出初始化的模式下进行
    CAN0TIER = 0X00;                //关闭发送中断
}
/*                  CAN0 接收程序 */
/*   * id              //接收到的标识符,四个字节                       */
/*   * isextend        //是否为扩展帧标志位,扩展帧为1,否则为0           */
/*   * isdataframe     //是否为数据帧标志位,数据帧为1,否则为0           */
/*   * length          //接收到的数据帧长度                            */
/*   * Rxdata          //接收到的数据段                                */
Bool CAN0RX(ulong * id,byte * isextend,byte * isdataframe,byte * length,byte * Rxdata)
{
    byte i;
    ulong idreg;
    if(! CAN0RFLG)
        return(FALSE);                              //接收缓冲区为空,返回
    idreg = *((ulong *)((ulong)(&CAN0RXIDR0)));     //获取 ID 值
    if(idreg&0x00080000UL)                          // MSCAN IDR 寄存器组中扩展帧位
    {
        * isextend = 1;
        * id = ((idreg>>1)&0x3FFFFUL)|((idreg>>3)&0x1FFC0000UL);//转换为扩展帧 ID
        * isdataframe = (idreg&1)? 0:1;             //判断 RTR 位
    }
    else
    {
        * isextend = 0;
        * id = idreg>>21;
        * isdataframe = (idreg&0x100000UL)? 0:1;    //判断 RTR 位
    }
    if( * isdataframe)                              //数据帧
    {
        * length = CAN0RXDLR_DLC;                   //获取数据长度
        for(i=0;i< * length;i++)
            Rxdata[i] = *(&CAN0RXDSR0+i);           //获取数据内容
    }
    CAN0RFLG_RXF = 1;                               //释放缓冲区
    return(TRUE);                                   //接收成功,返回
```

```c
}
/* 主函数                                    */
void main(void)
{
    DisableInterrupts;                //关闭全局中断
    INIT_CAN0();
    LED_dir = 1;
    EnableInterrupts;                 //开启全局中断
    for(;;)
    {
        if(flag = = 1)
            LED = 0;                  //点亮 LED
        else LED = 1;                 //熄灭 LED
    }
}
/*              CAN0 中断接收程序                         */
#pragma CODE_SEG NON_BANKED //将代码放到未分页的代码段中,保证能随时访问
void interrupt 38 ISR_CAN0Rx(void)
{
    if(CAN0RX(&id,&isextend,&isdataframe,&length,&Receive_data[0]))
    {
        if(Receive_data[1] = = 0x01)
            flag = 1;
        else flag = 0;
    }
}
#pragma CODE_SEG DEFAULT
```

7.6.3 实验项目 3:CAN 总线综合实验测试

1)实验目的

通过 XDT256 单片机 MSCAN 模块内部 CAN0 和 CAN1 的通信掌握实际中 CAN 总线的应用。

2)实验设备

同实验项目 1。

3)实验内容

编写程序,MC9S12XDT256 开发板的 CAN1 模块接收 CAN0 模块连续发送的数据,波特率为 125kb/s,数据帧、标准帧,当接收到的第二个字节的数据为 0x01 时,LED(PK4)点亮;当接收到的第二个字节的数据不为 0x01 时,LED 熄灭;当 CAN0 发送失败时,LED 闪烁。

4)实验步骤

(1)将开发板上的 CAN0H 与 CAN1H 相连、开发板上的 CAN0L 与 CAN1L 相连。

(2)将 BDM 下载器连接到实验板上,打开开发板电源,下载程序。

(3)运行程序,可以看到 LED(PK4)亮起。

(4)将连接 CAN0 与 CAN1 的线断开,复位开发板,可以看到 LED 闪烁。
(5)修改源代码,尝试改变 CAN 总线的波特率、滤波器、判定条件等,观察现象。
5)实验程序源代码

```c
#include <hidef.h>
#include "derivative.h"
#define LED PORTK_PK4           // LED(PK4)相关寄存器定义
#define LED_dir DDRK_DDRK4     // LED 方向寄存器
byte Senddata[8] = {0x00,0x01,0x02,0x03,0x04,0x05,0x06,0x07};// 发送的数据
//存储接收到的内容
ulong id;
byte isextend,isdataframe,length;
byte Receive_data[8];
// LED 亮灭标志位
byte flag = 0;
/* 延时函数                    */
void delay(void)
{
  unsigned int i,j;
  for(j = 0;j < 2;j + +)
  for(i = 0;i < 60000;i + +)
    ;
}
/* 初始化 CAN0                 */
void INIT_CAN0(void)
{
  if(CAN0CTL0_INITRQ = = 0)      //查询是否进入初始化状态
    CAN0CTL0_INITRQ = 1;         //请求进入初始化状态
  while(CAN0CTL1_INITAK = = 0);  //等待进入初始化状态
  CAN0CTL1 = 0x81;               //使能 MSCAN、时钟源为振荡器、初始化模式
  CAN0BTR0 = 0xC7;               // CAN 时钟分频数 =8(BRP =7)、同步跳变宽度 =4(SJW =3)
  CAN0BTR1 = 0x3A;               //配置 MSCAN 总线时序寄存器 1
//只发送,不对滤波器进行配置
  CAN0CTL0_INITRQ = 0;           //请求退出初始化模式
  while(CAN0CTL1_INITAK);        //等待正常模式确认
  CAN0CTL0 = 0x08;               // MSCAN 控制寄存器 0
  CAN0RIER = 0x01;               //打开接收中断,开中断在退出初始化的模式下进行
  CAN0TIER = 0X00;               //关闭发送中断
}
*                CAN0 发送程序 *
*    id             //标识符,四个字节
*    isextend       //是否为扩展帧标志位,扩展帧为 1,否则为 0
*    isdataframe    //是否为数据帧标志位,数据帧为 1,否则为 0
*    priority       //优先级,最高为 0
*    length         //数据长度
*    *Send_data     //指向发送数据段的字节指针
```

```c
byte CAN0TX(ulong id,byte isextend,byte isdataframe,byte priority,byte length,byte *Send_data)
{
    byte i;
    ulong idreg = 0;
    if(!(CAN0TFLG&7))
        return(FALSE);              //发送缓冲区已满,返回
    CAN0TBSEL = CAN0TFLG;           //选择发送缓冲区
    if(isextend)                    //将扩展帧 ID 格式转换为 MSCAN 中的 IDR 的格式
        idreg = ((((id&0x1FFC0000UL)<<3)|0x00180000UL|((id&0x0003FFFFUL)<<1));
    else                            //将标准帧 ID 格式转换为 MSCAN 中的 IDR 的格式
        idreg = id<<21;
    if(!isdataframe)
    {
        if(isextend)
            idreg| = 1;
        else
            idreg| = 0x100000UL;
    }
    else
    {
        for(i = 0;i<length;i++)              //设置数据
            *(&CAN0TXDSR0 + i) = Send_data[i];
    }
    *((ulong *)((ulong)(&CAN0TXIDR0))) = idreg;   //设置 ID
    CAN0TXDLR = length;                          //设置数据段长度
    CAN0TXTBPR = priority;                       //设置优先级
    CAN0TFLG = CAN0TBSEL;                        //启动发送
    return(TRUE);                                //成功发送,返回
}
/* 初始化 CAN1                                 */
void INIT_CAN1(void)
{
    if(CAN1CTL0_INITRQ = = 0)           //查询是否进入初始化状态
        CAN1CTL0_INITRQ = 1;            //请求进入初始化状态
    while(CAN1CTL1_INITAK = = 0);       //等待进入初始化状态
    CAN1CTL1 = 0x81;                    //使能 MSCAN、时钟源为振荡器、初始化模式
    CAN1BTR0 = 0xC7;                    //CAN 时钟分频数 = 8(BRP = 7)、同步跳变宽度 = 4(SJW = 3)
    CAN1BTR1 = 0x3A;                    //配置 MSCAN 总线时序寄存器 1
    //关闭滤波器件
    CAN1IDMR0 = 0xFF;
    CAN1IDMR1 = 0xFF;
    CAN1IDMR2 = 0xFF;
    CAN1IDMR3 = 0xFF;
    CAN1IDMR4 = 0xFF;
    CAN1IDMR5 = 0xFF;
```

```
    CAN1IDMR6 = 0xFF;
    CAN1IDMR7 = 0xFF;
    CAN1CTL0_INITRQ = 0;              //请求退出初始化模式
    while(CAN1CTL1_INITAK);           //等待正常模式确认
    CAN1RIER = 0x01;                  //打开接收中断,开中断在退出初始化的模式下进行
    CAN1TIER = 0X00;                  //关闭发送中断
}
*                    CAN1 接收程序
*       *id          //接收到的标识符,四个字节
*       *isextend    //是否为扩展帧标志位,扩展帧为1,否则为0
*       *isdataframe //是否为数据帧标志位,数据帧为1,否则为0
*       *length      //接收到的数据帧长度
*       *Rxdata      //接收到的数据段
Bool CAN1RX(ulong *id,byte *isextend,byte *isdataframe,byte *length,byte *Rxdata)
{
    byte i;
    ulong idreg;
    if(! CAN1RFLG)
        return(FALSE);                                //接收缓冲区为空,返回
    idreg = *((ulong *)((ulong)(&CAN1RXIDR0)));       //获取 ID 值
    if(idreg&0x00080000UL)                            //MSCAN IDR 寄存器组中扩展帧位
    {
        *isextend = 1;
        *id = ((idreg > >1)&0x3FFFFUL)|((idreg > >3)&0x1FFC0000UL);//转换为扩展帧 ID
        *isdataframe = (idreg&1)? 0:1;                //判断 RTR 位
    }
    else
    {
        *isextend = 0;
        *id = idreg > >21;
        *isdataframe = (idreg&0x100000UL)? 0:1;       //判断 RTR 位
    }
    if( *isdataframe)                                 //数据帧
    {
        *length = CAN1RXDLR_DLC;                      //获取数据长度
        for(i = 0;i < *length;i + +)
            Rxdata[i] = *(&CAN1RXDSR0 + i);           //获取数据内容
    }
    CAN1RFLG_RXF = 1;                                 //释放缓冲区
    return(TRUE);                                     //接收成功,返回
}
/* 主函数                          */
void main(void)
{
    DisableInterrupts;//关闭全局中断
```

```
   INIT_CAN0();
   INIT_CAN1();
   LED_dir = 1;
   EnableInterrupts;//开启全局中断
   for(;;)
   {
     delay();
     if(! CAN0TX(0x13F,0,1,0,8,&Senddata[0]))  //发送失败
     {
       for(;;)
       {
         delay();
         delay();
         delay();
         LED = ! LED;        // LED 闪烁
       }
     }
     if(flag = = 1)
        LED = 0;              //点亮 LED
     else LED = 1;            //熄灭 LED
   }
}
/*                    CAN1 中断接收程序                         */
#pragma CODE_SEG NON_BANKED //将代码放到未分页的代码段中,保证能随时访问
void interrupt 42 ISR_CAN1RX(void)//CAN0 的中断向量号是 38  CAN1 是 42
{
  if(CAN1RX(&id,&isextend,&isdataframe,&length,&Receive_data[0]))
  {
    if(Receive_data[1] = = 0x01)
       flag = 1;
    else flag = 0;
  }
}
#pragma CODE_SEG DEFAULT
```

小　　结

本章首先介绍了 C 语言的基本结构,包括 C 语言程序结构以及其编辑和编译方法。在掌握了 C 语言的基本结构之后,介绍了飞思卡尔系列单片机 MSCAN 模块的编程,然后结合 MSCAN 模块的相关寄存器,详细阐述了 MSCAN 的初始化、发送、查询接收、中断接收的流程以及程序的编写。最后,提供了 MSCAN 的发送测试、接收测试、综合实验三个程序案例,让学生通过实际编程来掌握飞思卡尔 MSCAN 模块。

习 题

一、填空题

1. MSCAN 的模块编程一般可分为三部分,分别为_____、_____和_____。
2. 确定 MSCAN 时序参数时,时钟源的选择必须以_____为基础,选择最为恰当的时钟源。若使用了锁相环 PLL,则最好选择_____而不是_____。
3. 发送程序前检测_____是否为 0 以判断是否存在可用的缓冲区。若_____,说明三个缓冲区已满,且报文未被发出,此时若选择缓冲区继续装填将导致先前待发送的报文丢失。
4. CAN 帧的接收有两种方式:_____和_____。
5. 微控制器、MSCAN 模块、CAN 接口和 SBC 都有低功耗模式,也被称为_____。
6. CAN 接口和系统基础芯片也会有低功耗模式,往往称为休眠模式或者_____。
7. MSCAN 的每一个 CAN 通道有四类中断,分别对应 CPU 中的四个向量号:_____、_____、_____、_____。

二、选择题

1. CAN 接口可以分为两种基本类型:分别是(　　)和(　　)。
   A. 高速　　　　B. 低速　　　　C. 易错　　　　D. 容错
2. 在 MSCAN 初始化模式中,设置 CANCTL 1_LISTEN = 1 使 MSCAN 进入监听模式时,监听模式可以支持需要(　　)或(　　)的应用。
   A. 冷插拔　　　B. 热插拔　　　C. 吞吐量分析　　D. 环路
3. MSCAN 有 5 个接收缓冲区,这 5 个缓冲区被映射到相应的内存单元(　　)。
   A. CANRRFG　　B. CANRRFL　　C. CANRXFG　　D. CANCTL
4. MSCAN 模块有两种低功耗模式:(　　)和(　　)。
   A. 休眠模式　　B. 断电模式　　C. 省电模式　　D. 睡眠模式

三、简答题

1. 简单叙述 C 语言编程的优点。
2. MSCAN 的初始化流程是什么?
3. MSCAN 初始化时,波特率寄存器 CAN0BTR0、CAN0BTR1 怎么计算? 7.2.2 节提供的初始化例程中,在其他配置不变的情况下,如果要把 CAN 总线波特率设置为 250kb/s,CAN0BTR0、CAN0BTR1 的值是多少?
4. MSCAN 模块内部的优先级在什么时候会起作用?
5. MSCAN 模块的滤波器有什么作用? 如果只接收 0x111 的标准帧,应该怎么配置?
6. 试用 MSCAN 的发送中断进行数据发送。

第8章 SAE J1939 协议

SAE J1939 协议是一种基于 CAN 总线,传输速率较高的 C 类通信网络协议,波特率可达 250 kb/s。它对汽车内部电子控制系统的地址配置、命名、通信方式以及报文发送优先级等都做了明确的规定,并且对汽车内部各个具体的 ECU 通信作了详细的说明。SAE J1939 网络不仅能够实现 SAE J1708/J1587 网络的功能,还可支持在整个车辆中的各 ECU 之间进行实时性闭环控制及通信。

8.1 SAE J1939 协议特点

SAE J1939 协议是目前在大型汽车中应用最广泛的应用层协议,它具有如下特点:

(1)以 CAN2.0B 协议为基础,物理层标准与 ISO11898 规范兼容并采用符合该规范的 CAN 控制器及收发器。

(2)采用协议数据单元(PDU)传送信息,每个 PDU 相当于 CAN 协议中的一帧,由于每个 CAN 帧最多可传输 8 个字节数据,因此 PDU 的传输具有很高的实时性。

(3)采用 CAN2.0B 扩展帧格式的 29 位标志符定义每一个 PDU 的含义以及该 PDU 的优先级。

(4)SAE J1939 协议主要作为汽车中应用的通信协议,对汽车中应用到的各类参数都进行了规定。参数的规定符合 ISO 11992 标准。

(5)SAE J1939 支持在多个 ECU 之间高速通信,其各层的标准基本是按开放式系统互联(OSI)的相应层来制定的,并且每一层可以针对特定的网络和应用版本制定不同的子标准。SAE J1939 主要用到 OSI 的四个层:物理层、数据链路层、网络层和应用层。图 8-1 所示为 SAE J1939 的分层结构。

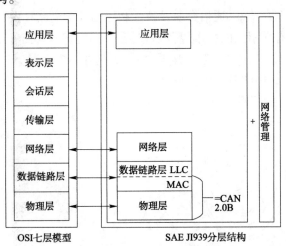

图 8-1 与 OSI 模型相对应的 SAE J1939 分层结构模型

CAN 协议在 OSI 模型中只定义了物理层和数据链路层的 MAC 层,从图 8-1 可以看出,SAE J1939 以 CAN2.0B 为基础。除此之外,它还定义了网络层和应用层的协议。同时,SAE J1939 也为传输层、会话层和表示层预留了位置,以便将来进行扩展。

SAE J1939 标准根据分层结构模型分别定义了不同层面上的相应标准,其文件结构见表 8-1,随着 SAE J1939 应用范围的扩展,在未来,其标准的内容也会有进一步的扩充。

SAE J1939 标准的文档构成 表 8-1

SAE J1939	SAE J1939 概述
SAE J1939/0X	针对特定应用的说明文档,这里 X 指 J1939 特定的网络/应用版本
SAE J1939/01	货车、大客车控制和通信网络应用文档
SAE J1939/11	物理层文档,250kb/s,屏蔽双绞线
SAE J1939/13	物理层文档,定义诊断接口
SAE J1939/15	物理层文档,250kb/s,非屏蔽双绞线
SAE J1939/21	数据链路层文档,定义信息帧的数据结构、编码规则
SAE J1939/31	网络层文档,定义网络层的连接协议
SAE J1939/4x	未定义的传输层文档
SAE J1939/5x	未定义的会话层文档
SAE J1939/6x	未定义的表示层文档
SAE J1939/71	应用层文档,定义常用物理参数的格式
SAE J1939/73	应用层文档,用于故障诊断
SAE J1939/74	应用层文档,可配置信息
SAE J1939/75	应用层文档,发电机组和工业设备
SAE J1939/81	网络管理协议

8.2 物理层

物理层的基本概念及特性、通信介质及特性和通信参考电路在前面章节中已经有介绍,本小节只介绍前面没有介绍到的技术规范与连接。SAE J1939 规定了两类连接器用于连接 CAN 网络中的通信线缆,一类是三芯连接器,另一类是九芯连接器。三芯连接器如图 8-2 所示,它主要用于连接网络中的各个电控单元。

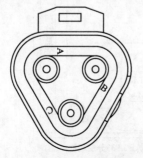

图 8-2 SAE J1939 用三芯连接器

三芯连接器引脚定义见表 8-2。

三芯连接器引脚定义　　　　　　　　　　　表 8-2

引　　脚	信　号　定　义
A	CAN_L
B	CAN_GND
C	CAN_H

九芯连接器如图 8-3 所示,主要用于诊断接口,通常需要安装在驾驶室内易于进行接入操作的位置。

图 8-3　SAE J1939 用九芯连接器

九芯连接器引脚定义见表 8-3。

九芯连接器引脚定义　　　　　　　　　　　表 8-3

引　　脚	信　号　定　义
A	电池(-)
B	电池(+),不可关断,使用无限制 10A 熔断丝
C	CAN_H
D	CAN_L
E	CAN_SHLD,SAE J1939/11 中定义或无连接(在 ISO11783-2 中)
F	SAE J1708(+)
G	SAE J1708(-)
H	OEM 使用或仪器总线 CAN_H
J	OEM 使用或仪器总线 CAN_L

8.3　数据链路层

数据链路层是 OSI 模型的第二层,该层的主要任务是提供一种可靠的通过物理介质传输数据的方法。数据链路层定义了信息帧的数据结构、编码规则,包括通信优先权、传输方式、通信要求、总线仲裁、错误检测及处理,它负责将 CAN 扩展帧的 29 位标识符重新分组定义,使报文的标识符能够描述报文的全部特征,包括目标地址、源地址等内容。

8.3.1 消息/帧格式

CAN2.0B 包括两种消息格式的规范:标准帧和扩展帧。CAN2.0B 的兼容性意味着通过使用不同的帧格式位码,保证两者能同时在同一网络中使用。就此而言,SAE J1939 也能够自适应这两种 CAN 数据帧格式。但是,SAE J1939 只使用扩展帧格式全面定义标准化的通信。所有标准帧格式消息都按照规则作为专用消息使用。

因此,SAE J1939 设备必须使用扩展帧格式。标准帧格式消息可以在网络中存在,但只能以规定的方式运行。标准帧设备不响应网络管理消息,不支持标准化通信。

1) SAE J1939 消息帧格式(CAN2.0B 扩展帧格式)

CAN 数据帧如图 8-4 所示,图 8-4a)表示的是标准帧格式,图 8-4b)表示的是扩展帧格式,CAN 标准帧和扩展帧格式消息对于仲裁域和控制域中各个位的编号和功能定义有所不同。

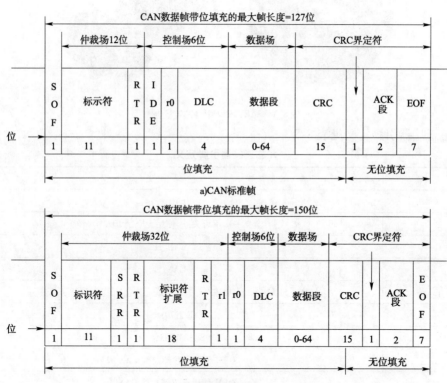

图 8-4 CAN 数据帧

SAE J1939 支持的开放系统互连模型如图 8-5 所示。

SAE J1939 更进一步地定义了 CAN 数据帧格式中仲裁域的标识符位,表 8-4 分别描述了 CAN 网络的 29 位标识符、SAE J1939 的 29 位标识符、CAN 网络的 11 位标识符和 SAE J1939 的 11 位标识符中的仲裁域和控制域。这里对 CAN 数据帧从位 1 到位 8 逐一定义。字节 1 的最高位(位 8)是紧接着 DLC 域发送的第一位,字节 8 的最低位(位 1)是最后发送的数据位,紧接着的是 CRC 域。

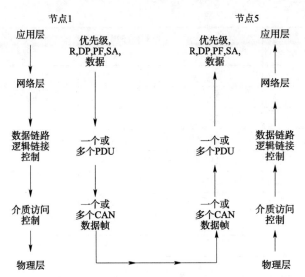

定义：R是保留位，DP是数据页，PF是PDU格式，PS是特定位PDU，SA是源地址

图 8-5 OSI 在 SAE J1939 中的应用

SAE J1939 和 CAN 的仲裁域与控制域的对照　　　　　　表 8-4

29 位标识符 CAN	29 位标识符 SAE 41939	帧位位置	11 位标识符 CAN	11 位标识符 SAE J19390[①]
SOF	SOF[②]	1	SOF	SOF[②]
ID28	P3	2	ID11	P3
ID27	P2	3	ID10	P2
ID26	P1	4	ID9	P1
ID25	R1	5	ID8	SA8
ID24	DP	6	ID7	SA7
ID23	PF8	7	ID6	SA6
ID22	PF7	8	ID5	SA5
ID21	PF6	9	ID4	SA4
ID20	PF5	10	ID3	SA3
ID19	PF4	11	ID2	SA2
IDI8	PF3	12	ID1	SA1
SRR(r)	SRR[②]	13	RTR(x)	
IDE(r)	IDE[②]	14	IDE(x)	RTR[②](d)
ID17	PF2	15	r0	IDE[②]
ID16	PF1	16	DLC4	DLC4
IDI5	PS8	17	DLC3	DLC3
ID14	PS7	18	DLC2	DLC2
ID13	PS6	19	DLC1	DLC 1
ID12	PS5	20		

续上表

29 位标识符 CAN	29 位标识符 SAE 41939	帧位位置	11 位标识符 CAN	11 位标识符 SAE J19390[①]
ID11	PS4	21		
ID10	PS3	22		
ID9	PS2	23		
ID8	PS1	24		
ID7	SA8	25		
ID6	SA7	26		
ID5	SA6	27		
ID4	SA5	28		
ID3	SA4	29		
ID2	SA3	30		
ID1	SA2	31		
ID0	SA1	32		
RTR(x)	RTR[②](d)	33		
r1	r1[②]	34		
r0	r0[②]	35		
DLC4	DLC4	36		
DLC3	DLC3	37		
DLC2	DLC2	38		
DLC1	DLC1	39		

注:①专用11位标识符的要求格式。
②在CAN中定义的位,在SAE J1939中定义不变。

备注:

SOF	帧起始位	P#	SAE J1939 优先级位#n
ID##	标志位#n	R#	SAE J1939 保留位#n
SRR	代用远程请求	SA#	SAE J1939 目标地址#n
RTR	远程传输请求位	DP	SAE J1939 数据页
IDE	标识符扩展位	PF#	SAE J1939 PDU 格式位#n
r#	CAN 保留位	PS#	SAE J1939 特定 PDU 位#n
DLC#	数据长度码位#n	(r)	隐形位
(d)	显性位	(x)	消息状态位

2)参数组编号(PGN)

PGN(parameter group number)是一个24位的值,包括保留位、数据页位、PF(PDU格式域,8位)和PS(组扩展域,8位)等要素,PGN与PDU的对应关系如图8-6所示。参数组编号除用来确定或标识命令、数据、某些请求之外,还可确定或标识那些要求一个或多个CAN数据帧通信的信息。若消息长度大于8字节,必须将消息分组封装发送;若消息长度小于或等于 8 字节,则使用单个 CAN 数据帧。参数组编号可以对应一个或多个参数,这里的参数是指如发动机转速之类的数据(尽管参数组编号标识也能被用做一个参数)。我们推荐对多参数进行组合以利用数据域的全部 8 字节。

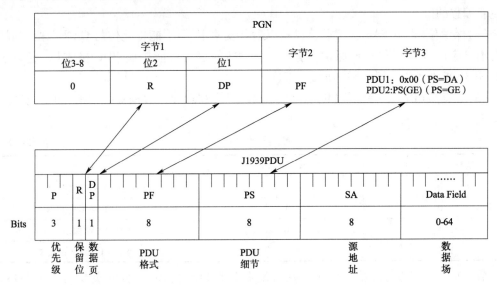

图 8-6 PGN 与 PDU 的对应关系

SPN(Suspect Parameter Number)是 PG(参数组)下面的具体参数的一个编号,而 PGN 是参数组编号,可以理解为一个 PGN 包含了按一定方法分类的一组参数,而每个具体参数又有它自己的编号,即 SPN。

8.3.2 协议数据单元及格式

1)协议数据单元

SAE J1939 通过协议数据单元(PDU)定义了一个框架,如图 8-7 所示,用来组织数据帧中 SAE J1939 协议相关的信息,SAE J1939 协议数据单元由七部分组成,它们分别是:优先级、预留位、数据页、PDU 格式、特定 PDU 位(可以作为目的地址或者组扩展)、源地址和数据域。它们被封装入一个或多个 CAN 数据帧,再通过物理层发送给其他的设备。一个 CAN 数据帧只能携带一个协议数据单元(PDU)。需要注意的是,有一些参数组号的信息需要多于一个的 CAN 数据帧来发送。

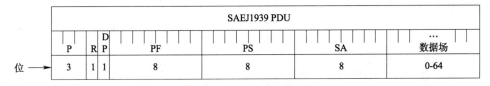

定义:P 是优先级,R 是保留位,DP 是数据页,PF 是 PDU 格式,PS 是特定 PDU,SA 是源地址

图 8-7 协议数据单元(PDU)

(1)优先级(P)。这三位仅在总线传输中用来优化消息延迟,接收机必须对其做全局屏蔽(即忽略)。消息优先级可从最高 0(0002)设置到最低 7(1112)。所有控制消息的默认优

先级是3(0112),其他所有信息、专用、请求和ACK消息的默认优先级是6(1102)。当定义新的参数组编号,或总线上通信量变化时,优先级可以升高或降低。当消息被添加到应用层时,将给出一个推荐的优先级。考虑到OEM应能对网络做相应的调整,优先级域应当是可以重新编程的。

(2)保留位(R)。SAE保留此位以备以后开发使用,但不能将此位与CAN保留位混淆。所有消息应在传输中将SAE保留位置0。今后新的定义可能扩展PDU格式域、定义新的PDU格式、扩展优先级段或增加地址空间。

(3)数据页(DP)。保留位(R)用于扩展数据页(EDP)时,数据页位(DP)的功能描述见表8-5。

数据页描述　　　　　　　　　　　　　　　　表8-5

扩展数据页位(EDP)	数据页位(DP)	功能描述
0	0	SAE J1939 第0页 PGN
0	1	SAE J1939 第1页 PGN
1	0	SAE J1939 保留
1	1	定义为 ISO 15765-3 的报文

数据页位选择参数组描述的页。在分配页1的PGN之前,先分配页0的可用PGN,具体应用见表8-6。

数据页及参数组编号　　　　　　　　　　　　表8-6

P	DP	PF	PS	参数组定义	多组	PGN
	0	0	DA	PDU 1 格式:100ms 或更短时间	禁止	000
	0	1	DA			256
界限 x						
	0	238	DA	PDU 1 格式:100ms 或更长时间	允许	60928
	0	239	DA	专用	允许	61184
	0	240	0	PDU 2 格式:100ms 或更短时间	禁用	61440
	0	240	1			61441
界限 y						
	0	254	254			65278
	0	254	255	PDU 2 格式:100ms 或更长时间	允许	65279
	0	255	un	PDU 2 格式—专用	允许	65280~65535
	1	0	DA	PDU 1 格式:100ms 或更短时间	禁止	65536

续上表

P	DP	PF	PS	参数组定义	多组	PGN
	1	1	DA			65792
	界限 x1					
	1	238	DA	PDU 1 格式:100ms 或更长时间		126464
	1	239	DA	PDU 1 格式:100ms 或更长时间	允许	126720
	1	240	0	PDU 1 格式:100ms 或更长时间	禁止	126976
	1	240	1			126877
	界限 y1					
	1	255	253			
	1	255	254	PDU 2 格式:100ms 或更长时间	允许	131070
	1	255	255	PDU 2 格式:100ms 或更长时间	允许	131071

(4) PDU 格式(PF)。PDU 格式(PF)是一个确定 PDU 格式的由 8 位构成的域,也是一个确定数据域对应参数组编号的域。PF<240 为 PDU 1 格式;240≤PF≤255 为 PDU 2 格式。

(5) 特定 PDU 位(PS)。PDU 细节是一个 8 位域,它的定义取决于 PDU 格式,根据 PDU 格式它可能是目标地址或者组扩展。若 PDU 格式(PF)段的值小于 240,PDU 细节段是目标地址。若 PF 段的值在 240~255,PDU 细节包含组扩展(GE)值,见表 8-7。

PDU 细 节　　　　　　　　　　　　　　　表 8-7

格式名称	PDU 格式(PF)段	PDU 细节(PS)段
PDU1 格式	0~239	目标地址
PDU 2 格式	240~255	组扩展

(6) 目标地址(DA)。目标地址域定义了消息发送的特定目标地址。需要指出的是,任何其他设备应忽略此消息。全局目标地址(255)要求所有设备作为消息响应者做出监听和响应。

(7) 组扩展(GE)。组扩展字段的 8 位与 PDU 格式域的低 4 位(注意:当 PDU 格式域最高 4 位被置 1 时,说明 PS 域是组扩展)规定了每个数据页 4096 个参数组。这 4096 个参数组仅在使用 PDU 2 格式时才适用。另外,对于仅使用 PDU 1 格式,每个数据页中有 240 个参数组。综上所述,对于目前使用两种数据页来说有 8672 种参数组可以定义。可用参数组的总数目为:

$$[240 + (16 \times 256)] \times 2 = 8672$$

式中,240 表示每个数据页中 PDU 格式域可用值的数目(即 PDU 1 格式,PS 域是目标地址);16 表示每个组扩展 PDU 格式值(即 PDU 2 格式);256 表示组扩展可能值的数目(即 PDU 2 格式);2 表示数据页状态数(两种 PDU 格式)。

(8)源地址(SA)。源地址域长8位,网络中一个特定源地址只能匹配一个设备,因此源地址域确保CAN标识符符合CAN协议中的唯一性要求。地址管理和分配详见SAE J1939-81。处理过程在SAE J1939-81中定义,以防止源地址重复。

(9)数据域。数据域有8个字节。当用不多于8字节的数据表示一个给定参数组时,可使用CAN数据帧全部的8字节。一个特定参数组数据长度超过8字节时,数据通信是通过多个CAN数据帧实现的,将数据包分成几个小的数据包分批发送。数据域的第一个字节从1开始作为报文的序号,后7个字节用来存放数据,所以最多可以发送 $255 \times 7 = 1785$ 个字节的数据。报文被接收以后按序号重新组合成原来的数据。

2)协议数据单元(PDU格式)

PDU格式有两种:PDU 1格式(PS为目标地址)和PDU 2格式(PS为组扩展)。如图8-8所示,PDU 1格式允许CAN数据定向到特定目标地址(设备)。PDU 2格式只用于无特定目标地址(设备)的CAN数据帧的传输。使用两种不同PDU格式是为了在通信中提供更多参数组编号的组合。对专用参数组定义已给出,以使两种PDU格式都可以在专用通信中使用。为了防止使用标识符时发生冲突,在专用通信中建立了一个标准化方法。专有信息的解释因制造商而异,例如即使发动机制造商A和B都使用同一个源地址,两者的专有信息也很可能不同。

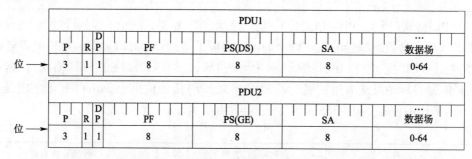

P:优先级 R:保留位 DP:数据页 PF:PDU格式 PS:特定PDU SA:源地址

图8-8 可用的PDU格式

(1)PDU 1格式。

PDU 1格式使得参数组可以被发送到任何一个特定的地址或者全局的地址。这里的PDU特定域(PS)里存放的是目的地址(DA)。PDU 1格式的消息可以被请求或者自己主动地发送,图8-9所示为PDU 1格式当前可以使用的参数组编号数目。

PDU 1格式的消息是由PDU格式域(PF)来决定的,当PDU格式域的值位于0~239之间时,这个消息就是PDU 1格式。当参数组需要一个目的地址,并且需要最小的延迟(Latency),那么其PF值可以从238开始递减到y(或y1)详情参见表8-6;对于延迟时间的要求并不高的情况,其PF值可以从0开始递增到x(或x1)详情参见表8-6。PF为239(预留位为0,数据页选择位为0)是给特殊使用预留的。

(2)PDU 2格式。

PDU 2格式只能够用来向全局传输参数组。PDU 2格式的消息可以被请求,也可以主动地发送。为了防止参数组号被发送到某一个特定的地址,PDU特定域(PS)包含了组扩展(GE,不是目的地址SA)。PDU 2格式消息是PF值位于240~255的消息,图8-10所示为

PDU 2 格式当前可以使用的参数组编号数目。

对于需要有较低的延迟(小于100ms)的 PDU 2 格式参数组,其 PF 值可以从 240 开始递增到 y(或 y1)详情参见表 8-6;对于只有在被请求的时候才发送的、只有在变化的时候才发送的或者有较小发送周期的(大于100ms)消息,其 PF 值可以从 254 开始递减到 y(或 y1)详情参见表 8-6。而 PF = 255 的 PDU 2 格式消息是给特殊使用预留的。

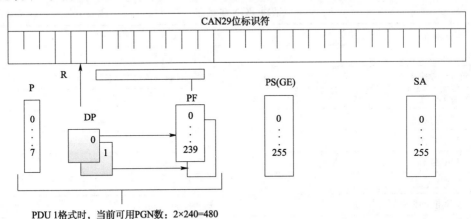

图 8-9　PDU 1 格式当前可以使用的参数组编号数目

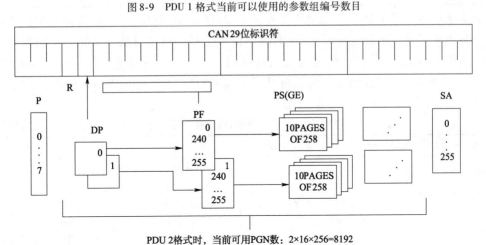

图 8-10　PDU 2 格式当前可以使用的参数组编号数目

8.3.3　消息类型及其作用

SAE J1939 目前支持五种类型消息,分别为命令、请求、广播/响应、确认和组功能。特定消息类型由其分配的参数组编号识别。RTR 位(在 CAN 协议远程帧中定义)不可用于隐性状态(逻辑 1),因此,远程传输请求(RTR = 1)在 SAE J1939 中不适用。

1)命令

此类型消息包括那些从某个源地址命令特定目标地址或全局目标地址的参数组,目的地址接收到命令类型的消息后应该根据接收到的信息采取具体的动作。PDU 1 格式(PS 为目标地址)和 PDU 2 格式(PS 为组扩展)都能用做命令。命令类型的消息可能包括传动控制、地址请求、转矩/速度控制等。

2) 请求

此类型消息规定了从全局范围或从特定目的地址请求信息的功能。对于某目的地址的请求称为目的地址指定请求。下列请求 PGN 的定义中分配了一个参数组编号给请求 PGN 参数组(表 8-8),此信息与在 SAE J1939/71 中规定的参数组格式相同。

请求 PGN 参数表　　　　　　　　　　　　　　　　　　　表 8-8

参数组名称	请求 PGN
定义	从网络设备请求参数组
重复传输速率	用户自定义,推荐每秒请求不多于 2 次或 3 次
数据长度	3 字节
数据页	0
PDU 格式	234
PDU 细节	目标地址
默认优先级	6
参数组编号	59904(00EA0016)
字节	1~3 为被请求的参数组编号

表 8-9 重申了对于 PDU 1 和 PDU 2 格式 PGN 的请求/响应能力,必须阐明消息传送者决定目的地址是特定的还是全局的,这取决于请求是指向特定目的地址还是指向全局目标地址。对于主动提供的消息,传送者能通过使用长度大于 8 字节的 PDU 1 PGN 和 PDU 2 PGN 消息选择将其发送至特定目标地址还是全局目标地址。对于 PDU 2 PGN 长度小于或等于 8 字节,传送者只能在全局范围内发送数据。

PDU 1 和 PDU 2 传输、请求和响应要求　　　　　　　　　　表 8-9

PDU 长度	数据长度	请求 PGN 59904	响应	使用传输协议
1	≤8 字节	特定 DA	特定 DA	NA
1	≤8 字节	全局 DA	全局 DA	NA
1	≤8 字节	无	特定 DA	NA
1	>8 字节	特定 DA	特定 DA	RTS/CTS
1	>8 字节	全局 DA	全局 DA	BAM
1	>8 字节	无	全局 DA	BAM
			特定 DA	RTS/CTS
2	≤8 字节	特定 DA	全局 DA	NA
2	≤8 字节	全局 DA	全局 DA	NA
2	≤8 字节	无	全局 DA	NA
2	>8 字节	特定 DA	特定 DA	RTS/CTS
2	>8 字节	全局 DA	全局 DA	BAM
2	>8 字节	无	全局 DA	BAM
			特定 DA	RTS/CTS

决定发送 PGN 到全局或特定地址的一般规则如下所述。

(1) 若发送请求到全局地址,则响应也到全局地址。注意 NACK 禁止作为全局请求的响应。

(2)若发送请求到特定地址,则发送响应到特定地址。注意:若不支持请求的 PGN,需要做出 NACK 响应。若数据长度大于或等于 8 字节,必须用传输协议 RTS/CTS 对特定地址做出响应。例外情况有:

①8 字节或小于 8 字节的 PDU 2 格式 PGN 只能发送到全局目的地址,因为在 PDU 2 格式中没有目标地址段;

②即使对目标地址的请求可能被发到特定地址,地址请求 PGN 还是被发送到全局目标地址;

③确认 PGN 响应将使用全局目标地址,虽然使该响应产生的 PGN 是指向特定地址的。

(3)对于周期性广播或主动提供的消息 PDU 1 格式 PGN 或 PDU 2 格式 PGN 能发送到全局或特定目标地址。例外情况是:不大于 8 字节的 PDU 2 格式 PGN 只能发送到全局目的地址,因为在 PDU 2 格式中没有目标地址段。

(4)以上规则的特例确实存在,并都作出了说明。这些特例在定义 PGN 的应用文档中有提及,有以下两种类型的特例:

①当做出响应的目标地址不指明对应请求的源地址时,一些例子已经在前面说明(如地址请求 PGN 和确认 PGN)。

②当 PGN 不支持所有可用地址的格式时,也就是说,某些 PGN 可能不能设计为支持对于 PDU 1 和 PDU 2 格式的消息适用的地址。

表 8-10 列举了两个怎样使用请求 PGN 的例子。

SAE J1939 的 PDU 1 格式特定段的应用　　　　　表 8-10

消息类型	PF	PS(DA)	SA	数据 1	数据 2	数据 3
全局请求	234	255 多响应	SA1 请求者	PGN lsb[①]	PGN	PGNmsb[①]
特定请求	234	SA2 响应者	SA1 请求者	PGN lsb[①]	PGN	PGN msb[①]

注:①数据域中参数组编号用于标明被请求消息。

响应总是从特定目的地址(非求全局的)得到的,哪怕该响应是一个指出某 PGN 不被支持的 NACK。注意:某些 PGN 是多组的,因此多个 CAN 数据帧可以作为一个单帧请求的响应。当某特定 PGN 值不被节点支持时,全局请求不能发出。

请求 PGN 能定向到特定目标地址来检查是否支持特定参数组(即被请求的目标地址能否传送特定 PG)。对请求的响应取决于该 PGN 是否被支持。若被支持,响应设备会发送被请求的信息;若确认 PGN 是正确的,则控制字节置 0 或 2 或 3;若该 PGN 不被支持,响应的设备会发送控制字节置 1 的确认 PGN 来作为否定消息。SAE J1939 的 PDU 格式的其他部分参数组要正确地填入。

注意:在本节每个定义中,术语"不支持"意味着该参数组不会被发送。靠此办法不能决定设备接收到 PG 时是否遵照此 PG 行事。

3)广播/响应

此消息类型可能是某设备主动提供的消息广播,也可能是命令或请求的响应。

4)确认

只有两种可能的确认形式。第一种是 CAN 协议规定的,它由一个"帧内"确认 ACK 组成用来确认消息至少被一个节点接收到。另外,如果没有出现 CAN 出错帧,消息将被进一步确认;不出现出错帧意味着所有其他的开启并连接在总线上的设备都正确地收到了此消息。第二种形式的确认由应用层规定,是对于特定命令、请求的普通广播或 ACK 或 NACK 响应。对于组功能参数组,组功能值参数允许某设备指明一个确认了的特定组功能。每个组功能参数组对应一个唯一的组功能值,组功能值只在 0~250 之间。

(1) 确认参数组的定义见表 8-11,某些参数组所需的响应的类型将在应用层中定义。

确 认 参 数 表　　　　　　　　表 8-11

参数组名称	确认
定义	用来提供发送方和接收方之间的握手机制
重复传输速率	收到需要此类型的确认的 PGN 时
数据长度	8 字节
数据页	0
PDU 格式	232
PDU 细节	目标地址 = 全局(255)
默认优先级	6
参数组编号	59392(00E80016)
注意	全局目标地址使对所有确认消息可以过滤同一个 CAN 标识符

(2) 确认消息类型使用参数的数据范围见表 8-12。

消息类型使用参数的数据范围　　　　　　　　表 8-12

控制字节	0~3,见以下定义;3~255,保留给分配
组功能值	0~250,可用时对每个 PGN 做特定的定义;大多数情况下位于适用组功能参数组数据域的第一个字节;251~255,遵循 SAE J1939-71 的约定
字节	控制字节 =0,肯定确认(ACK);控制字节 =1,否定确认(NACK);控制字节 =2,拒绝访问(PGN 支持但被拒绝);控制字节 =3,无法响应;4~5,保留给 CATARC 分配,置各字为"FF16";6~8,被请求消息的参数组编号

5) 组功能

此类型消息用于一组特殊功能(如专用功能:网络管理功能、多包传输功能等)。每个组功能由其 PGN 识别,功能本身是在数据结构中(一般是在数据域的第一个字节)定义的(专用组功能和传输协议在后续章节中详细的解释)。专用组功能规定了一种在传输专用消息过程中消除不同制造商之间 CAN 标识符冲突的方法,同时也规定了当需要接收和识别专用消息的方法,例如在 SAE J1939-21 中定义的消息不够用,组功能可能要自行规定请求 ACK 和(或)NACK 的组成机制。

使用 PGN 59904 请求能够检查目的地址是否支持某特定参数组的消息类型或组功能,若支持,则响应设备发送确认 PGN,其中控制字节值为 0(肯定确认)或 2(拒绝访问)或 3(不能应答);若不支持,则响应设备发送确认 PGN,其中控制字节值为 1(否定确认)。SAE J1939 的 PDU 格式的其他部分参数组要正确地填入。

专用功能 A 的 PGN 定义见表 8-13,专用功能 B 的 PGN 的定义见表 8-14。

专用功能 A 的 PGN 定义 表 8-13

参数组名称	专用 A
定义	专用 PG 使用目的地址的特定 PDU 格式以允许制造商将其专用信息定向到特定目的节点,如何使用消息的数据域以及此专用信息由各制造商决定,但应该遵循避免使专用信息超过整个网络信息 2%的约束
重复传输速率	用户自定义
数据长度	0~1785 字节(支持多组)
数据页	0
PDU 格式	239
PDU 细节	目标地址
默认优先级	6
参数组编号	61184(00EF0016)
字节	1~8,制造商专用

SAE 未定义组功能的参数数据范围。

专用功能 B 的 PGN 定义 表 8-14

参数组名称	专用 B
定义	专用 PG 使用 PDU 2 格式消息以允许制造商按需定义 PS(GE)段内容,但使用时应该遵循避免专用信息超过整个网络信息的 2%的约束,消息数据域和 PS(GE)的使用由制造商决定,消息数据长度由制造商定义,因此就传输而言,两制造商可能使用相同的 GE 值而数据长度码不同,信息响应者要区别此二者的不同
重复传输速率	用户自定义
数据长度	0~1785 字节(支持多组)
数据页	0
PDU 格式	255
PDU 细节	组扩展(制造商分配)
默认优先级	6
参数组编号	65280~65535(00FF0016~00FFFFI6)
字节	1~8,制造商专用

组功能的参数数据范围。制造商对该参数组使用的定义可能导致每个元件供应商和源地址数据长度码是唯一的。因为多源地址能使用同一个专用 B 参数组编号值(PGN = 65280)但用于不同目的,所以使用该参数组时要小心。

8.3.4 源地址和参数组编号的分配过程

协议对数据单元的使用规定了两种不同的格式,PDU 1 和 PDU 2。参数组在使用 PDU 1 或者 PDU 2 格式时,需要进行专门的分配。一旦为参数组分配了其中一种格式,则另外一种格式就不可再分配给该参数组。当需要发送一个参数组到某个指定的目标地址时,必须使用 PDU 1 格式。分配参数组时应当包含以下特性:优先级、更新速度、数据包对于其他网络设备的重要性以及与参数组关联的数据的长度。

提供了分配参数组编号的模板。其中,优先级为每个 PGN 的优先级别设定了默认值。若有需要,OEM 厂商可以为每个 PGN 值设计不同的优先级以进行网络调整。虽然任何一个 PGN 都可以被请求,但不赞成为那些已经属于周期性广播的消息提出 PGN 的分配请求。只有当某消息是一个用来直接控制(命令)某个特定设备的参数,就要为该消息分配一个需要带目标地址的参数组编号;否则,应该选择不带目标地址的参数组编号,以使任何一个设备都能获取消息中的参数。

根据参数组编号和源地址请求形式所要求的准则,参数组编号被依次分配在各个区。需要注意的是,当重复率大于或等于 10 次/s 时,不允许使用多组消息。

1)地址分配准则

在 SAE J1939 中,未被分配的地址数目是有限的,因此必须有效地分配新的地址。在整个系统中,可分配的地址数目最大不能超过 256。因此,新的地址定义必须限于车辆中的重要功能,例如目前已定义地址的发动机、传动系统、制动系统、燃料系统等重要功能系统。其他需要在标准中获得地址分配的功能,都应该有一个与目前已定义地址的功能相似的作用范围,并且对于大部分 SAE J1939 的使用者来说,它们应是有用的。

有些设备可能会使用可用的动态地址分配方案。在这种情况下,动态地址可以由服务工具来设置,并且(或者)可以在网络上电时分配。特别需要预先考虑的是,当使用动态地址分配方案时,并非所有的网络设备都支持这种操作模式。

2)参数组设定准则

与货车和其他应用所需要大量参数组相比,SAE J1939 中尚未分配的可用参数组的数目是相当有限的。组成 SAE J1939 的部件并不需要大量的参数组。在 SAE J1939 中有三种主要的通信方法,适当运用各种类型的通信方法,可以使已有的参数组编号得到有效的使用。这三种通信方法是:

(1)PDU 1 格式(PS = 允许指定目的地址通信的目标地址)。

(2)PDU 2 格式通信(PS = 组扩展)。

(3)使用两个预定义的专用参数组编号的专用通信。

每种通信方法都有其适用域合。当同一消息必须发送到众多目的地址中的某一个时,需要使用指定目的地址参数组。例如,现在 SAE J1939 定义了一个转矩控制消息,要发送给一个发动机。在存在多个发动机的情况下,这个消息必须只发送给所期望的发动机,这时需要使用指定目的地址参数组并对其进行设定。

PDU 2 格式通信应用于以下域合:

(1)从一个或多个源地址发送消息到一个目标地址。

(2)从一个或多个源地址发送消息到多个目标地址。

PDU 2 格式通信不能用于发送消息到众多目标地址中的一个。

在 SAE J1939 中,通过使用专用的参数组编号实现了第三种通信方法——专用通信。有一个参数组编号被分配用于非指定目的地址专用通信,而另一个参数组编号被分配用于指定目的地址专用通信。此时可以实现两种功能:①某个特定的源地址可以通过带有由用户定义 PS 域的 PDU 2 格式(非指定目的地址)发送专用消息;②在情况允许下,当有一个服务工具需要与某个控制器组中的某个特定目的地址进行通信时,可以使用 PDU 1 格式发送消息。例如,有一个发动机使用多于一个的控制器,而且它所有的控制器都连接在同一个网络上,现在它想要完成诊断任务。这时,专用协议需要能够应用于指定目的地的域合。

专用通信应用于以下两种情况:
(1)在不需要进行标准通信的域合。
(2)在进行专用信息通信很重要的域合。

在由同一制造商构造的节点之间,大部分通信并不需要标准通信。这些通信信息对于网络上其他设备来说一般是无用的,在这种情况下,可以使用专用参数组编号。

在准备参数组的时候,应当依次考虑使用专用通信方法和 PDU 2 格式。如果是进行专用信息的通信,则应当用专用通信方法;如果信息有广泛影响,而且不需要指定消息发送到某个特定节点时,应该考虑采用 PDU 2 格式的分配。最后,如果信息有广泛影响,但要求指定发送到众多设备中的某一个时,需要用指定的目标地址和 PDU 1 格式来对参数组进行分配。

8.3.5 传输协议功能

传输协议功能是数据链路层的一部分,它可再细分为两个主要功能:消息的拆装和重组以及连接管理,它们都将在以下部分进行详细描述。在以下的段落中,术语"发送者"(Originator)是指那些发出请求消息的电控单元或设备,术语"响应者"(Responder)是指那些发出应答消息的电控单元或设备。

1)消息的拆装和重组

长度大于 8 字节的消息无法用一个单独的 CAN 数据帧来装载。因此,它们必须被拆分为若干个小的数据包,然后使用单独的数据帧对其逐一传送,而接收方必须能够接收这些单独的数据帧,然后解析各个数据包并重组成原始的信息。

2)数据包

CAN 数据帧包含一个 8 字节的数据域。由于那些重组成长信息的单独数据包必须要能够被一个个识别出来,然后才可以正确重组,因此把数据域的首字节定义为数据包的序列编号。每个数据包都会被分配到一个从 1~255 的序列编号。由此可知,最长的数据长度是 1785 字节(255 包×7 字节/包)。

3)序列编号

序列编号在数据拆装时分配给每个数据包,然后通过网络传送给接收方。接收方接收后,利用这些编号把数据包重组回原始信息。序列编号将从 1 开始依次分配给每个数据包,直到整个数据都被拆装和传送完毕。这些数据包将从编号 1 开始按递增顺序发送。

4)数据拆装

过长的数据是指那些无法用一个单独的 CAN 数据帧全部装载的数据(例如数据域长于 8 字节的消息)。考虑本协议的用途,过长的数据这里被认为是与 9 字节或以上的字符串相关的参数组。第一个数据传送包包含序列编号 1 和字符串的头 7 个字节,其后的 7 个字节跟随序列编号 2 存放在另一个 SAE J1939/CAN 数据帧中,再随后的 7 个字节与编号 3 一起,就这样直到原始信息中所有的字节都被存放到 SAE J1939/CAN 数据帧中并被传送。

多组广播信息的数据包发送时间间隔为 50~200 ms。对于发送到某个指定目标地址的多组消息,发送者将维持数据包(在 CTS 允许多于一个数据包时)发送时间的最长间隔不多于 200 ms。响应者必须知道这些数据包都是具有相同的标识符。

每个数据传送包(除了传送队列中的最后一个数据包)都装载着原始数据中的 7 个字节,而最后一个数据包的数据域的 8 个字节包含数据包的序列编号和与参数组相关数据的至少 1 个字节,余下未使用的字节全部设置为 FF_{16}。

5)数据重组

数据包被陆续地接收后,多组消息的数据包将会按照序列编号的顺序重新组合成一长串字符。这一长串字符将被传送给负责处理长数据的应用程序模块。

8.4 应用层

SAE J1939 协议应用层定义了传输参数值的解释规则,从而使得接收设备可以判断,发送设备是否可以提供参数组下的所有相关参数,一些参数是否出现错误状态,是否有参数特别指示器以及参数是否有效。SAE J1939 应用层包含两方面描述:数据信号和报文参数组。这里所说的数据信号指的是可疑参数(SP),而参数组(PG)指的是 CAN 的报文帧。

在 SAE J1939 协议中,数据信号表示的是与某个 ECU 相关的特定元素、部件或参数,它们被统称为可疑参数,并通过一个 19 位的可疑参数号进行标识。这里之所以采用可疑参数号这个名称是因为这些标识符主要被用于故障诊断。这里,SAE J1939 将前 511 个 SPN 保留,并且将其分配用以继承 SAE J1587 协议中的 PID。

在 SAE J1939 协议中,应用层参数组的每个参数(数据)都被分配有一个 SPN。但是,不是每个 SPN 都具有所属的参数组。

8.4.1 通信参数定义

表 8-15 定义了用于确定传输信号有效的数值范围,表 8-16 定义了用于表示离散参数的传输数值,表 8-17 定义了用于表示控制命令的传输数值。在错误指示范围内的数值表示,因为在传感器、子系统或功能模块中出现某种类型的错误,所以没有可利用的有效参数数据。

在不可用的范围内的数值表示,模块传输的消息包含的参数在该模块中不可用或不支持。在不可被请求范围内的数值提供了设备传输命令消息和识别那些不需要接收设备发出响应的参数的手段。

如果一个元件故障阻碍了某个有效数据的传输,表 8-15 和表 8-16 描述的错误显示数值应该用于代替该参数的数据。然而,如果测量或计算出来的数据所产生的数值是有效的,但它超过了已定义参数范围,那么错误显示的数值不能使用,而应该用合适的最小或最大参数值进行传输。

传输信号范围　　　　　　　　　　　　　　　　　　　　　表 8-15

范围名称	1 字节	2 字节	4 字节	ASCII
有效信号	0~250 0000_{16}~$FAFF_{16}$	0~64255 0000_{16}~$FAFF_{16}$	0~4211081215 00000000_{16}~$FAFFFFFF_{16}$	1~254 01_{16}~FE_{16}

续上表

范围名称	1字节	2字节	4字节	ASCII
特定参数指示	251 FB16	64256~64511 FB0016~FBFF16	4211081216~4227858431 FBxxxxxx16	无
保留给将来指示使用的范围	252~253 FC16~FD16	64512~65023 FC0016~FDFF16	4227858432~4261412863 FC00000016~FDFFFFFF16	无
错误指示	254 FE16	65024~65279 FExx16	4261412864~4278190079 FExxxxxx16	0 0016
不可用或不可被请求	255 FF16	65280~65535 FFxx16	4278190080~4294967294 FFxxxxxx16	255 FF16

表示离散参数的传输数值（测量值）　　　　　表 8-16

范 围 名 称	传 输 数 值
禁止（关闭，非运行等）	00
启动（打开，正在运行等）	01
错误指示	10
不可用或不能安装	11

表示控制命令的传输数值（状态）　　　　　表 8-17

范 围 名 称	传 输 数 值
用于停止功能的命令（关闭等）	00
用于启动功能的命令（打开等）	01
保留	10
无关紧要/无动作（由功能决定）	11

当需要在 SAE J1939 中增加新参数时，表 8-18 定义了一组用于新参数范围分配的推荐 SLOT，例如比例（Scaling）、界限（Limit）、偏移量（Offset）和传送（Transfer）功能，这样可以在给定的参数类型（如温度、压力、速度等）中尽量保持数据的一致性。每个 SLOT 提供了适合给定类型中的大部分参数的数值范围和分辨率。若需要，可以用不同的比例因子或偏移量。所有的 SLOT 应该以另一个 SLOT 的 2 的乘方比例缩放。这样可以减少内部比例转换时所需的数学计算和误解数值的机会。偏移量应该根据以下两点进行恰当的选择：①偏移量 = 0；②偏移量 = 50%（等于 ± 数值范围）。

推荐 SLOT 定义　　　　　表 8-18

参　数	放大比例（分辨率）	限制（范围）	偏移	参数长度
角度/方向	$10^\circ \sim 7^\circ$/位	$-210^\circ \sim 211.108122^\circ$	-210	32 位
	$1/128^\circ$/位	$-200^\circ \sim 301.992^\circ$	-200	16 位
	$1/128^\circ$/位	$0^\circ \sim 502^\circ$	0	16 位
	1°/位	$-125^\circ \sim 125^\circ$	-125	8 位
	0.1s/位	$-3276.8 \sim 3276.8$s	-3276.8	16 位

续上表

参 数	放大比例(分辨率)	限制(范围)	偏移	参数长度
制动	1 制动/位	0~4227858431 制动	0	32 位
计数	1 计数/位	0~64255 计数数	0	16 位
路面起伏	1/128 1/km/位	-250~250.9921/km	-250	16 位
里程	0.125km/位	0~526385151.9km	0	32 位
	0.125m/位	-2500~5531.875m	-2500	16 位
里程	0.1mm/位	-3200~3200mm	-3200	16 位
	0.1mm/位	0~6400mm	0	16 位
	1m/位	0~250m	0	8 位
	1m/位	-125~125m	-125	8 位
	5m/位	0~21055406km	0	32 位
	5km/位	-160635~160635km	-160635	13 位
经济性(液体)	1/512km/L/位	0~125.5km/L	0	16 位
经济性(气体)	1/512km/L/位	0~125.5km/kg	0	16 位
电流	1A/位	-125~125A	-125	8 位
	1A/位	0~250A	0	8 位
流量(液体)	0.05L/h/位	0~3212.75L/h	0	16 位
流量(气体)	0.05kg/h/位	0~3212.75kg/h	0	16 位
流量(测容量)	0.1m^3/h 每位	0~6425.5m^3/h	0	16 位
力	5N/位	0~321275N	0	16 位
耗油量(液体)	0.5L/位	0~2102540607.5L	0	32 位
耗油量(气体)	0.5kg/位	0~2102540607.5kg	0	32 位
调速器增益	1/1280%/r/min 每位	0~50.2%/r/min	0	8 位
齿轮传动比	0.01/位	0~642.55	0	16 位
齿轮值	1 齿轮值/位	-125~125	-125	8 位
D(元件,软件)	1 ID/位	0~250 ID	0	8 位
动黏滞率	1 mm^2/s/位	0~250 mm^2/s	0	8 位
货物	0.5kg/位	0~32127.5kg	0	16 位
	2kg/位	0~128510kg	0	16 位
	10kg/位	0~642550kg	0	16 位
比例系数 (位置/水平面)	0.0025%/位	0~160.6375%	0	16 位
	0.4%/位	0~100%	0	8 位
	1%/位	125%~-125%	-125	8 位
	1%/位	0~250%	0	8 位
功率	0.5kW/位	0~160.6375%	0	16 位

续上表

参　数	放大比例(分辨率)	限制(范围)	偏移	参数长度
压力	4kPa/位	0～1000kPa	0	8位
	0.05kPa/位	0～12.6kPa	0	8位
	5kPa/位	0～1250kPa	0	8位
	8kPa/位	0～2000kPa	0	8位
	0.1kPa/位	0～6426.6kPa	0	16位
	0.125kPa/位	0～8 031.876kPa	0	16位
	16kPa/位	0～4000kPa	0	8位
	0.5kPa/位	0～32127.5kPa	0	16位
	1/256MPa/位	0～251MPa	0	16位
	1/128kPa/位	−250～251.99kPa	−250	16位
	2kPa/位	0～500kPa	0	8位
	0.5kPa/位	0～125kPa	0	8位
比率	0.1/位	0～25.0	0	8位
	0.001/位	0～64.255	0	16位
	1/位	0～250	0	8位
记录	1记录/位	1～250 记录	0	8位
旋转	1000转/位	0～4211081215000转	0	32位
源地址	1源地址/位	0～253	0	8位
比重	0.001/位	0～2	0	8位
电阻率	0.1MΩ·m/位	0～25MΩ·m	0	8位
步骤	1步/位	0～250步	0	8位
温度	1℃/位	−40～210℃	−40	8位
	0.03125℃/位	−273～1735℃	−273	16位
时间	0.01ms/位	0～642.55ms	0	16
	0.1s/位	0～25s	0	8
	0.25s/位	0～62.5s	0	8
	1s/位	0～64255s	0	16
	1s/位	0～4294967 296s	0	32
	1min/位	0～250min	0	8
	1min/位	−125～125min	−125	8
	1h/位	0～250h	0	8
	1h/位	−125～125h	−125	8
	1h/位	−32127～32128h	−32127	16
	0.05h/位	0～210554060.75h	0	32
	0.25日/位	0～62.5日	0	8
	1星期/位	−125～125星期	−125	8
	1月/位	0～250月	0	8
	1年/位	1985～2235年	+1985	8

续上表

参　数	放大比例(分辨率)	限制(范围)	偏移	参数长度
转矩	1N·m/位 1N·m/位 2N·m/位	-32000~32255N·m 0~64255N·m 0~128510N·m	-32 000 0 0	16位 16位 16位
直线速度(速率)	1/256km/h/位 1/128km/h/位 1/16km/h/位 1km/h/位	0~250.996km/h (高位字节 1km/h/位) -250~251.992km/h -7.8125~7.8125km/h 0~250km/h	0 -250 -7.8125	16位 16位 8位 8位
旋转速度	0.125 r/min/位 4 r/min/位 0.5 r/min/位 10 r/min/位	0~8031.875 r/min (高位字节 32 r/min/位) 0~257020r/min 0~32127.5r/min 0~2500r/min	0 0 0 0	16位 16位 8位 8位
容积	0.5L/位	0~2105540607.5L	0	32位

在 SAE J1939 中,通常由几个参数组成一个参数组。一个参数组的定义应包括以下的属性:刷新周期、数据长度、数据页 PG、PDU 格式 PF、PDU 的扩展域、默认优先级、参数组数 PGN、参数列表。如果一个参数组的数据长度大于 8 字节,就必须按照 SAE J1939 分帧传输协议进行通信。

如果现有的参数组定义不允许包含新的参数,那么需要定义一个新的参数组。这里需要注意的是,在通常情况下,参数根据以下准则来组成参数组:

(1)按照实现功能(如汽油、制冷剂、燃料等),而不按照类型(如温度、压力、速度等)。

(2)具有相近的更新速度(为了减少不必要的系统开销)。

(3)按照通用的子系统(用于测量和发送数据的设备)。

8.4.2　汽车中主要的通信与控制参数

为便于了解车载网络应用层协议中通信协议及报文帧的构成,下面列出部分 SAE J1939—71 中定义的报文帧的主要特点和内容。更详细内容请参阅 SAE J1939 协议。

1) PGN0 转矩/速度控制——TSC1

主要特点如下:

(1)传输循环率:激活时,发动机 10ms,缓速器 50ms。

(2)数据长度:8 字节。

(3)数据页面:0。

(4) PDU 格式:0。

(5) PDU 特定:目的地址。

(6)默认优先值(P):3。

(7)参数组编号(PGN):0(00000016)。

PGN0 的主要内容见表 8-19。

PGN0 的主要内容　　　　　　　　　　　　　　　　　　　　　　表 8-19

起 始 位	长 度	数 据 名	SPN
1.1	2 位	发动机控制模式	695
1.3	2 位	发动机所请求速度控制状况	696
1.5	2 位	控制模式的优先级	897
2~3	2 字节	所请求的(输出)转速/速度极限	898
4	1 字节	所请求的转矩/转矩限制	518
5.1	3 位	TSC1 发送速率	3349
5.4	5 位	TSC1 控制目的	3350

2) PGN256 传输器控制 1——TC1

主要特点如下：

(1) 传输循环率：激活时，动力传输器 50ms，轮轴 50ms。

(2) 数据长度：8 字节。

(3) 数据页面：0。

(4) PDU 格式：1。

(5) PDU 特定：目的地址。

(6) 默认优先值(P)：3。

(7) 参数组编号(PGN)：256(00010016)。

PGN256 的主要内容见表 8-20。

PGN256 的主要内容　　　　　　　　　　　　　　　　　　　　表 8-20

起 始 位	长 度	数 据 名	SPN
1.1	2 位	换挡变速约束请求	681
1.3	2 位	转矩转换器锁定失效请求	682
1.5	2 位	分离动力传输器系统请求	683
2	1 字节	离合器打滑百分比请求	684
3	1 字节	换挡请求	518
4.1	2 位	分离不同锁定请求 - 前轮轴 1	685
4.3	2 位	分离不同锁定请求 - 前轮轴 2	686
4.5	2 位	分离不同锁定请求 - 后轮轴 1	687
4.7	2 位	分离不同锁定请求 - 后轮轴 2	688
5.1	2 位	分离不同锁定请求 - 中枢	689
5.3	2 位	分离不同锁定请求 - 中枢前	690
5.5	2 位	分离不同锁定请求 - 中枢后	691

3) PGN52992 连续转矩和速度限制请求——CTL

主要特点如下：

(1) 传输循环率：5s。

(2) 数据长度：8 字节。

(3)数据页面:0。

(4)PDU 格式:207。

(5)PDU 特定:目的地址。

(6)默认优先值(P):6。

(7)参数组编号(PGN):52992(00CF0016)。

PGN 52992 的主要内容见表 8-21。

PGN 52992 的主要内容　　　　　　　　　　　　　　表 8-21

起始位	长度	数据名	SPN
1	1字节	发动机最小连续转速限制请求	1784
2	1字节	发动机最大连续转速限制请求	1785
3	1字节	发动机最小连续转矩限制请求	1786
4	1字节	发动机最大连续转矩限制请求	1787
5	1字节	缓速器最小连续转速限制请求	1788
6	1字节	缓速器最大连续转速限制请求	1789
7	1字节	缓速器最小连续转矩限制请求	1790

4)PGN61440 电子缓速控制器——ERC1

主要特点如下:

(1)传输循环率:100ms。

(2)数据长度:8 字节。

(3)数据页面:0。

(4)PDU 格式:240。

(5)PDU 特定:0。

(6)默认优先值(P):6。

(7)参数组编号(PGN):61440(00F00016)。

PGN 61440 的主要内容见表 8-22。

PGN 61440 的主要内容　　　　　　　　　　　　　　表 8-22

起始位	长度	数据名	SPN
1.1	4位	缓速器转矩模式	900
1.5	2位	缓速器使能 - 制动辅助开关	571
1.7	1字节	缓速器使能 - 换挡辅助开关	572
2	1字节	实际缓速器 - 转矩百分比	520
3	2位	计划缓速器转矩百分比	1085
4.1	2位	发动机冷却液在增加	1082
4.3	1字节	缓速器请求制动灯	1667
5	1字节	缓速器控制的控制装置源地址	1480
6	1字节	驾驶人请求缓存器 - 转矩百分比	1715
7	1字节	缓速器选择 - 无发动机	1716
8	1字节	实际可用最大缓速器 - 转矩百分比	1717

5) PGN61441 电子制动控制 1——EBC1

主要特点如下:

(1) 传输循环率:100ms。

(2) 数据长度:8 字节。

(3) 数据页面:0。

(4) PDU 格式:240。

(5) PDU 特定:1。

(6) 默认优先值(P):6。

(7) 参数组编号(PGN):61441(00F00116)。

PGN 61441 的主要内容见表 8-23。

PGN 61441 的主要内容　　　　　　　　　　表 8-23

起始位	长度	数据名	SPN
1.1	2 位	ASR 发动机控制激活	561
1.3	2 位	ASR 制动控制激活	562
1.5	2 位	ABS 激活	563
1.7	2 位	EBS 制动开关	1121
2	1 字节	制动踏板位置	521
3.1	2 位	ABS 越野开关	575
3.3	2 位	ASR 越野开关	576
3.5	2 位	ASR"斜坡保持"开关	577
3.7	2 位	牵引控制强制开关	1238
4.1	2 位	加速踏板互锁开关	972
4.3	2 位	发动机减速开关	971
4.5	2 位	辅助发动机关闭开关	970
4.7	2 位	远程加速踏板使能开关	969
5	1 字节	发动机缓速器选择	973
6.1	2 位	ABS 全工作状态	1243
6.3	2 位	EBS 红灯警告状态	1439
6.5	2 位	ABS/EBS 黄灯警告状态(带动力车辆)	1438
7	1 字节	制动控制的控制装置源地址	1481

6) PGN61442 电子变速器控制器#1——ETC1

主要特点如下:

(1) 传输循环率:10ms。

(2) 数据长度:8 字节。

(3) 数据页面:0。

(4) PDU 格式:240。

(5) PDU 特定:2。

(6) 默认优先值(P):3。

(7)参数组编号(PGN):61442(00F00216)。

PGN 61442 的主要内容见表 8-24。

PGN 61442 的主要内容 表 8-24

起始位	长 度	数 据 名	SPN
1.1	2 位	动力传动系统工作	560
1.3	2 位	变矩器锁止工作	573
1.5	2 位	换挡工作中	574
2-3	2 位	输出轴转速	191
4	1 字节	离合器打滑百分比	522
5.1	2 位	发动机瞬时超速使能	606
5.3	2 位	累积变速无效	607
6-7	2 位	输入轴转速	161
8	1 字节	变速控制用的控制装置源地址	1482

7) PGN61445 电子变速器控制器 2——ETC2

主要特点如下:

(1)传输循环率:100ms。

(2)数据长度:8 字节。

(3)数据页面:0。

(4)PDU 格式:240。

(5)PDU 特定:5。

(6)默认优先值(P):6。

(7)参数组编号(PGN):61445(00F00516)。

PGN 61445 的主要内容见表 8-25。

PGN 61445 的主要内容 表 8-25

起始位	长 度	数 据 名	SPN
1	1 字节	选择挡位	524
2-3	2 字节	实际换挡比率	526
4	1 字节	当前挡位	523
5-6	2 字节	变速器请求范围	162
7-8	2 字节	变速器当前范围	163

8)电子的轴控制器 1——EAC1

主要特点如下:

(1)传输循环率:500ms。

(2)数据长度:8 字节。

(3)数据页面:0。

(4)PDU 格式:240。

(5)PDU 特定:6。

(6)默认优先值(P):6。

(7)参数组编号(PGN):61446(00F00616)。

电子的轴控制器1的主要内容见表8-26。

电子的轴控制器1的主要内容　　　　　　　　　表8-26

起始位	长度	数据名	SPN
1	8位	位置	927
2.1	2位	差速锁状态-前轴1	967
2.3	2位	变速器状态-前轴2	568
2.5	2位	变速器状态-后轴1	569
2.7	2位	变速器状态-后轴2	570
3.1	2位	变速器状态-中心轴	564
3.3	2位	变速器状态-前中心轴	565
3.5	2位	变速器状态-后中心轴	566

9)PGN65217 高精度行车距离——VDHR

主要特点如下:

(1)传输循环率:1s。

(2)数据长度:8字节。

(3)数据页面:0。

(4)PDU 格式:254。

(5)PDU 特定:193。

(6)默认优先值(P):6。

(7)参数组编号(PGN):65217(0XFEC116)。

DGN 65217 的主要内容见表8-27。

DGN 65217 的主要内容　　　　　　　　　表8-27

起始位	长度	数据名	SPN
1~4	4位	高分辨率的车辆总行驶距离	917
5~8	4位	高分辨率的车辆行程	918

10)PGN65245 涡轮增压器——TC

主要特点如下:

(1)传输循环率:1s。

(2)数据长度:8字节。

(3)数据页面:0。

(4)PDU 格式:254。

(5)PDU 特定:221。

(6)默认优先值(P):6。

(7)参数组编号(PGN):65245(0XFEDD16)。

DGN 65245 的主要内容见表8-28。

PGN 65245 的主要内容　　　　　　　　　　　表 8-28

起始位	长度	数据名	SPN
1	1位	涡轮增压器的润滑油的压力1	104
2~3	2位	涡轮增压器1转速	103
4.7	2位	涡轮增压器油位开关	1665

11) PGN65264 动力输出设备信息——PTO

主要特点如下：

(1) 传输循环率:100ms。

(2) 数据长度:8字节。

(3) 数据页面:0。

(4) PDU 格式:254。

(5) PDU 特定:240。

(6) 默认优先值(P):6。

(7) 参数组编号(PGN):65264(0XFEF016)。

PGN 65264 的主要内容见表 8-29。

PGN 65264 的主要内容　　　　　　　　　　　表 8-29

起始位	长度	数据名	SPN
1	1位	动力输出设备油温	90
2~3	2位	动力输出设备转速	186
4~5	2位	动力输出设备设定速度	187
6.1	2位	发动机动力输出设备启动开关	980
6.3	2位	发动机远程动力输出设备预设速度开关	979
6.5	2位	发动机远程动力输出设备可变速度控制开关	978
7.1	2位	发动机动力输出设备设置开关	984
7.3	2位	发动机动力输出设备滑行减速开关	983
7.5	2位	发动机动力输出设备继续开关	982
7.7	2位	发动机动力输出设备减速开关	981
8.1	2位	操作动力输出设备记忆选择开关	2897
8.3	2位	远程动力输出设备速度控制开关#2	3447
8.5	2位	辅助输入忽略开关	3448

12) PGN65266 燃油经济性(液体)——LFE

主要特点如下：

(1) 传输循环率:100ms。

(2) 数据长度:8字节。

(3) 数据页面:0。

(4) PDU 格式:254。

(5) PDU 特定:240。

(6) 默认优先值(P):6。

(7)参数组编号(PGN):65266(0XFEF216)。

PGN 65266 的主要内容见表 8-30。

PGN 65266 的主要内容　　　　　　　　　　　表 8-30

起始位	长度	数据名	SPN
1~2	2 位	燃料消耗速度	183
3~4	2 位	发动机瞬时燃油经济性	184
5~6	2 位	发动机平均燃油经济性	185
7	1 位	发动机节气门位置	51
8	1 位	发动机节气门2位置	3673

13) PGN53248 驾驶室照明信息——CL

主要特点如下:

(1)传输循环率:改变状态,但是不超过 100ms,每 5s。

(2)数据长度:8 字节。

(3)数据页面:0。

(4)PDU 格式:208。

(5)PDU 特定:目的地址。

(6)默认优先值(P):6。

(7)参数组编号(PGN):53248(00D00016)。

PGN 53248 的主要内容见表 8-31。

PGN 53248 的主要内容　　　　　　　　　　　表 8-31

起始位	长度	数据名	SPN
1	1 字节	发动机最小连续转速限制请求	1487

14) PGN53504 空气悬架控制 6——ASC6

主要特点如下:

(1)传输循环率:激活时,100ms。

(2)数据长度:8 字节。

(3)数据页面:0。

(4)PDU 格式:209。

(5)PDU 特定:目的地址。

(6)默认优先值(P):3。

(7)参数组编号(PGN):53504(00D10016)。

PGN 53504 的主要内容见表 8-32。

PGN 53504 的主要内容　　　　　　　　　　　表 8-32

起始位	长度	数据名	SPN
1-2	2 字节	水平事先调整前轴左轮	1732
3-4	2 字节	水平事先调整前轴右轮	1757
5-6	2 字节	水平事先调整前轴左轮	1758
7-8	2 字节	水平事先调整前轴右轮	1735

15) PGN56576 防盗请求——ATR

主要特点如下:

(1)传输循环率:产生传输信息中断,同时向接口装置传送消息。

(2)数据长度:8字节。

(3)数据页面:0。

(4)PDU 格式:221。

(5)PDU 特定:目的地址。

(6)默认优先值(P):7。

(7)参数组编号(PGN):56576(00DD0016)。

PGN 56576 的主要内容见表8-33。

表8-33 PGN 56576 的主要内容

起 始 位	长 度	数 据 名	SPN
1.2	2位	防盗加密指示状态	1199
1.4	2位	防盗期望退出模式	1200
1.6	3位	防盗命令状态	1201
2	7字节	防盗口令请求	1202

16)PGN65103 车辆动力稳定性控制1——VDC1

主要特点如下:

(1)传输循环率:100ms。

(2)数据长度:8字节。

(3)数据页面:0。

(4)PDU 格式:254。

(5)PDU 特定:79。

(6)默认优先值(P):6。

(7)参数组编号(PGN):65103(00FE4F16)。

PGN 65103 的主要内容见表8-34。

表8-34 PGN 65103 的主要内容

起 始 位	长 度	数 据 名	SPN
1.1	2位	VDC 信息信号	1813
1.3	2位	VDC 全操作	1814
1.5	2位	VDC 制动灯请求	1815
2.1	2位	ROP 发动机实时控制	1816
2.3	2位	ROP 制动实时控制	1817
2.5	2位	YC 发动机实时控制	1818
2.7	2位	YC 制动实时控制	1819

8.5 网络管理

网络管理协议是SAE J1939 协议中比较特殊的一项,它并不与ISO 的 OSI 模型中的某一层相互映射,相反它包含了该模型中多层内容。SAE J1939 的网络管理协议主要包括了以下三个方面的内容:网络源地址的管理、地址与网络上实际功能的关联以及监测并报告网络错误。

8.5.1　SAE J1939 通信方式

由于 SAE J1939 的数据链路层和物理层采用 CAN2.0 B 协议,所以 SAE J1939 网络支持多主竞争方式。CAN 协议废除了站地址寻址方式,然而 SAE J1939 通过对 CAN 标识符的重新定义,可同时支持基于节点传输和基于帧传输两种方式。

基于节点传输的通信方式只在两节点之间进行通信,其他节点并不参与。该方式的前提条件是在报文中包含目标地址,发送节点知道目标接收节点。对于接收节点而言,通过对接收报文标识符中的目标地址进行滤波,就可确定是否应该接收该报文。

基于报文传输的通信方式就是某个节点把包含一个或多个参数的参数组报文发送给网络中所有节点,也就是广播式的传输方式。发送节点不需要确定接收节点的地址,接收节点根据报文标识符中的参数组号 PGN 进行滤波,如果几个节点对某个 PGN 参数组的报文感兴趣,它们可以同时接收该报文。

根据传输报文的大小,SAE J1939 网络支持单帧和多帧的传输方式。当报文的数据长度小于或等于 8 个字节时采用单帧传输,否则采用多帧传输。两者既支持基于节点传输也支持基于报文传输。

基于节点的分帧传输分为三步:建立连接、数据传输、拆除连接。

(1) 建立连接。首先发送节点发出"请求发送帧(RTS)",当目标节点接收到该帧后,如果准备接收该报文,就向发送节点回复"连接允许帧(CTS)",从而建立连接。当目标节点不能或不愿意接收该报文,那么就向发送节点回复"连接放弃帧"。

(2) 数据传输。当连接建立后,就可以开始进行数据传输,由上一步"连接允许帧"中规定的那一帧开始传输。如果在分帧传输时某帧传输失败,接收节点可以通过"连接允许帧"让发送节点重新发送。"连接允许帧"规定,连续发送几帧后,发送节点就必须等待,等到收到下一个"连接允许帧"后才继续报文传输。

(3) 拆除连接。接收节点收完最后一帧后发送"报文结束确认帧",确认所有的数据帧接收成功,从而拆除连接。图 8-11 所示为基于节点分帧传输的全过程(连接的建立、拆除以及数据的传输),图中显示接收节点每接收三帧后就发送"连接允许帧"来确认,这样发送节点可连续发送三帧。这种做法提高了报文传输的效率,尽管如此,接收节点还应通过软件确保没有丢失数据帧。

由于发送节点不知道哪些节点是接收节点,所以不基于节点传输方式的分帧传输不需要建立连接,仅需要在传输之前向整个网络发送"广播通知帧"(该帧中包含要发送消息的参数组编号、要连续发送几帧以及报文数据的长度),再等待一定时间的延迟,之后开始向网络上连续发送报文。在报文传输过程中,如果其中一个接收节点出现了问题,该节点也不能向网上发送"连接放弃帧"。图 8-12 表示此类分帧传输的全过程。

SAE J1939 协议有三种主要的通信方法,正确应用这些方法就能够有效地使用各种参数组数。这三种通信方法分别是:

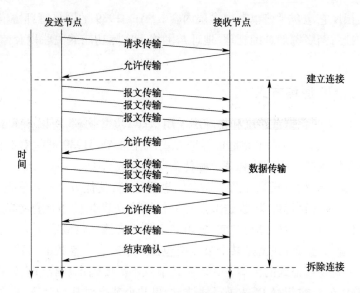

图 8-11 基于节点传输的全过程

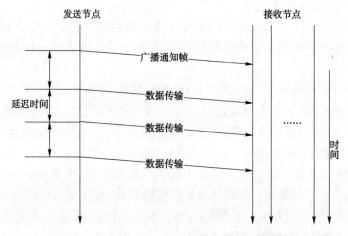

图 8-12 不基于节点传输方式的分帧传输全过程

(1) 针对目标的通信,使用 PDU1(PF 值为 0~239)(包括全局地址:255)。每种通信方法都有其适用的域合。当报文必须发送到一个或另一个指定目标而不是它们全部时,需要使用针对目标的参数组数。

(2) 使用 PDU 2 的广播通信(PF 值为 240~255)。广播通信适用于以下几种情况:
① 报文从一个或多个源地址发到一个单一目标。
② 报文由一个或多个源地址发到多个目标。
③ 当一条报文必须发到一个或另一个目标而不是送往它们全部时,不能使用广播通信。

(3) 使用 PDU1 或 PDU2 格式的专用通信。专用通信是通过使用两个专用参数组数来实现的。一个参数组数用于广播专用通信,另一个参数组数用于针对目标的专用通信。这就支持以下两种功能。第一,某个特定的信息源能够以 PDU 2 类型格式发送其专用报文(广播);第二,允许服务工具直接与某特定目标通信,而这个特定目标位于可能的一组 ECU 之内。专用通信在以下两种情况下使用:

①在不需要标准化通信的情况下。
②在专用通信十分重要的情况下。

8.5.2 电控单元的名称和地址

网络中每个 ECU 至少有一个名字和一个与其相关的地址。ECU 的地址定义了一个特定的报文源头或目标,包括在该地址上的主要功能定义,而且在同一网络中有多个具有同样功能的 ECU 情况下,还要加上一项说明以指出那些功能的应用域合。网络中可以有多达 254 个具有相同功能的不同 ECU 共存,每个 ECU 可由其地址和名称来识别。

为了使每个 ECU 具有唯一的名称,SAE J1939 定义了 64 位的名称。名称确定了 ECU 所执行的主要功能,并且能够唯一地识别每个 ECU,即使网络中有多个相同类型的 ECU 亦如此。但是,使用一个 64 位长的名称在正常通信中很不方便。因此,一旦网络初始化完毕,每个 ECU 利用一个 8 位地址作为它的源识别符或"把手",从而提供一种方法来唯一地访问网络中特定的 ECU。网络中的每个 ECU 可以有多个地址,而每个地址都有一个相关的名称。为了便于初始化以确定网络中每个 ECU 的地址,那些广泛使用的设备都有委员会分配的首选地址。使用首选地址可以将多个设备试图声明同一地址的概率最小化。

通常,大部分 ECU 在上电后将立刻使用首选地址。设备起动后,一个特定的地址分配的程序可用来解决任何可能发生的冲突。每个 ECU 必须能够声明自己将使用哪个地址。这是地址声明的特征。两个选择可供使用:

(1) 上电以后,以及不论任何时候只要收到有关要求,ECU 都必须发送一条地址声明报文。当一个 ECU 发送了地址声明报文后,网络中所有的 ECU 都在各自地址表中记录这个新声明地址,并将其与自己的地址表进行比较。不是所有的 ECU 都需要保持这样一个表,但是至少应将这个新声明的地址与自身地址做比较。如果多个 ECU 申请同一地址,则具有最小名称值的 ECU 使用这个地址,其他 ECU 必须申请别的地址或停止在网络中发送数据。

(2) ECU 可以发送一个关于已声明地址的请求报文,以此来确定哪些地址已被其他 ECU 声明。当一个 ECU 发出已声明地址请求时,所有被请求的 ECU 发送其各自的已声明地址报文。这就使得那些临时性的 ECU(如工具、拖车等)或上电较晚的 ECU 可获得当前地址表,从而找到并声明一个可用的地址,或者确定目前在网络中有哪些 ECU。这种方法为那些可能需要自配置地址的 ECU 提供了选择,但是并不是对所有 ECU 都这样要求。自配置地址是可选择的;推荐那些可能遇到地址冲突的 ECU 支持这种功能。

当地址冲突被侦听到时,根据所涉及的 ECU 的功能,有以下四个选择可用:

(1) 自配置 ECU:一个自配置 ECU 能够动态地计算和声明一个未使用的地址。大多数服务工具和网桥都具有这种功能。

(2) 命令配置地址:一个网络互联 ECU,如网桥或服务工具可以命令另一个 ECU 使用某给定地址。这个具有未声明地址的 ECU 随后发出一条地址已声明报文来确认对这个新地址的接受。即使该 ECU 已声明了一个有效地址,也可以命令其接受新地址。

(3) 服务配置 ECU:由服务人员修改的 ECU,通常采用 DIP 开关或是服务工具。当使用"命令地址"报文时,与"命令配置"的区别在于,需要使用服务工具,且通常使用专用技术。

(4) 不可配置 ECU:指那些既不是自配置也不是可编程的 ECU,如果它们不能声明有效地址,就必须停止传输。

一个 ECU 的名称是由 64 位组成的区域,名称用于在 SAE J1939 的网络中传输报文,名称组成域见表 8-35。一个名称可以标明 ECU 的功能(例如一号发动机、二号发动机),网络中任何功能都可以通过名称表示。一辆车内的每个 ECU 的名称必须是唯一的。名称具有两个作用:第一提供电控单元的功能描述,第二提供用于地址仲裁过程中的数值。SAE J1939 网络中的地址具有唯一的报文标识符,可以决定报文的源地址。地址声明报文包括源地址和一个名称,这一报文可以与网络中具有特定地址的名称联系在一起,也可以说地址与唯一一个名称联系在一起,这意味着将地址与功能联系在了一起,ECU 的制造商和网络集成商应确保在一个网络中所有 ECU 的名称是唯一的。

ECU 名称组成域 表 8-35

仲裁地址使能	工业领域	车辆系统实例	车辆系统	保留	功能	功能实例	ECU 实例	制造商编码	标识码编号
1 位	3 位	4 位	7 位	1 位	8 位	5 位	3 位	11 位	21 位

SAE J1939 网络中的源地址用来表示给定网络中特定的 ECU。名称相对于地址,表明网络中 ECU 的功能,网络管理协议中的网络管理过程允许将一个源地址与 ECU 的功能和网络中相关布告联系在一起。

在一个网络中,每个 ECU 至少应该有一个名称,这样 ECU 就可以根据功能唯一地被标示出来。反过来,网络中的每个 ECU 至少应该有一个唯一的地址,这样某个 ECU 就可以与其他 ECU 进行 CAN 报文帧的仲裁。在 SAE J1939 中大多数的 ECU 都将有一个首选地址。ECU 将首先使用的地址定为首选地址,如果一个 ECU 的首选地址已经分配给了另一个 ECU,且另一个 ECU 正在使用该地址,那么这个 ECU 将试着另选一个地址,或者送出无法分配地址的报文,这些都将依赖于 ECU 的寻址能力和未使用地址是否可获得。

一个 ECU 的初始地址在任何情况下都应该由制造商根据应用定义的首选地址来设定。ECU 的初始地址应该是可编程的,这样才能允许 OEM 来配置车辆。尽管在标准车辆中这一要求不是必要的,但是它为 ECU 的应用提供了灵活性。可编程性对于出售后的 ECU 是很重要的。

一个 ECU 的源地址必须是唯一的。在每辆车上电后,源地址一定要与不同的 ECU 相联系,并且在不同的车辆中,源地址也可能是不同的。与每个 ECU 相联系的名字在车辆初始化时由机构配置。与源地址相联系的名字标明了 ECU 所具有的功能并且考虑到使用的地址而使定义具有连续性。

SAE J1939 支持 ECU 自配置地址。这是一种特殊情况,根据车辆的配置信息,从一个有限的源地址集中选择一个可供它使用的源地址。自配置地址使 ECU 可以直接连接到的网络上工作,挂车的网桥是一个最好的例子:在一车辆中,编号为 NO.2 的挂车网桥,它改变它的源地址是基于内部判断。它位于车辆中的位置决定了它使用的地址。如果它被移到编号为 NO.1 的位置,就必须使用指定给 NO.1 位置的地址。注意,每个位置只有一个正确的地址;控制器的软件首先确定自己的位置,然后使用这个位置的信息产生一个新的名字,再选择一个正确的地址。使用接插件信息来确定自己处于左边/右边的设备也属于这一类。

8.5.3 节点地址分配

与其他上层协议不同，SAE J1939 网络管理的主要任务是节点的地址分配或确定，但它不能实现其他上层网络协议中的节点监测功能，因此 SAE J1939 网络必须通过应用程序来实现节点监测。

SAE J1939 协议支持静态和动态的 ECU 地址分配。静态地址分配就是在协议设计的开始就设定网络中各个 ECU 的地址，并且在网络运行过程中，ECU 的地址不发生改变。动态地址分配要求系统具备动态分配地址的功能，在系统中加入新的节点时，系统的协议不需要改变就可以给新节点分配地址。动态地址分配提高了整个系统的灵活性，适合系统的扩展。

节点地址是 SAE J1939 网络正常工作的前提条件，这和单纯的 CAN 网络不同。SAE J1939 网络初始化期间，所有节点都要检查它们自己静态配置的节点地址，从而确定这个地址在网络中是独一无二的，每个节点在获得响应的地址后才能进行正常通信。

SAE J1939 采用"地址声明"（Address Claiming）的方法来进行地址分配，SAE J1939 网络中要求每个节点有一个 64 位的名称，由设备编号、使用域合、设备类型和位域等组成。节点名称具有优先级，节点编号越小优先级就越高。

如果两个或多个网络节点同时申请同一个节点地址，那么节点名称优先级最高的将获得该地址，失去该地址的节点必须在全网络范围内重新申请新的地址。

1) 节点地址配置等级

SAE J1939 根据网络节点的可配置性将网络节点分为 4 级：

（1）不可配置的网络节点：该节点的地址在程序写入时就确定了。

（2）可通过专用工具配置的网络节点：该节点地址可以通过专用工具调整，调整时该节点必须处于某种特殊的工作模式下。

（3）可通过命令来配置的网络节点：节点处于正常工作模式下，通过网络使用命令报文来调整节点的地址。

（4）可以自配置的网络节点：节点借助内部算法确定自己的地址，即通过"地址声明"的方法来实现地址分配，如果发生地址冲突可重新确定一个地址，然后通知网络中的其他节点。

2) 地址声明方式

节点有静态配置方式和动态配置两种方式。

（1）静态地址分配方式。使用静态配置地址的节点通常固定在网络中，上面提到的不可配置或可通过专用工具配置的节点应属于静态配置方式。

（2）动态地址分配方式。对于可以更换地址或经常不在网络中运行的节点，可使用动态配置方式。SAE J1939 支持三种动态分配地址的方法。

① 节点通过"地址声明"方法可以在网络范围内声明自己的地址。发送节点向网络上其他节点发送"地址声明帧"，该帧的标识符包括该节点要声明的地址，该帧的数据域包含了 64 位的节点名称。如果地址有冲突，那么就根据名称的优先级决定哪一个节点将最终获得声明的地址，而其他未获胜的节点将放弃该地址，重新在网络范围内通过"地址声明帧"申请新的地址。无论什么原因，当"地址声明帧"的节点不能重新申请新地址时，都应该发送一个

"不能进行地址声明"帧,这样该节点就不能参与网络通信。图8-13 表示通过"地址声明帧"进行地址自动分配的过程。

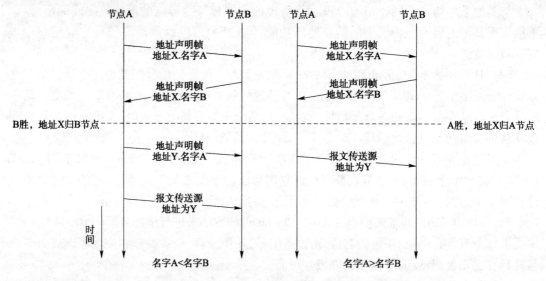

图8-13　通过"地址声明帧"进行地址分配的过程

②节点 A 通过"地址索取请求帧"要求网络中其他的一个或几个节点将地址和名称发送给自己,节点 A 可以通过两种方式来获得节点地址。

a. 节点 A 将自己静态配置的地址 X 作为目标地址向网络中发送"地址索取请求帧"。等待一段时间后,如果没有节点响应,那么节点 A 就以该地址向网络中的其他节点发送一个"地址声明帧",等一段时间后就可以发送报文,如8-14a)所示。

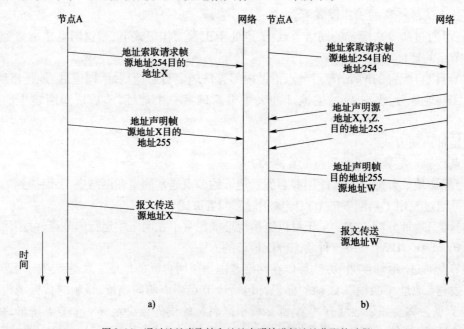

图8-14　通过地址索取帧和地址声明帧进行地址分配的过程

b. 节点 A 通过"地址索取请求帧"向网络中其他节点提出请求,请它们发送节点地址和名称,然后根据获得的地址和一定的算法选择一个空闲的节点地址,再向网络发送一个"地址声明帧",源地址就是刚才选择的节点地址,等待一段时间后就可以与其他节点开始通信,如图8-14b)所示。

③节点通过"地址命令"报文帧进行节点地址的分配。地址命令报文帧可以借助服务工具对节点有目的地进行地址分配,当然该节点应该属于可以通过命令配置的类型。图8-15是其具体流程,节点A首先应通过"地址索取请求帧"申请一个未用的地址Z,然后发送"地址命令"报文帧对节点C进行地址调整,为了与节点C进行通信,节点A向网上发送的"地址命令"帧中必须包含节点C的名称和欲配置的地址Z,当节点C收到该帧后,即向网络中的其他节点发送"地址声明"帧,之后节点C的地址就为Z。由于"地址命令帧"发送时,节点A并不清楚节点C原来的地址,所以该命令报文通常采用不基于节点分帧传输的方式。

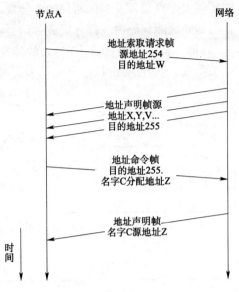

图8-15 通过地址命令报文帧对节点进行地址分配

8.6 故障诊断

SAE J1939诊断应用层定义了用于诊断服务的报文帧,诊断报文(DM)提供了用于车辆诊断和维修的功能。SAE J1939—73提供的诊断定义是为了满足所有可能使用SAE J1939网络协议的用户需要,这些定义适合SAE J1939中所有工业组的应用。诊断必须具有能够满足不同客户、工业组和法规制定机构所需求的诊断能力。

SAE J1939的故障诊断部分主要考虑以下四个方面:

(1)安全性:定义了一个使用在一系列数据链接中的安全方案,包括存取诊断信息、获取车辆节点配置信息和标定控制模块。

(2)连接器:可用于车辆SAE J1993网络连接的连接器,诊断连接器必须符合应用物理层的定义。

(3)诊断状态通信支持:提供一系列的数据格式,包括读出故障信息、清除故障信息、监视车辆参数、获取节点的配置以及其他相关信息。

(4)诊断测试支持:可以使用开发工具把各种控制节点放到具体的测试模式中从而正确实现子网体系,诊断工具通过连接器与其他节点进行通信并获取诊断数据,而诊断故障代码记载了出错的参数及所在的节点等主要信息。

8.6.1 故障诊断代码定义

SAE J1939在应用层中还定义了12种诊断报文(Diagnostic Message,DM)、诊断故障代码(Diagnostic Trouble Code,DTC)。通过诊断报文(DMx)实现对SAE J1939网络的诊断,同

时提供安全机制以及与诊断仪的连接机制等。

诊断故障代码由三部分组成：可疑参数号（Suspect Parameter Number，SPN）、故障模式标志（Failure Mode Identifier，FMI）及故障发生次数（Occurrence Count，OC）。一个故障代码由4字节构成，三个部分的位数分配见表8-36。

SAE J1939 的 DTC 构成　　　　表 8-36

名称	SPN	FMI	SAE 保留位	OC
作用	用来分辨哪个子系统产生故障	用来确定发生何种故障	SAE 保留	某类故障发生的次数
字位数	19 位	5 位	1 位	7 位
数据范围	0～524287	0～31	—	0～126
4 字节 DTC			

通过诊断故障代码，诊断设备可以确定是哪个控制器在报告诊断信息。DTC 的表示法定义见表8-37。

DTC 表 示 法　　　　表 8-37

DTC			
字节 3 SPN 低 8 位有效位 （第 8 位为最高有效位）	字节 4 SPN 第 2 字节 （第 8 位为最高有效位）	字节 5 SPN 高 3 位有效位与 FMI 有效位（第 8 位为 SPN 的最高有效位及第 5 位 FMI 的最高有效位）	字节 6
SPN		FMI	CM　OC
8 7 6 5 4 3 2 1　8 7 6 5 4 3 2 1		8 7 6 5 4 3 2 1	8 7 6 5 4 3 2 1
1 0 1 1 1 0 0 0　0 0 0 0 0 0 0 0		0 0 0 0 0 1 1 0	0 0 0 0 1 0 1 0

1）可疑参数编号 SPN

可疑参数编号 SPN 是一个 19 位的参数值，用于识别特定的元素组件或与 ECU 相关的参数。这在诊断中非常有用，它允许 ECU 检测到某个部件（如传感器）有故障发送一个故障报文以识别故障部件。SPN 由 SAE 委员会分配。初始的 511 个 SPN 是预置 SPN，并使用在 SAE J1587 中的参数标志符（PID）完全相同的编号，也就是在报告加速踏板故障时，该参数标志符在 SAE J1587 中定义为 PID 91，而 SPN 的编号就定义为 SPN91。所有其他的 SPN 将从 512 开始继续编号，且每一个新的赋值都会增加 1。生产厂商可自定义可疑参数，编号自520 192～524 287，多达 4096 个。

2）故障模式标志 FMI

FMI 定义了 SPN 所识别的子系统中发现的故障类型，该故障可能不是电子故障，相反可能是需要报告给设备技术员甚至操作员的子系统故障或条件（这些条件包括需要报告的系统事件或状态）。FMI、SPN 组合已知的诊断故障代码。当 SPN 转化方式 CM 这个位域等于零时，SPN 应转化为该文档对其所作定义的内容。

3）故障发生次数 OC

故障发生次数 OC 是一个 7 位的数域，它包括了一个故障从先前激活状态到激活状态的变化次数，最大值为 126。计数值向上溢出时，该计数器值保留为 126。假如发生次数未知，则该域所有位的数值均设为 1。

SAE J1939 是从 SAE J1587 发展而来的,为了延续原来的故障定义方式,体现连续性,SAE J1939 将原来 SAE J1587 的 PID(Parameter Identifier Data)数映射为 SPN 数,因此,当 SPN≤511 时为原 SAE J1587 的参数定义,SPN >511 时为 SAE J1939 的参数定义。

8.6.2 故障诊断状态灯

故障诊断状态指示灯包括故障指示灯、红色停止灯、琥珀色警告灯以及保护灯,它们分别对应于不同等级的故障警示,具有不同的定义和使用目的。

故障指示灯是一种只用于传达相关故障代码信息的灯。该灯仅当有一个发送的相关故障代码处于激活状态时才点亮,其状态定义见表 8-38。

故障指示灯　　　　　　　　　　　　　　表 8-38

00	灯灭
01	灯亮
类型	状态
可疑参数编号	1213

红色停止灯用于传达整车出现严重故障,必须停车检修的故障代码信息,其状态定义见表 8-39。

红色停止灯　　　　　　　　　　　　　　表 8-39

00	灯灭
01	灯亮
类型	状态
可疑参数编号	623

琥珀色警告灯用于传达车辆系统出现问题,但不须立即停车检修的故障代码信息,其状态定义见表 8-40。

琥珀色停止灯　　　　　　　　　　　　　　表 8-40

00	灯灭
01	灯亮
类型	状态
可疑参数编号	624

保护灯用于提示车辆系统出现问题且极有可能不是相关电路子系统引起的故障。例如,发动机冷却液的温度超出了它的规定温度范围,其状态定义见表 8-41。

保护灯　　　　　　　　　　　　　　表 8-41

00	灯灭
01	灯亮
类型	状态
可疑参数编号	987

8.6.3 故障模式标志 FMI

当使用故障模式标志时,将会用到以下定义,见表 8-42。

故障模式标志定义　　　　　　　　　　　表 8-42

FMI = 0	数据有效但超出了正常操作的范围(最严重水平)
FMI = 1	数据有效但低于正常操作的范围(最严重水平/一级故障)
FMI = 2	数据不稳定,断断续续的,或者不正确
FMI = 3	电压高于正常值,或者与高端短路
FMI = 4	电压低于正常值,或者与低端短路
FMI = 5	电流低于正常值或断路
FMI = 6	电流高于正常值或电路接地
FMI = 7	机械系统不响应或者无法调节
FMI = 8	非正常的频率、脉冲宽度或周期
FMI = 9	非正常的更新速度
FMI = 10	非正常的速度或变化
FMI = 11	引起故障的原因未知
FMI = 12	坏的智能装置或部件
FMI = 13	超出标定范围
FMI = 14	特殊指令
FMI = 15	数据有效但高于正常操作范围(最不严重水平)
FMI = 16	数据有效但高于正常操作范围(中等严重水平)
FMI = 17	有效数据但低于正常操作范围(最不严重水平)
FMI = 18	有效数据但低于正常操作范围(中等严重水平)
FMI = 19	错误地接收到的网络数据
FMI = 20	数据向高漂移
FMI = 21	数据向低漂移
FMI = 22 到 30	预留由 SAE 赋值
FMI = 31	未知或条件存在

8.6.4 故障诊断报文分类

SAE J1939 提供的主要诊断功能由诊断报文 DM1～DM19 具体实现,且 SAE J1939 定义了 12 种诊断报文帧并为它们分配了不同的 PGN 和功能,见表 8-43,其中 DM1 报文是诊断报文中最基本、最常用,也是最重要的报文。

所有使用 SAE J1939 的控制器应该遵守 OBD Ⅱ 或 OBD,并支持以下的功能:读取诊断故障代码(参照 DM1 和 DM12)、清除诊断故障代码(参照 DM11 和 DM3)、读取停帧数据(参照 DM4)、存取实时信息、存取最后历程测试结果(参照 DM6)、系统准备就绪代码的存取(参照 DM5)。另外,它们应该支持 SAE J1939-71D 的 PGN:65262(发动机温度、发动机冷却器温度)、65265(巡游控制/车辆速度、基于车辆速度的车轮)、65270(进气和排气条件:推进压力、进口的多种温度)、61443(电子机器控制器#2:加速踏板位置、当前速度的载入百分比)、61444(电子发动机控制器#1:发动机速度)、60416(传输协议连接管理)、59392(确认信息)、59904(要求 PGN)和 60160(传输协议数据传递)。

SAE J1939 诊断模式　　　　　　　　　　　　　　　　　　　　　表 8-43

代　号	参数组编号(PGN)	描　述
DM1	65226(00FECA)	传送当前的故障诊断代码
DM2	65227(00FECB)	传送历史故障诊断代码
DM3	65228(00FECC)	清除/复位历史故障诊断代码
DM4	65229(00FECD)	传送故障发生时锁定的帧的参数
DM5	65230(00FECE)	传送与诊断是否就绪有关的信息
DM6	65231(00FECF)	传送连续监控系统的测试结果
DM7	58112(00E300)	要求对非连续监控系统进行测试
DM8	65232(00FED0)	传送非连续监控系统的测试结果
DM9	未定义	传送氧传感器的测试结果
DM10	65234(00FED2)	以测试标志传送非连续监控系统的测试结果
DM11	65235(00FED3)	清除/复位当前的故障诊断代码
DM12	65236(00FED4)	传送当前与排放相关的故障代码
DM13	诊断报文 13	停止启动广播
DM14	诊断报文 14	内存存取请求
DM15	诊断报文 15	内存存取响应
DM16	诊断报文 16	二进制数据传输
DM17	诊断报文 17	引导载入数据
DM18	诊断报文 18	数据安全性
DM19	诊断报文 19	标定信息

这里仅简单介绍经常使用的几个诊断报文及其应用。

1)激活状态的诊断故障代码(DM1)

本指令的诊断信息仅限于当前正处于激活状态的、可改变指示灯状态的故障代码。故障代码和指示灯都是电子控制单元用来通知网络上其他成员该模块自身诊断状态的。该数据信息包括:指示灯状态、一列诊断代码、当前激活状态诊断代码的发生次数以及排放相关的诊断故障代码。

当前已定义的指示灯(故障指示灯、红色停止灯、琥珀色警告灯和保护灯)都与诊断故障代码有关。若电子控制单元未检测到当前故障代码,那么它发出的指示灯的状态信息提示可以关闭指示灯,但直接控制指示灯的部件必须权衡影响该指示灯的所有在线控制模块的诊断信息后才能决定是否改变指示灯的状态。

一旦有 DTC 成为激活的故障,就有 DM1 报文传输,并在之后处于正常的每秒一次的更新速度。如果故障激活的时间是 1s 或更长,那么将变为不激活的状态,则应传输 DM1 报文以反映这种状态的改变。如果在 1s 的更新期间有不同的 DTC 改变状态,则要传输新的 DM1

报文反映这个 DTC。为了避免因高频率的间断故障而引起的高报文传输率,本指令包含的诊断信息仅限于当前正处于激活状态的可改变指示灯状态的故障代码。DM1 在发生故障时发送,一般不需要其他节点的请求。如果当前的故障不止一个,DM1 就要采用多帧传输的方式发送所有的故障。故障报文 DM1 的结构见表 8-44。

故障报文 DM1 的结构 表 8-44

数据长度	可变
数据页面	0
PDU 格式	254
PDU 指定	202
默认优先值	6
参数组数编号	65226(00FECA16)
字节 1	8~7 位:故障指示灯状态
	6~5 位:红色停止灯状态
	4~3 位:琥珀色警告灯状态
	2~1 位:保护灯状态
字节 2	8~7 位:故障指示灯闪烁方式
	6~5 位:红色停止灯闪烁方式
	4~3 位:琥珀色警告灯闪烁方式
	2~1 位:保护灯闪烁方式
字节 3	8~1 位:SPN,SPN 的低 8 位有效位(最高有效位为第 8 位)
字节 4	8~1 位:SPN,SPN 的第 2 字节(最高有效位为第 8 位)
字节 5	8~6 位:SPN,有效位中的高 3 位(最高有效位为第 8 位)
	5~1 位:FMI(最高有效位为第 5 位)
字节 6	8 位:可疑参数编号的转化方式
	7~1 位发生次数(注意:当发生次数未知时,应将其所有位的数值设为 1。)

【例 8-1】 DM1 在发生故障时发送,一般不需要其他节点的请假设有节点请求 DM1,这时被请求的 ECU 如果有故障就发送其所有的故障,如果没有则按照表 8-45 推荐标准发送。

推荐标准发送报文 表 8-45

字节 1	8~7 位 = 00
	6~5 位 = 00
	4~3 位 = 00
	2~1 位 = 00
字节 2	8~7 位 = 11
	6~5 位 = 11
	4~3 位 = 11
	2~1 位 = 11

续上表

设定值如下	早期设定	推荐设定
字节 3~6	SPN = 524287	显示未知 = 0
	FMI = 31	显示未知 = 0
	OC = 127	显示未知 = 0
	CM = 1	显示未知 = 0
字节 7	255	显示未知 = 255
字节 8	255	显示未知 = 255

【例 8-2】 如果当前的故障不止一个，DM1 就要采用多帧传输方式发送所有的故障。这时的"多包传输报文"的有效数据的填写方式见表 8-46

有效数据的填写　　　　　　　　　表 8-46

a	b	c	d
灯状态	SPN	FMI	CM 和 OC

多包报文数据（不含序列编号字节）格式如下：

信息格式为 a,b,c,d,b,c,d,b,c,d……

在该例中，因为需要 8 个数据字节，故将会用 SAE J1939-21 的传输协议发送该信息。实际上任何一个时刻都会有不止一个错误发生，传输协议的服务将得到运用。

【例 8-3】 以下列举的三个例子定义了传播速率要求（图 8-16）。

图 8-16a）说明了不是每个故障的状态转变（从激活到未激活或者从未激活到激活）都会引起一个信息的发送。在该例中，当 SPN91 发生故障时，没有其他的故障被激活。SPN91 故障是一个加速踏板位置参数，该参数每秒更新多于 1 次，所以，当该故障处于激活状态时，信息（DM1 信息）每隔 1s 都须发送。应注意三点，第一，应注意：SPN91 故障应该发送第一次信息的时候，是在首次变为激活状态的时候，而不是首次变为未激活状态或者再次变为激活/未激活状态时候，故障代码转为未激活状态时通常在下 1s 更新 DM1 信息时发送 1 次（$T=1s$）；第二，即使故障不再变为激活状态，也要求信息（DM1 信息）每隔 1s 都须发送一次，实际上 DM1 信息不一定包括激活状态的故障。这样做的目的是为了让显示的故障消失。这个案例（即不再有任何激活状态的故障）的做法正如前例【8-1】所示，假如有其他激活状态的故障，该信息发送时应包括这些故障；第三，如果第二个 SPN91 是一个不同的 SPN，它应在通常 1s 更新的 DM1 信息发送的时间间隔之前被发送，如果这个新的 SPN 或 SPN91 的激活/不激活过程都在每隔 1s 发送的信息之前，则该信息将不包括其在内，所以每隔 1s 更新的 DM1 不包括这些故障。

图 8-16b）说明了状态变化能够发生在发送 DM1 的间隔时间内，通常为 1s。所以，在时刻 0 与时刻 1 之间发送一个信息以显示 SPN91 故障已不再处于激活状态。在 1s 和 2s 的时间点处，该信息按通常的每秒更新发送。在 2s 与 3s 间的信息发送，故障变为未激活状态。这样一来信息的发送就如前述。

图 8-16c）显示了当 SPN91 变为激活状态时已有其他处于激活状态的故障存在的情况。注意在 1s 和 2s 的时间点间发送了 SPN91 转变为激活状态的信息，该信息包含了所有的激活状态的故障，而不单只有新的故障。转变为未激活状态的信息在正常的 2s 更新期间被发

送,该信息包含了所有激活状态的故障,而 SPN91 已变为未激活状态所以将不再包含于该信息中。

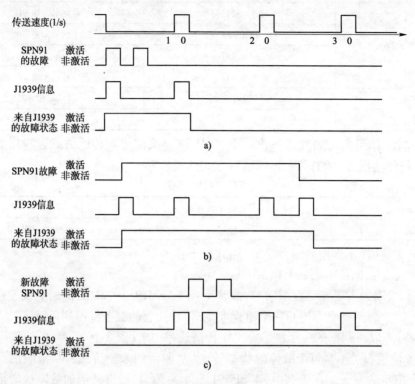

图 8-16 故障码发送速率的要求

2)历史诊断故障代码(DM2)

此通信信息限于历史故障代码,电子控制模块以此通知网络上其他成员该模块自身的诊断状态。该数据包括了一系列诊断代码以及历史故障代码的发生次数。只要该信息发送,它就应包含所有发生次数不为 0 的先前激活状态的诊断代码。注意,当参数已知时,则该参数组使用 SAE J1939-21 中指定的"多包传输"的参数组来发送。DM2 诊断代码报文格式见表 8-47。

3)历史诊断故障代码的数据清除/复位(DM3)

当某个控制单元接收到这一参数组的请求指令时,所有有关历史诊断故障代码的诊断信息都应该清除,与当前故障代码有关的诊断数据将不受影响。清除完毕后若无历史故障代码,必须发送肯定应答(见 SAE J1939—21 PGN 59392)。假如由于某种原因,控制单元不能执行这一参数组的请求指令的要求,那么就必须发送否定应答(见 SAE J1939—21PGN 59392)。在实施中需注意,在上述两种情况下,若对这一参数组的请求指令是发送到全局地址的,则控制模块不得发送任何应答。

需要特别注意:DM3 是一个数据长度为"0"的报文。也就是 DM3 对应的 PGN 内没有任何参数,是一个"空"参数组。这是因为 DM3 诊断报文主要关心其参数组编号(用于请求 PGN),而不是其内容。

所有与历史诊断故障代码相关的信息包括:

DM2 诊断代码报文格式 表 8-47

传送速率	要求使用的 PG 个数为 59904（见 SAE J 1939 – 21）。如果该 PG 不受支持则需要一个 NACK（见 SAE J 1939 – 21 PGN59392）
数据长度	可变
数据页面	0
PDU 格式	254
PDU 指定	203
默认优先值	6
参数组数编号	65227（00FECB16）
字节 1	8~7 位:故障指示灯状态
	6~5 位:红色停止灯状态
	4~3 位:琥珀色警告灯状态
	2~1 位:保护灯状态
字节 2	8~7 位:故障指示灯闪烁方式
	6~5 位:红色停止灯闪烁方式
	4~3 位:琥珀色警告灯闪烁方式
	2~1 位:保护灯闪烁方式
字节 3	8~1 位:SPN,SPN 的低 8 位有效位(最高有效位为第 8 位)
字节 4	8~1 位:SPN,SPN 的第 2 字节(最高有效位为第 8 位)
字节 5	8~6 位:SPN,有效位中的高 3 位(最高有效位为第 8 位)
	5~1 位:FMI(最高有效位为第 5 位)
字节 6	8 位:可疑参数编号的转化方式
	7~1 位:发生次数(注意:当发生次数未知时,应将其所有位的数值设为1)

（1）历史诊断故障代码个数及诊断就绪状态信息（由 DM5 读出）。

（2）历史诊断故障代码（由 DM2 读出）。

（3）系统监视测试状态（由 DM6 读出）。

（4）在线监视测试结果（由 DM10 读出）。

（5）故障灯点亮时的累计里程（由 DM21 读出）。

（6）可执行的监视系统信息（由 DM20 读出）。

（7）其他生产厂自定义的对本参数组请求指令的响应操作。

DM3 的诊断代码报文格式见表 8-48。

DM3 的诊断代码报文格式 表 8-48

传送速度	要求使用的 PG 个数为 59904（见 SAE J 1939 – 21） 如果该 PG 不被支持则需要一个 NACK（见 SAE J 1939 – 21 PGN59392）
数据长度	0
数据页面	0
PDU 格式	254
PDU 指定	204
默认优先值	6
参数组数编号	65228（00FECC16）

假设一个诊断仪希望清除发动机的历史故障数据。首先诊断仪使用 PGN59904 向发动机发送一个 PGN 请求。该 PGN 就是 DM3 对应的 PGN65228。如果发动机支持"清除历史故障数据"(即 PGN65228),给予 ACK 应答,执行清除,并发送 PGN65228(DM3 报文)。否则就给予 NACK 应答。

4)停帧参数(DM4)

停帧是指当接收到诊断故障代码时的一系列已记录的参数。一个 ECU 有可能具有多个停帧,并且每个停帧都包含了要求的参数以及制造商的专用信息。一个停帧对应一个诊断故障代码,同时一个诊断故障代码也只能有一个停帧。

该诊断报文最适合排放相关的及动力总成故障代码,但不局限于排放相关故障或是动力总成。它也可用于报告相关的非排放或是非动力总成的故障。

5)当前故障码诊断数据清除/复位(DM11)

该报文用于诊断工具清除当前故障代码相关的诊断信息。当维修测试工具需要消除当前故障代码相关的诊断信息时发送次请求指令。

与当前故障代码相关的诊断报文包括:

(1)当前故障代码个数及诊断就绪状态信息(由 DM5 读出)。

(2)当前故障代码(由 DM1 读出所有当前故障代码,由 DM12 读出排放相关当前故障代码)。

(3)停帧数据(由 DM4 读出)。

(4)系统监视测试状态(由 DM6 读出)。

(5)在线监视测试结果(由 DM10 读出)。

(6)故障灯点亮时的累计里程(由 DM21 读出)。

(7)可执行的监视系统信息(由 DM20 读出)。

小　　结

本章首先介绍了 SAE J1939 协议的基本内容及其网络拓扑结构,给出了 SAE J1939 的层次结构,然后根据分层结构模型分别介绍了物理层、数据链路层和应用层,接着详细地阐述了 SAE J1939 物理定义、数据协议、报文类型、地址分配等内容,并对 SAE J1939 协议的网络管理作了详细的介绍。最后,对 SAE J1939 协议的故障诊断代码的定义、诊断状态灯、故障模式标志 FMI 和诊断报文分类作了详细的阐述。

习　　题

一、填空题

1. SAE J1939 协议是一种基于_____总线的通信协议。

2. SAE J1939 支持闭环控制在多个 ECU 之间高速通信,其各层标准基本是按开放式系统互联(OSI)的相应层来制定的,并且每一层可以针对特定的网络和应用版本制定的子标准。SAE J1939 主要用到 OSI 的四个层:_____、_____、_____、_____。

3. 在不使用网络连接设备的条件下，单个 SAE J1939 网段区域内，最多可以连接_____个 ECU 节点，传输速率为_____，最大传输线长度为_____。

4. SAE J1939 协议数据单元由_____、_____、_____、_____、_____、_____、_____七部分组成。

5. SAE J1939 的网络管理协议主要包括三个方面的内容：_____、_____、_____。

6. 基于节点的分帧传输分为三步：_____。

7. PDU2 格式的 PF 值 240～255 的报文为_____格式。

二、选择题

1. PGN(parameter group number) 是一个(　　)的值。
   A. 12 位　　　　B. 16 位　　　　C. 4 位　　　　D. 24 位

2. PDU 格式(PF)是一个确定 PDU 格式的由 8 位构成的域，也是一个确定数据域参数组编号的域。PF 小于(　　)时为 PDU 1 格式。
   A. 8　　　　　B. 16　　　　　C. 240　　　　D. 255

3. SAE J1939 的网络管理协议不包括(　　)方面的内容。
   A. 网络源地址的管理　　　　　　B. 地址与网络上实际功能的关联
   C. 监测并报告网络错误　　　　　D. 网络冲突处理

4. 诊断故障代码不包括(　　)部分。
   A. 可疑参数号　　　　　　　　　B. 故障模式标志
   C. 故障发生位置　　　　　　　　D. 故障发生次数

5. 一个故障代码由(　　)字节构成。
   A. 4　　　　　B. 8　　　　　C. 16　　　　　D. 24

三、简答题

1. SAE J1939 协议主要用于什么场合？

2. CAN 协议在 OSI 模型中定义了哪些层？SAE J1939 协议在 OSI 模型中定义了哪些层？两者有什么关联？

3. CAN2.0 B 和 SAE J1939 是怎么兼容标准帧报文和扩展帧报文的？遵循 CAN2.0A 规范的硬件能否适用于 SAE J1939 网络？

4. J1939 协议中，PGN、SPN、PDU 有什么关系？

5. PDU 1 格式与 PDU 2 格式是由 PDU 中的哪一个域决定的？它们有什么区别？

6. 诊断故障代码由哪几部分组成？

7. 什么是网络管理？网络管理的基本内容是什么？

8. SAE J1939 通信方式包括哪两种？怎样理解这两种通信方式？基于节点的分帧传输分为哪几步？

9. SAE J1939 中可用的参数组的最大数目是多少？写出其计算公式。

10. SAE J1939 中使用参数组地址的目的是什么？

11. 描述 SAE J1939 中全局目标的实现方式。

第 9 章　道路车辆功能安全标准 ISO 26262

安全在将来的汽车研发中是关键要素之一。随着系统复杂性的提高,软件和机电设备的应用,来自系统失效和随机硬件失效的风险也日益增加。制定 ISO 26262 标准的目的一是对安全相关功能进行尽可能明确的解释说明,便于大家理解;二是为避免这些风险提供具有可行性的实施流程。

汽车总线技术涉及汽车上的各种 ECU 节点和相互之间的通信,其可靠性直接影响到车辆的安全性。为此,本章简要介绍道路车辆功能安全标准 ISO 26262。

9.1　整体介绍

ISO 26262 从 2005 年 11 月起正式开始制定,经历了大约 6 年的时间,于 2011 年 11 月正式颁布,成为汽车的一个安全性国际标准。它是从电子、电气及可编程器件功能安全基本标准 IEC 61508 派生出来的,主要定位在汽车行业中特定的电气器件、电子设备、可编程电子器件等专门用于汽车领域的部件,旨在提高汽车电子、电气产品功能安全的国际标准。

ISO 26262 是 IEC 61508 对 E/E(电气/电子)系统在道路车辆方面的功能安全要求的具体应用。它适用于所有提供安全相关功能的电力、电子和软件元素等组成的安全相关系统在整个生命周期内的所有活动。该标准涵盖功能性安全方面的整体开发过程包括需求规划、设计、实施、集成、验证、确认和配置等。ISO 26262 主要针对 E/E 系统,但它也为其他相关安全系统提供了整体框架。

ISO 26262 标准根据安全风险程度对系统或系统某组成部分确定划分由 A 到 D 的汽车安全完整性等级 ASIL(Automotive Safety Integrity Level)。其中 D 级为最高等级,安全需求最苛刻。伴随着 ASIL 等级的增加,针对系统硬件和软件开发流程的要求也随之增加。对系统供应商而言,除了需要满足现有的高质量要求,还必须满足这些因为安全等级增加而提出的更高的要求。

9.1.1　主要内容

ISO 26262 系列标准分为 10 本,从 ISO 26262 - 1 到 ISO 26262 - 10,分别从功能安全管理、概念、系统级研发、软硬件的研发、生产和操作等方面对产品在整个生命周期进行了规范和要求,从而使得产品在生命周期的各个节点都较为完善的考虑了安全功能。ISO 26262 标准分为如下 10 个部分:

(1)定义。
(2)功能安全管理。
(3)概念阶段。
(4)产品研发:系统级。

(5) 产品研发:硬件级。
(6) 产品研发:软件级。
(7) 生产和操作。
(8) 支持过程。
(9) 基于 ASIL 和安全的分析。
(10) ISO 26262 导则。

9.1.2 适用范围

ISO 26262 主要用于安装在最大毛重不超过 3.5t 的乘用车上的一个或多个 E/E 系统的安全相关系统,唯一不适用于为残疾人设计的特殊目的车辆的 E/E 系统。

ISO 26262 表述了由 E/E 安全相关系统和这些系统互相影响所引起的故障而导致的可能危险行为,其中不包括电击、火灾、热、辐射、有毒物质、可燃物质、反应物质、腐蚀性物质、能量释放及类似的与系统本身故障无关的危险。

ISO 26262 对 E/E 系统的标称性能和功能性能都没有提出要求。

9.1.3 功能安全管理

一个好的产品,要靠一整套好的管理体系来实现,并可靠的生产出来。ISO 26262 给出了一套这样的管理方法、流程、技术手段和验证方法,称之为安全管理生命周期。其整体框架如图 9-1 所示。图中数字表示对应标准的第几本第几节,以"项目的定义"为例,数字 3-5 表示其位于标准的第 3 本的第 5 节,其余依此类推。从图中可以看出项目安全生命周期可分为三个阶段:概念阶段、产品研发和开始生产。

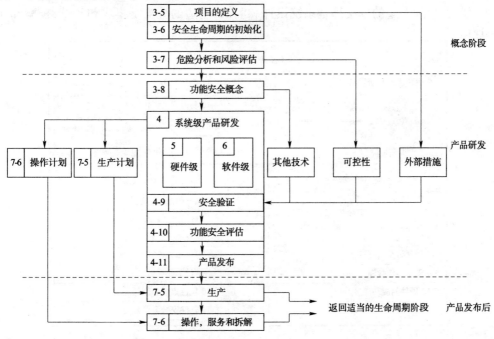

图 9-1 项目安全生命周期

下面就各部分的含义来进行详细的说明。

1）项目定义

项目定义，是对所研发项目的一个描述，是安全生命周期的初始化任务，其包括了项目的功能、接口、环境条件、法规要求和危险等内容。也包括项目的其他相关功能，如系统和组件决定的接口和边界条件等。

2）安全生命周期的初始化

基于项目定义，安全生命周期要对项目进行区分，确定是新产品研发还是已有产品更改。如果是已有产品更改，影响分析的结果可用于定制新的安全生命周期。

3）危险分析和风险评估

安全生命周期初始化之后，应进行危险分析和风险评估。危险分析和风险评估的流程要考虑危险发生时导致的伤害的严重性、在操作条件下暴露于危险当中的可能性和危险的可控性，以便确定项目的 ASIL 等级。接下来就是为每一个风险设立安全目标，并确定合适的 ASIL 等级。

4）功能安全概念

基于安全目标，功能安全概念就要考虑具体的基本架构。功能安全概念就是对定位到每个项目元素中的功能安全要求的具体化和细化。超出边界条件的系统和其他技术可以作为功能安全概念的一部分来考虑。对其他技术的应用和外部措施的要求不在 ISO 26262 考虑的范围之内。

5）系统级产品研发

有了具体的功能安全概念之后，接下来就是按照 ISO 26262 - 4 的系统级研发了，系统级研发的过程基于技术安全要求规范的 V 模型。图 9-2 所示为研发过程示意图，上方为系统级产品研发，里面左边的分支都是系统设计和测试，右边的分支是集成和测试，校验和功能安全评估。

图 9-2　研发过程示意图

6）硬件级产品研发

基于系统的设计规范,硬件级的产品研发要遵循 ISO 26262-5 的要求。如图 9-2 左下方,硬件研发流程应符合 V 模型概念,左侧分支为硬件设计和硬件安全需求规范,右侧分支为硬件的集成和测试以及评估。

7）软件级产品研发

基于系统的设计规范,软件级的产品研发应遵循 ISO 26262-6 的要求。如图 9-2 右下方,软件研发流程应符合 V 模型概念,左侧分支为软件安全需求规范和软件体系设计,右侧分支为软件集成和测试以及安全验证。

8）生产计划和操作计划

这个阶段包括系统级产品研发过程中开始计划生产、操作和相关的需求规范,在硬件级产品研发和软件级产品研发中给出了生产和操作的具体要求。

9）产品发布

产品发布是产品研发的最后一个子阶段,该项目也将完成。

10）产品的操作、服务和拆解

这个阶段解决了生产过程相关的项目功能安全目标,即安全相关特性,维护指令的开发和管理、维护和项目的停运,以确保项目发布生产后的功能安全。

11）可控性

在危险分析和风险评估中,要考虑驾驶人和处于危险中的其他人可以采取措施来控制危险情况的能力。关于危害分析和风险评估的可控性与功能和技术安全概念的假设在安全验证时会进行验证。

12）外部措施

外部措施是指参考项目以外的,在项目定义中被描述的措施,可用于减小项目的危险。外部措施不但包括附加的车载设备,如动态稳定控制器防爆轮胎等,也包括非车载装置,如护栏、隧道消防系统等。这些外部措施在进行危险分析和风险评估的时候应该被考虑到,但如何为这些外部措施的有效性提供证明不在 ISO 26262 的范围之内,除非是 E/E 设备。但要注意的是,没有明确安全例证的外部措施是不完整的。

13）其他技术

其他技术是指那些不在 ISO 26262 范围之内的,不同于 E/E 技术的设备,如机械和液压技术。这些都要在功能安全概念的规范中加以考虑或者在制定安全要求时加以考虑。

通过以上这些具体的生命周期的各个阶段和标准中对每个阶段所必须考虑的措施、方法和具体技术的要求,将各个阶段的要求和如何满足要求的措施都进行逐一落实,这样才能设计出、制造出满足功能安全要求的安全产品。

9.2　概念阶段

在 ISO 26262-3 部分,对于项目定义、安全生命周期初始化以及项目的危险分析和风险评估进行了定义并且提出了一些要求,最后提出了功能安全概念。

9.2.1　项目定义

项目定义,也就是对要进行研发的产品进行一个定义,进行一个描述。主要有两个目的:一个是定义和描述项目;一个是对项目有一个足够的理解,以便能很好地完成安全生命周期中定义的每一个活动。基于以上目的,要对项目进行明确、准确、正确的定义,就需要获得一些基本信息,ISO 26262 中给出的一些建议如下。

1)项目信息
(1)项目的目的和功能。
(2)项目的非功能性要求,如操作要求、环境限制等。
(3)法规要求(特别是法律和法规),已知的国家标准和国际标准等。
(4)类似功能、系统或元素达到的行为。
(5)对项目预期行为的构想。
(6)已知的失效模式和风险在内的项目缺陷造成的潜在影响。

2)项目的边界条件以及相关项目之间的接口条件
(1)项目的所有元素。
(2)项目对其他项目或项目环境元素的相关影响。
(3)其他项目、元素和环境对本项目的要求。
(4)在系统或者包含的元素中,对功能的定位和分配。
(5)影响项目功能时,项目的运行情况。

有了以上这些基本的信息,就可以对要进行的项目给出一个比较明确和具体的项目定义、项目要求,从而使得对项目有一个足够的理解,能够指导后续工作,来很好地完成安全生命周期中定义的每一个活动。

9.2.2　项目安全生命周期

有了项目定义之后,就要确定项目的安全生命周期,对项目的安全生命周期进行初始化,也就是开始对项目的安全生命周期进行细化。而要进行细化,就要区分该项目是新产品研发还是现有产品的改造。如果是全新的设备研发,则相关工作就得从安全生命周期的开始做起,项目定义之后就是项目危险分析和风险评估;如果是现有产品的改造,那么从项目定义开始的这些流程都可以使用一些现有的文件对整个过程进行定制。

现有产品升级改造,要注意以下一些问题:
(1)要做一个产品和使用环境的分析,以制定出预期更改,并评估这些更改产生的影响。
①对项目的更改包括设计更改和执行更改。设计更改应由需求规范、功能和性能的增加或者成本的优化所致,执行更改不能影响项目的规格和性能,但可以影响执行特征。执行更改可以由软故障更改,使用新的研发成果或生产工具所致。
②如果配置数据和校准数据的更改会影响到产品的行为,则更改须考虑这些数据。
③对产品环境的更改应该是由产品要使用的新的目标环境或由于其他相关产品或元素升级而引发。
(2)要表述清楚产品使用的前后条件的差别,包括:

①操作条件和操作模式。
②环境接口。
③安装特征,如在车辆内部的位置、车辆的配置和变化等。
④环境条件的范围,如温度、海拔、湿度、振动、EMC 和汽油标号等。

(3)要明确给出产品变更的描述以及影响的范围。如果不能明确产品的变更和对环境数据影响的改变,则相关影响的分析数据都要进行记录。

(4)影响到的服役产品,需要进行升级的,要进行逐一列出。

(5)定制的相关安全活动应符合各个应用生命周期阶段的要求,包括:
①定制应基于影响分析的结果。
②定制的结果应包括在符合 ISO 262627-2 的安全计划中。
③影响到的产品须返工,包括确认计划和验证计划。

确定了以上这些基本信息之后,对所要进行的产品研发或者设备更改工作就有了一个清晰明确的定义,对产品的预期使用功能、环境,以及与相关设备的接口也有了一个明确的定义,接下来就可以进行危险分析和风险评估了。

9.2.3　项目危险分析和风险评估

危险分析和风险评估的目的与 ISO 13849、IEC 62061 等的标准一样,都是为了将设备存在的危险识别出来,并根据危险的程度按照一定的原则对其进行分类,从而针对不同的风险设定具体的安全目标,并最终减小或消除风险,避免未知风险的发生。因此,危险分析、风险评估和 ASIL 等级的确定只是和避免风险有关的安全目标相关。通过对危险情况的系统评估,考虑引发危险的影响因素——伤害的严重性,暴露于危险中的可能性和危险的可控性,来确定安全目标和 ASIL 等级。而这三个指标都是针对产品的功能行为的,所以做危险分析和风险评估时,并不一定先要知道设计细节。

接下来对危险分析和风险评估的步骤进行详细的说明。

(1)情形分析和危险识别,即通过相关的情况分析将产品存在的风险识别出来。这就要考虑可能引发危险的操作环境和操作模式,并且要考虑在正确使用时和可预见的错误使用时的情况。基于这样的考虑,我们应该通过大量的技术来系统分析,注意以下一些方面:
①准备一个用来进行评估的操作情况清单。
②系统的确定清单上的危险。主要可以通过诸如头脑风暴、检查列表、历史记录、FMEA、产品矩阵,以及相关的领域研究等技术手段进行。
③风险应采用在车辆上可以被观察到的条件或影响来进行定义或描述。
④在相关操作条件和操作模式下危险事件的影响应该被明确说明。如:车辆电源系统故障可能导致丧失发动机动力,丧失转向的电动助力以及前照灯照明。
⑤如果在风险识别中识别出的风险超出了 ISO 26262 的要求范围,则需给出合适的相应措施。当然,超出 ISO 26262 的风险可以不必分类分级。

(2)完成风险的识别之后,就要对这些风险进行适当的分级,以便设定相应的安全目标,并按照不同的风险等级来采取合理的措施加以避免。风险的分类主要是通过 3 个指标来考量,即:危险发生时导致的伤害的严重性、在操作条件下暴露于危险当中的可能性(危险所在工况的发生概率)、危险的可控性。

①危险发生时导致的伤害的严重性。这里的伤害是指危险事件发生时,对所有被卷入事件中的人的伤害,包括车上的驾驶人和乘客、骑自行车的人、行人和其他车辆上的人员。伤害的严重性可以分为4个等级,即:S0、S1、S2、S3,见表9-1。

危险发生时导致的伤害严重性等级表　　　　表9-1

级别	S0	S1	S2	S3
描述	无伤害	轻微或有限的伤害	严重或危及生命的伤害(可以幸存)	危及生命的伤害(可能不能幸存)或致命的伤害

②在操作条件下暴露于危险当中的可能性。可能性被分为5个等级,即:E0、E1、E2、E3、E4,具体分级见表9-2。至于暴露值是选E1还是选E2,主要看车辆在目标市场正常、合理的使用情况。这里要注意的是,评估暴露于危险中的可能性并不考虑在车上安装了多少个要评估的产品,且假设所有的车上都安装了这个产品。对于那种认为不是每辆车都安装的产品,其相应的暴露在危险中的可能性会减小的说法也是错误的。

操作条件下暴露于危险当中的可能性等级表　　　　表9-2

级别	E0	E1	E2	E3	E4
描述	几乎不可能	可能性非常低	可能性低	中等可能性	可能性高

其中,E0只用于在风险分析中一些建议性的情况,通常如果一个危险,人员暴露其中的可能性是E0级,则无须考虑ASIL等级。

③危险的可控性。危险事件能被驾驶人或者其他交通参与人员进行控制并减小或者避免伤害的可能性。在ISO 26262中,可控性被分为4个等级,即:C0、C1、C2、C3,见表9-3。但要注意,使用这个分级的条件是驾驶人处于正常状态,即:不疲劳、有驾照、按照交通规则行驶,当然,其中要考虑可预见的误操作和误使用。

危险的可控性等级表　　　　表9-3

级别	C0	C1	C2	C3
描述	通常可控	简单可控	正常可控	很难控制或不可控

其中,C0通常用于不影响车辆安全操作的情况。如果一个危险的可控性被评为C0,则对其没有ASIL要求。

由此,根据以上的三个参数,即可确定风险分析中每个风险相应的ASIL等级。ASIL等级分为A、B、C、D 4个等级,A是最低的安全等级,D是最高的安全等级,QM表示与安全无关。具体确定方法见表9-4。

在风险分析过程中,要确保对每个危险事件,根据S、E、C和具体的操作条件和模式确定的ASIL等级不低于其安全目标的要求。同时,相似的安全目标也可以合并为一个安全目标,但要达到的ASIL等级应该是合并项目中最高的。如果安全目标可以被分解到具体的状态中,那么每个安全目标也要转换成达到安全目标的具体安全状态下的具体要求。

要注意的是,危险分析、风险评估和安全目标都要进行审核,以保证对条件和危险分析完整,符合项目定义,并与相关的危险分析和风险评估一致。

ASIL 等 级 表 表9-4

严重性等级	危险可能性等级	可控性等级		
		C1	C2	C3
S1	E1	QM	QM	QM
	E2	QM	QM	QM
	E3	QM	QM	A
	E4	QM	A	D
S2	E1	QM	QM	QM
	E2	QM	QM	A
	E3	QM	A	B
	E4	A	B	C
S3	E1	QM	QM	A
	E2	QM	A	B
	E3	A	B	C
	E4	B	C	D

9.2.4 功能安全概念

做完危险分析和风险评估之后，ISO 26262-3 还给出了功能安全概念这个阶段。其主要目的是通过前面的危险分析和风险评估得出的安全目标来确定具体的功能安全要求，并将它们分配到初步的设计架构，或者外部减少危险的措施当中去，以确保满足相关的功能安全要求。

为了符合功能安全目标，功能安全概念给出了一些基本的安全机制和安全措施，以便于功能安全要求被很好地分配到系统架构的元素中去。这些主要的机制和措施如下：

(1) 故障检测和失效缓解措施。

(2) 安全状态转换。

(3) 故障容错机制。即：故障不会直接导致违背安全目标，或者保持系统出于安全状态（降级或者没有降级）。

(4) 故障检测和为了将暴露时间减小到可接受的程度的驾驶人警示装置。

(5) 逻辑仲裁：不同功能触发的多任务请求应该通过逻辑仲裁来选择最合适的控制。

基于以上这些机制和措施，再根据之前的项目定义、危险分析和风险评估、安全目标的设定，以及考虑来自外部的一些预想架构、功能、操作模式及系统状态等，就可以开始考虑将功能安全要求进行适当的分配，指定 ASIL 等级，并将其合理地分配到子系统当中了。安全目标和功能安全要求的层次结构如图 9-3 所示。

在功能安全概念中，ISO 26262 从功能安全要求的来源和功能安全的分配两个方面给出了一些建议和要求，具体如下。

(1) 功能安全要求的来源。

① 功能安全要求应该从安全目标和安全状态来获得，并考虑预想架构、功能概念、操作模式和系统状态等。

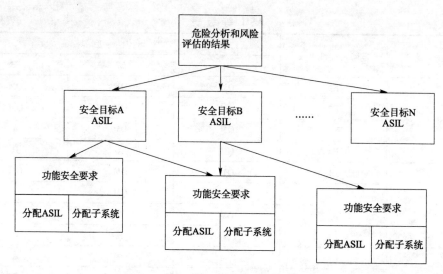

图 9-3 安全目标和功能安全要求的层次结构

②要为每个安全目标设定至少一个功能安全要求。

③每个功能安全要求都要考虑以下内容：

a. 操作模式。

b. 故障容错时间间隔。

c. 安全状态，过渡到安全状态是否符合设备要求。

d. 急停操作间隔。

e. 功能冗余。

这项活动可以通过安全分析（如 FMEA、FTA、HAZOP）以制定一套完整有效的功能性安全要求的支持。

④警示和降级。

⑤如果安全状态不能通过立即关闭来达到，则需指定一个紧急操作：

a. 这些动作应该在功能安全概念中详细描述。

b. 驾驶人或者陷入危险中的人可以使用的手段或者控制要在功能安全概念中详细描述。

（2）功能安全要求的分配。

①研发安全架构概念。

②功能安全要求分配：

a. 功能安全要求的分配应该基于项目预想架构的元素进行。

b. 分配过程中，ASIL 和功能安全要求考虑的内容信息都要继续传承。

c. 如果多个功能安全要求被分配到同一个架构元素，则这个架构元素应以这些功能安全要求的最高 ASIL 等级进行研发。

d. 如果项目由超过一个的系统组成，则对于每个独立系统和它们的接口的功能安全要求都要从考虑预想系统架构的功能安全要求中获得，而这些功能安全要求也都要被分配到系统中去。

e. 如果 ASIL 等级需被拆解，则要符合 ISO 26262-9 的要求。

f. 如果安全要求被分配到其他技术的元素中,则无须考虑 ASIL 等级。

③如果功能安全概念依赖于其他技术的元素,则应考虑以下环节:

a. 靠其他技术执行的功能安全要求应该从其相应的元素中获得并分配到元素中去。

b. 明确与其他技术的接口的相关功能安全要求。

c. 有其他技术执行的功能安全要求要确保有具体的措施。

④依赖于外部风险降低措施的功能安全概念应满足如下要求:

a. 应用于外部风险降低措施的功能安全要求应该从相应的外部风险降低措施中获得并分配到其中去。

b. 明确与外部风险降低措施的接口的功能安全要求。

c. 如果外部风险降低措施由 E/E 系统构成,则功能安全要求可以用 ISO 26262 来进行评估。

d. 必须确保由外部风险降低措施执行的功能安全要求的正确执行。

⑤功能安全概念应该按照 ISO 26262-8 的要求来验证与安全目标的一致性和符合性。

⑥项目安全确认的原则应该详细地写在功能安全概念中。

⑦功能安全要求的审核应该阐明功能安全要求符合安全目标。

由此,按照流程完成以上的这些分析和审核之后,即完成了功能安全概念的阶段,最终会形成功能安全概念的结果和通过审核的功能安全要求。

9.3 系统级产品研发

9.3.1 系统级产品研发启动

系统开发的必要活动如图 9-4 所示,产品研发启动和技术安全需求规范之后是系统设计。在系统设计过程中,系统体系结构建立以后,技术安全要求被分配到硬件和软件部分,如果合适的话,分配到其他技术。从系统架构所增加产生的需求,包括硬件、软件接口(HSI),对技术安全要求进行细化,依据体系结构的复杂性,对子系统的需求依次地导出。之后,对硬件和软件部分进行集成和测试,然后进行装车测试。一旦到装车测试的水平,执行安全确认,以提供达到安全目标的功能安全证据。系统级产品研发启动的安全活动是计划设计和集成过程中适当的方法和措施。

系统级产品研发启动的目标是确定和规划在系统开发各个子阶段的功能安全活动,这部分内容在 ISO 26262-8 中也有描述。系统级安全活动包含在安全计划中。

9.3.2 技术安全需求规范

这个阶段的第一个目标是规范技术安全需求,该技术安全需求规范细化了功能安全的概念,同时考虑功能性的概念和初步的体系架构;第二个目标是通过分析技术安全需要来验证符合功能安全需求。

在整个开发生命周期内,技术安全需求是要落实功能安全概念的技术要求,其用意是从细节的单级功能安全要求到系统级的安全技术要求。

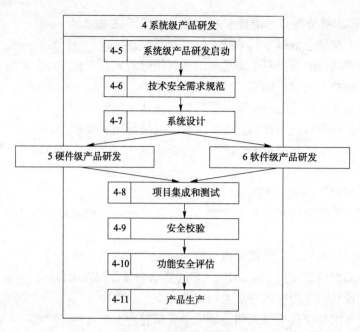

图9-4 系统开发的必要活动

1）技术安全需求规范

技术安全需求应符合功能安全的概念,项目的初步架构和系统相关属性:

(1) 外部接口,如通信和用户界面。

(2) 限制,例如环境条件或功能限制。

(3) 系统配置要求。

如果其他功能或要求由系统或其部件来实现,除了技术安全需求规范规定的那些功能,那么其他要求应作为它们的规范或参考。其他要求比如:经济委员会(欧洲经委会)的规则,联邦机动车辆安全标准FMVSS(Federal Motor Vehicle Safety Standards)或公司的平台战略。

技术安全需求须指明安全相关的依赖关系,系统之间或项目之间,项目与其他系统之间。

2）安全机制

技术安全需求应指定系统或要素达到安全目标的影响因素,包括每个相关的工作模式和系统定义的状态的失效和相关因素的组合。比如,如果车辆稳定性控制的制动系统是不可用的,自适应巡航控制系统(ACC)ECU禁用ACC功能。

(1) 技术安全需求规定的必须的安全机制包括:

①系统本身的检测,指示和故障控制措施,包括系统或元件来检测随机硬件故障,检测系统故障的自我监控措施,包括检测和控制通信信道失效模式的措施(例如数据接口、通信总线和无线射频链路)。

②检测,指示和与该系统交互的外部设备的故障控制的措施,比如,外部设备包括其他电子控制单元、电源或通信设备。

③使系统达到或维持安全状态的措施。这包括在相互冲突的安全机制的情况下优先级和仲裁逻辑情况。

④细化和实现警告和降级概念的措施。

⑤防止故障被隐藏的措施。

(2)为使项目达到或维持一个安全状态的安全机制应规定：

①安全状态的切换。

②容错的时间间隔。

③如果安全状态不能立即达到,应确定应急操作的时间间隔。

④维持安全状态的措施。

3) ASIL 分解

如果在技术安全需求规范中应用到了 ASIL 分解,那么需要参照 ASIL 分解来进行需求分解。

4) 潜在故障的避免

制定安全机制以防止故障被隐藏。关于随机故障,只有多点故障有可能包含潜在故障,比如,在线测试,在不同的操作模式如上电、掉电,在运行时或在额外的测试模式下,来检测潜在故障,以验证组件状态的安全机制。阀门、继电器或指示灯功能测试是这样的在线测试的例子。

识别防止故障被潜伏的安全措施的评估标准来自于良好的工程实践。潜在故障的度量,在硬件级产品研发部分中给出,提供评价标准。

适用于 ASIL 的技术安全需求应避免多点故障失效,确定多点故障检测间隔时,应考虑以下因素：

(1)根据硬件的可靠性考虑它在体系中的角色。

(2)相应的危险事件曝光的概率。

(3)由违反安全目标的硬件随机失效概率规定量化目标值。

(4)分配的 ASIL 等级对应的安全目标。

9.3.3 系统设计

这个阶段的第一个目标是进行系统设计、开发符合项目技术安全需求规范的功能要求；第二个目标是校验系统设计和功能要求。

系统设计和基于项目技术安全需求规范的技术安全概念来源于功能安全概念。为了开发一个系统架构设计,功能性安全要求、技术安全要求和非安全相关的要求被完成。因此,在这个阶段安全和非安全相关的要求都在这个过程中处理。

1)系统设计规范和技术安全概念

技术安全要求应分配给系统设计要素,同时系统设计应完成技术安全要求。关于技术安全要求的实现,在系统设计中应考虑如下问题：

(1)系统设计的可验证性。

(2)软件硬件的技术实现性。

(3)系统集成中的执行测试能力。

2)系统架构设计约束

系统和子系统架构应该满足各自 ASIL 等级的技术安全需求,每个元素应实现最高的 ASIL 技术安全需求,如果一个系统包含的子系统有不同的 ASIL 等级,或者是安全相关的子系统和非安全相关的子系统,那么这些系统应该以最高的 ASIL 等级来处理。

安全相关的内部和外部接口应该被定义,避免其他因素影响安全相关的接口。

3) 系统失效的避免措施

在系统设计安全分析,根据表 9-5 和 ISO 26262-9 部分中的内容,找出系统故障的原因和影响。

系统设计分析　　　　　　　　　　　　　　　　　　　　　　　　表 9-5

	方　　法	ASIL			
		A	B	C	D
1	因果分析①	○	+	+ +	+ +
2	预测分析②	+ +	+ +	+ +	+ +

注:①因果分析包括 FTA 故障树分析、可靠性框图分析和石川图分析。
②预测分析包括 FMEA 失效模式与影响分析、ETA 故障树分析和马尔科夫模型分析。

其中,"＋＋"表示强烈推荐该方法识别 ASIL;"＋"表示推荐该方法识别 ASIL;"○"表示不推荐或反对该方法识别 ASIL。

这些分析的目的是协助设计。因此,在这个阶段,定性分析很可能是足够的,在需要时可以执行定量分析。这些分析从细节的角度来识别、确定和排除系统故障的原因和影响。从内因和外因进行系统性故障识别来消除或缓解其影响。

为了减少系统故障,应采用良好的值得信赖的汽车系统的设计原则。这些包括以下内容:

(1) 可重用、可靠的技术安全概念。

(2) 可重用、可靠的软件、硬件设计单元。

(3) 可重用、可靠的检测控制故障机制。

(4) 可重用、可靠的标准化接口。

为了确保可靠的设计原则在新的项目单元的适用性,重用之前应进行影响分析和潜在的假设条件。影响分析包括所确定的诊断、环境的约束和可行性限制、时间限制所确定的资源的兼容性和系统设计的鲁棒性。

ASIL D 规定:可靠的设计原则不再重用应该是有一定理由的。

ASIL A、B、C、D 规定:为避免高复杂性带来的故障,架构设计应该根据表 9-6 中的原则来实现系统的模块化、层次化和简单化。

模块化系统设计原则　　　　　　　　　　　　　　　　　　　　　表 9-6

	原　　则	ASIL			
		A	B	C	D
1	分层设计	+	+	+ +	+ +
2	清晰定义的接口	+	+	+	+
3	避免不必要的负载软硬件组件	+	+	+	+
4	避免不必要的复杂接口	+	+	+	+
5	后期服务的可维护性	+	+	+	+
6	开发运行过程中的可测试性	+	+	+ +	+ +

4) 运行过程中随机硬件失效的控制措施

检测、控制、减轻随机硬件故障的措施在系统设计规范和技术安全概念中给出。例如，硬件诊断功能及其软件的这些措施可以用来检测随机硬件故障,直接导致随机硬件故障的情况下硬件设计即使没有检测也是失败的。

ASIL(B)C、D 规定要求：

(1)对于单点故障和潜点故障的目标值,应在项目级指定最终评估。

由于随机硬件故障违反安全目标的评价应该作为替代方法之一,目标值应在项目级别中指定为最终评估。

(2)对于故障率和诊断覆盖率的目标值应在单元级中指定以满足下列要求：

①硬件级产品研发中随机硬件故障对安全目标影响评估内容里的目标值矩阵。

②硬件级产品研发中硬件集成和测试的流程。

(3)分布式发展,派生目标值应送交各相关方。

在硬件级产品研发中描述的架构限制,不能直接适用于检测设备(COTS)零部件。这是因为供货商通常不能预见在最终产品其产品的使用和潜在的安全问题。在这种情况下,基本数据,如故障率、故障模式、每故障模式下的故障率分配、内置诊断等都是为了让零部件供应商估算在整体硬件架构层的架构限制。

5) 硬件和软件配置

技术安全要求,应直接或通过进一步细化到硬件,软件或两者兼有。如果技术安全要求被分配到定制的硬件单元包括可编程的行为充足的开发过程(诸如 ASIC、FPGA 或其他形式的数字硬件)有足够的发展,应结合 ISO 26262-5 和 ISO 26262-6 的要求,来制定和实施。遵照分配的硬件单元的安全性要求可以依据 ISO 26262-8。

系统的设计应符合分配和分区决策,为了实现独立、避免故障的传播,系统设计时可实现功能和组件的划分。

6) 硬件和软件接口规范

软硬件接口规范应规定硬件和软件的交互,并与技术安全的概念相一致,应包括组件的硬件设备是由软件和硬件资源控制支持软件运行的。

(1)软硬件接口规范应包括以下属性：

①硬件设备的工作模式和相关的配置参数。硬件设备的操作模式如：默认模式、初始化、测试或高级模式;配置参数如：增益控制、带通频率或时钟分频器。

②确保单元之间的独立性和支持软件分区的硬件特性。

③共享和专用硬件资源,如内存映射、寄存器、定时器、中断和 I/O 端口的分配。

④硬件设备的获取机制。

⑤每个涉及技术安全概念的时序约束。

(2)硬件和其使用的软件的相关诊断功能应在软硬件接口规范中规定：

①硬件诊断功能应定义。例如检测过电流、短路或过热。

②在软件中实现的硬件诊断功能。

软硬件接口规范在系统设计时制定,在硬件开发和软件开发时被进一步细化。

7) 产品运行、维护和关闭要求

诊断功能规定应保存现场运行过程中项目或单元的监测数据,考虑到安全结果分析和安全机制运行为了保持安全功能,诊断功能应规定允许故障识别可以由车间员工进行服务时获得。

产品运行、维护和关闭要求应包括如下功能:
(1)安装说明要求。
(2)安全相关的特殊说明。
(3)确保系统或元件正确识别的要求,如标签。
(4)产品的核查方法和措施。
(5)诊断数据和售后服务要求。
(6)关闭要求。
(7)系统设计验证。

系统设计应遵守和具备安全概念,使用表9-7中列出的验证方法进行验证。

系统设计验证方法　　　　　　表9-7

	方　　法	ASIL			
		A	B	C	D
1a	系统设计审查①	+	++	++	++
1b	系统设计走查①	++	+	+	+
2a	仿真②			+	++
2b	系统原型和车辆测试②	+	+	++	++
3	系统设计分析③	见表9-5			

注:①方法1a和1b作为完整和正确执行安全技术要求的检查技术。
②方法2a和2b可作为故障注入技术。
③进行安全分析。

按照技术安全概念要求,将异常和不完整的情况汇总形成系统设计检测报告。在安全目标下,系统设计未覆盖的新识别的危险,应写入危险分析和风险评估报告,按照支持过程中的变更管理要求来进行。

9.3.4　项目集成和测试

集成和测试部分包括三个阶段和两个主要目标:第一阶段为每个项目包含元件的硬件和软件的集成;第二阶段是一个项目的元件的集成以形成一个完整的系统;第三阶段是项目与车辆的周围系统的集成。

集成过程的第一个目标是根据ASIL等级和安全需求规范测试符合各项安全要求;第二个目的是验证"系统设计"覆盖的安全要求正确地由整个项实施。项目元件的集成是在从软硬件集成、系统集成到整车集成系统。集成测试会在每个阶段的执行来证明系统元件正确交互。根据ISO 26262-5和ISO 26262-6完成硬件和软件的开发,然后按照项目集成和测试内容开始进行系统集成。

9.3.5 功能安全评估

本条款的目的是评估已通过的项目功能安全,与功能安全责任的组织(如车辆制造商和供应商,后者是负责功能安全)启动功能安全的评估。

9.3.6 产品发布

本条款的目的是规定项目开发完成后产品标准发布,产品发布确认该项目在车辆级符合功能安全的要求。功能安全的成功整体评估以发布文档作为发布产品的基础,由负责发布的人签署。产品功能安全发布文档应包含下列信息:

(1)负责发布的人的名称和签名。

(2)项目发布的版本。

(3)项目发布的配置。

(4)相关的参考文档。

(5)发布日期。

9.4 硬件级产品研发

9.4.1 硬件级产品研发启动

在硬件产品研发的启动阶段的目的是确定和规划在硬件开发的各个子阶段功能安全活动。规定的硬件安全活动计划包含在项目的安全计划中。

在硬件层面必要的活动和产品研发过程包括:

(1)技术安全概念的硬件实现。

(2)潜在的硬件故障及影响分析。

(3)与软件开发的协调。

与软件开发子阶段相比,这部分的 ISO 26262 包含两个条款描述项目的总体硬件结构定量评估。第 8 条款介绍了两个指标来评估该项目的硬件架构和实施安全机制的有效性来面向随机硬件故障。作为第 8 条的补充,第 9 条描述了两种备选方案,以评估违反安全目标行为的残余风险是否足够低,或者通过使用一个全局性的概率方法或使用割集分析,研究确定违反安全目标的每个硬件元件故障的影响。

根据 ISO 26262-2 的安全计划详细说明应包括确定适当的方法和措施,使硬件级别的产品研发活动与 ISO 26262-6 中策划的活动相一致。

项目硬件的开发过程包括方法和工具,与整个硬件开发的各个子阶段相一致,并与系统和软件子阶段相一致,使有关规定保持其在硬件开发过程中的准确性和一致性。

硬件开发的安全生命周期应符合 ISO 26262 的规定。硬件单元的复用或合格硬件单元的使用应在安全活动中进行说明和确认。

9.4.2 硬件安全需求规范拟定

该条款的第一个目标是规定硬件安全需求,参考技术安全概念和系统安全规范。第二个目标是验证硬件安全需求与技术安全概念和系统安全规范一致。更进一步的目标是详细描述软硬件接口规范 HSI。

技术安全需求分配到软件和硬件,硬件安全需求进一步详细,考虑设计约束,这些设计约束在硬件上的影响,应该包含如下内容:

(1)硬件安全需求和相关安全机制的属性来控制硬件单元的内部失效,这包括内部安全机制覆盖瞬态故障,例如,使用的技术。相关属性可以包括定时器和看门狗检测。

(2)硬件安全需求和相关安全机制的属性能够承受外部单元的失效。例如在 ECU 外部失效时,对 ECU 输入开路。

(3)硬件安全需求和相关安全机制的属性能够匹配其他单元的安全需求。

(4)硬件安全需求和相关安全机制的属性能够检测和指示内部和外部故障。

(5)硬件安全需求不指定安全机制。产品硬件的设计验证标准,包括环境条件(温度、振动、电磁干扰等),具体的操作环境(电源电压、任务历程等)和特定组件的要求。

硬件安全要求应按照 ISO 26262-8 支持过程验证,具有以下属性:

(1)与技术安全概念、系统设计规范、硬件设计规范一致。

(2)技术安全需求分配给硬件单元的完整性。

(3)与相关软件安全需求的一致性。

(4)正确性和精确性。

9.4.3 硬件设计

这一条款的第一个目标是根据系统设计规范和硬件安全需求设计硬件;第二个目标是验证设计。硬件设计包括硬件架构设计和硬件详细设计,硬件架构设计应表示出所有硬件单元及彼此间的关系,硬件详细设计是指在电路原理图上的设计。

1)硬件架构设计

硬件架构应实现硬件的安全要求,每个硬件单元应根据硬件安全要求实现最高的 ASIL。硬件安全要求和实现之间的可追溯性应保存到硬件单元的最底层,但不需要到硬件详细设计,ASIL 不会分配到硬件元件。

为了避免高复杂性产生的故障,通过使用表 9-8 列出的原则来确定硬件体系架构设计,应具有以下特征:模块化、间隔尺寸适当和简易型。

模块化硬件设计原则 表 9-8

	原 则	ASIL			
		A	B	C	D
1	分层设计	+	+	+	+
2	清晰定义的与安全相关硬件部件	+ +	+ +	+ +	+ +
3	避免不必要的复杂接口	+	+	+	+
4	避免不必要的复杂硬件部件	+	+	+	+
5	可维护性(服务)	+	+	+ +	+ +
6	可测试性	+	+	+ +	+ +

2) 硬件详细设计

(1) 为避免设计缺陷,根据相关的经验教训应该遵循 ISO 26262-2 中内容。

(2) 与安全相关的硬件部分失效时应考虑硬件详细设计过程中的非功能性原因,包括以下几方面的影响:如温度、振动、湿度、灰尘、电磁干扰和噪声系数。

(3) 硬件部分的操作条件应满足它们的环境和操作限制的规范。

(4) 应该考虑稳健设计原则,稳健设计原理,可以利用基于 QM 方法清单。例如保守的组件规范。

3) 安全分析

在硬件设计上找出故障原因和故障影响的安全性分析依据表 9-9 和 ISO 26262-9 中内容。安全分析的最初目的是支持硬件设计规范。随后,安全分析可用于硬件设计验证。

表 9-9 硬件设计安全分析

方法		ASIL			
		A	B	C	D
1	推理分析①	○	+	++	++
2	归纳分析②	++	++	++	++

注:① 典型的推理分析方法有 FTA 故障树分析。
② 典型的归纳方法是 FMEA 失效模式与影响分析。

本要求适用于安全目标 ASIL(B)、C 和 D。在确定的安全目标情况下,每一个安全相关的硬件部件或零件的安全分析应考虑以下因素:

(1) 安全故障。

(2) 单点故障或残留故障。

(3) 多点故障(感知、检测或潜在的)。

① 单点故障。单点故障是在一个单元中未被安全机制覆盖且直接会导致违反安全目标的硬件故障。这项规定应用于安全目标 ASIL(B)、C 和 D 的,避免单点故障的有效性安全机制证据应当提供:

a. 应提供保持安全状态的安全机制,或安全地切换到安全状态的能力(特别是恰当的缓解故障的容错时间间隔内的能力)。

b. 应评估关于残余故障的诊断覆盖率。

② 潜在故障。潜在故障是在多点故障检测时间间隔内不能被安全机制检测出来的也不能被驾驶人识别的多点故障。这项规定应用于安全目标 ASIL(B)、C 和 D 的避免潜在故障的有效性安全机制证据,应当提供:

a. 故障检测,并通知到驾驶人的能力,对潜在故障可接受的多点故障检测的时间间隔内,应以确定哪些故障潜伏,哪些故障是不能潜伏的。

b. 对潜在故障的诊断覆盖率进行评价。

4) 硬件设计验证

硬件设计应按照 ISO 26262-8 支持过程,针对硬件安全要求的合理性和完整性进行验证。为了实现这一目标,应考虑在表 9-10 中列出的方法。

表 9-10 硬件设计验证

方　法		ASIL			
		A	B	C	D
1a	硬件设计走读①	++	++	○	○
1b	硬件设计检查①	+	+	++	++
2	安全分析	与上述安全分析一致			
3a	仿真②	○	+	+	+
3b	硬件原型开发②	○	+	+	+
注意:此验证审查的范围是硬件设计的技术正确性。					

注:①方法 1a 和 1b 作为在硬件设计过程中硬件安全要求的完整和正确实施的检查。

②方法 3a 和 3b 作为硬件设计特别点的检查(例如引入一个故障注入技术),因为分析方法 1a、1b 和 2 是不够的。

在硬件设计中,如果发现硬件安全要求的实施是不可行的,应当按照 ISO 26262 - 8 支持过程的变更管理流程发出变更请求。

5)生产、运行、服务和关闭

如果安全分析已经表明它们是与安全有关的特殊特性相关的,那么这些特殊特性应被指定。特殊特性的属性应包括:

(1)生产运行的核查措施。

(2)这些措施的验收标准。

9.4.4　硬件体系指标评估

这一条款的目的是评估由故障处理的指标要求设计的项目硬件架构。这一条款描述了两个硬件体系结构的评价指标的有效性,项目的架构来应对随机硬件故障。这些标准和相关的目标值适用于整个项目的硬件。这些指标涉及的仅限于一些项目的安全相关的电气和电子硬件部分随机硬件故障,即那些能够显著有助于违规或实现的安全目标,对于单点,剩余和这些部件的潜在故障。对于电气硬件单元,只考虑电气故障模式和故障率。硬件架构指标可以反复地在硬件架构设计和硬件详细设计过程中应用。硬件体系结构指标依赖于产品的整个硬件。符合规定的硬件架构度量的目标值满足项目所涉及的每个安全目标。

定义这些硬件架构指标来实现以下目标:

(1)客观上应是可评价的:指标是可验证的,精确区别不同的架构。

(2)支持最终设计评估,使 ASIL 依赖于通过/失败标准。

(3)揭示安全机制的覆盖面,防止硬件架构单点或残留故障风险。

(4)揭示安全机制的覆盖面,防止硬件架构潜在故障风险。

(5)提出单点故障、残余故障和潜在故障,确保硬件故障率不确定性的鲁棒性。

(6)限于安全相关的元素。

(7)支持不同元素的语法,例如目标值能分配给供应商元素。

9.4.5　随机硬件故障对安全目标影响评估

由于随机硬件故障引起的每个安全目标违反最大概率在 ISO 26262 - 4 中规范,应使用

以下的参考目标值进行定义:
(1)来自表9-11。
(2)来自类似的可靠设计原则的现场数据。
(3)来自应用于类似的使用硬件体系指标评估失败率的可靠设计原则的定量分析技术。

推导随机硬件故障目标值的可能来源　　　　　　　　　　　表9-11

ASIL	随机硬件故障目标值	ASIL	随机硬件故障目标值
D	$<10^{-8}h^{-1}$	B	$<10^{-7}h^{-1}$
C	$<10^{-7}h^{-1}$		

9.4.6 硬件集成和测试

这一条款的目的是通过测试确保开发的硬件满足硬件安全要求。本节所述活动的目的是集成硬件单元和测试硬件设计以验证其符合适当的 ASIL 硬件安全要求。

(1)硬件集成和测试不同于 ISO 26262 – 8 支持过程的硬件组件活动的限制,它给出了中级层硬件组件符合 ISO 26262 的证据。

(2)硬件集成和测试活动,应当按照 ISO 26262 – 8 支持过程进行。

(3)硬件集成和测试活动,应符合 ISO 26262 – 4 中给出的项目集成和测试计划。

(4)测试设备应该属于质量监控系统。

(5)为了使测试规范适合特定的硬件集成测试,测试用例应使用表 9-12 中所列的方法进行适当组合得到。

硬件集成测试的测试用例生成方法　　　　　　　　　　　表9-12

	方　　法	ASIL			
		A	B	C	D
1a	需求分析	+ +	+ +	+ +	+ +
1b	内部和外部接口分析	+	+ +	+ +	+ +
1c	等价类产生和分析①	+	+	+ +	+ +
1d	边界值分析②	+	+	+ +	+ +
1e	基于知识和经验的错误预测③	+ +	+ +	+ +	+ +
1f	功能依赖分析	+	+	+ +	+ +
1g	分析常见的限制条件、序列和独立失效源	+	+	+ +	+ +
1h	环境条件和运行用例分析	+	+ +	+ +	+ +
1i	存在的标准④			+	+
1j	重要变量分析⑤	+ +	+ +	+ +	+ +

注:①为了有效地获得必要的测试用例,可以进行相似性分析。
②例如,接近值和指定范围的边界值,超出值。
③"错误预测测试"是基于通过经验教训或者专家判断或两者兼而有之收集的数据,它可由 FMEA 来支持。
④现在的标准包括 ISO 16750 和 ISO 11452。
⑤重要变量分析包括最差情况分析。

(6)硬件集成和测试活动,应验证对硬件的安全要求实现的安全机制的完整性和正确性。测试方法见表9-13。

硬件安全要求的硬件集成测试 表9-13

方　　法		ASIL			
		A	B	C	D
1	功能测试①	+ +	+ +	+ +	+ +
2	故障注入测试②	+	+	+ +	+ +
3	电气测试③	+ +	+ +	+ +	+ +

注：①功能测试的目的在于保证项目规定的特征已经达到。为项目提供输入数据,使其表现为预期正常运行状态。观察输出并将响应与规定所给相比较,应对与规范不符合的异常和指示规范不完整的情况进行分析。
②故障注入测试旨在硬件产品中引入故障并分析其响应。无论安全机制是否定义,本测试方法都是合适的。
③电气测试旨在规定电压范围内(静态和动态)验证与硬件安全要求的一致性。

(7)硬件集成和测试活动,应当验证硬件抵抗外部应力的鲁棒性,见表9-14。

抵抗外部应力下的验证鲁棒性的硬件集成测试 表9-14

方　　法		ASIL			
		A	B	C	D
1a	各种环境下的功能测试	+ +	+ +	+ +	+ +
1b	扩展功能测试	○	+	+	+ +
1c	统计测试	○	○	+	+ +
1d	最坏情况测试	○	○	○	+
1e	过极线测试	+	+	+	+
1f	机械测试	+ +	+ +	+ +	+ +
1g	加速寿命测试	+	+	+ +	+ +
1h	机械耐久性测试	+ +	+ +	+ +	+ +
1i	EMC 和 ESD 测试	+ +	+ +	+ +	+ +
1j	化学测试	+ +	+ +	+ +	+ +

9.5　软件级产品研发

9.5.1　软件级产品研发启动

这个子阶段的目标是计划和启动软件开发的功能安全活动。软件开发的启动是计划活动,其中软件开发子阶段及其支持过程是根据项目发展的程度和复杂性决定和计划。软件开发子阶段和支持流程是通过确定适当的方法启动,以符合有关规定和各自的 ASIL。方法是指通过指南和工具,对每个子阶段进行支持。

要求和建议：
(1)应当规划确定产品研发在软件级别的活动和适当的方法。
(2)产品研发的生命周期在软件层面的制定应当按照 ISO 26262 – 2 进行。
(3)如果开发可配置的软件,应参考附件 C。

(4)对于一个项目软件的软件开发过程,包括生命周期、方法、语言和工具,应当是与整个软件生命周期的所有子阶段一致的,并与系统和硬件开发阶段兼容,使得所需的数据可以被正确地转换。

(5)对于软件开发的每个子阶段,都应提出方法和工具(包括指南)。

(6)选择一个合适的模型或编程语言时必须考虑的标准是:

①一个明确的定义。

②对嵌入式实时软件和运行时错误处理的支持。

③对模块化、抽象化和结构化结构的支持。

(7)为了支持设计和执行的正确性,设计和建模语言,或编程语言,应符合表 9-15 中所列的主题。

表 9-15 建模和编码规则所涵盖主题

	主题	ASIL A	ASIL B	ASIL C	ASIL D
1a	低复杂度执行	+ +	+ +	+ +	+ +
1b	语言子集的使用	+ +	+ +	+ +	+ +
1c	类型的执行	+ +	+ +	+ +	+ +
1d	使用防守实现技术		+	+ +	+ +
1e	使用既定的设计原则	+	+	+	+
1f	使用明确的图示	+	+ +	+ +	+ +
1g	使用设计指南	+	+ +	+ +	+ +
1h	使用约定的命名	+ +	+ +	+ +	+ +

9.5.2 软件安全需求规范

这个阶段的第一个目标是拟定软件安全需求,它们是来自技术安全概念和系统设计规范;第二个目标是细化软硬件接口要求,依据 ISO 26262-4;第三个目的是验证该软件的安全要求和硬件的软件接口要求与技术安全概念和系统设计规范一致。

以下为具体的要求和建议。

(1)该软件的安全要求应满足每个基于软件的功能,其故障可能违反相应的软件技术安全要求。例如,以下功能故障可能导致违反安全规定:

①使系统达到或保持安全状态的功能。

②相关的检测,显示和处理安全相关的硬件元件故障的功能。

③相关的检测,通知和缓解在软件本身的故障功能。这些包括在操作系统和应用程序特定的自我监测的软件来检测,表示和处理系统故障的应用程序。

④与车载和非车载测试相关的功能。车载的测试可以由系统本身或所述车辆的运行前和运行后阶段的车载网络内其他系统进行。非车载测试指在生产或服务中与安全有关的功能或性能测试。

⑤软件生产和服务过程中进行修改的功能。

⑥有关性能或时间要求严格的操作功能。

(2)软件安全要求规范应来源于技术安全概念和系统设计,符合 ISO 26262-4,应考虑以下因素:

①安全要求符合 ISO 26262-8 支持过程的规定和管理。

②指定的系统和硬件配置,配置参数可以包括增益控制,带通频率和时钟分频器。

③有关软硬件接口规范。

④硬件设计规范的有关要求。

⑤时序约束。

⑥外部接口。

⑦车辆、系统或硬件的运行模式对软件有影响。

(3)如果 ASIL 分解到软件安全技术需求,应遵守 ISO 26262-9。

(4)在 ISO 26262-4 发起的软硬件接口规范,详细说明会降至允许正确的控制和硬件的情况,并应说明硬件和软件之间的每一个与安全有关的依赖关系。

(5)如果其他的安全性的要求,除了指定的通过嵌入式软件实施的那些功能,否则引用它们的规范。

(6)软件安全要求的验证、硬软件接口的规范细化,应按照 ISO 26262-8 支持过程。

(7)细化的软硬件接口规范应由负责本系统的硬件和软件开发人员共同进行验证。

(8)软件安全要求和细化的软硬件接口要求应按照 ISO 26262-8 支持过程进行验证:

①与技术安全要求的合规性和一致性。

②符合系统设计。

③与软硬件接口一致。

9.5.3 软件体系设计

这个阶段的第一个目标是设计软件体系结构以实现软件安全需求;第二个目标是校验软件体系结构。

要求和建议:

(1)为了确保软件体系设计获取正确有效的必需信息来进行后续的开发活动,软件体系结构设计使用的符号应具有适当的抽象水平,如表 9-16 中所列的软件体系结构设计说明。

软件构建设计符号　　　　　　　　　　表 9-16

	符　号	ASIL			
		A	B	C	D
1a	非正式符号	++	++	+	+
1b	半正式符号	+	++	++	++
1c	正式符号	+	+	+	+

(2)在软件体系开发的过程中,应该考虑下列因素:

①软件架构设计的可验证性。

②配置软件的适用性。

③软件单元的设计和实施的可行性。

④软件集成测试中的软件体系结构的可测试性。

⑤软件体系结构设计的可维护性。

(3) 为了避免高复杂性造成的故障,根据表9-17中列出的原则,软件体系结构设计应具有模块化、封装性和简单化。

软件体系设计原则　　　　　　　　表9-17

原则		ASIL			
		A	B	C	D
1a	软件组件的分层结构	++	++	++	++
1b	软件组件的大小限制①	++	++	++	++
1c	接口的大小限制①	+	+	+	+
1d	软件组件的高内聚性②	+	++	++	++
1e	软件组件之间的耦合限制①③	+	++	++	++
1f	合适的调度属性	++	++	++	++
1g	终端使用限制①④	+	+	+	++

注:① "限制"是指设计时考虑尽量减少。
　　② 可以通过分离识别、封装和操作软件相关的能力实现,指特定概念、目标、任务或目的的那些部分。
　　③ 解决软件组件的外部耦合的限制。
　　④ 所使用的任何中断都必须基于优先级的。

(4) 软件体系结构设计应开发到所有软件单元都被识别的水平。

(5) 软件体系结构设计应说明:

①软件组件的静态设计方面。静态设计方面包括:软件结构包括它的等级层次、数据处理的逻辑顺序、数据类型及其特点、软件组件的外部接口,软件的外部接口,约束条件包括架构的范围和外部依赖。在基于模型的开发情况下,模型结构是整体模型活动的一个固有部分。

②软件组件的动态设计方面。动态设计方面包括:功能和行为、控制流和流程并发、软件组件之间的数据流、在外部接口的数据流和时间限制。为了确定动态行为(例如任务、时间片和中断),不同的操作状态(例如电关断、正常运行、校准和诊断)应该被考虑;为了描述动态行为,通信关系和它们的分配的系统硬件(如CPU和沟通渠道)应该被指定。

(6) 每一个与安全相关的软件组件应被归类为以下之一:

①新开发的。

②修改重复利用的。

③无修改重复利用的。

(7) 新开发的,或经过修改重复使用的安全相关的软件组件,应该符合ISO 26262。

(8) 那些没有修改重复使用的安全相关的软件组件,则应该符合ISO 26262 - 8。

(9) 该软件的安全要求应分配给软件组件。因此,每个软件组件,应当制定符合任何分配给它的最高ASIL要求。

(10) 如果嵌入式软件必须实现不同的ASIL,或安全相关和非安全相关的软件组件,那么所有的嵌入式软件应按照最高ASIL,除非软件组件符合标准ISO 26262 - 9。

(11) 如果软件分区用于软件组件之间交流,它应确保以下几点:

①共享资源被使用时避免软件分区干扰。

②软件分区是由专用的硬件特性或等效方法来支持。

③实现软件分区的一部分软件开发符合相同或更高的 ASIL,比分配到的软件分区的要求最高 ASIL 更高。

④在软件集成和测试过程中执行软件分区的验证。

(12)按照 ISO 26262-9 进行相关故障的分析,如果软件安全要求的实现依赖于免受干扰,那么软件组件之间应有足够的独立性。

(13)依据 ISO 26262-9 应在软件架构层面进行安全分析,以便识别或确认软件的安全相关部分、支持规范和验证的安全机制的效率。

(14)为了详细说明软件体系结构层次的安全机制,按照安全分析的结果,如表 9-18 列出错误检测机制的应用。

软件结构层错误检测机制　　　　表 9-18

	应　　用	ASIL			
		A	B	C	D
1a	输入输出数据范围检测	++	++	++	++
1b	真实性检测①	+	+	+	++
1c	数据错误检测②	+	+	+	+
1d	外部检测设施③	○	+	+	++
1e	控制流监控	○	+	++	++
1f	多样化软件设计	○	○	+	++

注:①真实性检查包括使用一个参考模型所需的行为,声明检查,或者比较不同来源的信号。
②这些方法可用于检测数据中的错误类型,包括错误检测码和多个数据存储。
③外部监视设备可以是,例如,专用集成电路或其他软件元件执行一个看门狗功能。

(15)本节适用于 ASIL(A、B)、C 和 D,在软件架构层面指定必要的软件的安全机制,在安全分析的基础上,如表 9-19 所列的错误处理机制也应适用。

软件结构层错误处理机制　　　　表 9-19

	应　　用	ASIL			
		A	B	C	D
1a	静态恢复机制①	+	+	+	+
1b	故障软化②	+	+	++	++
1c	独立并联冗余③	○	○	+	++
1d	数据纠错码	+	+	+	+

注:①静态恢复机制包括使用恢复块、前向恢复、后向恢复和重复恢复。
②软件层的故障软化是指优先减少潜在故障对功能安全的不利影响。
③独立的并联冗余可实现在每个并行路径的不同软件。

(16)在安全目标下,软件体系设计未覆盖、新识别的危险,应按照 ISO 26262-8 的变更管理要求写入危险分析和风险评估报告。

(17)嵌入式软件所需的资源包括:

①执行时间。

②存储空间,例如 RAM、栈堆、ROM 等。

③通信资源。

(18)依据 ISO 26262-8,使用表 9-20 列出方法校验的软件体系架构应具有以下属性:

①遵守软件安全需求。

②兼容目标硬件。

③遵守设计指南。

软件体系设计校验方法　　　　　　　　　表 9-20

应　用		ASIL			
		A	B	C	D
1a	走读设计①	+ +	+	○	○
1b	检查设计①	+	+ +	+ +	+ +
1c	设计动态仿真②	+	+	+	+ +
1d	原型产生	○	○	+	+ +
1e	正式校验	○	○	+	+
1f	控制流分析③	+	+	+ +	+ +
1g	数据流分析③	+	+	+ +	+ +

注:①在基于模型的开发的情况下,这些方法可以应用到该模型。

②需要软件体系结构可执行模型的动态用法。

③控制和数据流分析可以限定为与安全有关的部件和接口。

9.5.4　软件单元设计和实现

该阶段的第一个目标是规定软件单元按照软件体系设计及相关的软件安全要求;第二个目的是实现所指定的软件单元;第三个目标是静态验证软件单元设计和实现。

根据软件体系结构设计,开发软件单元的详细设计将根据建模或编码准则为一个模型或直接为源代码。在进行软件单元测试阶段之前,详细设计和开发是静态验证。如果代码是手工开发,在源代码级别实施相关的属性是可以实现。如果基于模型的开发与自动代码生成时,这些属性会应用到模型而无须应用到源代码。

为了开发一个软件单元设计,实现软件的安全要求以及所有非安全要求都在这个子阶段中处理。软件单元的实现包括源代码的生成和编译成目标代码。

要求和建议:

(1)本阶段应符合软件单元安全相关的要求。

(2)为确保该软件单元设计允许后续的开发活动获取正确和有效地进行所必需的信息,该软件单元的设计应采用表 9-21 所列的符号说明。

软件单元设计符号　　　　　　　　　表 9-21

符　号		ASIL			
		A	B	C	D
1a	自然语言	+ +	+ +	+ +	+ +
1b	非正式符号	+ +	+ +	+	+
1c	半正式符号	+	+ +	+ +	+ +
1d	正式符号	+	+	+	+

在基于模型的开发与自动生成代码的情况下,该方法为代表的软件单元设计作为基础的代码生成的模型。

(3)软件单元的规范应描述功能行为和内部设计,以达到必要的细节实施水平。例如,内部的设计可以包括使用寄存器和数据存储的限制。

(4)软件单元源代码级的设计与实现应采用如表9-22所列的设计原理达到以下属性:

① 软件单元的子程序和函数的正确执行顺序基于软件架构设计。
② 软件单元之间的接口的一致性。
③ 软件单元内部的数据流和控制流的正确性。
④ 简约化。
⑤ 可读性和可理解性。
⑥ 鲁棒性。
⑦ 软件修改的适用性。
⑧ 可测试性。

软件单元设计和实现的设计原则   表9-22

	原 则	ASIL A	ASIL B	ASIL C	ASIL D
1a	在子程序和函数中仅有一个入口和一个出口点①	++	++	++	++
1b	传做过程中没有动态对象或者动态变量或者动态测试①②	+	++	++	++
1c	变量初始化②	++	++	++	++
1d	没有多次使用的变量名①	+	++	++	++
1e	避免全局变量或其他使用方法①	+	+	++	++
1f	限制使用指针①	○	+	+	++
1g	没有隐式类型转换①②	+	+	++	++
1h	没有任何隐藏的数据流或控制流③	+	++	++	++
1i	没有无条件转换①②③	++	++	++	++
1j	没有递归	+	+	++	++

注:① 未必适用与基于模型的开发中使用的图形化建模符号。
② 不适用于汇编语言程序设计。
③ 减少潜在的通过跳转或全局变量建模的数据流和控制流。

(5)软件单元的设计与实施应按照ISO 26262-8进行验证,并通过使用表9-23列出的验证方法来证明:

① 遵守软硬件接口规范。
② 软件安全要求分配给软件单元的实施的可追溯性。
③ 源代码和设计规范的一致性。
④ 源代码与编码指南一致性。
⑤ 软件单元实现与目标硬件的兼容性。

第9章 道路车辆功能安全标准ISO 26262

软件单元设计和实现的验证方法 表9-23

方法		ASIL A	ASIL B	ASIL C	ASIL D
1a	走读①	++	+	○	○
1b	检查①	+	++	++	++
1c	半正式验证	+	+	++	++
1d	正式验证	○	○	+	+
1e	控制流分析②③	+	+	++	++
1f	数据流分析②③	+	+	++	++
1g	静态代码分析	+	++	++	++
1h	代码分析④	+	+	+	+

注：①在基于模型的软件开发情况下，软件单元规格设计和实现可以在模型级进行验证。
②可以在源代码级应用，这些方法既适用手动代码开发又适用于模型的开发。
③方法1e和1f可以是方法1d、1g和1h的一部分。
④通过使用变量的可能只的抽象表示，用于源代码的数学分析。为此，没有必要来翻译和执行源代码。

表9-23只列出了静态验证技术，动态验证技术（如测试技术）包含在表9-24～表9-26内。

9.5.5 软件单元测试

这个子阶段的目标是证明软件单元的设计规范和不含有不需要的功能。依据软件设计规范建立软件单元设计的测试流程，并依照流程来执行。

（1）该条款要求应符合软件单元是与安全相关的。
（2）软件单元测试必须按照ISO 26262-8计划、规定和执行。
（3）在表9-24中列出的软件单元测试方法应适用于验证软件单元的实现：
①遵守软件单元设计规范。
②遵守软硬件接口规范。
③指定的功能。
④不存在非计划的功能。
⑤鲁棒性。
⑥足够的资源支持功能。

软件单元测试方法 表9-24

方法		ASIL A	ASIL B	ASIL C	ASIL D
1a	基于需求的测试①	++	++	++	++
1b	接口测试	++	++	++	++
1c	故障注入测试②	+	+	+	++
1d	资源利用测试③	+	+	+	++
1e	如果可能,模型和代码之间的背靠背测试④	+	+	++	++

注：①在单元级别的软件测试是基于需求的测试。
②这包括注射任意故障（通过变量破坏，例如，通过引入代码突变，或通过损坏CPU寄存器的值）。
③当软件单元测试是执行在目标硬件或模拟目标处理器，测试的资源使用情况的某些方面才能正确评估。
④此方法需要一个模型，它可以模拟软件单元的功能，模型和代码以同样的方式运行，结果相互进行比较。

（4）为了使适当的测试用例按照软件单元测试规范，测试用例应采用表9-25中列出的方法得出。

软件单元测试的测试用例生成方法　　　　　　　　　　表9-25

方　法		ASIL			
		A	B	C	D
1a	需求分析	++	++	++	++
1b	等价类产生和分析①	+	++	++	++
1c	边界值分析②	+	++	++	++
1d	错误预测③	+	+	+	+

注：①等价类可以基于对输入和输出，选择一个代表性的试验值，实验值识别每个类别的边界。
②此方法适用于接口，接近值，范围值和超过界限值。
③错误预测测试是基于通过"经验教训"的过程和专家判断收集到的数据。

（5）为了评估测试用例的完整性，并证明没有额外功能，在软件单元级别要求的覆盖范围应确定，结构范围应按照表9-26中列出的指标进行测定。如果实现的结构范围被视为是不够的，那么额外的测试用例应指定或提供理由。

软件单元级的结构覆盖矩阵　　　　　　　　　　表9-26

方　法		ASIL			
		A	B	C	D
1a	语句覆盖	++	++	+	+
1b	分支覆盖	+	++	++	++
1c	MC/DC（修正条件/判定覆盖）	+	+	+	++

所述的结构覆盖可以通过使用适当的软件工具来确定。在基于模型开发的情况下，可以在模型层使用模型类似结构覆盖度量进行结构覆盖分析。如果检测的代码用于确定覆盖度的等级，必须表明该仪器具有不受试验结果影响。这可以通过没有仪表代码的重复测试来完成。

（6）软件单元测试的测试环境应尽可能与目标环境相对应。如果软件单元测试不在目标环境中进行，源代码和目标代码中的差异，以及测试环境和目标环境之间的差异，应在指定目标环境中额外的随后测试阶段加以分析。

测试环境和目标环境之间的差异可以发生在源代码或目标代码中，例如由于不同的位宽度的数据字与该处理器的地址字。根据测试的范围应使用适当的软件执行单元的测试环境（如目标处理器，处理器仿真器或开发系统）。

软件单元测试可在不同的环境中被执行，例如：
①模型在环测试。
②软件在环测试。
③处理器在环测试。
④硬件在环测试。

对基于模型的开发，软件单元测试可以在模型级进行，在模型和对象代码之间的背对背比较测试之后。背对背对比测试用于确保该模型的行为对于测试目标等同于自动生成的代码。

9.5.6 软件集成和测试

这部分的第一个目的是集成软件元素；第二个目的是要证明软件体系结构设计是由嵌入式软件实现的。

需求和建议：

(1)软件集成的计划应说明整合各个软件分层单元到软件组件的步骤，直到嵌入式软件完全集成，并应考虑：

①相关的软件集成的功能依赖关系。

②软件集成和软硬件整合之间的依赖关系。

注意：对基于模型的开发，该软件集成可以在模型层和随后的自动代码生成集成的模型替换为集成。

(2)软件集成测试应根据 ISO 26262-8 计划、规定并执行。

(3)在表 9-27 中列出的软件集成测试方法应用来证明软件组件和嵌入式软件的实现：

①遵守前面所述软件架构设计。

②符合 ISO 26262-4 的软硬件接口规范。

③规定的功能。

④鲁棒性。

⑤充足的资源来支持功能。

软件集成测试方法　　　　　　　　　　表 9-27

方法		ASIL			
		A	B	C	D
1a	基于需求的测试①	++	++	++	++
1b	接口测试	++	++	++	++
1c	故障注入测试②	+	+	++	++
1d	资源利用测试③④	+	+	+	++
1e	如果可能,模型和代码之间的背靠背测试⑤	+	+	++	++

注：①在单元级别的软件测试是基于需求的测试。

②这包括注射任意故障(通过变量破坏，例如通过引入代码突变或通过损坏 CPU 寄存器的值)。

③为确保硬件体系结构设计的足够的容量满足需求，如平均和最大处理器性能，最小或最大执行时间，存储使用情况(例如 RAM 用于堆栈和堆，ROM 中的程序和数据)和带宽性能通信链路(如数据总线)必须确定。

④当软件单元测试是执行在目标硬件或模拟目标处理器，测试的资源使用情况的某些方面才能正确评估。

⑤此方法需要一个模型，它可以模拟软件单元的功能，模型和代码以同样的方式运行，结果相互进行比较。

(4)为了使适当的测试用例按照软件集成测试规范，测试用例应采用表 9-28 中列出的方法生成。

软件集成测试的测试用例生成方法　　　　　表 9-28

方法		ASIL			
		A	B	C	D
1a	需求分析	++	++	++	++
1b	等价类产生和分析①	+	++	++	++
1c	边界值分析②	+	++	++	++
1d	错误预测③	+	+	+	+

注:①等价类可以基于对输入和输出,选择一个代表性的试验值,实验值识别每个类别的边界。

②此方法适用于接口、接近值、范围值和超过界限值。

③错误预测测试是基于通过"经验教训"的过程和专家判断收集到的数据。

(5)为了评估测试用例的完整性,并证明没有额外功能,应确定软件集成级别要求的覆盖范围。如果实现的结构范围被视为是不够的,那么额外的测试用例应指定或提供理由。

(6)为了评估测试用例的完整性,并证明没有额外功能,应确定软件集成级别要求的覆盖范围,结构范围应按照表 9-29 中列出的指标进行测定。如果实现的结构范围被视为是不够的,那么额外的测试用例应指定或提供理由。

软件体系构建的结构覆盖矩阵　　　　　表 9-29

方法		ASIL			
		A	B	C	D
1a	语句覆盖①	+	+	++	++
1b	分支覆盖②	+	+	++	++

注:①指所执行的软件功能的百分比,这方面的证据可以通过适当的软件集成策略来实现。

②指所执行的软件功能的回调百分比。

所述的结构覆盖可以通过使用适当的软件工具来确定。在基于模型开发的情况下,可以在模型层使用的模型类似结构覆盖度量进行结构覆盖分析。

(7)它应按照 ISO 26262-4 验证嵌入式软件作为产品发布的一部分,包含的所有特定功能,并且不包含其他未指定的功能(如果这些功能不损害遵守软件安全要求)。

(8)软件集成测试的测试环境应尽可能与目标环境相一致。如果软件集成测试不在目标环境中进行,源代码和目标代码中的差异,以及测试环境和目标环境之间的差异,应在指定目标环境中额外的随后测试阶段加以分析。

测试环境和目标环境之间的差异可以发生在源代码或目标代码,例如,由于不同的位宽度的数据字与该处理器的地址字。根据测试的范围应使用适当的软件执行单元的测试环境。

软件集成测试可在不同的环境中被执行,例如:

①模型在环测试。

②软件在环测试。

③处理器在环测试。

④硬件在环测试。

9.5.7 软件安全需求验证

这部分目的是验证嵌入式软件完成软件安全需求。
(1) 软件安全要求的验证应按照 ISO 26262-8 计划、指定和执行。
(2) 为了验证嵌入式软件满足软件安全要求,测试应进行在表 9-30 中列出的测试环境。
(3) 软件安全需求实施的试验应在目标硬件系统上执行。
(4) 软件安全需求验证结果应进行评估:
①符合预期的结果。
②覆盖的软件安全需求。
③通过或失败的标准。

软件安全需求验证测试环境　　表 9-30

	环 境	ASIL			
		A	B	C	D
1a	硬件在环测试	+	+	++	++
1b	ECU 网络环境①	++	++	++	++
1c	车辆	++	++	++	++

注:①例如包括测试台部分或完全集成的车辆电气系统、实验室汽车或"mule"汽车,并且模拟"总线休眠"。

小　　结

ISO 26262 标准涵盖功能性安全方面的整体开发过程,包括需求规划、设计、实施、集成、验证、确认和配置等,在本章中,主要重点介绍了概念阶段、系统级产品研发、硬件级产品研发和软件级产品研发这四个部分。

在概念阶段中,重点提出了项目安全生命周期概念、ASIL 等级的划分以及功能安全概念,这几个概念在后面系统级、硬件级以及软件级的产品研发标准中有着重要的应用,尤其是 ASIL 等级的使用,更是需要重点注意与掌握的。

系统级、硬件级和软件级产品的研发方面的内容,从总体上看都是重点介绍了安全需求规范、设计、功能安全评估以及继承和测试,在对这三个层次的标准掌握过程中,可以采用对比的方法更好地去了解这三个层次之间的相互关系以及每个层次的重点。

习　　题

一、填空题

1. ISO 26262 从电子、电气及可编程器件功能安全基本标准＿＿＿＿＿＿＿派生出来的,主要定位在＿＿＿＿＿＿行业中特定的＿＿＿＿＿＿、＿＿＿＿＿＿、＿＿＿＿＿＿等专门用于汽车领域的部件,旨在提高＿＿＿＿＿＿＿＿＿的国际标准。

2. ISO 26262 标准根据安全风险程度对系统或系统某组成部分确定划分由 A 到 D 的＿＿＿＿＿ASIL。其中 D 级为＿＿＿＿＿＿,安全需求最＿＿＿＿＿＿。伴随着 ASIL 等级的增加,针对_____的要求也随之_____。

3. ISO 26262系列标准分为_____本分别从_____、_____、_____、_____、_____等方面对产品_____,从而使得产品在生命周期的各个节点都较为完善的考虑了_____。

4. ISO 26262主要用于安装在最大毛重不超过_____t的乘用车上的一个或多个_____系统的安全相关系统,唯一不适用于_____。

5. ISO 26262给出了一套_____,称之为安全管理生命周期。

6. 系统设计中应考虑如下问题:_____;_____;_____。

7. 在功能安全概念中,ISO 26262从_____和_____两个方面给出了一些建议和要求。

8. 在硬件层面必要的活动和产品研发过程包括:_____;_____;_____。

9. 软件体系结构设计应说明应包含_____和_____两个方面。

二、选择题

1. 风险的分类主要是通过3个指标来考量,不包括(   )。
    A. 危险发生时导致的伤害的严重性
    B. 在操作条件下暴露于危险当中的可能性
    C. 在操作过程中可能出现故障的数目
    D. 危险的可控性。

2. 系统级研发的过程基于技术安全要求规范的(   )模型。
    A. V模型　　　　B. W模型　　　　C. M模型　　　　D. ∧模型

3. 在一个单元中未被安全机制覆盖且直接会导致违反安全目标的硬件故障称为(   )。
    A. 安全故障　　　B. 单点故障　　　C. 残留故障　　　D. 多点故障

三、简答题

1. 结合系统级研发过程图,阐述对于V模型的理解。
2. 项目的定义及其目的分别是什么?
3. 简述对于功能安全概念的理解。
4. 系统级集成和测试部分包括三个阶段和两个主要目标,分别是什么?
5. 系统级、硬件级和软件级体系设计的原则分别是什么?
6. 软件体系开发的过程中,应该考虑哪些因素?
7. 软件集成测试在不同环境中可有哪些在环测试?
8. 简述对于道路车辆功能安全标准的理解。

第10章 危化品运输车安全预警系统设计实例

危化品运输车安全监控直接关系到交通畅通和人民财产安全。针对危化品运输安全问题,长安大学和危化品运输车生产厂家合作,开发了一款在液体危化品运输车上安装的安全预警监控系统。为完成安全监控的功能,降低成本,该系统采用CAN总线和发动机ECU通信,采集危化品运输车车速,采用J1939协议实现车载网络通信。可以说,危化品运输车上装控制器是一个基于CAN总线的ECU的一个典型应用。故在本章作为一个典型案例加以介绍,供大家研发ECU时作为参考。

10.1 安全监控系统的主要功能及构成

10.1.1 需求分析

影响液体危化品运输车安全的主要因素有两个,一个是罐体内部的温度、压力和阀门泄漏;二是跟随车辆的追尾。经过和厂家技术人员与用户的反复讨论和论证,同时考虑到系统的可扩展性,分析得出控制器所需接入各种信号见表10-1。

控制器采集信号分类统计表　　　　　表10-1

信号类型	功　能	数量	类　型
模拟量输入 AD	罐体压力采集	2	电流 0~20mA
	罐体温度采集	2	电流 0~20mA
	罐体液位采集	1	电流 0~20mA
	预留	4	电压 0~5V
频率采集 PI	预留	2	24V(28.8V)
开关量输入 DI	卸油阀门开关	1	低(高)有效
	雾灯开关	1	低(高)有效
	制动信号	1	低(高)有效
	预留	6	低(高)有效
开关量输出 DO	报警开关(液位、温度、压力报警灯,闪光蜂鸣器)	4	24V
	供电输出(两路温度传感器、两路压力传感器、测距模块)	5	24V
	预留	2	24V
模拟输出 AO	预留	1	电压 0~5V

续上表

信号类型	功　　能	数量	类　　型
通信	整车控制器	1	CAN
	激光测距模块	1	CAN
	LED 屏	1	RS-485

10.1.2　系统的主要功能

针对上述的两个事故原因,设计了危化品运输车安全预警装置,采用温度、压力和液位传感器对罐体状态进行实时监测并越限报警,同时采用激光测距实时监测罐车与后车的相对车速和车距,与安全距离相比较,通过车后警示屏对后车做出警示。

开发危化品罐式车安全预警控制系统控制器,能实现对罐内液体液位/温度以及罐内空腔的压力进行实时监测,并根据设定安全值有效的给驾驶人做出报警提示;能实时监测罐车与后车的相对距离,并通过车后警示屏给后车予以报警提示;针对使用雾灯和制动的不同状况,车后警示屏会相应地调整刷新频率和显示内容。上述监测数据和车身放油阀门的开关状态都会上传到天行健显示终端,实现危化品安全监测系统的数据采集与共享。

系统的主要功能如下:
(1)安全预警系统所有装置必须使用汽车蓄电池作为电源供电。
(2)能够采集罐体内部压力、温度和液位等物理参数。
(3)通过按键能预设报警值,当实际参数达到报警值时及时报警,提醒驾驶人。
(4)采集尾随车辆相对车速,当跟随车速过高时,通过车尾 LED 屏显示警告信息。
(5)所有监测信息都在天行健系统显示屏上显示,并上传至危化品运输车远程监控系统。
(6)控制器外形尺寸:250mm×180mm×45mm 以内。

10.1.3　系统的主要技术指标

由于该系统安装在危化品罐车,运行环境特殊,根据厂家生产使用要求,设置以下技术指标来满足产品的正常使用:
(1)控制器供电电源电压范围:9~36V。
(2)罐体温度测量范围:0~100℃。
(3)罐体压力测量范围:10kPa。
(4)工作温度:-30~125℃。
(5)防护等级:IP65。
(6)电路板防爆等级:本安 Exia Ⅱ CT4。
(7)控制器外壳:隔爆 Exd Ⅱ CT5。
(8)可靠性:初始故障时间≥2000h。
(9)阻燃特性必须满足 GB 8410—2006 中等级 B 要求。

10.1.4　系统的主要构成

该系统的系统框图如图 10-1 所示,控制器采用飞思卡尔单片机,防电磁干扰。输入信号分为模拟量和开关量,温度、压力传感器分别有两路,输出 4～20mA 电流信号作为模拟量输入,同时预留四路接口用于后续开发。液位传感器输出开关量信号,卸油阀门开关、雾灯开关和制动信号这三个开关量从车身控制器读取其状态,作为上装控制器的输入。车身控制器与上装控制器可以通过协议交换数据,实现数据共享,读取数据的方法在本章10.4节中详细介绍。测距模块采用激光测距,通过 CAN 总线与控制器进行通信。输出信号有报警单元和 LED 屏显示两个部分。报警单元的三个报警灯分别对应温度、压力和液位三个状态监测的结果,其中任何一个报警的同时使闪光蜂鸣器动作,报警单元是警示驾驶人最直接有效的方法。LED 屏的作用的警示后车。

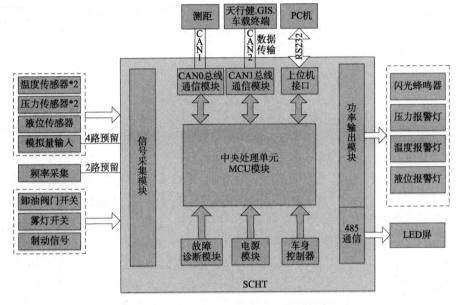

图 10-1　危化品运输车环境安全监测装置的系统框图

1) 激光测距模块

测距模块用于检测车辆行进过程中与后车的车距,当车距或别的障碍物距离危化品运输车的距离小于安全距离时,控制器发出警告并输出提示至车后警示屏。采用 HH-24B-2 型汽车主动防撞系统中的测距探头 HH-24B-T 和汇接控制器,如图 10-2 所示。

(1) 探头探测静态距离不小于 260m,动态距离不小于 160m。

(2) 使用车速 3～120km/h。

(3) 使用环境温度 -20～+70℃。

(4) 系统电源 DC24V。

图 10-2　测距模块与汇接控制器

车辆行驶过程中,由测距探头不断监测与后车的动态距离(车距),并根据本车速、相对车速按照建立的数学模型和控制算法计算出本车是否处于安全行驶状态,若车距太近则立刻报警提醒人工减速,测距探头由激光测距系统和集光定位系统两部分组成,集光定位用于调整探头的方向。探头特点:探测距离远,抗干扰性强,安装调整方便,有猫头鹰防护罩。

汇接控制器接收来自测距探头的车间距信号,车速传感器的车速脉冲信号。

2)温度采集

选择合适的温度传感器对罐体装载物的温度进行采集,将采集的数据传送到控制器,经控制器处理、判断、分析,当实测温度大于设定安全温度值时,控制器进行报警输出,由相关的报警和显示装置进行有效的报警和显示,从而起到一定的预警作用。传感器选用4~20mA数显插入型温度变送器,如图10-3所示。

型号:CWDZ13-01-AI-14-L300-G2。

供电电压:9~36VDC。

电阻类型:铂热电阻。

插入长度:300mm。

图10-3 温度变送器外形图

3)压力采集

选择合适的压力传感器对罐体顶端的气体压力进行采集,将采集的数据传送到控制器,经控制器处理、判断、分析,当实测压力大于设定安全压力值时,控制器进行报警输出,由相关的报警和显示装置进行有效的报警和显示,从而起到一定的预警作用。由于罐体温度变化范围较大,信号传输距离较长,为了保证传输信号的可靠和准确性,传感器选用4~20mA电流高温型压力变送器,如图10-4所示。

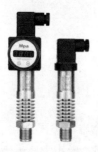

采用工业防爆外壳,内部压力感应膜片和放大处理电路经过精密防爆设计,安全等级高,通过专业机构检测并获得认证;精度高,稳定性好,响应速度快,耐冲击、耐高温。

型号:CYYZ16-X-39-AI-14-B-G。

综合精度:0.25%FS。

图10-4 压力变送器外形图

供电电压:9~36VDC。

4)液位采集

选择合适的液位传感器对罐体装载物的液面高度进行采集,将采集的数据传送到控制器,经控制器处理、判断、分析,当实测液面大于或小于设定液面高度值时,控制器进行报警或提示输出,由相关的报警和显示装置进行有效的报警和显示,从而起到一定的预警作用。

本系统液位采集采用间接式测量方法,在罐体底部安装压力传感器,由压力计算来获取装载物液位。传感器选用星仪分体型投入式液位变送器,如图10-5所示。

型号:CYW13-XL0.5-B1-AI-21-B-G。

供电电压:9~36VDC。

精度等级:0.25%FS。

5)天行健系统

图10-5 液位变送器外形图

天行健车联网服务系统是陕西重型汽车有限公司为重型货车用户全新打造的基于车联网技术的一种全新的智能服务,给用户带来的安全、效率和管理的三大变革。系统依靠 GPS 卫星定位、GPRS 数字移动通信、GIS 地理信息、互联网,采用网关、云计算等技术,通过车载智能终端采集车辆发动机 ECU、车身中央控制器 CAN 总线等车辆运行信息,并通过 3G 无线通信网络实时传递到数据处理中心。

图 10-6 所示为车载终端,其主要功能有:车辆 GPS 定位、北斗定位、行车记录通过交通运输部及国标技术标准认证。与发动机、车身电气电路等进行信息互联,挖掘用户可用信息,并向天行健后台服务系统上传信息及数据;为用户提供智能化、人性化的增值服务:车辆检测、发动机油耗测算、重型货车专用导航和配货等功能。特点:7in 全彩触摸液晶屏,车载终端功能均通过触屏操作实现,操作迅捷,国内首创;支持外接 USB、SD 卡、微型打印机、视频头。

在该安全监控系统中,天行健系统会将温度、压力、液位、车距、放油阀门等数据显示在驾驶舱的中控台显示屏上,方便驾驶人实时掌握罐车的安全数据。中控台显示屏如图 10-7 所示。

图 10-6　天行健车载智能终端(显示屏及控制器)　　　　图 10-7　中控台显示屏

6) 报警单元

预警单元包括温度报警灯、压力报警灯、液位报警灯以及闪光蜂鸣器。通过功率输出模块驱动,当出现罐体内温度过高时,温度报警灯会点亮,同时闪光蜂鸣器会闪烁蜂鸣 10s;压力和液位报警方式同样。报警灯和闪光蜂鸣器如图 10-8 所示。

7) LED 警示屏

通过测距模块检测后车与罐车的相对距离和速度,经过控制器计算安全距离后通过 485 通信协议发送到 LED 警示屏上面,显示"危化品运输车""危险!请减速""制动!请注意"、"车距:×××米"等字样。LED 显示屏如图 10-9 所示。

图 10-8　报警灯和闪光蜂鸣器　　　　图 10-9　LED 显示屏

10.1.5　系统电气连接图

根据系统的功能特性与构成绘制图 10-10 所示的系统输入电气连接图、图 10-11 所示的系统输出电气连接图以及图 10-12 所示的系统数据通信电气连接图。

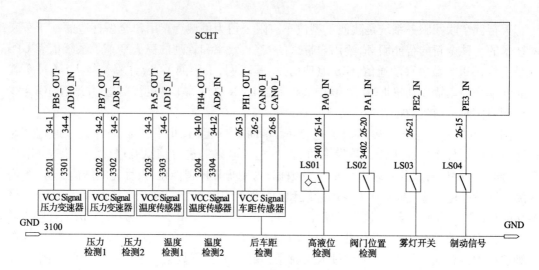

图 10-10 系统输入电气连接图

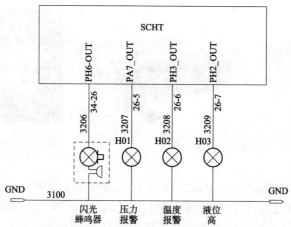

图 10-11 系统输出电气连接图

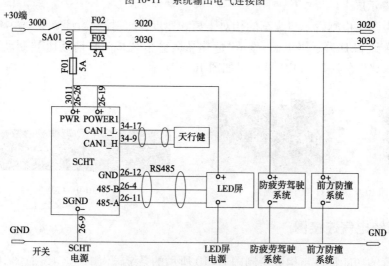

图 10-12 系统数据通信电气连接图

10.2 控制器 SCHT 总体设计

根据危化品运输车安全预警系统的主要功能和技术指标,可以从以下几个方面来考虑危化品罐式车安全预警控制系统的整体设计问题。

1)估计存储器容量,进行内存分配

存储器容量主要根据控制程序量、数据量以及堆栈大小来估计,还要考虑到是否需要外存储器以及内存容量方便的扩充。不同功能的程序最好分配在不同的内存区域,并要注意到便于系统的扩展和有利于工作进度的提高。

在 I/O 端口地址按存储器统一编址的系统中,一般要选择某一个内存区域作为 I/O 端口地址区,这个区域的选择必须注意不要打断整个系统的连续性,并且应让所有 I/O 端口地址号尽可能靠在一起,以利于译码和扩展。

2)模拟输入、输出信号的处理

危化品运输车安全预警系统的输入模拟信号是温度传感器、压力传感器的输出信号以及功率输出模块 BTS 系列的输出反馈部分。这些模拟信号必须要经过信号调理电路,送入 A/D 转换电路,才能变为单片机系统能够识别的数字信号,因此输入模拟信号的处理应该包括信号输入端子、信号调理电路和 A/D 转换电路。

分析危化品运输车安全预警系统的主要功能和技术指标要求,并不需要模拟输出信号,因此模拟输出信号的处理不予以考虑。

3)数字输入、输出信号的处理

危化品运输车安全预警系统需要采集危化品运输车的一些状态信息来确定危化品运输车安全预警系统的工作状态,从而判断何时对系统的输出部分进行控制。分析其工作过程可知需要确定危化品运输车放油阀门状态、转向灯、雾灯状态。此外,考虑到系统的可扩展性,还需要预留 2 路的数字量输入信号接口。因此,设计 10 路数字输入信号就能满足一般测试的要求。考虑测试现场可能有各种干扰信号,为了避免对单片机系统产生冲击,提高系统的可靠性,数字输入电路一般采用光电隔离输入。

4)通信模块的设计

由于要求危化品运输车安全预警系统能够和上位机通信,即上位机可以通过控制指令控制智能侧滑仪的工作状态,并能获取危化品运输车安全预警系统的数据处理结果和状态信息,一般需要设计一个通信接口。最常用也是最简单的通信接口是 RS-232 接口,所以采用 RS-232 接口作为危化品运输车安全预警系统的通信模块。

5)系统总线的选择

系统总线的选择对系统的通用性很有意义,非标准的系统总线会给使用和维护带来不便。在危化品运输车安全预警系统的实现中,采用在汽车电子中已得到广泛应用的 CAN 总线技术实现功能。

根据对上述各项综合考虑,整个系统设计流程如图 10-13 所示。

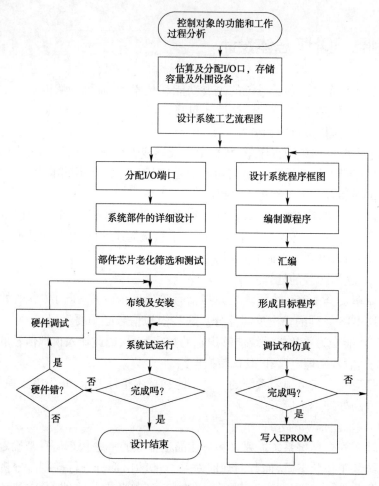

图 10-13 系统设计流程图

10.3 控制器硬件电路设计

10.3.1 硬件设计部分考虑

在控制器硬件设计中,I/O 端口地址采用统一编址方法,尽量使端口地址集中在一起,利于译码和扩展。图 10-14 所示为控制器输入输出的硬件电路模块图。表 10-2 是 I/O 端口的对应表。

I/O 端口对应表　　　　　　　　　　　表 10-2

输	入	端口	输	出	端口
开关量	液位开关	PA0_IN	开关量	压力传感器1供电	PB5_OUT
	放油阀门监测	PA1_IN		压力传感器2供电	PB7_OUT
	雾灯开关	PE2_IN		温度传感器1供电	PA5_OUT
	制动信号	PE3_IN		温度传感器2供电	PH4_OUT

续上表

输	入	端口	输	出	端口
AD采集	压力传感器1	AD10_IN	开关量	闪光蜂鸣器	PH6_OUT
	压力传感器2	AD8_IN		压力报警灯	PA7_OUT
	温度传感器1	AD15_IN		温度报警灯	PH3_OUT
	温度传感器2	AD9_IN		液位报警灯	PH2_OUT
预留	—	—		测距模块供电	PH1_OUT

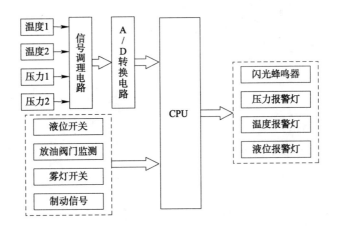

图 10-14　硬件 I/O

10.3.2　中央处理单元

中央处理单元(MCU)是控制器的核心器件,负责整个控制器的信号采集信息的分析和控制命令的发送。单片机的系列或型号直接决定了系统总体结构,所以在确定系统结构时,首先要选择单片机的系列或型号。所选的单片机内部程序或数据存储器不够用时,必须具有存储扩展能力,同时还必须确定要扩展的程序存储器容量和数据存储容量,并分配相应的存储单元。然后需要对整个单片机的 IO 扩展和端口的分配有一定的考虑,当单片机的 IO 端口不够用时,必须具备 IO 端口扩展能力。最后考虑单片机的开发系统,单片机应用系统的开发和软件的编辑、编译、调试和固化关系紧密。

根据以上的单片机选型的原则,开发的控制器中的 MCU 选用飞思卡尔 MC9S12X 系列单片机。中央处理单元(MCU)模块设计电路图如图 10-15 所示。MC9S12X 系列面向汽车需要 64~512KB 闪存的中端车身应用。S12X 具有低功耗、卓越的电磁兼容性能和代码效率高等优点。内部集成 CAN 控制器,广泛应用于仪表系统、车身控制器、主动悬架系统等。

该系列单片机是 16 位单片机,具有协处理器,系统处理速度更快,最大 512KB FLASH,最大 64KB RAM,内置 4KB EEPROM,最多支持 5 路 CAN 通信,管脚数为 60~144 脚,可扩展性强,工作温度范围宽(-40~125℃)等特点,根据控制器所需硬件资源情况和控制功能,MCU 型号初选为 112 脚的 MC9S12XDT256。

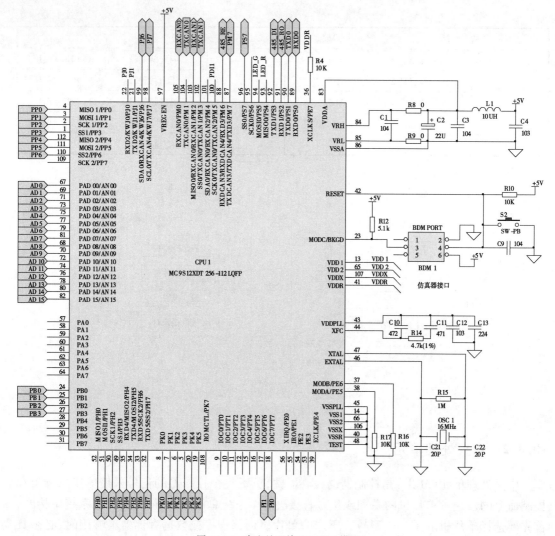

图 10-15 中央处理单元(MCU)模块

10.3.3 电源模块

电源电路将整车电压 24V 转换为 5V,为控制器的各个硬件模块提供稳定可靠的供电电压和供电电流。电源电路的设计除了满足控制器驱动电流和电压外,还需考虑以下因素:

(1)整车电源电压的波动特性(发动机未起动时为 24V,发动机起动后为 28V 左右)。

(2)电源反接保护,防止因电气接线误操作,导致控制器烧坏。

(3)车辆运行过程中出现抛负载现象时,电源电路要能承受瞬时脉冲电压(约 400ms,60V)。

(4)电源电路应具有短路保护和过热保护功能。

(5)降低系统静态功耗。

基于考虑上述因素,电源电路采用英飞凌 TLE6389G50 系列来进行电源设计。该芯片最高工作电压可达 60V,单路固定输出 +5V,输出误差在 3% 之内,最大驱动电流为 2.3A,具有电源反接保护、过温短路保护,工作温度范围为 −40 ~ 125℃,应用电路所需的外围器件简单。电源电路如图 10-16 所示。

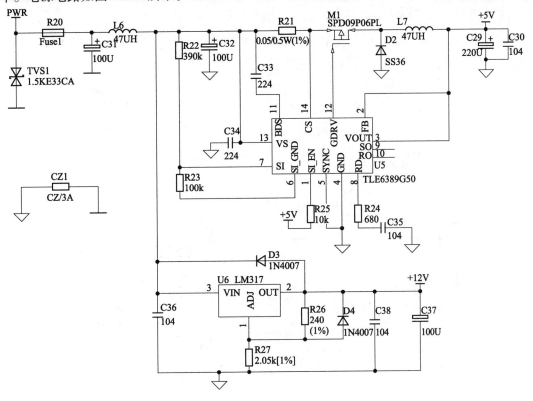

图 10-16 电源电路

为提高系统抗干扰能力,提高抗负载能力及其他瞬时脉冲电压的干扰,降低系统静态功耗,在电源回路系统中增加双向 TVS、熔断器和使能休眠电路。在钥匙 ACC 或 ON 挡关闭条件下休眠,在钥匙 ACC 或 ON 挡开启或危机报警开关开启或 CAN 总线信号有效时唤醒。具体如图 10-17 所示。

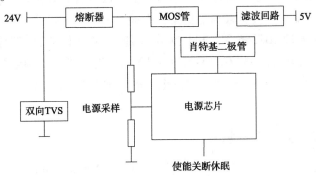

图 10-17 电源回路示意图

10.3.4 通信模块

通信模块可提供 RS232、RS485、CAN 三种通信接口,模块电路如图 10-18 所示。RS232

通信接口选用的是 ADM101E 芯片,它是一种双组驱动器/接收器,片内含有一个电容性电压发生器以便在单 5V 电源供电时提供。其中电容在电路中起到稳压与滤波作用,保持系统的稳定性。外接电容可以防雷击和避免信号受到不必要的噪声影响。

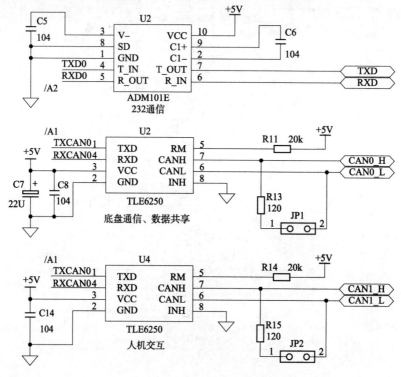

图 10-18　通信接口模块电路

RS485 通信接口选用是 MAX485 芯片,它的驱动器摆率不受限制,可以实现最高 2.5Mb/s 的传输速率。这些收发器在驱动器禁用的空载或满载状态下,吸取的电源电流在 120~500μA 之间。所有器件都工作在 5V 单电源下。驱动器具有短路电流限制,并可以通过热关断电路将驱动器输出置为高阻状态。接收器输入具有失效保护特性,当输入开路时,可以确保逻辑高电平输出。具有较高的抗干扰性能。

控制器采用 MC9S12XDT256 单片机作为中央处理 MCU 模块,该型号 MCU 内部集成 5 路 CAN 控制器。采用英飞凌 TLE6250G 作为 CAN 收发芯片进行外围电路设计,可方便地实现 CAN 总线电平与单片机 CAN 控制器间的电平的匹配转换,结合单片机软件设计,进而实现 CAN 报文通信。

10.3.5　开关/模拟量采集模块

开关/模拟量采集模块用于采集输入到控制器内的各种状态量信号,通过硬件电路设计检测各个开关的实时状态或模拟量数值,并将开关电路的电平信号或模拟量数值信号转换为 MCU 可以识别的信号,供 MCU 进行逻辑分析。

信号采集一般包括开关量和模拟量两种信号(图 10-19),模拟量信号包括电压型和电流型,采用运算放大器来设计模拟量采集电路,通过设计采样电路的兼容电流型和电压型模拟量采集,通过图 10-20 中的 JP3 来转换。在本系统中,开关量采集采用了低电平触发模式。控制器共有 10 路 AI,温度变送器和压力变送器、液位变送器共用了 5 路,预留出 5 路以供扩展使用。

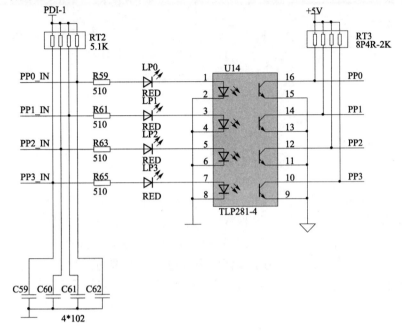

图 10-19 开关量采集

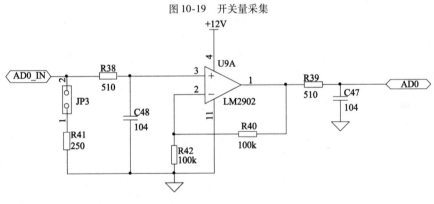

图 10-20 模拟量输入

10.3.6 频率采集(PI)模块

频率采集(PI)模块用于采集输入到控制器内的频率信号,通过硬件电路设计检测频率信号并转换为 MCU 可以识别的信号,供 MCU 进行逻辑分析(图 10-21)。例如发动机转速信号即为频率信号,将转速信息通过频率采集(PI)模块输入到 MCU 中,后者可监控运输车的车速等状态信息,并加以控制。

10.3.7 功率输出模块设计

本系统拟采用英飞凌公司的 BTS6×××系列来设计功率输出电路,根据功率输出的大小选择了 BTS6163D、BTS650。

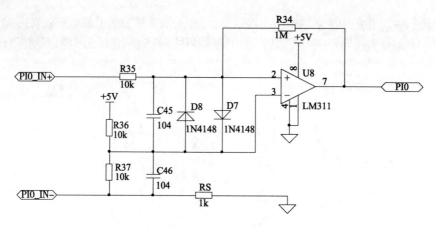

图 10-21 PI 采集电路

BTS6×××是一款智能高电流电源开关芯片,工作电压范围为 5.0~34V。有以下特点:ESD 保护、低功耗设计、隔离设计、封装通用性、功率检测,过电压、过载、短路、温度保护。应用范围广:具有电流检测诊断反馈为 12V 和 24V 直流接地负载的电源开关,最适合有浪涌电流的负载,比如灯、电动机。适用于任何电阻或电感性类型的负载。取代机电式继电器、熔断器和分离电路。其内部结构及使用方法如图 10-22、图 10-23 所示。

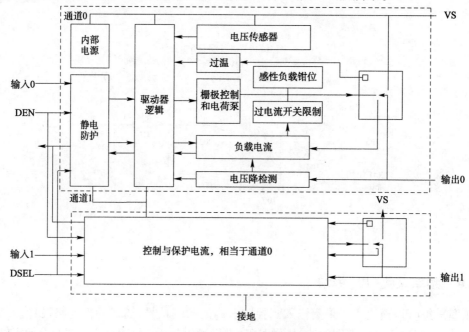

图 10-22 BTS6××× 内部结构电路

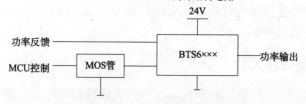

图 10-23 BTS6××× 典型应用电路示意图

在输出电路设计中应充分考虑由感性负载导致的反向电动势、继电器开启瞬间的浪涌电流以及功率器件关断后的漏电流对发光二极管的影响等。每当感性负载被断开时,都要考虑到去磁能,要保持电流流动,同时充分利用存储在位中的电量,可以使用续流二极管;为降低继电器开启瞬间的浪涌电流对系统的影响,可采用 PWM 输出方式;针对漏电流对发光二极管影响,使二极管微亮,应选用关断时漏电流小于 $10\mu A$ 的功率器件等。综上所述,BTS6×××系列智能芯片可满足系统设计要求,按实际需求选用即可。

10.3.8 控制器 PCB 设计

在硬件电路的设计中十分注重电路的稳定性和可靠性设计,采用看门狗、控制电路与功率回路隔离、仔细考虑的 PCB 布局布线等多种措施保障控制器正常、稳定、可靠地工作。布局上尽量将数字部分和模拟部分分开;模拟信号尽量远离数字信号,特别是频率比较高的 PWM 信号。图 10-24 所示为设计的控制器 PCB 板实物。

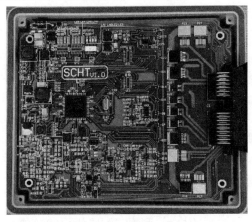

图 10-24 控制器实物图

10.4 控制器软件设计

软件设计是控制器的关键问题,可以根据系统的工作过程进行功能模块的划分。系统软件部分的主要功能模块包括:数据采集、数据处理、输出控制与通信。此外还需要增加系统自检、参数设置、故障检测等辅助功能。因此危化品运输车安全预警系统中的主要功能模块可以划分为:系统初始化、数据采集、数据处理、数据或状态显示、输出控制、串口通信、系统自检和故障检测、通信协议处理、参数设定等模块。

(1)系统初始化。系统初始化主要对通用 I/O 口、串行接口、CAN 通信接口特殊功能寄存器、中断、数据缓冲区及变量等进行初始化,使系统复位后进入安全、确定的状态。

(2)数据采集。数据采集模块的主要功能是把压力传感器、温度传感器采集到的模拟信号及功率输出反馈部分的模拟信号转换为数字信号,同时还要采集放油阀门开关、转向灯、液位开关等数字量信号。此外,当系统需要采集车辆的速度以及发动机转速等信息时,还要完成对脉冲信号的采集。

(3)数据处理。数据处理模块的主要功能是对数据采集模块得到的信号进行处理,分别对两路压力传感器及两路温度传感器的 AD 采样值求平均值后,与系统设定的温度、压力的上下限阈值比较,若采样值超出了对应的阈值则报警;对功率输出模块的反馈部分 AD 值进行分析,若出现异常则报警;对液位传感器采样数据处理,当罐体内液位大于设定值时报警;对采集到的后车车距进行分析,若车距小于安全距离,则报警并控制 LED 屏向后车提示;根据数据采集模块数据的处理结果控制数字量输出模块的报警装置动作;通过 CAN 总线与天行健系统通信,将数据上传。

(4) 数据或状态显示。数据或状态显示的主要功能是实现对危化品运输车的一些状态进行显示,主要包括 LED 屏幕,以及出现报警等信息时在天行健系统的界面上显示。

(5) 系统自检和故障检测。系统自检主要实现对 LED 显示的检测,故障检测主要是对功率输出模块、通信模块进行自检,保证系统输出与通信正常。

(6) 通信协议处理。危化品运输车安全预警系统通信协议主要包括 RS-232 通信协议、RS485 通信协议和 CAN 通信协议。

① RS-232 通信协议:危化品运输车安全预警系统采用 RS-232 标准串行通信接口电路,主要实现与上位机的通信。通信协议的编码格式为:[地址码][功能码][数据区][错误校验码]。

② RS-485 通信协议:危化品运输车安全预警系统通过 RS-485 通信主要实现的功能是控制安装在危化品运输车后方的 LED 屏显示不同的字符及闪烁频率等。通信协议编码格式为:数据传输采用异步通信方式,传送速率可以设置为 9600bit/s、38400bit/s(默认)、115200bit/s。每个字节帧包括 1 位起始位、1 位停止位、0 位奇偶校验位,字长为 8 位。参见第四章。

③ CAN 通信协议:危化品运输车安全预警系统通过 CAN 通信主要实现的功能有:实现危化品运输车安全预警系统与中交天健公司的天行健系统的通信,实现对车辆状态的监测;实现通过天行健对危化品运输车的控制;实现与测距模块的通信,得到与后车车距与后车车速等信息。本系统中采用 J1939 协议,此协议是货车和客车中控制器局域网的通用标准。

根据对上述各项综合考虑,整个系统软件结构框图如图 10-25 所示。

图 10-25 系统软件结构框图

10.4.1 系统总流程图

系统软件总流程图是危化品运输车安全预警系统的顶层模块,主要完成系统初始化、系统自检和存储介质的选择等功能,通过模块的调用来实现。

软件总体流程图如图 10-26 所示,首先进行控制器初始化、初始化 LED 屏(屏幕参数配置、写入相应的节目数据)、给传感器和测距模块供电,之后进入主循环,进行电源检测、故障检测,然后根据定时中断中赋值的标志位分时刻进行 DI 检测、AI 检测、LED 屏内容刷新、向整车控制器上传信息,之后进行输入状态获取、输出动作执行,最后进行喂狗操作。

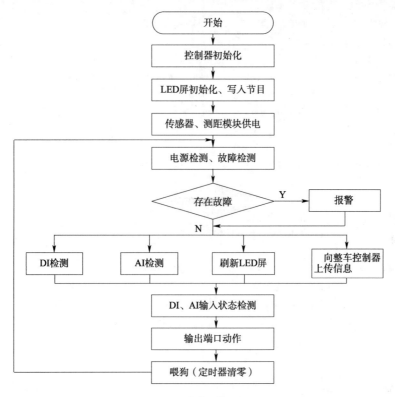

图 10-26 软件总体流程图

软件采样周期见表 10-3。

软件采样周期   表 10-3

项目		接口与有效值	周期
DI		低电平	50ms
AI		0~20mA	20ms
DO		24V	—
整车控制器通信	读取数据	CAN1	—
	上传数据		1s
测距模块	通信	CAN0	100ms
	故障诊断		500ms
	重新启动		2s
LED 屏通信		RS485	500ms
看门狗		—	1.048576s

主要用到了四种类型的数据:输入状态数组、输出状态数组、测距模块数据包、车身控制

器通信数据包。输入状态数组是记录读取的 DI 口的数组;输出状态数组是在解析输入状态数组后,对输出口的配置状态的存储;测距模块数据包用来存储测距模块传回的距离与接近速度信息;车身控制器通信数据包存放要上传车身控制器的数据。

```c
/******************************************************************
说明:这是危化品运输车安全预警装置主函数
功能:实现开关量和模拟量检测、处理以及报警和显示,同时与车身控制器通信
设计者:郝熠,朱进玉
设计日期:2016 年 8 月 28 日
******************************************************************/
#include <hidef.h>              /* common defines and macros */
#include "derivative.h"         /* derivative-specific definitions */
#include "Variable.h"
#include "User.h"
/*********************主函数***************************/
void main(void)
{
    int shownumlast = 0;    //LED 屏上一个播放的节目号
    int shownum = 0;        //LED 屏正在播放的节目号
    DisableInterrupts;
/*********************控制器初始化***************************/
    PLLInit();              //初始化频率为 32M
    EepromInit();           //初始化 EEPROM 频率为 200kHZ
    DIDOInit();             //初始化 I/O 口
    AIInit();               //AD 初始化
    PWMInit(0);             //PWM 初始化
    PITInit();              //定时器初始化
    ECTInit();              //ECT 初始化
    CAN0Init();             //CAN0 初始化
    CAN1Init();             //CAN1 初始化
    Usart232Init();         //串口初始化
    Usart485Init();         //串口初始化
    Variable_Init();        //变量初始化
    IOMaplist2Eeprom();     //将初始的输入映射表和输出映射表写入 EEPROM
    IOmapLengthCheck();     //查找 EEPROM 判断映射表长度
    DOkindCheck();
    DIAIkindCheck();
    DIUnuseddeviceCheck();  //检测未使用的输入设备字并写 10
    DOUnuseddeviceCheck();  //检测未使用的输出设备字并写 10
    LedInit();              //LED 初始化
    OutputMonPow();         //输出端口给检测传感器供电
    COPInit();              //初始化看门狗,1s 溢出
    EnableInterrupts;
    for(;;)
    {
/*********************DI 检测***************************/
```

```c
if(DITimeScanFlag==1)       //DI 定时扫描标志位
   {
DITimerScan();              //输入端口扫描函数
DITimeScanFlag=0;
   }
/********************AI 检测*********************/
if(AITimeScanFlag==1)       //AI 定时扫描标志位
   {
AI10Scan();
AIDeviceValue();
AITimeScanFlag=0;
   }
/********************刷新 LED 屏*********************/
if(LedTimeFlag==1)
   {
LedTimeFlag=0;
shownumlast=shownum;
if(ucShowValue==0)
      {
         if(ucDIFogMode==1)              //雾灯开启
            {
if(ucTimeChang1or2Flag%12>=6)  //3s
            {
shownum=2;
Led_Show(0x02);
            }
else
            {
shownum=1;
Led_Show(0x01);
            }
         }
else
            {
if(ucTimeChang1or2Flag%12>=6)  //3s
            {
shownum=2;
if(shownumlast!=shownum)
               {
Led_Show(0x02);
               }
            }
else
            {
shownum=1;
```

```
            if(shownumlast! = shownum)
                {
        Led_Show(0x01);
                }
            }
        }
    }
}
    else if(ucShowValue = = 1)          //需要显示距离
    {
if(ucDIFogMode = = 1)                   //雾灯开启
        {
if(ucTimeChang3or5Flag%2 = = 1)         //0.5s
            {
shownum = 3;
if(shownumlast! = shownum)
                {
                    Led_SetShow3();
    Led_Show(0x03);
                }.
                }
    else
        {
shownum = 5;
if(shownumlast! = shownum)
            {
                Led_SetShow5();
    Led_Show(0x05);
            }
        }
    }
    else
        {
if(ucTimeChang3or5Flag%4 > = 2)         //1s
            {
shownum = 3;
if(shownumlast! = shownum)
                {
                    Led_SetShow3();
Led_Show(0x03);
                }
            }
    else
        {
shownum = 5;
if(shownumlast! = shownum)
```

```
                    Led_SetShow5();
Led_Show(0x05);
                }
            }
        }
    }
    else if(ucShowValue == 2)    //报警提示
    {
shownum = 4;
Led_Show(0x04);
    }
    else if(ucShowValue == 3)    //注意制动提示
    {
shownum = 6;
Led_Show(0x06);
    }
}
/****************向整车控制器上传信息******************/
if(Can1TimeSendFlag == 1)    //天行健定时发送标志位
{
    Can1TimeSendFlag = 0;
J1939SendCAN1(0xff,0xfb,0x06,0x60);
}
/**************DI、AI 输入状态检测并动作***************/
InputStateGet();                //获取输入控制面板开关状态
AIValueGet();                   //获取 AD 值
Input2Output();                 //输入到输出标志位转换
OutputAct();                    //根据指令执行输出端口动作
/*****************喂狗(定时器清零)*****************/
_FEED_COP();                    //喂狗函数
    }
}
```

10.4.2 单片机功能初始化模块

单片机功能初始化包括：总线时钟、EEPROM、ADC、输入输出端口、ECT(脉冲捕获)、PIT (定时器)、UART(串口)、CAN、映射表等。该功能模块的作用是配置用到的单片机资源并且初始化映射表。系统外接晶振为 16MHz，通过 PLL 将系统总线频率倍频到 32MHz。系统的掉电存储模块采用主控芯片 MC9S12XDT256 的内部 4KB 容量的 EEPROM，将读写频率配置为 200kHz，在 EEPROM 中存储有 112 个字节的输入映射表(起始地址为 0x13F000)、64 个字节的输出映射表(起始地址为 0x13F100)。ADC 模块为主控芯片 MC9S12XDT256 自带的 10 为高精度的 AD，采用单通道转换模式，将转换时钟频率配置为 8MHz。I/O 口初始化是将系统所需的并行I/O口配置为相应的输入输出模式。

系统利用主控芯片MC9S12XDT256自带的增强型捕获定时器模块(ECT)的通道7来检测发动机的转速,将其工作方式配置为输入捕捉,配置时钟周期为4μs。系统通过UART1与LED屏通信,配置波特率为38400,八位数据位,无奇偶校验。系统通过CAN1与整车控制器通信,配置通信速率为250kbit/s;通过CAN0接收测距模块的信息,通信速率为250kbit/s。初始化模块同时也将输入输出映射表从EEPROM中读出,分析其内容与长度,赋值相应的变量,供后续使用。

10.4.3 数据采集与处理模块

数据采集与处理模块包括:DI(数字量输入)、AI(模拟量输入)、PI(脉冲输入,预留)、输出电流反馈等。该模块的作用是读取DI状态、对温度传感器和压力传感器信号进行AD转换、采集发动机转速信号,检测输出状态等。

DI的数据采集在主函数中根据定时中断中的标志位进行调用,对10路DI进行数据采集的周期为50ms,主要涉及滤波和状态更新两个算法。滤波算法和状态更新算法的程序流程图如图10-27和图10-28所示。

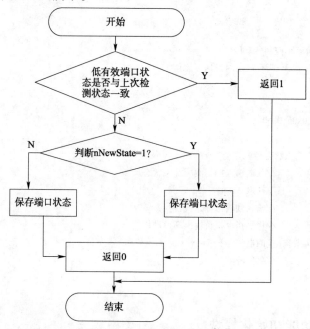

图10-27 滤波算法流程图

DI主要负责检测液位开关、卸油阀门、雾灯开关的状态。

AI和输出电流反馈值的检测用的是ADC模块,在定时中断中,每20ms调用一次采样函数,每200ms采集10次后,进行滤波,并更新AD转换结果。控制器通过AI模块来采集两个温度传感器和两个压力传感器的值。

罐体内的温度认为是两个温度传感器的采集值的平均值,当温度值高于温度报警值时,进行报警(指示灯、闪光蜂鸣器),并将报警信息上传车身控制器;当温度值降到比报警值低2℃时取消报警。

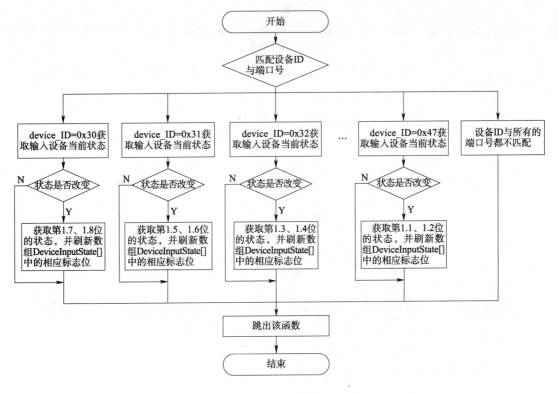

图 10-28 状态更新算法流程图

罐体内压差认为是两个压力传感器的采集值的平均值,当压差值高于压差上限报警值时,进行报警(指示灯、闪光蜂鸣器),并将压力高报警信息上传车身控制器;当压差值降到比报警值上限低 1kpa 时取消报警。当压差值低于压差下限报警值时,进行报警(指示灯、闪光蜂鸣器),并将压力低报警信息上传车身控制器;当压差值降到比报警值下限高 1kpa 时取消报警。

发动机转速检测用到了 ECT 模块和定时中断模块,在 ECT 中断中计数脉冲个数,在定时中断中每 500ms 进行一次转速计算,同时在定时中断中实现了低速检测与零速标定功能。

10.4.4 功率输出控制模块

功率输出控制模块的作用是控制 10 路数字量输出口。数字量输出口配置的流程图如图 10-29 所示。

功率输出主要有以下两方面的功能:

(1)给传感器和测距模块供电。控制器通过功率输出口给两路温度传感器、两路压力传感器和测距模块供电,当测距模块通信不正常时,使其能够及时重新上电重启。

(2)控制液位报警灯、压力报警灯、温度报警灯、闪光蜂鸣器。通过程序控制液位报警灯、压力报警灯、温度报警灯、闪光蜂鸣器。当液位、压力、温度有任何一项报警时,相应报警灯亮起,同时闪光蜂鸣器也工作,当该项报警 10s 后仍未解除,则报警灯保持亮的状态,闪光蜂鸣器停止工作。当车在运行时(车速大于 0km/h),停止报警液位高,防止误报。

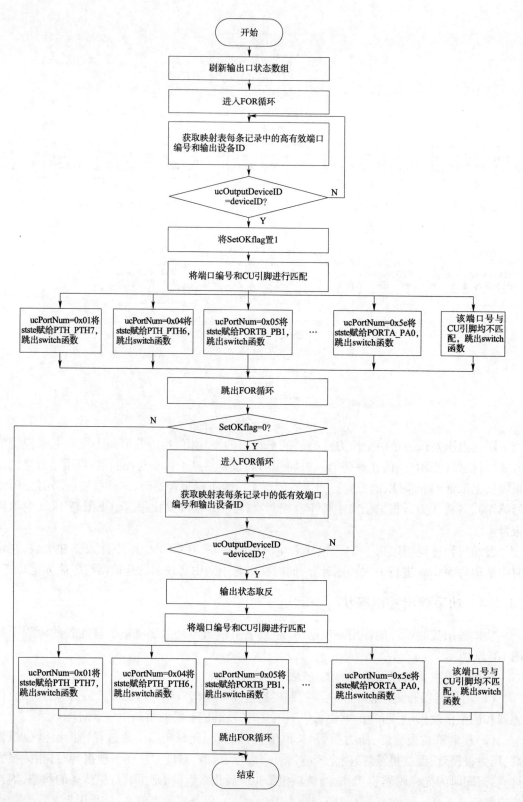

图 10-29 数字量输出口配置

10.4.5 串口通信模块

该模块作用是通过 RS485 实现控制器与 LED 屏之间通信,两者的通信波特率为 38400bit/s,根据定时器中断的标志位,0.5s 判断 LED 屏的内容是否需要更新。

(1)当与后车车距小于安全距离时,显示"危险!请减速",每 500ms 闪烁一次。

安全距离根据以下公式计算:

$$\begin{cases} S_A = \dfrac{1.6u_1}{3.6} + \dfrac{v_{接近} \cdot (0.4)}{3.6} + \dfrac{(u_2 + v_{接近})^2 - u_2^2}{25.92 \times 3} + 3.6 (自车减速或减速停止) \\ S_A = \dfrac{v_{接近} \cdot (2.0)}{3.6} + \dfrac{v_{接近}^2}{25.92 \times 3} + \dfrac{0.8509u_2}{3.6} + 3.6 (自车静止、匀速或加速) \end{cases}$$

式中:S_A——与后车的车距,m;

$v_{接近}$——后车的接近速度,km/h;

u_2——罐式车自身速度,km/h。

(2)在与后车车距大于安全距离且小于 100m 时,显示"车距:XX.Xm"与"车速:YY km/h",其中 XX.X 表示与后车的车距;YY 表示罐式车自身的车速。每 1s 切换一次内容(雾灯开启时,每 0.5s 闪烁一次)。

(3)在与后车车距大于安全距离且大于 100m,显示"危化品运输车"与"请保持车距!"切换,每 3s 切换一次内容(雾灯开启时,每 0.5s 闪烁一次)。

(4)当车在转弯(转向灯开启)时,显示"危化品运输车"与"请保持车距!"切换,每 3s 切换一次内容。

(5)当踩下制动踏板时,显示"制动!请注意",每 0.5s 闪烁一次。

10.4.6 中断服务程序模块

该模块包括定时器的中断服务程序、ECT 模块的中断服务程序、CAN0 模块的中断服务程序、CAN1 模块的中断服务程序。ECT 的中断服务程序主要是对测试装置的脉冲进行了计数,CAN0 的中断服务程序主要是处理测距模块发送回的数据,CAN1 的中断服务程序的主要是处理车身控制器发送回的数据,这三部分前面也有提及,这里不再重复说明,重点对定时器的中断服务程序进行说明。

定时器中断流程图如图 10-30 所示。定时器每 5ms 中断一次,在中断服务程序中定时进行 DI 扫描标志位、AI 标志位、LED 屏刷新标志位、车身控制器发送信息标志位置位,并判断与测距模块是否通信正常,不

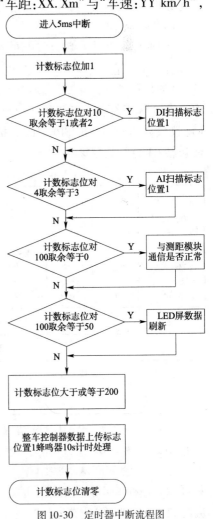

图 10-30 定时器中断流程图

同的时刻完成不同的动作。

10.4.7 CAN总线协议

（1）控制器通过CAN1与车身控制器进行通信，通信速率为250kbit/s。在状态获取函数、接收中断等函数中将罐体内温度高报警、罐体内压力高报警、罐体内压力低报警、近车距报警、卸油阀门开信号、高液位报警、罐体介质温度、罐体内压差、后车距灯信号随时写入CAN1发送数据包，每隔1s向整车控制器发送一次。

根据与整车控制器的通信协议，在CAN1接收中断中，接收车身控制器返回的数据，读取转向灯信号、车速等信息，供后续使用。

（2）控制器通过CAN0与测距模块进行通信，通信速率为250kbit/s。在CAN0接收中断中读取测距模块发送回来的与后车车距值以及后车的接近速度值，并进行相应的数据处理，供后续使用。

测距装置通过CAN0每100ms向控制器发送一次数据，若500ms内控制器没有接收到任何数据时，就通过功率输出口给测距模块断电，2s后再重新上电使其重启。

1）J1939与CAN

J1939是一种支持闭环控制的在多个ECU之间高速通信的网络协议网。主要运用于货车和客车上。它是以CAN2.0为网络核心。表10-4介绍了CAN2.0的标准和扩展格式，及J1939协议所定义的格式。表10-5给出了J1939的一个协议报文单元的具体格式。可以看出，J1939标识符包括：PRIORTY（优先权位）；R（保留位）；DP（数据页位）；PDU FORMAAT（协议数据单元）；PDU SPECIFIC（扩展单元）和SOURCE ADDRESS（源地址）。而报文单元还包括64位的数据场。

CAN2.0的标准和扩展格式及J1939协议所定义的格式　　　　表10-4

CAN扩展帧格式	SOF	11位标识符				SRR	IDE	18位扩展标识符		
J1939帧格式	帧起始位	优先权（3位）	R位（保留）	数据页DP	PF格式（6位）	SRR位	扩展标识	PF	PS格式（8位）	源地址（8位）
CAN	1	2~4	5	6	7~12	13	14	15~16	17~24	25~32
帧位置	—	28~26	25	24	23~18			17~16	15~8	7~0

J1939协议报文单元的具体格式　　　　表10-5

优先级	保留位	数据页位	协议数据单元	扩展单元	源地址	数据场
3	1	1	8	8	8	0~64

由表10-5可知SAE J1939协议数据单元由七部分组成，分别是优先级、保留位、数据页、PDU格式、特殊PDU（可以作为目标地址、组扩展或专用）、源地址和数据场。PDU将被分组封装在一个或多个CAN数据帧中，通过物理介质传送到其他网络设备。每个CAN数据帧只可能有一种PDU。需要指出的是，某些参数群编号定义需要多个CAN数据帧才能发送相应的数据。某些CAN数据帧的场不是在在PDU中定义，因为它们完全由CAN规范决定，对

OSI 数据链路层以上的层是不可见的,它们包括 SOF、SRR、IDE、RTR、控制场部分、CRC 校验场、ACK 场和 EOF 场。这些场由 CAN 协议定义,SAE J1939 不能修改。

2) SAE J1939 协议数据单元说明

(1) 优先级(P)。这三位仅在总线传输中用来优化消息延迟,接收机必须对其做全局屏蔽(即忽略)。最高 0(000) 到最低 7(111) 所有控制消息的默认优先级是 3(0112),其他所有消息、专用、请求和 ACK 消息的默认优先级是 6(1102)。

(2) 保留位(R)。SAE 保留此位以备今后开发使用,不能将此位与 CAN 保留位混淆。所有消息应在传输中将 SAE 保留位置为 0。

(3) 数据页(DP)。数据页位选择参数群描述的辅助页。在分配页 1 的 PGN 之前,先分配完页 0 的可用 PGN,具体应用见表 10-6。

表 10-6 SAE J1939 协议数据单元说明

P	DP	PF	PS	参数群定义	多组	PGN
0	0	0	DA	PDU1 格式:100ms 或更短时间	禁止	000
0	0	238	DA	PDU1 格式:100ms 或长时间	允许	60928
0	0	239	DA	专用	允许	61184
0	0	249	DA	PDU2 格式:100ms 或更短时间	—	
0	1	0	DA	PDU1 格式:100ms 或更短时间	禁止	65536

(4) PDU 格式(PF)。PF 是一个确定 PDU 格式的 8 位构成的场,也是一个确定数据场对应参数群编号的场。参数群编号除用来确定或标识命令、数据、某些请求、确认和否定之外,还可以确定或标识哪些要求一个或多个 CAN 数据帧通信的信息。若消息长度大于 8 字节,必须将消息分组封装发送;若消息长度小于或等于 8 字节,则使用单个 CAN 数据帧。参数群编号可以一个或多个参数,这里参数是指如发动机转速之类的数据。尽管参数群编号标识也能被用作一个参数,推荐对多参数进行组合以利用数据场的全部 8 字节。

两种专用参数群编号的定义已经建立起来,来确保 PDU1 和 PDU2 两种格式的使用。专用信息的意义因制造商而异,如,即使两个不同的发动机使用同一个源地址,制造商 A 的专用通信很可能与制造商 B 的专用通信不同。

(5) 特定 PDU(PS)。PS 是一个 8 位场,它的定义取决于 PDU 格式,根据 PDU 格式它可能是目标地址或群扩展。若 PF 段的值小于 240,PS 是目标地址。若 PF 的值在 240~255 之间,PS 包含群扩展(GE)值。

可用参数群的总数目为:$[240+(16\times256)]\times 2 = 8672$

(6) 源地址(SA)。网络中一个特定源地址只能匹配一个设备,因此源地址场确保 CAN 标识符合 CAN 协议中的唯一性要求。

(7) 数据场。当用不多于 8 字节的数据表示一个给定参数群时,可使用 CAN 数据帧全部的 8 字节。当一个特定参数群以长度从 9 至 1785 字节的数据表示时,可以通过多个 CAN 数据帧来实现。

3) SCHT 控制器向车身控制器上传数据通信协议

SCHT 控制器通过 CAN1 向车身控制器发送信息,通信速率 250kbit/s,通信协议见表 10-7。通信协议中定义 ID 名称为 SZCU1,ID(HEX) 为 18FFFB60SA = SZCU(0x60)。

SCHT 控制器向车身控制器上传信息通信协议　　　　表 10-7

字节	信号名称	SPN	大小/位	复位	最小值	最大值	操作值	功能
1	罐内温度高报警	523972	2	0	0	3	00b	未动作
							01b	动作
							10b	信号不可信
							11b	备用
	罐内压力高报警	523973	2	0	0	3	00b	未动作
							01b	动作
							10b	信号不可信
							11b	备用
	罐内压力低报警	523974	2	0	0	3	00b	未动作
							01b	动作
							10b	信号不可信
							11b	备用
	近距离报警	523975	2	0	0	3	00b	未动作
							01b	动作
							10b	信号不可信
							11b	备用
2	卸油阀门信号	523976	2	0	0	3	00b	未动作
							01b	动作
							10b	信号不可信
							11b	备用
	高液位报警	523977	2	0	0	3	00b	未动作
							01b	动作
							10b	信号不可信
							11b	备用
	保留	—	4	—	—	—	—	—
3	罐体介质温度(℃)	523778	8	-40	-40	210	—	—
4	罐体内压差(kPa)	523979	8	-10	-10	10	—	—
5	后车距(m)	523950	8	0	0	200	—	—
6	保留	—	8	—	—	—	—	—

4) SCHT 接收车身控制器数据的通信协议

SCHT 控制器通过 CAN1 读取车身控制器发送的信息,通信速率为 250kbit/s,通信协议见表 10-8。

SCHT 控制器读取车身控制器信息通信协议　　　　表 10-8

序号	名称	ID	Cycle	Byte	bit	参数定义
2	车速信号	0x0cfe6cee	50ms	7~8		1/256km/h/位,偏移量:0
9	主车左转向信号	0x18ffd817	200ms	4	3~4	00:off,01:lamp on
10	主车右转向信号	0x18ffd817	200ms	4	1~2	00:off,01:lamp on

5) 测距模块通信协议

SCHT 控制器通过 CAN0 接收测距模块发送的数据,通信协议见表 10-9。

SCHT 控制器向车身控制器上传信息通信协议   表 10-9

ID	字 节	功能定义	备 注
0x18fe1a2d	1~2	车间距	B1 为高字节,单位:0.1m
	3	备用	—
	4	接近速度	单位:0.25m
	5	备用	—
	6	CRC	—

10.4.8 故障检测与处理模块

该模块的作用是检测 10 路 DO 通道的电流,硬件电路将电流信号转换成 0~5V 的电压信号,通过 MC9S12XDT256 的 ADC 模块进行检测,出现异常情况时及时进行预警。在上面的 ADC 初始化部分已经提及,这里不再过多说明。

10.4.9 看门狗模块

该模块的作用是检测程序防止发生死循环,当控制器出现异常跑飞时,及时对控制器进行复位操作,系统配置看门狗的周期为 1.048576s。

小　　结

本章主要介绍了危化品运输车安全预警系统的设计实例。首先是介绍系统的需求分析,设计系统的主要功能和技术指标。其次是在此基础下设计系统的主要构成模块,详细介绍了每一种传感器、测距模块以及天行健系统。最后是系统的电气连接图,在介绍完整个系统的情况之后,从各个方面考虑系统设计过程中需要考虑的问题,按照系统的硬件设计和软件设计两大部分详细介绍了整个系统的设计过程。

习　　题

简答题

1. 作为检测危化品的传感器,在选型过程中都需要考虑哪些安全参数?
2. 为什么选择 CAN 通信?请从通信距离、通信速率与 RS485、232 和 TTL 作比较简要说明。
3. 简要叙述 CAN 通信的数据格式与通信协议。
4. 电源模块为什么采用英飞凌系列芯片?有什么优点?

参考文献

[1] 南金瑞,刘波澜. 汽车单片机及车载总线技术[M]. 北京:北京理工大学出版社. 2012.
[2] 吴宝新,郭永红,曹毅,等. 汽车FlexRay总线系统开发实战[M]. 北京:电子工业出版社. 2012.
[3] 罗峰,孙泽昌. 汽车CAN总线系统原理设计与应用[M]. 北京:电子工业出版社. 2010.
[4] W. 齐默尔曼,R. 施密特加尔(德),等6版. 汽车总线系统[M]. 邓萍,译. 北京:机械工业出版社. 2011.
[5] 谢希仁. 计算机网络[M]. 6版. 北京:电子工业出版社. 2013.
[6] J. F. 库罗斯,K. W. 罗斯(美),计算机网络:自顶向下方法[M]. 陈鸣,译. 北京:机械工业出版社. 2014.
[7] 田大新,王云鹏,鹿应荣. 车联网系统[M]. 北京:机械工业出版社. 2015.
[8] 骆孟波. 汽车总线控制技术与检修[M]. 北京:化学工业出版社. 2011.
[9] H. 哈尔滕施泰因(德),K. P. 拉贝尔托尼斯(美). VANET:车载网技术及应用[M]. 孙利民,等,译. 北京:清华大学出版社. 2013.
[10] 胡思德(法). 汽车车载网络(VAN/CAN/LIN)技术详解[M]. 北京:机械工业出版社. 2006.
[11] 孙同景. Freescale 9S12十六位单片机原理及嵌入式开发技术[M]. 北京:机械工业出版社. 2008.
[12] 汪贵平,雷旭,李登峰,等. 自动化实践初步[M]. 北京:高等教育出版社. 2012.
[13] 汪贵平,李登峰,龚贤武,等. 新编单片机原理及应用[M]. 北京:机械工业出版社. 2009.
[14] 刘俊萍. 汽车电脑与总线技术[M]. 武汉:武汉理工大学出版社. 2013.
[15] 徐景波. 汽车总线技术[M]. 北京:中国人民大学出版社. 2011.
[16] 武奇. 计算机网络及工程实践[M]. 西安:西安电子科技大学出版社. 2013.
[17] 武奇生. 物联网工程及应用[M]. 西安:西安电子科技大学出版社. 2014.
[18] 武奇生,刘盼芝. 物联网技术与应用[M]. 北京:机械工业出版社. 2011.
[19] 沈越泓,高媛媛,魏以民. 通信原理[M]. 2版. 北京:机械工业出版社. 2008.
[20] 韩利凯. 计算机网络[M]. 北京:清华大学出版社. 2012.